本文库受到"中国社会科学院
登峰战略中国哲学优势学科"经费资助

□ 陈 霞／著

◎ 经史传统与中国哲学文库 ◎

道教伦理

传统形态与当代新诠

中国社会科学出版社

图书在版编目（CIP）数据

道教伦理：传统形态与当代新诠/陈霞著.—北京：中国社会科学出版社，2023.8

（经史传统与中国哲学文库）

ISBN 978－7－5227－2406－5

Ⅰ.①道… Ⅱ.①陈… Ⅲ.①道教—伦理学—研究 Ⅳ.①B958

中国国家版本馆 CIP 数据核字（2023）第 143952 号

出 版 人	赵剑英
责任编辑	郝玉明
责任校对	谢　静
责任印制	张雪娇

出　　版	中国社会科学出版社
社　　址	北京鼓楼西大街甲158号
邮　　编	100720
网　　址	http://www.csspw.cn
发 行 部	010－84083685
门 市 部	010－84029450
经　　销	新华书店及其他书店

印　　刷	北京明恒达印务有限公司
装　　订	廊坊市广阳区广增装订厂
版　　次	2023 年 8 月第 1 版
印　　次	2023 年 8 月第 1 次印刷

开　　本	710×1000　1/16
印　　张	23
插　　页	2
字　　数	340 千字
定　　价	119.00 元

凡购买中国社会科学出版社图书，如有质量问题请与本社营销中心联系调换
电话：010－84083683

版权所有　侵权必究

经史传统与中国哲学文库编辑委员会

主编：赵汀阳　张志强

委员：（按姓氏拼音为序）

陈　霞　刘　丰　任蜜林　张利民　周贵华

经史传统与中国哲学文库总序

经史传统与中国哲学文库是中国社会科学院哲学研究所中国哲学学科集中展示本学科研究成果的平台。我们以"经史传统与中国哲学"作为本文库的主题，有三点考虑。

首先，近年来中国哲学研究的领域逐渐扩展，研究方法和研究范式日益多元，其中最为引人注目的是经学研究的兴盛。经学研究的兴盛，一方面是多年来传统复兴不断深化的结果，而另一方面更是当代中国自我意识的复杂反映。思想意识不仅仅是能动反映当下现实的产物，更是对未来不同想象的投射结果。这些都反映在经学研究的不同路径以及关于经学研究理趣的不同认识上。但不论经学研究复兴背后的思想文化肌理如何复杂，它都是由中国哲学学科自身研究的逻辑所推动的，它是中国哲学学科在适应时代需要中的一个发展领域。"经史传统与中国哲学"这样一个主题的凝练，既是我们对当前中国哲学学科发展现状的一个总结，更是对未来中国哲学研究领域扩展方向的一个预流。

其次，需要进一步阐明的是，我们用"经史传统"而不是"经学传统"来概括和总结当前中国哲学研究领域的新潮流，旨在表达我们"经史一体"的"经学观"。"六经皆史""史即新经"，这不是对"经"的地位的削弱或贬低，而是对"史"的文明价值内涵的高度肯认；六经是三代文明历史实践的产物，同时也是孔子对三代文明历史实践的价值原理化结果；"经史一体"所蕴含着的"道器合一""理事不二"的道理，旨在说明历史有道：道既在历史中创生同时又是创生历史的力量，并且也在历史的创生中不断展开自身。对历史之道的探寻构成了中国形而上学的基本形态，同时也构成了中华文明"日新日成"的根本特质。因此，"经史一体"的"经学观"必然是以中华文明的内在视野来理解中华文明道路实践的观点，而不是立足于所谓"经学"传统的教条批判中国历史的立场。也正因此，"经史传统与中国哲学"同时也意味着从一种中华文明史视野出发的中国哲学观。

最后，从中华文明史视野出发的中国哲学，是对中华文明价值的哲学自觉。经学、史学、义理学，是中华文明在适应不同历史条件中不得不然分化而出的学术形态，中国哲学也是适应历史的需要而不得不创生的学术形态。中国哲学是以理性反思、道理论证和源流互质的方式对中华文明的核心价值和历史发展进行高度理论概括的学术形态。中华文明是中国哲学的前提，中国哲学是对中华文明道路的哲学总结。中华文明的不断创生需要中国哲学的不断总结，中华文明也在中国哲学的不断总结中不断创生。因此，中国哲学史也是内在于中华文明史的，是对中华文明历史实践中不断进行的理论反思、道理总结在哲学意义上的自觉。从经、史、义理传统的整体出发，立足中华文明道路的未来发展，讲好中国哲学道理和中国哲学史，是新时代中国哲学学者的庄严使命，也是哲学研究所中国哲学学科需要自觉承担的学术责任。

哲学研究所中国哲学学科是1955年哲学所成立时最早建立的研究组之一，冯友兰先生是首任组长。在近60多年的发展中，中国哲学学科涌现出一大批国内外知名的大学者，中国哲学学科在中国哲学界具有十分特殊而且重要的地位。2017年，中国哲学学科荣获了中国社会科学院的登峰计划优势学科的支持，学科发展获得极大动力，也取得了丰硕成果。本文库的设置，就得到了登峰计划优势学科经费的资助，借此机会，感谢中国社会科学院对哲学所中国哲学学科的支持！

党的十八以来，习近平总书记高度重视中国特色社会主义与中华文明的关系，高度重视中华传统文化的创造性转化和创新性发展，高度重视中国特色哲学知识体系建设，中国哲学学科迎来前所未有的发展机遇。我们期待中国哲学学科能够不辜负时代重托、不辜负学科传统，在社会主义文化强国建设中贡献自己的力量。

张志强

2021年2月25日

唐 序

阅读可以有不同的方式。如五柳先生，好读书，不求甚解。仿佛不大理会那些无止休的注释和考证。注家的工作蕴含一种价值取向，即认为原著的真相能够大白于天下。而诠释学的价值前设则是，阅读是对于文本的意义构建。本书的作者便引用了伽达默尔的名言：凡有诠释，必有误读。其实，凡有阅读，必有诠释。

老子的五千言，从文体和文风来看，可以视为一首散文诗。既为诗歌，便当以诗歌视之。诗者，持也，持人情性者也。诗歌虽然也可以表达思想，但与理论文章不同，必以私人经验和情感为基调，而且富有比喻和想象。白发三千丈，难道真去丈量？小国寡民，鸡犬相闻，老死不相往来。难道真是政治设计，把中国改造成一个一个村子的村邦政治？五千言内关于政治和伦理的表达，大抵是一种否定的话语，诗人对于当时的意识形态的不以为然，未必是构建什么政治哲学或伦理学也。

然而老子的价值观是可以解读的。读老子，与读庄子的印象颇为不同。庄子好辩，多洸洋自恣之言，似是而非之论。栖栖然泯灭是非，一贯然否，又滔滔然力辩其说之是，他说之非。以道观之，万物齐一，认识论本不存在。其论辩之最终目的，乃臻至心斋坐忘，同于大通，天地与我并生，万物与我为一，入于不生不死之逍遥游的境界。其不遣是非以与世俗处，也为后世的"难得糊涂"之辈提供一种苟活哲学。老子则不仅设置了超越与有限、不可知与可知的二元世界，而提出我无为而民自化，我好静而民自正，我无事而民自富，我无欲而民自朴。以无为、好静、无事来限定权力，以达到人民自我治理、自我匡正、自我富强的目的。文本显示的是，主动性或主权在民。或曰，民自化的条件是我无为，故主动性在上不在民。但老子思想的原初定义是，无为乃道的本然，是天然应该如此，故人的社会如果有得于道，则我无为而民自治是天然应该如此的。这种类似自然人权的逻辑，有其观念构架和本体论奠基，与一般的"君轻民贵"思想不同，在中国传统中有其独一无二的永恒价值。

老子书一出现便与当时意识形态处于 opposition 地位。西汉初年流于黄老，成为惠文景窦太后的君人南面之术。然而终不符大一统专权的需要，而被汉武废除。民间兴起的道教，从农民起义的旗帜逐渐退化为仰息朝廷、宣扬世俗伦理的科仪宗教。

陈霞博士精研道家与道教二十余载，完成本书，旁征博引，自有见地。顾亭林有言，人之患在好为人序，余深戒之。然多年老友，相嘱于此，盛情难却，乃不揣谫陋，聊赘数语，以充序焉。

2021 年 10 月 6 日　唐逸于冷泉林雨山庄

目 录

前 言 1

上 篇
从道家之"德"到道教之"教"

第一章 "惟道是从"之"德" 9

第一节 道家道德哲学的根基及其特征 11
一 关于道德根基的讨论 11
二 "道"作为道德的根基及其特点 17
三 "惟道是从"的形而上学性 23

第二节 道家之道的信仰特色 24
一 "道"作为终极的信仰对象 26
二 信仰对生命的安顿 28
三 信道的特色 31

第二章 "一,道也,设诚":转向道教的教化 45

第一节 《老子道德经河上公章句》的诠释开启道教成仙论域 46
一 分章断句、歧解字词 46

二　突破文本限制，引向宗教性诠释 …………………………… 50
　　三　通经致用，反映历史 ………………………………………… 53
第二节　《老子想尔注》的诠释将哲学文本改造成宗教经典 ………… 60
　　一　"托遘想尔，以训初回"——化哲理之书为布道之书 ……… 61
　　二　改动经文字词与曲解经文文意 ……………………………… 64
第三节　中国宗教史上的首次跨越——道教的创立 …………………… 72
　　一　五斗米道初创 ………………………………………………… 73
　　二　五斗米道宗教要素分析 ……………………………………… 74
第四节　成为道德宗教 …………………………………………………… 82
　　一　仙道与人道的统一 …………………………………………… 82
　　二　仙道以道德为基础 …………………………………………… 85

中　篇
劝善书：道教伦理的传统形态

第三章　道教劝善书的特点及思想渊源 ………………………………… 95
　第一节　道教劝善书的研究、特点及主要内容 ……………………… 97
　　一　道教劝善书研究简述 ………………………………………… 97
　　二　道教劝善书的特点 …………………………………………… 101
　　三　道教善书中的神学禁忌及宗教戒律 ………………………… 114
　　四　道教善书倡导的社会人伦规范 ……………………………… 117
　第二节　道教劝善书的思想渊源 ……………………………………… 120
　　一　汉魏两晋时期的道教劝善思想 ……………………………… 121
　　二　南北朝隋唐时期的道教劝善思想 …………………………… 132

第四章　道教劝善书的形成 …… 139

第一节　说理性善书《太上感应篇》的出现 …… 142
一　《太上感应篇》的成书年代及作者 …… 142
二　《太上感应篇》与《抱朴子内篇》比较 …… 145
三　《太上感应篇》的伦理规范及其意义 …… 148

第二节　惩恶性善书《玉历钞传》 …… 151
一　《玉历钞传》考辨 …… 152
二　《玉历钞传》的主要内容 …… 154
三　《玉历钞传》的影响 …… 156

第三节　操作性善书《太微仙君功过格》 …… 158
一　净明道与《太微仙君功过格》 …… 159
二　《太微仙君功过格》的主要内容及其对道教劝善理论的发展 …… 161

第四节　说理性与纪事性结合的善书《文昌帝君阴骘文》 …… 163
一　文昌帝君与《阴骘文》 …… 163
二　《文昌帝君阴骘文》的劝善思想及特点 …… 165

第五章　道教劝善书的盛行 …… 169

第一节　《关圣帝君觉世真经》略析 …… 171
一　关公信仰与关帝劝善 …… 171
二　《关圣帝君觉世真经》的劝善思想 …… 173
三　"三圣经"的盛行 …… 175

第二节　明清纪事性道教劝善书及其伦理特色 …… 181
一　《除欲究本》和《指淫断色篇》的出现 …… 181
二　《指淫断色篇》的主要内容 …… 183
三　《除欲究本》的写作特点及其世俗化的神仙理论 …… 184

第三节　明清道教功过格的发展 ········ 188
  一　《文昌帝君功过格》的内容和操作 ········ 188
  二　《石音夫功过格》的内容及其修道方法 ········ 192
  三　《十戒功过格》的内容及特点 ········ 196

第六章　道教劝善书的伦理特色及其影响 ········ 202
第一节　道教劝善书的伦理特色 ········ 203
  一　神圣性与世俗性的结合 ········ 203
  二　由他律以自律 ········ 206
  三　功利性的自我量化 ········ 211
  四　大众性的寓教于乐 ········ 214
  五　道德万能论的偏颇 ········ 216
第二节　道教劝善书的社会影响 ········ 219
  一　道教劝善书与"圣谕" ········ 219
  二　道教劝善书与道情和宝卷 ········ 227
  三　道教劝善书与儒、佛善书的融合 ········ 230
  四　民间扶乩善书的道教色彩 ········ 242
  五　道教劝善书与明清小说 ········ 247
  六　道教劝善书与民俗 ········ 252

下　篇
生态文明建设：道教伦理的当代新诠

第七章　古代的思想、当代的问题 ········ 261
第一节　道教伦理能否回应生态问题 ········ 264
  一　对道家生态伦理的阐发 ········ 264

二　道家作为他者启发生态伦理 …………………………… 270
　　三　质疑道家思想能够解决危机 …………………………… 272
第二节　道教生态伦理的哲学基础和基本原则 …………………… 273
　　一　道物无际观 ………………………………………………… 273
　　二　道教生态伦理的基本原则 ……………………………… 275

第八章　道教社会生态观 … 278

第一节　无为而治与生态政治 … 279
　　一　"无为而治"与基层治理 ………………………………… 281
　　二　致太平的理想政治与环境保护 ………………………… 283

第二节　"损有余补不足"的社会平等观 … 287
　　一　"承负"与代际公平 ……………………………………… 288
　　二　"周穷救急"与代内公平 ………………………………… 289

第三节　道教与生态女性主义 … 293
　　一　生态女性主义简述 ………………………………………… 293
　　二　"贵柔守雌"——道教女性原则 ………………………… 298
　　三　"墉城女仙"——道教女性地位 ………………………… 301

第九章　道教自然生态观 … 310

第一节　强调责任和义务的弱人类中心主义 … 310
　　一　道教对人类中心主义和非人类中心主义的回应 ……… 311
　　二　从"天地无人则不立，人无天地则不生"看道教天人
　　　　互依关系 …………………………………………………… 316

第二节　道教对环境的保护 … 321
　　一　"富之为言者，乃毕备足也"——道教的天地财富观
　　　　与生物多样性 ……………………………………………… 322

二 "不得杀害含生以充滋味"
　　　　——道教戒律对环境的保护 …………………………… 324
　　三 "勿登山而网鸟禽，勿临水而毒鱼虾"
　　　　——道教劝善书的动物保护思想 …………………………… 327
第三节 "少私寡欲""返璞归真"——道教对物性的超越 ……… 331
　　一 物欲对人性的遮蔽 ……………………………………… 331
　　二 提倡"返璞归真"的简单生活 ………………………………… 333

结　语 ………………………………………………………………… 338
参考文献 ……………………………………………………………… 341

前　言

根据宗教发展史和宗教表达的不同社会特征，可以把人类的宗教粗略分为原始宗教、民族宗教、普世宗教三大类。

原始宗教主要是对自然事物如动植物、日月山川、风火雷电等的直接崇拜，祈求的多是现实的东西，如丰收、多子、避祸、除病、驱邪、逐魔等，这时还没有产生对超自然物的信仰。民族宗教主要崇拜人，但不是普通人，而是神化了的祖先、首领、英雄等本民族的杰出人物。民族宗教有对现实利益和自我不朽的追求，同时，还追求家族、氏族、宗族、民族的繁荣昌盛。民族宗教产生了与民族社会结构相似的神界，有教义系统和宗教伦理，信仰已多于迷信，教化已重于巫术。普世宗教以每个人为教化对象，民族、种族、国家、性别、社会身份不再是主要的区分。它超越了自然性和民族性的神灵，信仰一个无形而全能的绝对者。这个对象存在于现实之外的彼岸，有很强的超越性。每个宗教都有个人修证的方式，但普世宗教基本上是伦理化的宗教，巫的色彩消失殆尽，仅有部分信众的修行有神秘主义的色彩。相对于现实利益，普世宗教把对灵魂的拯救看得更重。

以上三类宗教的发展与人类的生存和发展，尤其是与人的精神生活的发展密切相关。人类早期的生活首先受自然的规定和制约，面临着生存问题，接着又要面对社会问题，以及精神生活的问题。人类的宗教意识也就从神化自然事物和自然力量到神化社会人物和社会力量，最后神化人自己。虽然各种宗教都信仰一个与日常生活不同但能满足人的各种愿望的神界，但各种宗教的神界与现实的关系在性质上存在着差别。在原始宗教里，神界就在现实中，人的精神发展水平不高，宗教意识还依附在现实的直接关系中，是现实生活的一部分。民族宗教主要是神化祖先和本民族历史上的杰出人物。民族神只是作为神才与本民族的现实相通，还没有达到全面的超越性。它可以在阴间，却与现实的阳间相对应，以保佑在世间的本民族的信众。人与神的阴阳关系是此岸关系，思辨和逻辑可以把它们统一起来。在普世宗教中，生活真理与信仰真理是分离的。对于信仰者来说，信仰的真理高于生活的真理。这两个真理没有同构关系，也不存在对立统一关系，不能用黑格尔式的正题、反题与合题的辩证法将生活真理与信仰真理统一为绝对真理。因为在普世宗教里，信仰的对象不是对现象或事物的神化，各种修行如坐禅、静心、冥想、忏悔等都与世俗生活的目标无关，而是信仰者渴望达到一种脱俗的精神境界。要达到普世宗教的信仰境界，只能遵循相应的教规。由于可信而不可知，普世宗教信仰对象的彼岸性因此得以确立。

从以上对三类宗教信仰的初分可以看出，宗教意识的发展有一个趋势，那就是信仰对象从经验世界向超越世界的转变。宗教意识的这种发展有重大的意义。超越界的确立并不是人的理性的退步，并不是把许多知识的领域让位给不可知的神灵。恰恰相反，确立起超越界，人反思到了人的有限，表明人的理性得到了长足的发展，能动性和主体性得到极大的增强。知识在很多现实的领域排斥了迷信，在这些领域神灵不再存在。同时，人的精神生活中不可缺失的信仰却没有消亡，因为宗教意识的发展已让信仰对象上升到了与现实生活不再冲突、与科学知识不再对立的超越界，从而使人的精神生活领域扩大了。当然，从现实来看，即便是普世宗教都还没有完全成为超越性的宗教，信仰与生活的冲突还时有发生，但归结到超越领域，这不是信仰的退却，而是它的发展，也是人类文明的发展，这样的趋势还会继续下去……。

产生于中国本土的道教，其信仰对象既有原始宗教中对自然界和自然现象的直接崇拜，如五岳、洞天福地、雷公、电母、风伯、雨师、南斗、北斗等；也有对民族英雄的崇拜，如伏羲、神农、黄帝，太上老君、张天师、姜太公、赵公明、比干、岳元帅、文昌帝君、关公等。这些民族神频繁地出现在道教伦理中，发挥了强大的道德教化功能。道教的最高信仰对象是"道"，它"先天地生"，"道生一，一生二，二生三，三生万物"，一切都来源于"道"，它是一切存在的根本凭借和最终依据，却"视之不见""听之不闻""搏之不得""迎之不见其首，随之不见其后"，难以成为日常认知的对象，具有普世宗教之信仰对象的超越性。所以，道教伦理既有对自然界的规定和禁忌，也有对社会关系的规范和引导，还有对超验之道的追求和向往。

本书主要涉及三个方面的内容，上篇分为两章，第一章讨论道家道德哲学的形而上学性。"德"与"道"都是道家的重要哲学概念。老子大量地谈到了道德问题，并追问道德的根基。他说"孔德之容，惟道是从"，即"德"要跟从、效法"道"，"道"是"德"的根基。这个根基不依赖于天命和鬼神。相对于具体的道德要求和规范而言，"道"不是经验性、情感性、功利性的，而具有超验性、形式性、包容性、非强制性、普适性、实践性等特征。"惟道是从"作为一条形式性原则，它发挥作用的方式不是规定具体的德目，而是防止任何具体的规范僭越其有限度的有效性而导致的灾难。第二章探讨道家向道教的转化。汉代是道家思想发展的重要时期，注解《老子》在汉代出现了高潮，《汉书·艺文志》著录了四种《老子》注本，即《老子邻氏经传》四篇、《老子傅氏经说》三十七篇、《老子徐氏经说》六篇、刘向《说老子》四篇，但都一并亡佚了。得以保留下来的汉代《老子》注只有《道德真经指归》《老子道德经河上公章句》《老子想尔注》，其中唯一一部完整的注《老》之作就是《老子道德经河上公章句》。汉代以注解《老子》的方式发展了道家思想。这三部《老子》注都打上了汉代哲学的烙印，如汉代有追求长生成仙的风气，《老子道德经河上公章句》就直接将"自然长生之道"升格为"常道"；汉代出现了团契化的道教，《老子想尔注》于是"托遘想尔，以训初回"，最终目的是"济众大航"，实现了道家向道教的转向。经过有目的的诠释，具有思辨色彩的道家伦理逐渐变成了神学色彩浓厚的道教伦理。

中篇从第三章到第六章，以道教劝善书为道教伦理的典型形态，探讨传统社会的道教伦理。人有道德的潜能，但这种潜能必须得到习俗、礼仪、宗教、法律的规训。道教劝善书就旨在对人进行规训。道教劝善书指假托神的名义制作或道士以个人名义撰写的、用道教教义、从道教神学角度劝人去恶从善，以积善获福和成仙了道的通俗道德教化书。道教劝善书采用多种方式、从多种角度实施其劝善惩恶的道德教化功能。它从善恶报应的角度宣传善有神的奖励、恶有神的惩罚；从道教神学出发告诫世人，监察善恶的神无所不在、无时不在；神具有赏善罚恶的威力，让人因敬畏神而不敢胡作非为。道教劝善书的出现表明道教从神仙道教转向了道德宗教，是道教适应社会变化，努力调节自身以影响社会的产物。

下篇包括第七章到第九章，是从生态角度对道教伦理进行的新的诠释。宗教的每一次发展都与其积极应对各种挑战有关。近几十年，大气中二氧化碳日益增多，臭氧层遭到破坏，除去气候的自然变化，人类活动也在改变全球大气的组成，使气候异常变化、生物多样性减少、土地荒漠化加剧、瘟疫暴发，这些都给人类及其他物种的生存造成了巨大的威胁。宗教作为人类社会的重要现象，也日益关注生态，出现了宗教绿色化倾向。各大宗教都在发掘其绿色思想，重新诠释其世界观、自然观和人生观，以便将人们的行为引导到对环境友善的方向上来。在宗教绿色化浪潮中，道教有关人与自然的观点特别引人注目。道教生态伦理是从生态学的角度在道教传统伦理中诠释出来的新伦理。在传统社会，道教伦理利用人们趋利避害的心理，宣扬神的赏善罚恶的威力，劝导人们践行道德以维护社会秩序。在当今世界，人们不再因为祈求神灵降福、惧怕神灵惩罚而践行道德。"道"的超越性具有超越对人、对物的功利性关系的思想潜质，通过理性的建构，可以成为构建生态文明的思想资源。

"道"作为道教的最高信仰，具有超越性。它"先天地生""自本自根""自古以固存"，我们无法认识它。虽具有超验性，但"道"的超越性非常独特,"道常无为""道法自然","道"没有自己的意志,且不在彼岸,而是在经验中、在万物中。道与此岸这种既先在又同在的关系既高标了道,人类永远有值得去追求的理想、理念和未来。"道在万物"又提升了此岸的地位和价值,让人敬畏生命、尊重个体、珍爱自然、热爱生活。在道教伦理中,神圣既凡俗、凡俗既神圣。人类的宗教意识经过否定之否定,以新的形式肯定了此岸和世间的神圣性。

感谢中国社会科学院"登峰战略中国哲学优势学科"资助本书的出版,感谢中国社会科学院哲学研究所博士后严一钦帮我核对引文、补充注释信息、调整注释格式,感谢中国社会科学出版社郝玉明的辛苦工作。本书不当之处,还请读者朋友们提出宝贵的意见。

2022 年 7 月大暑于北京

上 篇
从道家之"德"到道教之"教"

第一章 "惟道是从"之"德"

"德"与"道"都是道家重要的哲学概念。"道"和"德"是并举的，它们享有同等的重要性。万物的出生、养育、成熟、复归都离不开"道"和"德"的共同作用。"道生之"强调了"道"的本原性，"德畜之"，强调了"德"的功用性。《管子》进一步明确指出"道之与德无间"（《管子·心术上》）。有时候"德"甚至与"道"同义，二者几乎可以互用，如"德者，变及万物之所出也"（《新书·道德说》）。"变及万物之所出"从"道"的逻辑演化来看，应该是"道"所具有的功能，这里却被解释成了"德"的作用，由此可见其关系的紧密性。正因为"道"与"德"同等重要、无间无际，有时候同义，后来人们直接将"道"和"德"连用，形成"道德"一词，用以指人的那种合"道"而行的品质。

"道"与"德"是相表里的，"道"是隐性的，通过"德"显现出来。"道"产生了万事万物，而且内在于万事万物，在一切事物中反映它的属性，也就是表现了它的"德"。"道"依"德"而明，"德"因道而"成"；"道"由"德"来体现，"德"由"道"来支撑；"道"是"德"之本，"德"是"道"之用。"道"是无形的，它必须作用于物，透过物的媒介作用，而得以显现它的功能。"道"之显现于"物"的功能可称为"德"。《庄子》说"故通于天者，道也；顺于地者，德也……德兼于道，道兼于天"（《庄子·天地》），意在表明作为万物之本性的

"德"与作为自然法则的"道"之间的天然联系。《管子》说:"以无为之谓道,舍之之谓德"(《管子·心术上》),意思是"道"虚无不可见,它寓于"德"之中。"德"被称为"道"的居舍,"德者,道之舍"也(《管子·心术上》);韩非子说:"德者,道之功"(《韩非子·解老》);陆德明说:"德者,道之用也"(《老子道德经》陆德明释文);贾谊说:"德者,道之泽也。"(《新书·道德说》)"德"是"道"的化身,是"道"之用。"道"具体到人生层面时,称为"德",即通常说的人的"德行"。《老子》第54章说:"修之于身,其德乃真;修之于家,其德乃余;修之于乡,其德乃长;修之于邦,其德乃丰;修之于天下,其德乃普。"这些"修之"于"身""家""乡""邦""天下"的"德"便是"道"在人间的落实。

"德"要向"道"复归。"道"是老子对宇宙本体的思考和认识而形成的理论推定,"德"是老子在其理论基础上对"道"的落实,是依据人生、社会实践推导出来的伦理要求。老子哲学的逻辑起点是"道",立足点是"德","德"复归于"道",逻辑终点还是"道"。生活世界或现实的伦理世界讲差别和分辨,是"道"的分化;"德"的任务则是向"道"复归,将人提升到无差别、无分辨的与万物处于审美状态的天人一体的境界。

总的来说,"道"与"德"体现为本体与现象、先天与后天的关系。"道生之,德畜之"(《老子》第51章),"道"是万物的本原,"德"是对万物的养护;"道"是一切存在之母,无形无相,有先天性;"德"是后天的,有形可见。以康德先验哲学的形式来看,"德"是人的符合道的实践,因而"德"有经验性。"道"不是经验的,而有着先验的色彩,是人的德行的先天条件;"德"不是"道"的直接演绎,"道生一"到万物、"人法地"到"道法自然"都是直接演绎。"德"不来自道,道没有派生出它。"道"与"德"是一对平行的关系概念,人的实践符合"道"的要求即为"德",即经验与作为理念的"道"的统一。因此,"德"不是"道"的直接衍生物,而是人的实践顺应了道,体现了"道"的精神即为"德"。道家的道德哲学中没有绝对律令,人是否循"道",由自己的养生、修行、觉悟去实现，是自己决定自己的结果。

第一节 道家道德哲学的根基及其特征

老子大量谈到了道德问题，并追问道德的根基。他说"孔德之容，惟道是从"，即"德"要跟从、效法"道"，"道"是"德"的根基。这个根基不依赖于天命和鬼神，不像"天命"那样有主观意志。相对于具体的道德要求和规范而言，"道"不是经验性、情感性、功利性的，而具有超验性、形式性、包容性、非强制性、普适性、实践性等特征，因而更为根本。它发挥作用的方式不是规定具体的德目，而是防止任何具体的规范僭越其有限度的有效性，声称自己为至善，从而避免道德困境和灾难。

一 关于道德根基的讨论

关于道德的根基，主要有天命、情感、利益、德性、动机等，这些根基都有实质性的内容。道家之"孔德之容，惟道是从"，则是将"德"建基于"道"上，而"道"作为根基则具有超验性和形式性等特征。

"天命论"是一种神学目的论，曾经在相当长一段时期是不可置疑的道德根基。该理论认为在人类社会之外存在着某种形而上的实体——天命。《尚书·盘庚》说"先王有服，恪谨天命"，《尚书·皋陶谟》也提到"天命有德，五服五章哉；天讨有罪，五刑五用哉"；"受命于天"的刻辞也频繁地出现在甲骨卜辞、彝器铭文上。这些都说明在殷周时期盛行"天命论"。"天命"是人间政治和道德行为的根据，是外在于人的客观价值。既然是客观的，当然就是人人都应当遵从的。在这个前提下，什么是道德的根基基本上不是一个问题。但实际发生的事情却使得人们质疑这个根基，比如周朝取代商朝这个事件。商纣王由于深信"有命在天"，完全无视现实社会的合理要求，造成了大邦殷被小邦周取而代之的重大变局。春秋时晋国的大夫史墨于是提出"社稷无常奉，君臣无常位"（《左传·昭公三十二年》）。春秋后期郑国的子产也论述了"天道远，人道迩，非所及也"（《左传·昭公十八年》）的观点。人们逐渐认识到"天道"与"人道"之间没有必然的内在关联，道德奠基于其上的"天命""天志""天道""天意"开始动摇。西周已有"天命靡常"的警觉，产生了"以德配天""在德不在鼎""神所凭依，将在德矣"（《左传·僖公五年》）的思想。人们开始用人能主动作为的"德"去弥补不能左右的"天命"，将"德"的重要性突显出来。①当然，此时"德"虽重要，但"天"的权威并没有被完全否定。孔子讲"天生德于予"（《论语·述而》），董仲舒声称："仁义制度之数，尽取于天。……王道之三纲，可求于天。"（《春秋繁露·基义》）"天"仍然拥有根据善恶授命的最终权威。尽管如此，毕竟撕开了一道裂缝，在当时的政治生活和行为的根据"天命"之外增加了"德"这个因素，这是一个极其重大的改变。王国维在《殷周制度论》一文中评价这种转折道："中国政治与文化之变革，莫剧于殷周之际。……殷周间之大变革，自其表言之，不过一姓一家之兴亡与都邑之移转；自其里言之，则旧制度废而新制度兴，旧文化废而新文化兴。"②郭沫若也指出："周人根本在怀疑天……在这儿周人的思想便更进了一步，提出了一个'德'字来。……根本的主意是'人定胜天'，便是要把人的力量来济天道之穷。"③在外在的超越实体"天命"和形而上的"天道"的基础上，事

---

① 这时的"德"主要的还不是价值观念之"德性"，而是古代的政治制度，具有"礼"的特点。"周初的'德'既是当时社会政治制度的理念同时也是社会政治制度（礼）的一个组成部分，它不仅是一个表示个人品德修养的词，更重要的是，它还是一个表示行为、行动（尤其是政治行为）的词。"（郑开：《德礼之间：前诸子时期的思想史》，生活·读书·新知三联书店2009年版，第11页）
② 王国维：《殷周制度论》，《观堂集林·外二种》，河北教育出版社2003年版，第231—232页。
③ 郭沫若：《郭沫若全集：历史编》第1卷，人民出版社1982年版，第334—336页。

实之真假与价值之善恶曾经是天然同一的。只要这个超越实体的权威性不受到质疑,道德客观性的根基就是牢固的。但现在,"天命"之外多了一个人世的"德","天命"不再是人间道德最终的、唯一的来源,我们抛弃了那个客观的、非个人的标准,曾经的道德言辞不再具有绝对的权威性。在"天理"失效之后,人们转到现实生活中、转到人自身、转到人的"良知"那里去寻找道德的根据。"国将兴,听于民;将亡,听于神。神,聪明正直而一者也,依人而行。"(《左传·庄公三十二年》)"夫民,神之主也。是以圣王先成民而后致力于神。"(《左传·桓公六年》)超越的天和神现在转而要依赖于人,到人这里来寻找决策的依据。到了荀子,他就直接认为道德起源于现实的社会需求,说:"人生而有欲,欲而不得,则不能无求。求而无度量分界,则不能不争。争则乱,乱则穷,先王恶其乱也,故制礼义以分之,以养人之欲,给人之求。"(《荀子·礼论》)道德起源于人自身,这种认识是一个巨大的转折。

道德内隐于人,孟子认为引起道德行为的往往就是人的情感。他讲:"恻隐之心,仁之端也;羞恶之心,义之端也。"(《孟子·公孙丑上》)他将恻隐、羞恶的情感作为仁、义的基础。通过扩充这些情感就能成为有德之人。这里,情感成了道德的根基。休谟在区分事实和价值,并断言无法从前者推出后者后,也认为道德是同情心的推广和放大,将"情"作为道德的根基。他说:"自私是建立正义的原始动机;而对于公益的同情是那种德所引起的道德赞许的来源。"[①]情感作为道德的根基,其优势就是能直接激发人的行为意愿,理性中的观念则较难引起人的行为。但是,按照情感主义的观点,道德仅仅是情感的表达,目的是唤起对方的支持。于是,进行道德评判就不是一个诉诸理性、要求对方遵循的过程,而是一个诉诸情感以打动对方的过程。在这种情况下,道德争论容易变成宣传、说服、劝导,它消解了道德应

---

① [英]休谟:《人性论》,关文运译,商务印书馆1996年版,第540页。

诉诸理性规则的普遍性和绝对性。① 情感是心理的反应，是被动的、依赖性的，有不稳定和主观任意的特点。"情"因经验而引发，任何形式的情感都是依附在经验内容之上的。经验随时在变，而每个人的情感偏好也不相同，同时，"情"只不过是人的一种心理反应，而心理反应是一种自然的行为。把道德行为看成自然行为，道德将完全成为一种依据自然规律的自然本能，失去了道德作为人所特有的能动的本质这一特点。②

自然情感存在种种缺陷，其弊端之一是随着血缘关系的亲疏和远近不同而出现程度、浓度的递减。另外，休谟曾说，人们自然需要的无限与满足这种需要的手段的薄弱和资源的有限之间存在着巨大的差距，这使得人们的自然情感带有一定的自私性。③ 这种自私性就会形成"各人自扫门前雪，休管他人瓦上霜"的冷漠，造成私德过渡到公德的困难。同时，人们希望持续地保持自己的占有物的要求与人们的占有物容易转移之间存在着难以调和的矛盾。更为重要的是，现代社会人口的流动性大大增加，人与人不再局限于传统的熟人社会，人际关系也不能仅仅依靠私德来调节。基于自然情感的道德规范在现代陌生人社会里如何能够保持其规范行为的约束力呢？在陌生人的社会里，各个独立的个体是平等的，其关系更需要公德来进行调节。社会的公德需要建立在公民社会的基础上，它的意识形态基础是公民意识。

除将情感作为道德的根基外，"利"也常常成为道德的根基。战国

---

① 在现实的道德教育中，康德非常反对利用大家的一种从众心理去给他人树榜样的做法，去进行情感教育。他把道德教育建基于道德自律上。当人们的理性成熟时，就可以用自己的理性去思考，走出被监护状态。[邓晓芒：《康德道德哲学详解》，《西安交通大学学报》（社会科学版）2005年第2期]

② 关于德性与自然的关系，亚里士多德在《尼各马可伦理学》中论证德性既不出于自然也不反乎自然。由于我们接受德性的能力为自然所赋予，所以它不是反自然的，然而它又要通过习惯才能形成，所以又不是出于自然的。亚氏把通过反复学习而获得的品质称为德性，以至于德性就像我们的本性一样。这种本性就是我们的第二自然。参见唐热风《亚里士多德伦理学中的德性与实践智慧》，《哲学研究》2005年第5期。

③ 参见[英]休谟《人性论》，关文运译，第532页。

时期墨家是当时的显学，墨子提出"兼相爱、交相利"的道德原则。他说：

> 凡天下祸篡怨恨，其所以起者，以不相爱生也，是以仁者非之。既以非之，何以易之？子墨子言曰：以兼相爱、交相利之法易之。（《墨子·兼爱中》）

墨家在道德中引入了一个重要因素——"利"，并将"利"与"爱"并举同提，如：

> 天必欲人之相爱相利、此自爱人利人生。（《墨子·兼爱下》）
> 利爱生于虑。（《墨子·大取》）
> 爱利天下。（《墨子·尚同下》）

这样，"兼相爱"就成了"交相利"，

> 利人者，人亦从而利之。（《墨子·兼爱中》）
> 交相爱、交相恭，犹若相利也。（《墨子·鲁问》）

普遍地爱就成了使天下普遍地得利，使"万民被其利""天下皆得其利"（《墨子·尚贤中》）。在墨家这里，"爱""义"与"利"是能够互相通约的。

> 爱、利，此也；所爱、所利，彼也。爱、利不相为内外；所爱、所利亦不相为外内。（《墨子·经说下》）

《墨子》给"义"下的定义就是："义，利也。"在儒家那里彼此对立的"义"与"利"在墨家这里统一了，"义"就是"利"，"利"就是

"义",人们"兼相爱"就是为了"交相利"。① 近代的杰里米·边沁（Jeremy Bentham）、约翰·斯图尔特·密尔（John Stuart Mill）等哲学家也将"所有利益有关的人的最大幸福，是人类行动的正确适当的目的"② 这种功利的计算作为道德的基本原理是根据后果去判别行动的对错。功利主义伦理学认为趋乐避苦是人的本性，最大的善的计算依赖于行为所涉及的每个个体之苦乐感觉的总和。

动机也常常作为道德的根据，典型而深刻的是康德的动机论。"善"对于康德来说是普遍有效的。如果你因一个好的，即普遍有效的动机来行动，那么你的行动就是负责的，你的行动才能被称为道德的。真正具有道德价值的应该是出于道德而不仅仅是合于道德。

近年来，德性伦理重新赢得关注。规范伦理学主要针对行为是否合乎规范，却没能从整体上、从德性这种内在的品质上去考察人的道德。麦金太尔（Alasdair MacIntyre）重新诠释了源自希腊的德性论。古希腊哲人认为，万物皆有德性。"德性"这一概念最初指的是他物所不具有，仅为其自身所具有的某物的特性、功能、优点。后来，德性一词主要指人的特性，而且获得了道德的含义，成为人所具有的好的品质或能力的指称。德性的产生与人的本性有关。但是，如果把德性等于本性，那么所有的人都具有德性，德性就成为与生俱来的本能，也就无所谓德性的培养了。亚里士多德于是将本性与德性区别开来，强调人的实践活动和人的自主性。德性源于本性，但不等于本性，德性是在后天的实践活动中把本性中所具有的某种品质加以固化和优化的结果，而这种固化和优化是人自己意愿的产物。如果某物在本性上不具有某一功能，也就不可能具有这方面的德性。③

---

① 参见陈道德《墨家"兼相爱、交相利"伦理原则的现代价值》，《哲学研究》2004年第11期。
② 参见[英]边沁《道德与立法原理导论》，时殷弘译，商务印书馆2000年版，第57页作者自注a的表述。约翰·斯图尔特·密尔（又译作穆勒）在著作中提到："功利主义的行为标准并不是行为者本人的最大幸福，而是全体相关人员的最大幸福。"[英]约翰·穆勒:《功利主义》，徐大建译，上海人民出版社2008年版，第12页。
③ 参见[古希腊]亚里士多德《尼各马可伦理学》，廖申白译注，商务印书馆2003年版，第32—34页相关内容及张传有《中西德性伦理学比较研究》，《思想战线》2011年第2期的相关研究。

二 "道"作为道德的根基及其特点

老子也大量谈到了道德问题，并追问道德的根基。在追问道德的根基时，老子否定道德来源于"天"。他说"天地不仁，以万物为刍狗；圣人不仁，以百姓为刍狗。"（《老子》第 5 章）①"天地不仁"，这意味着天地间没有一种客观现成的道德——"仁"，也没有主观而有意地化生万物的施"仁"。"道法自然"，没有谁有意为之。这就否定了道德是客观事实、一种实际如此的"是"、一种实然。如果道德是客观事实，那就只能是一元的，具有普遍必然性，对所有的人都有效。事实是，无论我们确定何种价值都离不开人的因素，而处于不同时间和空间中的人、人群在对什么是道德的问题上总有各种分歧。《列子》说："天下理无常是，事无常非。先日所用，今或弃之。今之所弃，后或用之。此用与不用无定是非也。"（《列子·说符》）当老子提出"天地不仁"时，"是"与"应该"、实然与应然、事实与价值发生了分离。关于事实与价值的分离，休谟在《人性论》中说道：

> 在我所遇到的每一个道德学体系中，我一向注意到，作者在一个时期中是按照平常的推理方式进行的，确定了上帝存在，或是对认识做了一番议论，可是突然之间，却大吃一惊地发现，我所遇到不再是通常的"是"与"不是"之间的联系词，而是没有一个命题不是由一个"应该"或"不应该"联系起来的……这样一点点的注意就会推翻一切道德学体系，并使我们看到，恶和德的区别不是单单建立在对象的关系上，也不是被理性所察知的。……还将同样确

---

① 王弼解释这段话说："天地任自然，无为无造，万物自相治理，故不仁也。仁者必造立施化，有恩有为。造立施化，则物失其真。有恩有为，则物不具存。物不具存，则不足以备载矣。地不为兽生刍，而兽食刍；不为人生狗，而人食狗。无为于万物而万物各适其所用，则莫不赡矣。若慧由己树，未足任也。"[（魏）王弼著，楼宇烈校释：《王弼集校释》，中华书局1980年版，第13页]

实的证明，道德也不在于知性所能发现的任何事实。①

道德不来自超越的天，而是不同的人在对某个事实进行分析时根据自己的经验得出的判断，并经由人们的认同而创造出大家都遵守的规范。在这之前，不存在独立于经验的抽象的、不依赖于人的事实性的道德。道德与事实无关，不具有事实属性，所以，不存在不以人的意志为转移的道德事实。不管是"自在的善"，还是普遍的道德规则，都不是"事实"，而只是属于我们对世界的解释。②尼采认为："世人首先把价值纳入事物之中，以维护自己——他首先给事物赋予意义，人的意义！"③这样我们就可以给予世界我们自己的解释，但这也同时遮蔽了存在是混沌、世界本身没有价值这个事实。④

否定了天命后，老子从肯定的角度明确地提到了道德的根基。他说"孔德之容，惟道是从"（《老子》第 21 章）。孔德即大德、上德、美德；"容"，即运作、样态；"是从"有接受、领受、顺应、从属之意。总结起来看，"惟道是从"，即"德"的运作要跟从于"道"、效法"道"。注意，"孔德"不像"道"生一、生二、生三那样是"道"直接演绎出来的，而是人的实践顺从了道，体现了道的精神即为"孔德"。"道"是理念，先于一切具体存在物；"德"是人的实践，是后天的。"道"是这个后天之"德"的根基、尺度、目标和模本。这个根基，不依赖于天命和鬼神，不带有强制性和规范性。相对于具体的要求和规范性的仁、义、礼而言，"道"不完全是经验性、情感性、功利性的，而有形而上学的意味，超验性和形式性是这个根基的主要特征。

首先，"道"具有超验性。将道德的根据放在超验的"道"上，

---

① [英]休谟：《人性论》，关文运译，第 508—510 页。
② 在这种情况下，最好的方案就是在价值内部达成某种共识，以此共识取代事实的客观性。老子讲"圣人在天下，歙歙焉，为天下浑其心"（《老子》第 49 章），其实也就是通过圣人对各种"心"的协调而形成的一种浑朴、和谐的状态，也可以说是达成了某种共识。
③ [德]尼采：《查拉图斯特拉如是说》，钱春绮译，生活·读书·新知三联书店 2007 年版，第 62 页。
④ 参见顾志龙《论尼采对社会道德的解构》，《求索》2006 年第 2 期的相关内容。

实际上就是放在不可感知和认识的东西上。老子说"道""视之不见""听之不闻""搏之不得"(《老子》第14章);"迎之不见其首,随之不见其后"(《老子》第14章)。我们无法用认识"物"的感官、知觉、理性去辨认它,也不能用表达"物"的普通语言去表述它,老子就讲"道之出口,淡乎其无味"(《老子》第35章)。"道"本身就不是一个实体性的、等待被认识的对象。"道""先天地生",它在经验之前,所以它不是通过对经验的总结而得到的。老子说"上善若水。水善利万物而不争,处众人之所恶,故几于道"(《老子》第8章)。"上善"不是从上帝、从大多数人或整体的人类的利益引申出来的,而是从"道"自身引申出来的,所以"上善"来自"道"的理念世界;"道""独立不改",能作为尺度的东西一定是独立且稳定的;"道""周行不殆",它自身是能动的。这些表述表明了"道"的超验性。道德只有建立在超越了具体规范本身的短暂、狭隘,也就是说,只有将道德建立在比具体规范更普遍的根基上,才是合理的。我们很难从现实经验中获得这样的东西,因为经验总是变动不居而有限的。维特根斯坦(Ludwig Wittgenstein)通过严密的逻辑推导得出这样一个结论,他说:"尽管所有的相对价值判断都可以表现为纯粹的事实陈述,但没有任何事实陈述可以是或包含着关于绝对价值的判断。"[①]这就否定了将经验事实当作绝对的价值判断的逻辑基础。只有超越的东西才可能作为道德的根据,提供判断的尺度和标准。

"道"虽具有超验性,但"道"的超验性与"天命"的超越性不同。首先,"道常无为""圣人常无心""道法自然","道"没有自己的意志,而天命有意志、有目的、有强制性,直接决定人间事务。道家也不讨论动机的好坏,动机不是支配行动的动力。康德的动机以先天的绝对命令为前提,对行为者是一种"应该如此"的律令。康德说:"有一种命令式,它无须以通过某个行为要达成的任何别的意图为基础,就直接要求

---

① [奥]维特根斯坦:《关于伦理学的讲演》,《维特根斯坦全集》第12卷,江怡译,河北教育出版社2003年版,第3页。

这个行为。这种命令式就是定言的。它不涉及行为的质料及其应有的结果，而是涉及行为由以产生的形式和原则，行为的根本善在于意念，而不管其结果如何。这种命令式可以叫做道德的命令式。"①"道"没有先在的动机，它不以外在的、经验的或实用的东西为目的，它是自在的。接近于"道"的"上善"，没有经过一番计算、权衡、推导，是在没有意图和目的的状态下成就的事情。"道"具有"无"的特征，所以作为道德的根据，"道"既没有事先行善的动机，也没有事后对结果的计算，而是自然而然的行为。另外，作为最终根据的"道"虽然具有超验性，但它远不是在彼岸、在超验界，而是"无所不在"地存在于经验之中，在自然界和人世间种种变动不居的情状之中，在万物之中。经验世界在很多情况下都不是清晰明白、界限分明、固定不变的。其中，每一现象都与其他现象千丝万缕地关联着、变化着。在道家看来，永恒的不是无时间性的天命，而是变化着的经验事物。所以，"道"并不从外面去规定经验，而是内在地顺随经验。

其次，"道"具有形式性。"德"要效法、跟从"道"，也就是说，"道"对经验世界有所规定。但是，"道"作为道德的最终依据，没有规定具体的条目和内容，是一个带有形式性质的宽泛法则。由于没有提出具体的道德规范，道家有否定性伦理的特点。它假定"善"是无法确定的，只能否定地说"上德不德"。这种伦理不相信"为"的优先性，而赋予限制干预以优先性。对这条最高法则进行任何实质性的填充，使其具有实质的、经验的内容，那它就不可能再客观、必然而普遍有效了。康德曾提出成为普遍立法的形式自身，才是道德律令的最高原理。康德的绝对命令、道德哲学的基本原理是：你必须这样行动，即你的行为准则（主观的），成为一条普遍的法则（客观的）。②康德说："有一种命令式，它无须以通过某个行为要达成的任何别的意图为基础，就直接要求这个行为。"③这条康德道德哲学的绝对命令其实就是一个纯形式，里面也没有规范性内容。

---

① 李秋零主编：《康德著作全集》第4卷，中国人民大学出版社2005年版，第423—424页。
② 参见邓晓芒《康德道德哲学详解》，《西安交通大学学报》（社会科学版）2005年第2期。
③ 李秋零主编：《康德著作全集》第4卷，第423页。

第一章 "惟道是从"之"德"

这点与"惟道是从"更多地具有形式性有异曲同工之妙。

虽然具有超验性和形式性，但是"道"作为"德"的根据却是必需的，这有其理论和实践上的可能性与必要性，否则人会陷入相对主义而无所适从，或者陷入虚无主义而走向绝望。除此之外，这条原则也为人类的道德生活发挥着实实在在的多方面作用。

"惟道是从"作为一条形式性原则，它发挥作用的方式不是积极的指引，而是消极的划界，限制人们逾越这个界限，防止具体的规范或具体的善声称自己为至善和普遍的善，因为至善已经为这条形式性法则所占据。如果这条形式性法则没有占据至善的位置，任何其他具体的善都可能将自己提升到至善的位置，去享有至善的特权。这样，具体的善就僭越了其有限度的有效性，而导致善的强制，引起"美德的恐怖统治"①。庄子所言"大乱之本，必生于尧、舜之间，其末存乎千世之后。千世之后，其必有人与人相食者也"（《庄子·庚桑楚》），正预见了具体的善僭越普遍的善所带来的善的暴政。同样，"现代社会所承诺的各种善，如自由、解放、幸福无一不是以至善的名义走向了自身的背反。……一旦模糊了……形而上学意义上的善（Good）与个别的善（good）的界限，会使某一个单一的向度获得超越一切界限的话语权，从而其逾越自身职能的界限甚至走向其自身的反面，带来整个生活世界的秩序的错位和混乱，并导致难以解决的悖论"②。所以，具有形式性而不规定具体德目的"道"占据最高位置，能防止任何德目声称自己为至善，从而避免形成道德专制。

"道"作为形式性原则还能维护社会的开放，避免走向封闭而失去活力。"道"虽处于"先天地生""恍兮惚兮"的抽象、模糊状态，却是后天之"德"所规范的社会的参考者、他者和批判者，从而能够与现实保持着某种张力，使得各种条款、规则、习俗不能最终合围而形

---

① [美]汉娜·阿伦特：《论革命》，陈周旺译，译林出版社2007年版，第85页。
② 王艳秀：《论"正当优先于善"的道德形而上学前提》，《伦理学研究》2014年第3期。王艳秀：《亚里士多德实践哲学的内在背反及其现代效应——从形而上学与伦理学的关系看》，《道德与文明》2013年第1期。

成一个封闭的体系，保持了社会的开放性和活力。卡尔·波普尔（Karl Popper）认为，区分封闭性社会文化与开放性社会文化的最终标志是一元化的伦理价值观。① 具体、僵化、一元化的条款不能有效地规定混沌、模糊、变动的现实。道德选择的每一步都包含着难以预见和不能事先评估的后果。老子说"祸兮福之所倚，福兮祸之所伏。孰知其极？"（《老子》第58章）这种混沌、模糊、不确定的状态是世界的真实状态。只有当道德法则具有形式的性质时，才能帮助人们在具体情景中做出如何行为的决定。至于具体该做"什么"，则是实践智慧的任务。所以，既然从这个世界中不可能推导出客观价值的存在，既然善恶、祸福界限事先没有划定，那么就只能在行动中划定，指引其方向的就是这条形式性的法则。"惟道是从"这条法则不以建立行为的规范为主要任务，没有为我们的行为制定具体准则和规范，而是为行为主体在具体情境下的道德判断保持开放，以便行为者在具体情境中做出恰当的认识、判断，并采取与之相应的行动。②

"惟道是从"这条宽泛的原则还有一个优点就是具有极大的包容性、非强制性、普适性、慷慨性。老子提倡"善者吾善之，不善者，吾亦善之"（《老子》第49章），"常善救人，故无弃人；常善救物，故无弃物"（《老子》第27章）。他反对因社会地位的差异、血统的不同而区别地对待他人他物，也没有君子、小人的划分，不鄙视和拒绝那些哪怕有道德瑕疵的人，显示了极大的宽容情怀。他提出的"杀人之众，以悲哀泣之，战胜以丧礼处之"（《老子》第31章），即是说战胜后也没有庆功和奖赏，而是一视同仁地哀悼生命的消逝，对战争双方生命的同样尊重和怜悯，

---

① 参见［英］卡尔·波普尔《开放社会及其敌人》第一卷，郑一明等译，中国社会科学出版社1999年版，第122页。
② 德国学者沃尔法特（Gunter Wohlfart）认为道家感应性的道德行为没有自我、没有任何理性反应或推理，也没有任何道德原则。这种"感应的"、同情的反应来自自然的"责任"，超越了道德，在道德原则、法律和义务的意义上也先于道德。道家的感应和响应，这种自然的呼应，不仅指向人类，比儒家的"恕"（人类互惠的原则）更原初。它是与理性无关的心灵的感应。（G. Wohlfart / Tuchan：《道家精神的时代意义——从普遍道德回归道家的"上德不德"》，肖涵露译，载陈鼓应主编《道家文化研究》第二十二辑，生活·读书·新知三联书店2007年版，第280页）

体现了道家之德的普适性。① 老子的三宝之首就是"慈",他还说"天将救之,以慈卫之","慈故能勇"(《老子》第67章),赋予"慈"极高的价值。他的"生而不有,为而不恃,长而不宰"(《老子》第51章),鼓励和辅助万物成为自己,允诺人们追求逍遥、自在、自适的幸福和快乐。因此,老子在提倡"甘其食,美其服,安其居,乐其俗"的稳定与和谐时,还让人去获得"和之至"(《老子》第55章)的人生幸福。

三 "惟道是从"的形而上学性

超越而有强烈意志的天命作为道德的依据是一种居高临下的命令,给人外在的负担和强制,易于把人沦为受制于外在事物的工具。以情感、利益、德性等来源于人的经验性的因素作为人的行为依据,人会丧失目的性的存在本质。并且,人是一种有限性的存在,其经验总是有局限的,不可能形成一个统一和固定的道德观念。单纯以经验为基础建立起来的道德也不能满足道德普遍性的要求。将道德的根据放在经验或情感上无法提供道德的可靠基础,道德于是成为无根基、无原则的漂浮之物,很难成为人们行动的依据。功利主义强调道德的目的是快乐和自由②,但以功利为道德的直接目的,反而会在利益争夺中败坏道德,难以带来社会的稳定与和谐。动机论认为,道德是理性的定言命令③,凡是理性存在者都应遵循。道德的这种先天性决定了它并不是为了人的快乐而设立的,为了快乐和幸福而行为也不具有道德价值,然而,向往幸福又是理性存在者存在的主要动因。因此,让德行与幸福统一,预设上帝和天国的存在是可能的、合理的。可以说,很多宗教提供给人们的都是德

---

① "超越了、放弃了一切价值和道德标准所制造的人为对立,体现了价值的中立性或道德的超越性。"刘笑敢:《道家式责任感与人际和谐》,《文史哲》2008年第6期。
② 穆勒认为:"功利"或"最大幸福原理"是道德基础的信条。参见[英]约翰·穆勒《功利主义》,徐大建译,第7页。
③ 参见李秋零主编《康德著作全集》第4卷,第423页。

行与幸福一致的理想。①

尽管在寻找道德的根基时遇到了种种理论上的困难，我们仍然应该和能够追求最好的生活。只不过这个"好生活"的根基不是所谓的"客观"本质，而是人类通过理性和信仰建立起来的有意义的人生。在这方面，道家将"道"作为道德的根基对我们仍然有启发意义。

"孔德之容，惟道是从"所要寻求的主要不是一种代替其他价值的新价值，而是设定一种原则，作为价值的出发点和立身之地，以便在形而上学的基础上对价值评价的特征和方式进行批判，为道德标准确立一个合理性的基础。"惟道是从"作为一条宽泛的原则，无目的指向、无动机和后果的考量、没有利益的交换和情感的感召、没有具体的德目和规定，具有普遍有效性和形而上学性。所以，"孔德之容，惟道是从"，具有道德形而上学的性质。

第二节　道家之道的信仰特色

"道"不仅是道家哲学的最高概念，是道德的根基，也是信仰的对象，这是道家能转向道教从而成为宗教的原因之一，虽然作为哲学信仰对象的"道"与制定宗教戒律的信仰之道迥然有别。

在老子之前，中国经历了很长时间以"巫"为文化特征的历史时期。后来在中国宗教史上发生了"绝地天通"事件。《尚书·周书·吕刑》记载："乃命重、黎，绝地天通，罔有降格。"阻隔地天之间的交通是希望人神不扰、各得其序、无相侵渎。这意味着人神的沟通开始受到限制、禁止。在绝地天通这一重大举措之后，地和天不能再任由任何人

---

① 道家"孔德"与幸福的一致，没有预设天国，而是在人世间，按道的精神去实践，主体与客体、自我与他者、人与自然、人与社会都会处在和谐中，达到德福的一致。

第一章 "惟道是从"之"德"

随意沟通，曾经密切交往的天上的神与地上的人开始各不相干。但是，"巫"依然存在，只不过被垄断集中到了部落联盟的权力中枢那里。"国之大事，在祀与戎"（《左传·成公十三年》），这些权力中枢频繁地举行各种大型祭祀活动。张光直将中国青铜时代（夏商周三代）人神交往的祭祀活动概括为"萨满式"或巫术性宗教。① 到了周朝，周公"制礼作乐"，出现"周人事鬼敬神而远之"（《周礼·表记》）的时代风气变革，人们的视线从天上转向人间，"巫"开始向"史"转变，世俗性、人文性的"德""礼""法"被突出出来，并催生出诸子哲学，中国历史进入雅斯贝斯（Karl Jaspers）所谓的"轴心时期"②。这个转变对中国人的信仰生活产生了深远的影响。

同样，老子也超越了他那个时代的自然崇拜、原始宗教、巫术和天命思想。他在曾经的最高概念"天""帝"之外提出了更高的概念——"道""自然""无"。如"天法道"，"天"需要效法"道"；如"天下万物生于有，有生于无"（《老子》第40章）；如"吾不知谁之子，象帝之先"（《老子》第4章）；"以道莅天下，其鬼不神"（《老子》第60章）。在曾经的最高神"帝"之前还有"道"。"道"居然能使神妙莫测的"鬼"发挥不了神力。《经法·名理》说："道者，神明之原也。""道"居然还是"神明"的根源。这些观念都显示出"道"是高于"天""帝""神""鬼"的存在。对"道"进行这样的追问有着与原始宗教不同的理性思维的特点。即便如此，我们还是能够发现道论中蕴含着深刻的信仰内涵。③ 道家依然持有信仰，但这已经不是旨在操纵自然的巫术性崇拜和祈求神恩的仪式性祭祀，而是理性地信仰那不可洞悉的宇

---

① 参见张光直《中国青铜时代》，生活·读书·新知三联书店2013年版，第490页。
② 郑开：《德礼之间：前诸子时期的思想史》，第11页。
③ 也许与"道"兼具理性和信仰的维度有关，在老子之后几百年，《老子》一书成了一个制度化宗教的理论基础，变成了道教产生的理论先导，老子也被奉为教主。一位哲学家被直接转为教主，太上老君直接成了"道"的化身，道教以这种方式来道成肉身，这在世界宗教中也极为罕见。在西方，即使柏拉图主义被宗教界人士推崇，用以去证明其神学思想，但也没有把柏拉图直接变为教主。饶有兴味的是，"道"在宗教信仰中比在哲学思辨中得到了更充分的发展，对民族的精神生活产生了深远的影响。

宙之神秘，并以此充实个人的生命、规范行为、引领社会、纯化和提升对超越性存在的信仰。"道"的提出批判和否定了殷周以来的天命神学，指出"道"才是最高的信仰。老子之"道"消解了主宰一切的、遥不可及的"帝"，剔除了"天"的人格神意味，强调"道"的自然性。"道"作为最高的信仰，却并不体现造物主的强制，也不强行干预人间秩序。不仅仅止于此，它还会跟随在万物的后面，辅助万物的自然，让万物成为万物自身。

一 "道"作为终极的信仰对象

对"先天地生""自本自根""自古以固存"的超越了人类经验的终极根源之"道"的认识，有两种途径，一是通过理性推导其必有，二是通过信仰体悟其实有。

当老子说"有物混成，先天地生"，在天地之先"道"就存在，且"独立而不改、周行而不殆"之时；当庄子说它"自古以固存"，即它自古及今就一直在那里之时；当《管子》说"道也者，动不见其形，施不见其德，万物皆以得，然莫知其极"（《管子·心术上》）之时，这些判断都表明，我们作为有限者无法经验到它，是"不可致诘"（《老子》第14章）的。我们不能将之作为依靠理性去认识和证明的知识对象，但我们却如此笃信其永恒存在，唐逸称之为"信仰情怀"[①]。康德曾经对上帝存在的本体论证明、宇宙论证明、设计论证明都一一进行了批驳[②]，认为用实证的办法、用求知的方式去认识超越性存在是理性的狂妄。信仰的问题应由信仰来解决。不能确知，依然相信，信仰是需要智慧和勇气的。

《老子》的其他表述也蕴含对"道"的信仰。典型的如老子说"道"

---

① 参见唐逸《荣木谭——思想随笔与文化解读》，商务印书馆2000年版，第187、189页。
② 康德在《证明上帝存在唯一可能的证据》一文中详细对上帝存在的本体论、宇宙论证据等进行了批判。康德认为"在我们归为两大类的四种可以设想的证据中，无论是笛卡尔学派的证据，还是借助分解一个非依赖性事物的概念而从存在的经验概念得出的证据，都是错误的、完全不可能的"。李秋零主编：《康德著作全集》第2卷，中国人民大学出版社2004年版，第167页。

第一章 "惟道是从"之"德"

是"玄之又玄"①。老子用表示幽远、深藏、隐秘、神秘、黑暗的"玄"字描述"道"。"玄"所包含的这些意义都指向某种神妙莫测、高深玄远的存在。这表明"道"具有相当的神秘性。又如，老子说"道者，万物之奥"(《老子》第62章)②。"奥"字如"玄"字一样也深含宗教意义，说"道"是"万物之奥"，是说"道"在尊处，居祭祀之所，能荫庇万物，具有超验性和神圣性，是万物祈求、信仰的对象。

老子还具体描述了敬畏这个对象的状态。他说："古之善为道者，微妙玄通，深不可识。夫唯不可识，故强为之容：豫兮若冬涉川；犹兮若畏四邻；俨兮其若客。"(《老子》第15章)在这个存在面前，人们是如此谦卑顶礼、虔诚悚惕、充满敬畏。老子接着说"古之所以贵此道者何？不曰求以得，有罪以免耶？故为天下贵。"人们之所以把"道"当作尊贵的对象，是因为我们向它祈求便能遂愿，甚至罪得赦免。老子还说：

> 昔之得一者：天得一以清；地得一以宁；神得一以灵；谷得一以盈，万物得一以生；侯王得一以为天下正。(《老子》第39章)

"一"在《老子》中发挥着"道"的功能，"得一"就是"得道"。得到这个"道"，天、地、神、谷、侯王就能各安其位，发挥各自的作用。庄子也提到过因为"得道"，事物都成就了各自的目标。他说：

> 夫道有情有信，无为无形；可传而不可受，可得而不可见；自本自根，未有天地，自古以固存；神鬼神帝，生天生地；在太极之先而不为高，在六极之下而不为深，先天地生而不为久，长于上古而不为老。豨韦氏得之，以挈天地；伏戏氏得之，以袭气母；维斗

---

① "玄"字在语义学上有如下含义。王弼注解说"玄者，冥也，默然无有也"。《说文》说"冥，幽也"；"玄，幽远也"。《广雅》说"冥，暗也"。
② 王弼注解该字道："奥，犹暖也，可得庇阴之辞。"即说"道"能够庇护万物。"奥"在《说文》中解释为："宛也。室之西南隅。"段玉裁对此注解说："室之西南隅，宛然深藏，室之尊处也。"《礼记·曲礼》曾提到"为人子者，居不主奥"。《仪礼·士丧礼》也说到祭祀"设于奥"。

得之，终古不忒；日月得之，终古不息；勘坏得之，以袭昆仑；冯夷得之，以游大川；肩吾得之，以处大山；黄帝得之，以登云天；颛顼得之，以处玄宫；禺强得之，立乎北极；西王母得之，坐乎少广，莫知其始，莫知其终；彭祖得之，上及有虞，下及五伯；傅说得之，以相武丁，奄有天下，乘东维、骑箕尾而比于列星。（《庄子·大宗师》）

综上可见，老子对"道"的描述和认定有着深厚的信仰情怀。对"道"的信仰不是对自然现象的直接崇拜，不是对民族杰出人物的膜拜，不是信奉彼岸的他者。老子突破了他那个时代的对自然现象、天、帝、鬼、神的信仰，却没有否认信仰本身，而是转向了对"道"的信仰。对"道"的虔信表达了一个深刻而简单的思想，即深信存在着一种"终极实在"，一个超越的本原。

二 信仰对生命的安顿

人类通过理性推证本体和通过直观进入信仰的原因是深刻的。宇宙万物包括人类自身，都无时不处于生灭变化之中。在生生不息的宇宙之中，如何理解人的存在？生命究竟有没有意义？人应该以怎样的方式存在？人的存在有什么原因和目的？生命难道就是各种毫无目的的偶然，也没有非得要到的地方？人与世界之间有没有稳定的联系？种种疑问带来人存在的不安。一切都有原因，只有当整个世界也有前提、有原因时，人的存在才有终极的理由，那根会思考的芦苇，才有一个安顿的去处。所以，对宇宙最终合理性的期待、个人最终会在这合理性中得到安顿的信赖感是人的意识深处最为执着的一个问题。当这种对宇宙合理性的期待变成自觉的精神诉求时，就成为宗教产生的根源。[①]

"道"作为道家的终极理念，是无所不覆、自生自化、永恒存在、

[①] 参见唐逸《荣木谭——思想随笔与文化解读》，第187—189页。

派生万物的形而上的宇宙本体。"道"如此重要，但它具体是什么，却是我们无法知道的。"得道"甚至也不能用语言来表达。庄子形容这种状态为"形解而不欲动，口钳而不欲言。……心困焉而不能知，口辟焉而不能言，故游心于物之初"（《庄子·田子方》）。由于知道其不可知，以至于道家，甚至后来的道教都没有发展出那种深究神圣意志结构、揣摩神圣计划、探索神圣意志的神学。试图通过理性去认识和把握超越领域是理性的妄想，因为在超越的世界里，因果关系终止了，找不出任何规律。在感性、知性和理性三者之间，向下落实则走向物理学、化学的世界。在这个世界，获得的全部是科学规律和不可改变的东西。在物质的世界里，没有自由可言，所遇到的基本上都是必然性，能够被自然发展观、必然性、客观规律性左右；但是，越是向上，精神越丰富，到了理性，甚至产生了妄想。当然，康德对理性的限制并没有贬低理性的意思，因为在理性能达到的范围内，他坚持要树立理性至上的权威。但在理性之外，可以由信仰去把握。那种认为理性万能的唯理主义、科学主义，把理性夸大到它本不可及的领域，认为一切存在都可以为理性所认识。这就造成下面的后果：把理性达不到的领域理性化，也即将信仰领域理性化，而事实上又不能实现理性的占有，从而成为迷信。迷信不是非理性领域的信仰，而是对理性领域采用信仰和在非理性领域强作理性化的结果。

　　道家倒是客观地先认识到"道"不可知，没有强行给人类的理性不可完成的任务，赋予"道"确定的名称和内容，而是提出了另外的途径来面对信仰。老子说："为学日益，为道日损。"（《老子》第 48 章）。"为道"主要是虔信，是敬畏、体悟和直觉，以"得道""合道""归真""返朴"为终极目标。"为道"面对的是一个超出了经验和因果律的世界，在经验对象中找不到它的对应者，也不能依靠逻辑推理来找出其规律和必然性。所谓超越，就是无法在经验中直接得到其对象，必须借助人的信念、想象、思索等才能"显现"的存在和力量。老子主张"不出户，知天下；不窥牖，见天道"，认为"其出弥远，其知弥少"（《老子》第 47 章）；庄子提出"堕肢体、黜聪明，离形去知"，"坐忘""心斋"(《庄子·大宗师》)等,就是试图用知觉感官之外的超验方式去把握"道"的种种努力。"为道"也不仅仅是出于经验的原因,如对功利得失的计算,而是在内心深处直接感受其召唤,人们自愿追随和向往神圣的境界、超越的力量。因为它,而使自己一往无前、随心而行,生命潜能得到充分的展开,精神得以极大的纯化和提升。

"为学"和"为道"蕴含了追求知识和追求信仰的不同原则和方法,揭示出世俗生活与信仰生活的某种张力。只有排除世俗的主客观干扰,通过虔诚的信仰,才能走向神圣,与道合一。德国神学家埃克哈特(Meister Eckhart)也曾提倡用与日常认识相反的方式才能达到对上帝的认识。他说:

> 如果灵魂想要认识上帝,那它就必须把自己忘记掉,必须失去自己;因为,只要它还在看着和认识着自己,那他就看不到和认识不到上帝。而当它为了上帝的缘故而失去了自己并且抛弃万物时,它就在上帝里面找到了自己。①

基督教最终与上帝同在的感觉与道家的"心斋""坐忘",与道合一的境界有相似之处。这种通过超越世俗,全身心去体悟以接近并参与到终极实在之中的方式主要是一种直观。在直观中,主体和对象处在一种能够应答的经验性关系中,主体直接地、内在地、独自地参与到超越、无限而神秘的实在之中,与之融为一体,并因此而最终获得了自身。所以,对于信众,有两个世界和两种不同的真理来源。② 那种通过"日益"获得的"为学"的真理,是独立于信仰之外的知识性真理,是与我们相分离的,是我们必须遵循和服从的真理,正如我们必须按自然规律办事一样。但与"为学日益"相提并论的"为道日损"则试

---

① [德]埃克哈特:《埃克哈特大师文集》,荣震华译,商务印书馆2010年版,第363页。
② 克尔凯郭尔(Soren Aabye Kierkegaard)认为,"存在之层面有三个:审美的、伦理的和宗教的"。前两者属于世俗世界,最后一个阶段属于宗教世界。[丹麦]克尔凯郭尔:《人生道路诸阶段》,京不特译,商务印书馆2017年版,第641页。

图表明,"为道"的信仰也是真理,是信仰的真理,是我们需要参与其间、溶于其中的真理。信仰的真理是实践的,不是知识的,其重点不是认识其对象,而是引导认识者拯救和提升他自己。信仰的真理是自我规定的,并将决定我们的处世态度、价值观念、生活目标和人生归宿,是可以为之生、为之死的真理。它可能是现实中不存在或难以实现但在信仰中可以建立起来的世界,人们可以借此安顿个人的生命、规范社会生活、提升人的精神,将世俗社会建设得更为合理,使我们可能生活在一个充满神圣意义的世界之中。这个真理与客观的"为学"的真理同样甚至更为重要。

三 信道的特色

道家将"道"作为最高信仰,代替了"天"的地位。由于"道"具有"无"的特点,没有固定的形态,也没有统一的标准,信仰"道"就不是信仰一个固定的、统一的、外在的他者,而是把不确定和变化本身接纳在信仰之中,与之合一而随同变化,其中有让人忘我、感人至深、震撼心灵的美感和神圣感。"道法自然","道"这个最高的本体没有居高临下的指引人,反而降贵纡尊来顺应人,努力去成就个体的价值。个体价值的维护、个体差异性的实现,需要一个尊重他人、宽容异己的包容性社会,在法律、道德、信仰的共同作用下保持社会的基本秩序,将人安顿在不同的产生归属感的群体中,并将人类凝聚为一个大的、有神圣性的共同体。

(一)接受变化

上面提到,宗教信仰源于人对生命意义的追求、渴望对世界的理解,希望找到与世界的稳定联系,赋予生活意义以安身立命。由于人的局限性,我们对世界的理解就是有限的,只能用在某种条件下得到的关于世界的某种知识和思想习惯来解释世界。这种知识是将变化的世界抽离、定格后得到的片面认识,人们往往容易将这种一孔之见的认识固定下来,并用这种静态的知识支撑和维系动态的社会。这些知识和解释牺牲了世界的可变性与流动性，造成了僵化和阻碍。道家的信仰没有因为要维持某种稳定的秩序而把"道"固化为一种超越存在，赋予它生杀予夺的大权，让人臣服于它之下，只有安抚它、讨好它才能求得经验性回报。与此不同，道家是将变化、不确定本身作为一种确定现实加以接受。由于万物在变，人在变，种种变化交织在一起，在这个变化之流中无法把"我"和这个世界分开，人、万物在不断的流变之中相互成就着对方。"道"也在随之流动和变化，使得世界错综复杂、常变常新、生机勃勃。

"道"是互相依存着的事物的总和，这些事物都处在连续变化的过程之中。所以"道"不是已经完成了的、静态的实体，而是处于永恒的生成变化之中的过程。相对于信仰一个实体来说，道家的信仰偏向于过程。道家的宇宙不是一种稳定的形态学意义上的宇宙，而是处于创造性的变化之中的宇宙。当人们习惯于用一个"实体"作为知识和安身立命的根基时，道家告诉世人世界处于永恒的生成和变化之中。它不试图去寻找变化的、运动的、可感的现象世界背后那真实的、永恒的、静止的本质世界，而是把变化的、运动的、可感的现象世界接受为真实，认为自由的运动、变化的偶然性对于世界具有重要的意义。

基于这样的认识，道家的态度是"翛然而往，翛然而来"（《庄子·大宗师》），"安时而处顺"（《庄子·养生主》），在大化流行中安身立命、与时偕行。庄子所谓的"与物迁移""随物同游""与物同化""与物皆昌""与物终始""与物宛转""与物委蛇而同其波"等就是以审美的心态对变化的接纳与适应。

现代哲学家怀特海（Alfred North Whitehead）从本体论上把"过程"看作实在，把实在看作过程，认为整个宇宙是由各种事件、各种实际存在物相互连接、相互包含而形成的有机系统。他反对传统的实体实在论观点，认为构成世界的最终的基本单位不是实体，而是由性质和关系所构成的"有机体"。有机体的根本特征是活动，活动表现为过程，整个宇宙是一个生生不息的活动过程。他说："用物理学的语言来说，从唯物论向'有机实在论'的这种转化——正如这种新的观点可以被称呼的那样——是用流动的能量概念取代静止的质料概念。"①

在诸神隐退、信仰缺失的世俗时代，何以有现代人诗意栖居的自由？这是海德格尔（Martin Heidegger）从存在论层面的自由运思走向生存论意义上的自由的终极关切。海德格尔对自由的深层追寻最后指向这样一种自由的态度，即"向着物的泰然任之"和"对于神秘的虚怀敞开"。②怀特海的过程哲学、海德格尔的存在主义迥异于西方传统的主流哲学，而与道家思想有相通之处。

道家接纳了信仰对象的不确定性，并希望顺随其变化。相对于固定的准则和信条，这样的开放性信仰给追随者无疑带来了更大的挑战。它要不断面临无法预见的未知领域、无限开放的宇宙、错综复杂的事件。冒险进入这个领域需要巨大的勇气，充满艰辛会遭遇失败，但也带来了创新和奇妙，实现了自由。莱辛（Gotthold Ephraim Lessing）在《再答辩》中说：

> 人的价值与其在于掌有真理，毋宁在于追求真理中付出的努力与艰辛；因为人的能力不是通过掌有真理，而是通过探求真理而获得。在这追求中，人方能不断地完善自我；而掌有却令人怠惰傲慢。假若上帝右手持着全部真理，而左手持着追求真理的艰辛和失误，命我抉择的话，我便要谦卑地奉取左手之握，称：天父啊，赐我左手，绝对真理永归天父。③

道家的信仰正是如此，即使在信仰的不确定中充满困苦、迷惑、失误，也不愿将之固化为绝对的真理，并以真理的掌握者自居，盛气凌人地宰制万物。由于对自身有限性的认识，"道"的追随者是谦逊的，像老子那样"被褐怀玉"，能够欣赏万物的差异，理解各自的立场，接纳

---

① [英]怀特海：《过程与实在》，杨富斌译，中国城市出版社2003年版，第564页。
② [德]海德格尔，孙周兴、王庆节主编：《海德格尔文集：讲话与生平证词（1910—1976）》，孙周兴等译，商务印书馆2018年版，第630页。
③ 转引自唐逸《荣木谭——思想随笔与文化解读》，第208页。

彼此的不完美，并尽量成全他者。

（二）发现自我

"道"是道家的最高信仰。相较而言，曾经的最高信仰"天"有强烈的意志和作为，有权威性，能够直接干预人间事务，如震慑帝王的"天谴"、预示改朝换代的"天命"、以"替天行道"名义进行的各种行为等。对于"天"，必须有恰当的祭祀以期风调雨顺、国泰民安，且只有帝王才有资格祭天。① 以"天"为最高信仰的传统社会具有"一体化"的特征，被认可的学说在这种一体化的社会结构中决定了所有社会成员共同的世界观与价值取向，它论证了整个社会如此存在的合理性，成为当时社会的主流意识形态，占据着垄断的地位，维系着整个社会的秩序。

但"道"作为最高信仰，创生了万物，却没有掌控和决定万物命运的强势作为，反倒是谦逊地顺应万物，让万物成为万物自己。"道法自然"，"自然"即自然而然，它包含了流变过程中单个物的独特性。个人去发展那种独特性就符合了"道"，就是"道"。所以对"道"的信仰，一是对宇宙之无尽奥秘的敬畏，这种敬畏本身不带来强制。二是希望与终极实在趋近乃至合一的渴望。这并不是在信仰任何外在的、高高在上的他者，反倒是"道"屈尊自己来随顺万物，尊重世间万物的种种差异，并辅助着各种差异的充分展开。所以，对"道"的信仰没有统一的形态，趋近"道"也没有统一的方式。"道"把权力下放给了人类自己，让人成为他自己思想的主人。每个人都可以按照最能使自己心灵获得安顿和幸福的方式"得道"，发现并实现自我。"得道"就是一个充分实现了的"我"的完成。正如费希特在《论人的使命》里提到的，

> 人的最终和最高的目标是人的完全自相一致……在人的概念里包含着这样一个意思：人的最终目标必定是不能达到的，达到最终目标的道路必定是无限的。因此，人的使命并不是要达到这个目

---

① 《礼记·曲礼》记载："天子祭天地，祭四方，祭山川，祭五祀，岁遍。诸侯方祀，祭山川，祭五祀，岁遍。"

标。但是，人能够而且应该日益接近这个目标；因此，无限地接近这个目标，就是他作为人的真正使命。……完善就是人不能达到的最高目标；但无限完善是人的使命。①

"得道"即自我的完成，这是没有标准答案的题目，没有固定终点的旅程，却引领着世人提升自己的精神境界，使人生充满美好和神圣。林同济1980年在美国的演讲《中国思想的精髓》中说：

> 在发展我们人格的同时，我们是在实现自己的内在本质。在实现自己内在本质的同时，我们也在实现宇宙的本质……你在神的身上发现人，在人的身上也能找到神，二者合二为一。所以，以神的方式行事，你就是在以自己的方式行事。……自己和宇宙是同一个东西。……世界知名的各种宗教用诸如转世或救赎之类的概念来超度灵魂，但时空仍然沉甸甸地压在人的心头。只有道家弟子才能获得那种奇特缥缈的、似乎包容了时空的灵性。②

林同济对道家之向往与宇宙合一、人即神等思想的理解是深刻的。在现代社会，人的终极命运成为形而上学的核心问题。道家的上述超越性特征为解决现代人的形而上学困境提供了思路。"你在神的身上发现人，在人的身上也能找到神，二者合二为一。"③ 马克思在肯定路德的宗教改革时说：

> 他破除了对权威的信仰，是因为他恢复了信仰的权威，他把僧侣变成了世俗人，是因为他把世俗人变成了僧侣。他把人从外在的

---

① [德]费希特：《论学者的使命、人的使命》，梁志学、沈真译，商务印书馆2005年版，第10—12页。
② 林同济：《中国思想的精髓》，《中国心灵——道家的潜在层》，载林同济《天地之间：林同济文集》，复旦大学出版社2004年版，第203、187页。
③ 林同济：《中国思想的精髓》，《中国心灵——道家的潜在层》，载林同济《天地之间：林同济文集》，第203页。

宗教笃诚解放出来，是因为他把宗教笃诚变成了人的内在世界。①

对宗教的批判最后归结为人是人的最高本质这样一个学说，从而也归结为这样的绝对命令：必须推翻那些使人成为被侮辱、被奴役、被遗弃和被蔑视的东西的一切关系。②

同理，我就是道，道就是我，得道就是发现并实现自我。在对自然的崇拜、对民族或国家等组织形式的崇拜中，"我"是隐形的。顺应自然的道家通过信仰把被忽略的"我"变为显性的"我"。"道"在内心生活中展示自己，从客观回到主观。客观化的"道"就是"我"，"我"就是"道"。"我"不需要证明，我的任何情绪、感觉都可以证明"我在"。但"我"并不等同于我在，"我"不同于我的情感、精神，不是我本身，它们只是我的属性。"我"不能用概念、范畴、知识去归纳，不能成为知识，但"我的"可以成为知识。所有的"我的"都附属于我，其实还不是"我"。"我"是一切"我"的前提，但一切"我的"，都是经验性的，与"我"不相同。因此，作为一切"我的"之"我"，是先验的、不可知的，是能够知道、想要知道一切的条件。这是非常个人化的信仰，以每个独立个体为最终目的。自己是信众、是牧师、是僧侣，是自己拯救自己。

为了真正发现自我、塑造自我，就需要一个政教分离、信仰自由的社会。以"道"为最高信仰的道家本身就没有强烈的建制化的企图，没有以制度的形式来表达人与神圣意志的沟通，以此来加强对神圣意志的确认和信仰，并形成独立于个人、政权之外的另一种社会组织形式。道家本有无为而治、让信仰独立出来的倾向。经过人类近三百年来的争取，道家信仰中尊重个体的理想已经在《联合国宪章》（1945）、《世界人权宣言》（1948）等文献中得到了明确的规定。

在信仰上，现代社会最大的变化就是政教分离。过去能够一统天下之世界观和价值观的宗教，随着信仰的私人化和社会的分化丧失了其意

---

① 《马克思恩格斯全集》第3卷，人民出版社2002年版，第208页。
② 《马克思恩格斯全集》第3卷，第207—208页。

识形态方面的核心地位，个人获得了相对于组织的独立性，信仰变成了个人自己的事情。同时，现代国家也不再像传统社会那样需要利用宗教来进行组织，通过神道设教把信仰与权力结为一体，并把信仰融合在国家权力之中。现代国家放弃了拯救公民灵魂的工作，放弃了它千百年来对个人精神领域的掌控，把拯救灵魂的事情交由私人和社会。对于信仰，政府的责任只限定在保护宗教信仰自由，容许每个公民享有相同的选择自己信仰的权利，而不是去宣扬或压制任何宗教。政府在不同宗教之间保持中立。在这种情况下，放弃了宗教权力的政治可以走上更现实和理性的道路；放弃了政治权力的宗教，也不再需要依附于世俗的权力结构来推行。这就使得精神的事可以回归到精神本身，而不必再借助于与宗教信仰无关的世俗政权。由于政教的分离，个人信仰的资源不再由一个具有普遍效力的宗教来承担，个人可以以自己的判断、认定去信仰宗教或不信仰宗教，而不以权威为依据，这就超越了只有一个宗教、一个精神领袖垄断真理的局面。洛克说：

> 对于那条通往天国的唯一小路，官长并不比其他人更熟悉，因此我不能放心地让他来充当我的向导。因为对这条道路他可能同我一样的无知，而且他肯定不象我自己那样关心我的灵魂得救。[①]

个人把终极存在想象成什么样完全是个体自己的事情。个体可以拥有更多的自由和能力去寻求他认为适宜的象征，发现并创造自己的意义体系。这就给个人的精神信仰留下了一个未加组织和决定的领域，每个人都获得了历史上前所未有的个人自主生活的机遇。在这种情形下，个人必须成长、成熟起来，承担起拥有自由而带来的一切责任，去寻找并创造承担个人生命意义的信仰。相对于公共宗教，私人信仰是秘密的、不公开的，仅与个人命运相联系，更加关注个人的生存境遇和自身体验，维系每个个体特定的亚世界。

---

① ［英］洛克：《论宗教宽容》，吴云贵译，商务印书馆1982年版，第21页。

宗教的私人化是现代社会最具革命性的事情。但是，不管现代社会的形式结构如何变化，宗教如何私人化和世俗化，根植于人内心世界的宗教性却仍然完整地存在着，人对生命意义的探寻依然如故。所以，宗教因此会获得前所未有的空间。① "人事实上在自己的主观意识内，在自身的'深处'的某个地方'发现'了宗教。"② 这样的自我宗教让信众减少了来自统一教规或权威教义的束缚，从而可以更加专注于自己内心的精神世界，专注于信仰本身。当然，信仰也不再把功利看成自己的核心目标，并不去关注行为所带来的可预期的结果，人们不计利害地、超然地、不为外物所累地展开自己的信仰生活。因为内心的充实、信仰的丰富，人们更能在见素抱朴的简单生活中怡然自得。人们没有损失感，也没有强烈的求回报的意念，只关注生命活动中是否体现着自己的意志，是否能倾听到自己内心的声音，是否能按照自己的良知行事。只有为自己的生命价值所接受和认同的信仰才是自己真心坚持和拥戴的信仰，才是他真正需要的信仰，也只有这种信仰才能被信仰者努力践行，成为指引其前行的精神动力。

（三）与人共在

人们信仰"道"，但"道"却要来效法万物并"辅万物之自然"。"道不违自然，乃得其性，法自然者，在方而法方，在圆而法圆，于自然无所违也"（王弼《老子注》第25章）。万物各各不同，"辅万物之自然"也即辅助万物各自之独特性的完成。前面提到，在对"道"的信仰里人们发现了自我，以充分发展了的自我作为最高目标。每个自我各各不同，追求不同，信仰不同。这种不同是在一个共同体内与他者相比较而显现出来的。共同体是我们与他人共在的基础。这就需要建立一个既能保护和实现个体独特性，又能维持共同体基本秩序的社会。在维护共同体方面，虽然主要靠法律和道德，但信仰也有重要的意义。对某种精

---

① 参见韩军《宗教私人化的现代反思》，《贵州民族学院学报》(哲学社会科学版)2010年第3期。
② [美]贝格尔：《天使的传言——现代社会与超自然再发现》，高师宁译，汉语基督教文化研究所1996年版，第177页。

神性存在物的信仰和实践能将其信仰者团结为政治的、文化的、道德的团体，并维系这个团体的持续存在。宗教能激发、维持或者重建集体中的某些心理状态，提供意义和象征体系、价值标准，人们依赖这些去解释世界、表达情感、作出判断、采取行动。这些基本的共识构成对个体的某种约束，避免了因私人信念各各不同，离心力太大，走向极端时引起的对社会的离散性。

所以，信仰除了安顿个人的心灵，对于维护一个共同体也是非常必要的。在保护个人自由信仰不同宗教的基础上，道义认同、价值共识同样有助于一个共同体的存在。即使在经过了世俗化洗礼的现代国家，宗教信念仍然是人的各项权利的合法性基础，为某些政治进程提供超越目标、赋予政治权威以宗教上的正当性和神学上的保障。关于宗教在维系现代社会方面的重要性，霍布斯（Thomas Hobbes）、施米特（Carl Schmitt）、卢梭、托克维尔（Alexis Charles Henri Clérel de Tocqueville）等都有过论述。在《利维坦》中，霍布斯强烈主张主权者对于国家意识形态的掌控，表现在那个时代就是主权者一定要通过王权来统一教权。施米特则有这样的担心，他说：

> 但就在这个地方，也就是一统宗教和政治之主权的登峰造极处，那若非如此便完整无缺而且无可匹敌的统一体中出现了断裂……在这个断裂中，他马上认出了现代自由主义的重大缺口，这缺口可以使霍布斯所奠定和意欲的内外、公私关系转向其反面。①

孙向晨评论说：

> 当公共权力只想保持其为公共的时候，当国家像霍布斯设想的那样，只要把内心信仰赶入私人领域就可以万事大吉时，一种沉默

---

① ［德］施米特：《霍布斯国家学说中的利维坦》，应星、朱雁冰译，华东师范大学出版社2008年版，第93—94页。

的、安静的反作用力则会在内心茁壮成长起来，外在的势力看似很强大，但在这种内外之别中，内在对外在具有优越性，私人对于公共也具有优越性，这种优势得到了实质性的确认。最终人民所具有的内在纷乱必然会导致纯粹公共和纯粹外在的权势因其空心化而丧失生命力。①

施米特于是提出了一种纳粹式的民族宗教，通过政治强权而建立民族信仰。卢梭也论证过信仰对于共同体的意义。他说：

> 一旦人们进入政治社会而生活时，他们就必须有一个宗教，把自己维系在其中。没有一个民族曾经是，或者将会是没有宗教而持续下去的。假如它不曾被赋予一个宗教，它也会为自己制造出一个宗教来，否则它很快就会灭亡。②

托克维尔同样非常看重基督教在美国民主体系中的作用：

> 法律虽然允许美国人自行决定一切，但宗教却阻止他们想入非非，并禁止他们恣意妄为。③

现代社会的公民宗教既希望维持个人的信仰自由，又希望维持个体对共同体的忠诚以避免社会分崩离析。孙向晨认为这几位学者中以卢梭对"公民宗教"信条的总结最为经典。

> 公民宗教的教条应该简单，条款很少，文词精确，无需解说和诠释。全能的、睿智的、仁慈的、先知而又圣明的神明之存在，未来的生命，正直者的幸福，对坏人的惩罚，社会契约与法律的神圣

---

① 孙向晨：《公民宗教：现代政治的秘密保障》，《复旦学报》（社会科学版）2012年第6期。
② [法]卢梭：《社会契约论》，何兆武译，商务印书馆2003年版，第167页，注1。
③ [法]托克维尔：《论美国的民主》上卷，董果良译，商务印书馆1988年版，第339页。

性——这些就是正面的教条。至于反面的教条，则我把它只限于一条，那就是不宽容；它是属于我们所已经排斥过的宗教崇拜的范围之内的。①

卢梭提出的公民宗教这几条宽泛的信条能够最大限度地承载已有的多样性宗教和传统，限制它们对社会秩序的破坏，同时成为一种对民族进行宗教的自我理解的真正载体。

从道家思想中也能推出一些维护共同体的基本的信仰共识，如尊重与保护生命、追求超脱的精神境界和自由，使物我都能自足其性，促进互相之间的平等交流、欣赏、对话和补充等。道家期待充分发展的个人，期待一个无为而治的政府减少干预，期待这个制度保护人们按照他们喜欢的方式生活，安其居、乐其俗，期待没有战争，没有欺诈，人们内心善良、纯朴，又富有创造性等。这样的信仰易于形成敬畏、宽容的心灵倾向。在重建信仰、尊重信仰、促进宗教对话和人类和平的当今社会，这些共识对于维持一个共同体也有着举足轻重的作用。

实现宽容和多样性需要自由开放的社会环境，允许进行充分自由的讨论和各种信仰之间的对话交流，寻求人类更为深刻的共识。所以，底线式共识与政教合一的强制性的信仰不同，遵循的是宽容、自由、开放的原则。道家鼓励信仰的多样化和对信仰的宽容。在这个共同体中，人们对自我的局限要有充分的认识。如果认识不到这一点，以为自己掌握了最高的真理，并希望将之普遍化而让所有人信仰，就是傲慢而专断的。庄子曾嘲笑井底之蛙以自己为中心，以为天下之大就在一口井之内。他在《秋水》篇中描述河伯在秋水到来之时以为"天下之美为尽在己"，当他顺流而东行，"至于北海，东面而视，不见水端"，于是望洋兴叹，认为自己先前的浅见真是贻笑大方。北海若告诉河伯说：

> 井蛙不可以语于海者，拘于虚也；夏虫不可以语于冰者，笃于

---

① [法]卢梭：《社会契约论》，何兆武译，第182页。

时也；曲士不可以语于道者，束于教也。今尔出于崖涘，观于大海，乃知尔丑，尔将可与语大理矣。吾在天地之间，犹小石小木之在大山也，方存乎见少，又奚以自多！（《庄子·秋水》）

庄子的这段话是对个体局限的认识和提醒。维特根斯坦通过严密的逻辑推导得出这样一个结论，他说：

> 每个对相对价值的价值判断都是一个纯粹的事实陈述，因而可以表述为这样的形式，即它失去了价值判断的一切表象……尽管所有的相对价值判断都可以表现为纯粹的事实陈述，但没有任何事实陈述可以是或包含着关于绝对价值的判断。[1]

每个人都是有局限的，把我们那一偏之见普遍化，带来的都是人类的不幸。汪伊举在《理论、真理、后革命》中提到：

> 认为我表述的理论不过是我个人的思想观点和情感的显示比宣称我的理论是真理或走近真理更符合事实。多少自称为真理的理论，经过历史的冲刷后，最后被证明它也不过是个人的思想、臆想和空想的表达……不管理论制作者在主观上是否愿其理论影响社会、影响它人，在客观上则是在寻找着它的交流者、共鸣者、欣赏者和对话者。因此，在后革命时期，理论虽不追求真理化，但却在寻求共识。共识是一种平等交流和补充的关系，真理化则是上对下的教育与被教育的关系。[2]

历史和事实告诉我们，将个人、组织、机构、主义等有限的东西当成信仰对象，都会带来冲突、流血和战争。现代社会是多元文化社会，

---

[1] ［奥］维特根斯坦：《关于伦理学的讲演》，《维特根斯坦全集》第12卷，江怡译，第3—4页。
[2] 汪伊举：《理论、真理、后革命》，《学海》2003年第2期。

没有一种信仰能一统天下。人人有信仰自由,个人的信仰也就不可能普遍化为全社会的统一信仰。当今世界维系多元社会的方式,是在制度、法律和社会基本共识的基础上,个人根据自己的选择而拥有不同的宗教身份。信仰自由尤其需要加以保护,因为它是人类心灵最深处的决定、认同和追求。压制这样的信仰就是在心灵最深处对同类的压制。[①]自由是最高的信仰,而信仰的自由也是最为根本的自由。现代社会普遍接受信仰自由,把宗教信仰当作个人的精神权利。这一权利,既成为精神的权利,也是人的所有其他权利的基础,这已为世界大多数国家和国际组织所承认。

信仰与道德、法律共同参与了人们对于社会秩序的构建和认同。信仰是一种特殊的情感和心理体验,一旦信仰者对信仰对象有一种积极而自觉的认识、情感和态度,他就会营造一种更加良好的、内在的、持久的精神环境,其道德行为就更具有自觉性和持久性。信仰于是成为法律规范和道德要求的一种有益的补充。

(四)与道合一

"上帝已死",宗教日益世俗化了,其功能日益被取代,如中国近代以来,就有以哲学代宗教、科学代宗教、伦理代宗教、美学代宗教等种种取代宗教功能的思考。作为一种复杂的社会现象,宗教包含了人类社会得以维系的几乎全部要素。宗教不仅仅是安顿个人生命的个人的信仰,也不仅仅构建着现实之外的天国和地狱,宗教其实也从未置身现实社会之外,而是一直与其他社会因素互动,互相影响、互相塑造、互相改变。失去信仰的人类会进入虚无之中。一旦失去超越的信仰,没有神圣的敬畏,缺乏最高的价值支撑,人会处于一种无根基的状态。人是有限和脆弱的,也难以容忍无边的空虚、黑暗、无限,以及对此的无知和无助。宗教是希望的一种特殊表现形式。人有宗教性,人类对超越世界的信仰体现了人类有努力去理解无限的心理动机和能力。宗教大多信仰超自然的东西,由于人自己的天然局限性,通过信仰超自然的东西却赋

[①] 参见唐逸《荣木谭——思想随笔与文化解读》,第187—189页。

予了人自己无限的能力。对某物的信仰会作用于人的良知,给人带来抚慰和力量,产生一种令人鼓舞的影响。宗教信仰也使人对道德秩序有坚定的信念和执着的追求,促使人们在道德上进行自我完善。宗教还会从真、善、美扩展到神圣,神圣是宗教所独有的。因此,现代社会依然需要人的这种宗教性的导向作用。

当今社会需要重建信仰,需要一种建立在对宇宙的本质唤起敬畏的洞见基础上的意义感。道家接受变化,能将诸种不确定整合为流动的秩序。它能为信仰生活提供充满活力的宇宙论和认识论支持,兼容维系共同体的宽容、自由、开放性原则,让迷茫而绝望的人们看到生活的希望和意义,为人们的生活提供指引,推进社会的合理和进步,维护一个与他人共在的、神圣的共同体,最终与道合一,产生敬畏之心,使世界充满神圣感。

第二章 "一,道也,设诚":转向道教的教化

前面已经提到,老子的"孔德之容,惟道是从"作为一条宽泛的原则,无目的指向、无动机和后果的考量、没有利益的交换、没有具体的德目和规定,具有普遍有效性。道家之"德"是哲学性的,对"道"的信仰是理性的信仰情怀,但《老子》经过汉代人的注解,开始具有宗教色彩而成了宗教的经典,老子也从哲学家成为道教的神仙——太上老君。

对《老子》的注解,虽然从战国时期就已开始,但是大规模的诠释却始自汉代,这些注释使《老子》焕发出新意。[①]这些注虽同属对《老子》的注解,取向却各不相同。它们主要不是还原《老子》本义,而是"六经注我",通过注释发挥注家自己的思想。最早注解《老子》的韩非子曾说:"故孔、墨之后,儒分为八,墨离为三,取舍相反不同,而皆自谓真孔、墨,孔、墨不可复生,将谁使定后世之学乎?孔子、墨子俱道尧、舜,而取舍不同,皆自谓真尧、舜,尧、舜不复生,将谁使定儒、墨之诚乎?"(《韩非子·显学》)宋末元初道士杜道坚在《玄经原旨发挥》中说:"道与世降,时有不同,注者多随时代所尚,各自成心而师之。故汉人注者为汉《老子》,晋人注者为晋《老子》,唐人、宋人注

---

① 参见熊铁基、刘玲娣《论汉老子》,《哲学研究》2004年第4期。

者为唐《老子》、宋《老子》。"①魏源也曾感慨:"解老自韩非下千百家。老子不复生,谁定之?"②没有定准,就造成原文与注释之间的差异、变异、歧异。有些变异在历史演变中被认可、被发挥,并演变为新的领域,如汉代通过注《老子》就为道教的创立提供了理论支撑。

第一节 《老子道德经河上公章句》的诠释开启道教成仙论域

《老子道德经河上公章句》(以下简称《河上公章句》)对《老子》进行了逐字逐句的解释,完整地保留了《老子》原文,具有重要的版本价值。此书对《老子》的诠释内容和方法取决于其预设的读者。作者隐去自身而托名神人以增强其诠释的权威性,突出身国同治以增加其吸引力,将"自然长生之道"升格为常道而突破了原文的边界。《河上公章句》表面上看不过是对《老子》的"解释",其学术地位依附于被解释的《老子》,但它有完全独立的价值,使这部注经作品本身也成了经典。《河上公章句》虽然依经而注,但以章句的形式、因特定读者而对《老子》文本中那些引而未发的思想通过歧解等方式进行了从隐到显、从抽象到具体的继承和发挥,甚至突破《老子》文本的界限,开拓出新的论题,下启了道教。

一 分章断句、歧解字词

《河上公章句》采用章句的形式注经。章句是注解古书的一种体裁。

---

① (南宋)杜道坚:《玄经原旨发挥》卷下,载张继禹主编《中华道藏》,华夏出版社2004年版,第11册,第714页。
② (清)魏源:《魏源集》,中华书局2018年版,第259页。

第二章 "一，道也，设诫"：转向道教的教化

在西汉以前，对注经方法的称谓主要有"传"和"解"，还没有"章句"之名。在汉代，经学兴起，章句之学也流行开来。就体例而言，章句就是为经典分章断句，并进行字词训诂、辞义判定和义理阐发。①《河上公章句》严格按照"章句"的要求，紧紧依附其注解的对象《老子》，分析章节句读，逐章逐句、逐词逐字地解释原文，训释词义，串讲经文。下面以《老子》第6章为例来看原文及注文。这一章被河上公冠以"成像"作为其章旨。

> 谷神不死。
>
> 谷，养也。人能养神则不死。神谓五脏之神：肝藏魂，肺藏魄，心藏神，肾藏精，脾藏志。五藏尽伤，则五神去矣。
>
> 是谓玄牝。
>
> 言不死之道，在于玄牝。玄，天也，于人为鼻。牝，地也，于人为口。天食人以五气，从鼻入藏于心。五气轻微，为精神聪明，音声五性。其鬼曰魂，魂者雄也，主出入于人鼻，与天通，故鼻为玄也。地食人以五味，从口入藏于胃。五味浊辱，为形骸骨肉，血脉六情。其鬼曰魄，魄者雌也，主出入于人口，与地通，故口为牝也。
>
> 玄牝之门，是谓天地根。
>
> 根，元也。言鼻口之门，是乃通天地之元气所从往来也。
>
> 绵绵若存，
>
> 鼻口呼噏喘息，当绵绵微妙，若可存，复若无有。
>
> 用之不勤。
>
> 用气当宽舒，不当急疾勤劳也。②

---

① 东汉王充解释"章句"说："夫经之有篇也，犹有章句也；有章句，犹有文字也。文字有意以立句，句有数以连章，章有体以成篇，篇则章句之大者也。"（《论衡·正说篇》），黄晖撰：《论衡校释》，中华书局2017年版，第1129页。
② 王卡点校：《老子道德经河上公章句》，中华书局1993年版，第21—22页。

针对《老子》第六章这段原文，河上公的注文有完整的结构，有"成像"一词来概况章旨；有分章断句，如"谷神不死""玄牝之门""绵绵若存"等都是断开来分别作注；有字词训诂，如"谷，养也""玄，天也""根，元也"；有串讲经文，如"是谓玄牝"一句被串讲为"言不死之道，在于玄牝。玄，天也，于人为鼻。牝，地也，于人为口。天食人以五气，从鼻入藏于心。五气轻微，为精神聪明，音声五性。其鬼曰魂，魂者雄也，主出入于人鼻，与天通，故鼻为玄也。"

章句法要求逐字逐句注解经文，河上公采用这种方法完整地保留了《老子》原文，史籍介绍、考古发现所涉及的《河上公章句》有的甚至仅有《老子》原文而无注文。《河上公章句》所用的《老子》文本及所作注文文义较古，是当时可见的最早版本之一，成为后世文献考辨时征用的重要依据，得到历代注家的青睐。今传的《老子》景龙碑本、益州碑本、敦煌本及广明本等，所写经文都是河上公本。[1] 可见，《河上公章句》流行之初的意义，首先在于其所注的《老子》文本。章句法的采用使得《河上公章句》在保留《老子》原文方面意义重大。

（一）从比喻到实指

在采用章句这种形式进行字词训诂和串讲大意的过程中，河上公将《老子》文中的比喻解成了实际的事物，增加了具体操作性，却减少了哲学的思辨性。

以上面提到的"谷神不死"为例来看。《老子》第6章说"谷神不死"。作者先逐字解释词义，说："谷，养也。"然后逐句将"谷神不死"释为"人能养神则不死"。对于"神"，作者指出"神""谓五脏之神"，然后具体指出五脏之神为"肝藏魂，肺藏魄，心藏神，肾藏精，脾藏志"。最后指出"五藏尽伤，则五神去矣"。《老子》的"谷神"之"神"在这里变成了"五脏之神"。"谷"在老子那里指"虚空"，是一个名词。王弼的解释是，"谷中央无谷者也"[2]。朱熹认为"'谷'只是虚而能受，

---

[1] 参见孙文礼《〈老子河上公章句〉诠释探讨》，硕士学位论文，华中师范大学，2004年，第17页。

[2] （魏）王弼注，楼宇烈校释：《老子道德经注校释》，中华书局2008年版，第16页。

'神'谓无所不应";严复注解说:"以其虚,故曰'谷';以其因应无穷,故称'神'。"① "谷"的直接形象来源于山谷的深邃、空寂。② 因为山谷虚空才能接纳万物;接纳万物而因应无穷,所以其功能神妙莫测。"神"主要指神妙变幻而无法预测。但是,《河上公章句》的作者却刻意将"谷"曲解为"养",将名词诠释成动词,将"神"解为脏腑之神,与原文想表达的意思相去甚远。

通过章句法分析章节句读,《河上公章句》终于将"谷神不死"这句用比喻意指"道"虚空而含万有、生生不息、变幻无穷的哲学命题具体化为调养肝、肺、心、肾、脾等人体脏腑,达到"人能养神则不死"的养生效果。这就把老子用"谷神"与"道"都有空虚不实的相似性而用作比喻的修辞语变成了具体的事物。作者只有这样大改大动,才能顺理成章地把"谷神不死"串讲为调养五脏之神以达到生命的永恒。

(二)从抽象到具体

老子提出了"道"的概念,它创造了万物,是万物的原因,而它自己却不受任何原因的支配。对于这个一切原因的原因而自己却没有原因的"道",是难以认知和把握的。《河上公章句》对《老子》的抽象哲学概念进行了具体化的诠释。如对于"道""先天地生""道生之,德畜之"的生成论意义,《河上公章句》都有继承,同样认为道是宇宙万物的根源,称"道无形,混沌而成万物"(《象元》第二十五)。但注者并没有止于此,河上公在此基础上将"道"进一步发展为"气",说"元气生万物而不有"(《养生》第二),"一者,道始所生,太和之精气也"(《能为》第十),"以今万物皆得道精气而生"(《虚心》第二十一)。再如对《老子》"道生一,一生二"一句,注文是:"道始所生者一也;一生阴与阳也;阴阳生和、清、浊三气。"(《道化》第四十二)③。由"一"

---

① 严复:《老子道德经评点》,成都书局1932年版,转引自陈鼓应注译《老子今注今译(参照简帛本最新修订版)》,商务印书馆2006年版,第98页。
② 参见刘笑敢《老子古今——五种对勘与析评引论》上卷,中国社会科学出版社2006年版,第136页。
③ 王卡点校:《老子道德经河上公章句》,第101、7、34、87、168—169页。

生出"阴"与"阳",再生出"和""清""浊"三气,一是太和之精气、二是阴阳二气、三是和清浊三气。

《老子》的"道生一"即"道"最初分化出来的是"一",相对于"一","二"最主要的特点是多了一层"对待"的含义。所以,经过"一生二","道"分化出了最初的两个具有对待性质的形态。"三"是在"道生一,一生二,二生三"的基础上演化出来的对立统一体。"三生万物"是理性的和思辨性的哲学认识,是抽象水平较高的自然哲学思想。可是,《老子》那里极为抽象的"一""二""三",在《河上公章句》里,"一""二""三"都是气,只是不同的气而已,从而将抽象的"道"具体化、实在化,建立起了气化的宇宙生成模式。

与《老子》文本的简约、朦胧、隐晦、高度抽象凝练相比,《河上公章句》将比喻变成实指、将抽象变成具体,这样的注释使得语意更为完整,每一字、每一句基本上都获得了清晰的指称。但是,在这种实指化、清晰化、具体化的过程中,原文意思已经随注者意图悄然改变。

二 突破文本限制,引向宗教性诠释

《河上公章句》作为对《老子》的"诠释",在中国思想史上的影响虽然不及王弼的《老子注》,但在道教界内部的影响却电照风行,非常巨大,为道士广泛使用。它事实上的读者主要是道士,道士解老一般都以它为底本。唐代道经《传授经戒仪注诀》规定它为道门必读的经典,其地位仅次于《老子》。[①]

(一)"自然长生之道"升格为常道——开拓新领域

《河上公章句》第一章就开宗明义提出"道可道,谓经术政教之道也。非常道,非自然长生之道也"[②]。他把《老子》开篇首句的"道"分为"经术政教之道"和"自然长生之道"。这句话一般被解释为"可以

---

① 《传授经戒仪注诀》将《河上公章句》排在"太玄部"的卷三、四,而卷一、二为《老子》,卷五、六为《想尔注》。《传授经戒仪注诀》,载张继禹主编《中华道藏》,第8册,第302页。
② 王卡点校:《老子道德经河上公章句》,第1页。

用言词表达的道,就不是'常道';可以说得出来的名,就不是'常名'"①。《河上公章句》却独辟蹊径,异军突起,横空将"自然长生之道"升格为"常道",而将"经术政教之道"降低为"可道",从而将"自然长生之道"摆在了比"经术政教"之"可道"更重要的位置上。②将"可道"与"常道"分别说成"经术政教之道"和"自然长生之道",这还是第一次。③为了"得道",人就必须超越"可道"之"道"的"经术政教之道",将"含光藏晖,灭迹匿端,不可称道"的"自然长生之道"作为更应该追求的目标。死亡是人的本质,人不可能容纳与其相反的本质——不死,只有"自然长生之道"才能克服人作为有限者最基本的处境,走向"不死"。

《河上公章句》在"自然长生之道"与"经术政教之道"这一升一降之间,开辟出了诠释的新领域,可谓极具创造性。在这样的背景下,《河上公章句》对《老子》的其他注解也围绕这个命题而展开,将养生、长生、不死的内容突出出来,对道教后来的发展至关重要。

(二)过渡到道教

在将"自然长生之道"上升为常道后,作为对《老子》的诠释和发挥,《河上公章句》的"诠释学境域"不再受限于《老子》文本,而是越过了其边界,如《老子》虽然提到"谷神不死",但《河上公章句》却大量地谈论养生、长生、久寿、不死。④可以说,"不死之道"贯穿着

---

① 陈鼓应注译:《老子今注今译(参照简帛本最新修订版)》,第77页。
② "单就对《老子》这句话的思辨深度而言,《河上公章句》并无特别过人之处。独到的地方在于对'常道'的划界。"余平:《汉晋神仙信仰的现象学诠释——对几部早期重要道经的纵深解读》,博士学位论文,四川大学,2006年,第28页。
③ 参见卿希泰主编《中国道教史》第1卷,四川人民出版社1996年版,第93页。
④ 王明认为该书"以论治身养生为主义","河上公之学,重治身而轻治世也彰彰明甚",王明:《道家和道教思想研究》,中国社会科学出版社1984年版,第304、306页。王卡也认为"对治国与治身之道虽皆有论述,但其重点却在治身养生",作者有"轻治国而重治身"的思想倾向。王卡点校:《老子道德经河上公章句》,前言第11—12页。

整部《河上公章句》。①

注文频繁说道：

> 言安静者是为复还性命，使不死也。(《归根》第十六)
> 德不差忒，则长生久寿。(《反朴》第二十八)
> 目不妄视，耳不妄听，口不妄言，则无怨恶于天下，故长寿。(《辩德》第三十三)
> 为人子孙能修道如是，则长生不死，世世以久。(《修观》第五十四)
> 修道则可以解死，免于众耶也。(《为道》第六十二)②

道教是追求长生不死的宗教，司马迁对这个追求曾有这样的评论。他说：

> 方士之候祠神人，入海求蓬莱，终无有验。而公孙卿之候神者，犹以大人之迹为解，无有效。天子益怠厌方士之怪迂语矣，然羁縻不绝，冀遇其真。自此之后，方士言神祠者弥众，然其效可睹矣。(《史记·封禅书》)。③

《史记》提到的所谓"有效""有验"是从经验世界的角度对信仰的论证，这是一种范畴错置。尽管秦皇汉武时的方士们始终没有找到仙人，也知道"其效可睹"，却还是"冀遇其真"。"冀遇"是一种希望。

---

① 需要注意的是，《河上公章句》虽讲长生不死，但它属于世人对长生的向往，讨论的是现实生活中的人如何长生久寿的问题。全书未涉及"仙"字，也不见"仙寿"之语。它也"不同于战国和西汉时期那种怀找神仙，求不死之药的方士，而是主张怀道抱一，导引行气，在自身修炼上下功夫"。卿希泰主编：《中国道教史》第1卷，第91、98页。所以它还只具有从道家到道教的"过渡"性质。
② 王卡点校：《老子道德经河上公章句》，第63、114、134、207、242页。
③ （西汉）司马迁撰：《史记·封禅书》，中华书局1959年版，第1403—1404页。

人是以"冀遇"的方式生存的,即使其"冀遇"不能得到兑现。① 这就是一种无条件的信仰,给人以希望。

《河上公章句》将《老子》"天地之所以长且久者"的天长地久的哲学思想详细、反复、大量地诠释为如何不死,这确实是一种创造性的诠释,成为"道家学说向道教理论过渡的重要标志"②。

三 通经致用,反映历史

对于《河上公章句》,过去多因历史文献的考证和征引而留意其释文,其实,注文自身所体现的思想体系更值得关注。《河上公章句》虽然只是对《老子》的注解,但它作为完整的诠释文本,是自觉行为的结果,体现了作者的诠释意图,应该从这个角度去理解其诠释的内容和方法。

(一)隐去作者而托名神人

唐朝训诂学家陆德明在《老子道德经音义》中解释了《河上公章句》的诠释目的。他说:

> 汉文帝窦皇后好黄老之言,有河上公者居河之湄,结草为庵,以《老子》教授。文帝征之不至,自诣河上责之。河上公乃踊身空中,文帝改容谢之,于是作《老子章句》四篇以授文帝,言治身治国之要。③

---

① 参见余平《"自然长生之道"的信仰性奠基——〈老子道德经河上公章句〉读解》,《哲学研究》2013年第7期。
② 卿希泰主编:《中国道教史》第1卷,第91页。《河上公章句》"上承汉代黄老之学,下启魏晋神仙道教",王卡点校:《老子道德经河上公章句》,前言第14页。河上公的"是道教早期的理论渊源"。胡兴荣:《老子四家注研究》,广西教育出版社2000年版,第5页。
③ (唐)陆德明撰,吴承仕疏证,张力伟点校:《经典释文序录疏证》,中华书局2008年版,第135—136页。

陆德明在这里交代此书出于河上公之手。河上公①也被称为河上丈人②，是战国时期的隐士，可战国时期并没有《河上公章句》这部作品，陆德明这里却又提到汉文帝时的"河上公者"③。可见，汉代这位注者是托名了更古的隐者河上公而隐去了自己。

这本注文要给谁看呢？陆德明这段文字提到了汉文帝和窦皇后。"汉文帝窦皇后好黄老之言"，他们对《老子》推崇备至，听说有河上公这样一位得道高人，希望征召到朝廷早晚请教《老子》。河上公却偏偏不至，文帝只好亲自前去拜谒。河上公于是在汉文帝面前显露种种神迹④，如"踊身空中"，文帝见到如此神人则"改容谢之"，等到文帝放下身段，河上公才开始为他解释《老子》。

《河上公章句》作为对《老子》的注解、诠释，他是注释给汉文帝这样的帝王阅读的。这点还可以从本书对其他原文的诠释得到说明。如《老子》第30章有"以道佐人主者"一语，《老子》文中如此泛指的对象都被《河上公章句》引申为"人君"，这样的引申达26次之多。如《老子》第43章的"天下希及之"的"天下"被解为"天下，人主也"；第57章的"人多伎巧"中的"人"被解释为"人君，百里诸侯也"；《老子》第15章的"古之善为士者"被解为"得道之君也"。其他

---

① 王明认为"河上丈人"就是"河上公"。他说："战国之末，当有'河上丈人'，但并未为《老子注》。汉文帝时，实无河上公其人，更无所谓《老子章句》，今所传《老子河上公章句》，盖后汉人所依托耳。"王明：《道家和道教思想研究》，第302页。
② 最早记载河上丈人的是司马迁。他在《史记·乐毅列传》中说："乐臣公学黄帝、老子，其本师号曰河上丈人，不知其所出。河上丈人教安期生，安期生教毛翕公，毛翕公教乐瑕公，乐瑕公教乐臣公，乐臣公教盖公。盖公教于齐高密、胶西，为曹相国师。"
③ 目前，大多数学者认为该书成书于西汉。黄钊：《老子河上公章句成书时限考论》，《中州学刊》2001年第2期。
④ 三国时葛玄这样介绍河上公："须臾，河上公即扮掌坐跃，冉冉在应空之中，如云之升，去地百余丈，而上玄虚。良久，俯而答帝曰，余上不至天，中不爪人，下不居地，何民之有？陛下焉能令余畜贵贫戏乎？帝乃悟，知是神人，方下攀稽首礼谢。……余注是经以来，千七百余年，凡传三人，连子四人矣，勿示非其人！文帝跪受经，言毕，失公所在。论者以为文帝好老子大道，世人不能尽通其义，而精思遐感，仰彻太上道君，遣神人特下教之便去耳。恐文帝心未纯信，故示神变，以悟帝意，欲成其道真。时人因号曰河上公焉。"王卡点校：《老子道德经河上公章句》附录二《老子道德经序诀》，第314页。在葛玄的这段描述里，河上公俨然是一位神人，他后来也确实成了道教的神仙。

还有"道"与"君"连用的"道德大成之君""道德大盈满之君""有道之君"等。凡此都可看出河上公预设的读者是统治者。①

由于本书预设的读者是求道的帝王，托名神人和隐者旨在增加其诠释的神秘性、权威性、有效性。诠释者预先就设定了读者，其诠释内容也必然有特别的针对性。《河上公章句》正是针对帝王而传授的"君人南面之术"。

（二）"言治身治国之要"——对象决定内容

《老子》第81章有大量的篇章涉及治国理政。《河上公章句》继承了这方面的内容，将《老子》的思想概括为"治身治国之要"。《河上公章句》的逻辑推演是从"治身"推广至"治国"，最终实现天下太平②。作者提出"人君能爱其身，非为己也，乃欲为万民之父母"③，明确指出人君爱身、养生是为了天下苍生，强调"治身"服务于"治国"的目的。

《老子》文本中含有"身—家—乡—邦—天下"的递进结构。《老子》第54章讲："修之于身，其德乃真；修之于家，其德乃余；修之于乡，其德乃长；修之于邦，其德乃丰；修之于天下，其德乃普。故以身观身，以家观家，以乡观乡，以邦观邦，以天下观天下。"《老子》第13章提到："故贵以身为天下，若可寄天下；爱以身为天下，若可托天下。"这里已经将"爱身""贵身"与"天下"相关联。《河上公章句》在此基础上进行了创造性发挥，大量而频繁地提到身国同构、身国同治，使之成为全书最突出的思想，构成《河上公章句》的一大特色。

首先，《河上公章句》明确而直接地表述了"身国同一"的观念。《老子》有此思想，却没有这样的表述，"身国同一"是一种新的提法。《安民》第三对《老子》"是以圣人之治"的注解是"圣人治国与治身

---

① 参见王卡点校《老子道德经河上公章句》，第121、173、221、57、178、178、295页。
② 它反复强调治国要以"致太平"为务，如说："中士闻道，治身以长存，治国以太平。"（《同异》第四十一）"万物归往而不伤害，则国家安宁而致太平矣"。（《仁德》第三十五），王卡点校：《老子道德经河上公章句》，第163、139页。
③ 王卡点校：《老子道德经河上公章句》，第49页。

也";《守道》第五十九对"有国之母,可以长久"的注文是"国身同也"。在《河上公章句》里"身国"并提极为频繁,如"治国与治身"(《无为》第二十九),"治国治身"(《养德》第五十一),"治身治国"(《守微》第六十四)等。这些注文都肯定"身"与"国"存在共性。

其次,《河上公章句》反复将"治身"与"治国"对比论述,说明治身与治国原理相通。它说:

> 治身者爱气则身全,治国者爱民则国安。(《能为》第十)
> 用道治国,则国安民昌,治身则寿命延长。(《仁德》第三十五)
> 治身者,神不劳;治国者,民不扰。(《立戒》第四十四)
> 治国烦则下乱,治身烦则精散。(《居位》第六十)①

《河上公章句》确实如陆德明所言重在"言治身治国之要"。注文反复申说"自爱其身,以宝精气"(《爱己》第七十二),"爱精重施,髓满骨强"(《安民》第三),"除情去欲"(《无用》第十一)等。从这些注文来看,所谓的"治身治国之要"就在于"无为养神""无事安民",宝精、爱气、养神②,不涉及导引、内丹、外丹、房中等。

治身与治国之所以能够相通是因为二者都遵循着"道"。③用无为治身需宝精爱气、除情去欲,将这些原理推广到治国,则与民休息、轻徭薄赋,最终达到身国兼治的目的。河上公正是从身国两个方面向君主进言的。"身国同治"是《河上公章句》最突出的思想。永亨国祚、养生延年是帝王的追求,能教导帝王如何治身治国的导师如果是比帝王更高的神,权威性会得到增强。为达此目的,《河上公章句》神化作者以加

---

① 王卡点校:《老子道德经河上公章句》,第 11、231、197、248、35、140、176、235 页。
② 王卡将其归纳为行气、固精、养神三大养生要术。参见王卡点校《老子道德经河上公章句》,第 10—11 页。
③ 李刚:《以民为本,身国同治——〈西升经〉的身体政治观》,《四川大学学报》(哲学社会科学版)2012 年第 1 期。

第二章 "一,道也,设诫":转向道教的教化

强其权威性,突出身国同治以增加其吸引力。将《老子》博大的思想体系具体化为"治身治国之要",文本最终屈从于诠释者,是对象在决定其诠释的内容和方法。

(三)生成着的历史性

《河上公章句》形成于汉代,其对《老子》的注解打上了明显的汉代思想痕迹。在汉代,儒家取得独尊的地位,道家逐渐减弱其政治色彩,更多地关注修身延命,个人追求长生不死的气氛在汉代变得特别浓厚。《史记》记载李少君"以鬼神方见上……拜少翁为文成将军,赏赐甚多,以客礼礼之"①。公孙卿劝汉武帝封禅、方士们提出入海求仙寻药、修建楼观以候神迎仙等要求都被武帝采纳。《资治通鉴》也记载汉代多位皇帝求仙的事实,如汉宣帝"修武帝故事,谨斋祀之礼,以方士言增置神祠"②,"成帝末年颇好鬼神,亦以无继嗣故,多上书言祭祀方术者,皆得待诏"③,"哀帝即位,寝疾,博征方术士,京师诸县皆有侍祠使者,尽复前世所常兴诸神祠官,凡七百余所,一岁三万七千祠云"④。帝王如此着迷于求神问仙,以至于形成"海上燕齐之间,莫不搤捥而自言有禁方,能神仙矣"⑤的风气。在此氛围中,《河上公章句》的诠释大量提到如何养生、如何实现不死,把长生之道提高到比经术政教之道更高的位置上,恰是时代精神的反映。

《河上公章句》大谈养生,但它不是单纯地谈养生,而是把养生与治国联系在一起,使其养生思想具有强烈的政治色彩。这体现了汉代章句学的特点。在汉代,章句学是官方学说,反映的是官方的意识形态,具有强烈的政治属性。⑥《河上公章句》的注解显然也有志于治世,对《老子》的解释是以实用为导向的。它试图承担政治使命,为政治的合理性提供支持,为汉代的现实政治提供理论指导,将经典诠释与汉代的

---

① (西汉)司马迁撰:《史记》,第458页。
② (北宋)司马光:《资治通鉴》,中华书局1956年版,第839页。
③ (东汉)班固撰:《汉书》卷25,中华书局1962年版,第1260页。
④ (东汉)班固撰:《汉书》卷25,第1264页。
⑤ (西汉)司马迁撰:《史记》,第1391页。
⑥ 张荣明说:"'章句'就是义理体系和解释体系,是经义的现代化阐述,赋予经义以时代意义。"张荣明:《中国的国教:从上古到东汉》,中国社会科学出版社2001年版,第236页。

社会需求挂钩，在客观文本与主观诠释之间，发挥了注者的主体性。为此，它的解释将原文中那些引而未发的思想进行了进一步的发挥和引申。这种通经致用的思想不仅仅在汉代的章句学之中，也一直在"六经注我"的悠久的诠释史里。潘德荣指出"中国的解释传统一直具有强烈的应用性倾向"①。《河上公章句》对《老子》的诠释反映了汉代社会追求养生、不死的风气，体现了章句学经世致用的特征，反映了那个时代发生的历史，发生才是所谓的事实本身。

《河上公章句》作为对《老子》的诠释曾经受到士人阶层的广泛质疑和批驳。唐代刘知几甚至上书朝廷废除河上公注而保留王弼注。他说：

> 今俗所行《老子》，是河上公注。其序云：河上公者，汉文帝时人，结草庵于河曲，仍以为号，以所注《老子》授文帝，因冲空上天。此乃不经之鄙言，流俗之虚语。按《汉书·艺文志》，注《老子》者有三家，河上所释无闻焉。岂非注者欲神其事，故假造其说也。其言鄙陋，其理乖讹。虽欲才别朱紫，粗分菽麦，亦皆嗤其过谬，而况有识者乎？岂如王弼英才隽识，探赜索隐，考其所注，义者为优，必黜河上公，升王辅嗣，在于学者，实得其宜。②

宋代黄震批评《河上公注》，说：

> 至八十一章之解，直谓河上公坐虚空中授汉文帝，其事发于裴楷。不知汉文帝在位二十三年，仅尝劳军及郊雍，未尝幸河上。而裴楷乃晋人，非汉人也……且史称河上丈人为安期生之师，六传而至盖公。盖公尚在文帝之前，河上公岂当文帝之世？其说不经，全

---

① 潘德荣：《文字·诠释·传统：中国诠释传统的现代转化》，上海译文出版社2003年版，第104页。
② （北宋）李昉等编：《文苑英华》卷766《孝经老子注易传议》，中华书局1966年版，第4033—4034页。原文无标点，标点为作者所加。

第二章 "一,道也,设诫":转向道教的教化

类市井小说,略不知古今,辱《老子》之书又甚矣。①

今人劳健也认为"今传《道德经》分章标目本,即始于河上公。今传河上本有'体道''养生'诸章名,拟议不伦,殆为伪注同出流俗妄作"②。

上述批评集中在三个方面。第一,《河上公章句》托名的河上公及河上公见到文帝时显示的神迹是"欲神其事,故假造其说也",刘知几和黄震都用史实对此进行了辩驳。第二,认为"其言鄙陋,其理乖讹,虽欲才别朱紫,粗分蔎麦,亦皆嗤其过谬","辱《老子》之书",即《河上公章句》的注解本身鄙陋、荒谬。第三,指责《河上公章句》的"体道""养生"等章名为"伪注""流俗"。这些针对《河上公章句》托名神人,内容和章名中都强调了养生、体道、不死、久寿的批驳可谓切中要害,但这些"鄙陋""流俗"部分正是《河上公章句》的特色,是其中的关键内容。所以尽管《河上公章句》受到了上述严厉斥责,但在道教内却受到了广泛的推崇。

《河上公章句》诸多"不经"之说,从诠释学的角度是可以得到解释的。任何一种诠释都离不开诠释者的历史境遇。"前人发其端绪,后人竟其引申",中国传统的文本注释本就有"推阐""阐扬""阐发"之意。伽达默尔(Hans-Georg Gadamer)曾经提出"文本的意义超越它的作者,这并不只是暂时的,而是永远如此的。理解就不只是复制一种行为,而始终是一种创造性的行为"③。"哪里有阐释,哪里就有误读"④,这是任何一个训诂学者都无法跨越的历史局限性。从诠释学角度看,《河

---

① (宋)黄震:《黄震全集》,浙江大学出版社2013年版,第5册,第1736页。
② 劳健:《老子古本考》,载《无求备斋老子集成》续编,台北:艺文印书馆1941年版,转引自刘笑敢《老子古今——五种对勘与析评引论》上卷,第92页。
③ [德]汉斯·格奥尔格·伽达默尔:《阐释学Ⅰ、Ⅱ真理与方法(修订译本)》,洪汉鼎译,商务印书馆2013年版,第419—420页。
④ [德]施莱尔·马赫:《阐释学》(F.Schleiermacher,Hermeneutik,Hrsg.von H.Kimmerle,Heidelberg,1959.pp.15-16),转引自杨乃桥《悖立与整合:东方儒道诗学与西方诗学的本体论、语言论比较》,北京文化出版社1998年版,第351页。

上公章句》的有些解释符合《老子》原意，并因逐字逐句的串讲而保留了《老子》原文，使其获得珍贵的版本意义。为了使其诠释对预设的读者帝王产生作用，作者隐去自身而托名古代神人和隐者，并将诠释内容集中于身国同治的思想，身国同治成为《河上公章句》的突出特色。作者还独辟蹊径地将"自然长生之道"上升为"常道"，开辟出养生以求不死的论域，为道教的成立提供了信仰性奠基。这样的诠释被批驳为荒诞不经，但有其历史的合理性。《河上公章句》不仅在发现《老子》的意义，还在发明其意义，借注释而发挥，以此阐述自己的思想，在新的环境下用新的叙述方式加以表达，以此方式让道家思想得以推陈出新。所以，《河上公章句》虽然表面上看不过是对《老子》的"解释"，其学术地位依附于被解释的《老子》，但它有完全独立的价值，从而使这部注经作品本身也成了经典。①

第二节 《老子想尔注》的诠释将哲学文本改造成宗教经典

《老子想尔注》②（以下简称《想尔注》）是老子《道德经》的注释本，早期道教信徒的必读经书。关于本书的作者，历来有不同说法。一说是

---

① 在众多的《道德经》注本中，河上公本和王弼本流传最广。朱谦之认为，王本属文人系统，一般为学者所推崇；河上本近民间系统，文句简古。河上本与王本比较，以河上本为优。参见朱谦之《老子校释》，中华书局1984年版，第1页。王卡说"河上注文主要以汉代黄老学思想解说《老子》，而与魏晋玄学家以哲学本体论解《老》有所不同"。该书保存不少精义，可与王注并行，取长补短。参见王卡点校《老子道德经河上公章句》，前言第3页。

② 《老子想尔注》早已散失，《隋书·经籍志》和新、旧《唐书》都未记载，《道藏》中也没收入。清末敦煌莫高窟发现的古本典籍中，有《老子道经想尔注》残本，是六朝时期的钞本，现仍藏于大英博物馆。饶宗颐先生用斯坦因微缩胶卷和大英博物馆所藏S6825号的《老子想尔注》残卷进行比对，录出全文，并作出笺注，于1956年出版了《敦煌本老子想尔注校笺》，这才让世人目睹《想尔注》的真容。

张陵著，唐玄宗御制的《道德真经疏外传》、五代道士杜光庭的《道德真经广圣义》以及中唐僧人法琳的《辨正论》等，都认为张陵曾注《道德经》，是《想尔注》的作者，后世道书多采用这个说法。另一说认为该书作者是张陵之孙张鲁，如陆德明《经典释文序录》认为《想尔注》作者可能是张鲁。《想尔注》经文早已散失，《隋书·经籍志》和新、旧《唐书》都未记载，《道藏》中也没收录。清末敦煌莫高窟发现的古本典籍中存有《老子道经想尔注》残本，据考证，它是六朝钞本。此残卷现收藏在大不列颠博物馆，编号为斯氏（斯坦因）六八二五。现存的《老子想尔注》是残卷，仅存第三章至第三十六章。《老子想尔注》名义上是对《老子》的注解，实则"托遘"《老子》达到"以训初回"和"济众大航"的目的。它通过增删、篡改、曲解等手段系统地改造了《老子》，将"道"神格化，突出其"布道诫"的训示意义，引导人们追求长生成仙的道教理想。通过这样的诠释，将哲学文本改造成了宗教经典，为道教的形成及传播作了理论上的准备，是道教创立的重要标志。

一 "托遘想尔，以训初回"——化哲理之书为布道之书

《想尔注》虽然称为"注"，但它并不是逐字逐句注解《老子》原文以获得对《老子》哲学思想的理解，而是依托《老子》而创立新说。

（一）《想尔注》重点在于"想尔训"

道教经典《传授经戒仪注诀》列举了道士应当诵习的十卷经，其中第五、六即《老子想尔注》。《传授经戒仪注诀》这样解释了《想尔注》的缘起：

> 系师得道，化道西蜀，蜀风浅末，未晓深言，托遘想尔，以训初回，初回之伦，多同蜀浅，辞说切近，因物赋通，三品要戒，济众大航，故次于《河上》。《河上》《想尔》，注解已自有殊，大字文体，意况亦复有异，皆缘时所须，转训成义，舛文同归，随分所

及，值兼则兼通，值偏则偏解。①

这段文字清楚地解释了《想尔注》的初衷，它不是为了解释《老子》原文而作的学术性注解，而是"系师得道，化道西蜀"所依托的对象。这里也解释了《想尔注》系统改造《老子》的缘由，那就是"托遭想尔，以训初回"，最终实现"济众大航"的宗教目标。饶宗颐先生评论《想尔注》"辞说切近""注语浅鄙"。因为此注所要面对的对象是蜀中那些不能理解得道之人深意的普通教民。要教化这些普通百姓，只能用浅显易懂的注解，帮助他们理解新生的五斗米道，有时甚至直接用神话和传说来解释经文，帮助教民理解，如解"名成功遂身退，天之道"，注文就提到"范蠡乘舟去"②；解"果而不得已"则说"风后佐黄帝伐蚩尤，吕望佐武王伐纣，皆不得已而为之耳"③。《想尔注》注解《老子》的目的主要是依托享有盛名的《老子》来传播道教的教义，原本就没有打算对原文忠实地作"注"。《想尔注》之"注"其实质是"训"。④

（二）"一，道也。设诫"——突出"道诫"

现在清楚了，想尔"注"实则是"训"。《说文解字·言部》对"训"的解释是"说教也"，"说教者、说释而教之。必顺其理。引申之凡顺皆曰训"。《想尔注》作为"以训初回"和"济众大航"的"说教"之训，与五斗米道信众的修行以及众祭酒不断宣讲的教义关系紧密，是对信众具有约束力的诫律。

在《想尔注》里，"道"被神化，具有意志。作为具有意志的神，最重要的体现就是要向世人训话，发布道德诫命，教化信众。所以"道诫"在《想尔注》中的地位就显得异常突出。《想尔注》注解《老子》第22章"是以圣人抱一为天下式"，就提出"一，道也。设诫"⑤。注解

---

① 《传授经戒仪注诀》，载张继禹主编《中华道藏》，第8册，第302页。
② 饶宗颐：《老子想尔注校证》，中华书局（香港）有限公司2015年版，第17页。
③ 饶宗颐：《老子想尔注校证》，第47页。
④ 《传授经戒仪注诀》在"太玄部"卷第五和第六就直接称《想尔注》为"老君《道经》上《想尔训》""老君《德经》下《想尔训》"。
⑤ 饶宗颐：《老子想尔注校证》，第36页。

第二章 "一,道也,设诫":转向道教的教化

《老子》第10章"载营魄抱一",也提到"今布道诫教人,守诫不违"①。现存的《想尔注》频繁地提到"诫""道诫",如说"诫为渊,道犹水,人犹鱼。鱼失渊去水则死,人不行诫守道,道去则死"②。《老子》第35章"视不足见,听不足闻,用不可既",《想尔注》注解说:"道乐质朴,辞无余。视道言,听道诫,或不足见闻耳,而难行。能行能用,庆福不可既尽也。"③《老子》第24章的"其在道",《想尔注》是这样注释的:"欲求仙寿天福要在信道,守诫守信,不为贰过。"④帝王是求仙最积极的阶层,谁都希望像黄帝那样"且战且学仙"。为此,《想尔注》指出帝王即使位高权重也必须持守"道诫","天子王公也,虽有荣观,为人所尊,务当重清静,奉行道诫也"⑤。"王者虽尊,犹常畏道,奉诫行之。"⑥帝王也需守戒才能使人民归附、天下太平、长生成仙。

秦汉方仙道盛行,除了像秦皇汉武那样被动地向外寻求神仙赐给神药外,也有自己主动修炼以期颐不死而仙的。但《想尔注》明确告诉世人,如果不能守戒,仅仅通过各种道术的修炼,仙寿只能是一厢情愿的幻想。为了突出守戒在追求成仙中的作用,《想尔注》斥责了其他修炼手段,说:

> 世间常伪伎指五藏以名一,瞑目思想,欲从求福,非也,去生遂远矣。⑦
>
> 道教人结精成神,今世间伪伎诈称道,托黄帝、玄女、龚子、容成之文相教,从女不施,思还精补脑,心神不一,失其所守,为揣悦不可长宝。⑧

---

① 饶宗颐:《老子想尔注校证》,第18页。
② 饶宗颐:《老子想尔注校证》,第54页。
③ 饶宗颐:《老子想尔注校证》,第53页。
④ 饶宗颐:《老子想尔注校证》,第38页。
⑤ 饶宗颐:《老子想尔注校证》,第41页。
⑥ 饶宗颐:《老子想尔注校证》,第55页。
⑦ 饶宗颐:《老子想尔注校证》,第18页。
⑧ 饶宗颐:《老子想尔注校证》,第17页。

> 专气为柔……培胎练形……道有户牖在人身中,皆耶伪不可用,用之者大迷矣。①

瞑目存思、还精补脑、辟谷、胎息、房中、内炼、守一、行气等都被《想尔注》当作"伪伎"。《想尔注》严厉地批判了那种脱离伦理道德、轻视道诫但求方术以养命延生的做法。《想尔注》认为真正的"守一"就是"守道诫",而不是守身中五脏即"守一",也不是《老子河上公章句》中以为的"专守精气"就是"守一"。长生、延寿、成仙最重要的就是守诫。"仙士畏死,信道守诫,故与生合也。"② 只有能够持守"道诫",才能长生不死。

"道"向人间颁布了诫律,用世人喜生厌死作为赏罚,与人立约。老君授给张陵的"正一盟威之道"的"盟"就是"盟誓",人向神发誓结盟,信守盟约,因与神结盟而具有权威。至此,我们明白了《想尔注》重在"想尔训",这些训诫在文中还被落实为"想尔诫",是道教创立和发展初期对信众具有约束力的道德规范、行为准则。宗教之为宗教,不仅有一种精神性的信仰,这种信仰还必须取得必不可少的组织形式,即落实此种信仰所需的组织、制度、教规、戒律等,也只有在组织化、制度化、仪式化的情况下才需要"道诫"。饶宗颐先生曾言:"道教有诫,以阐教理,又立戒条,以为奉守,乃能成为宗教。"③《想尔注》的最大特点便是对"道诫"的高度关注,特别突出"诫"的作用,守"道诫"与生合,失"道诫"去生远。

二 改动经文字词与曲解经文文意

饶宗颐先生对《想尔注》有过这样的评论,他说:

---

① 饶宗颐:《老子想尔注校证》,第19—20页。
② 饶宗颐:《老子想尔注校证》,第32页。
③ 饶宗颐:《老子想尔注校证》,第66页。

第二章 "一,道也,设诫":转向道教的教化

> 《想尔注》与河上《注》同主炼养之说。然河上仍兼顾老子哲理,及其文义上之融贯。《想尔》则自立道诫,自表道真,于老子哲理几至放弃不谈,即文理训诂,亦多曲解。①

> 注语颇浅鄙,复多异解,辄与《老子》本旨乖违。②

确实如饶先生所说,《想尔注》作为对《老子》的"注",充满"曲解""异解"和篡改,"与《老子》本旨乖违"。所谓"注"其实是对原作的系统改造,使其为我所用。《想尔注》所使用的《老子》原文经过了早期道教人士的删、增、改,如"兮""者""之""也""焉"等助词全被删除;如在原文"使夫智者不敢为也,为无为,则无不治"的"敢"字后面增加"不"字,而删去"为无为"三字,使意思相反③;如将《老子》的"以其无私,故能成其私"之"私"改成"尸",等等。

下面分析《想尔注》注解《老子》的几处关键性曲解和篡改。

(一)"生,道之别体"——将"道""生"化

"道"是道家哲学的最高概念,处于核心的位置。对"道"的注解无疑是注者最为重要的任务。《想尔注》深知"道"的重要性,所以注者就把他最关注的问题"生"提高到与"道"齐平的地位。这就完全突破了原文,引入了一个新的核心概念。这是对道家思想的新的发展,这种发展是通过对原文的篡改来实现的。

为了强化"生"这个概念,经文直接被篡改。《老子》第25章讲"域中有四大,而王居其一焉"之"王居其一焉",《想尔注》里面是"而生处一","道大,天大,地大,人亦大"中的"人亦大"也直接是"生大"④,并指出:

---

① 饶宗颐:《老子想尔注校证》,第97页。
② 饶宗颐:《老子想尔注校证》,第8页。
③ 饶宗颐先生对此有一个解释,他说:"扬善非恶,为《太平经》主要观念,《想尔》用其说,亦沾沾于此,今观其删去此三字以成其曲解,知其所注重者,则为求合于《太平经》义,而不甚顾《老子》原有之哲理也。"饶宗颐:《老子想尔注校证》,第92—93页。
④ 王弼本《老子》此处的"人"为"王",刘昭瑞认为:"《想尔注》改'王'为'生',是为了与贯穿于全部注文中的追求长生不死思想相吻合。"刘昭瑞:《〈老子想尔注〉导读与译注》,江西人民出版社2012年版,第102页。

> 四大之中，何者最大乎？道最大也。"域中有四大，而生处一。"四大之中，所以令生处一者。生，道之别体也。①

通行本《老子》第16章原文"知常容，容乃公，公乃王，王乃天，天乃道，道乃久"，《想尔注》所注的《老子》这段原文为："知常容，容能公，公能生，生能天，天能道，道能久"，将原来的"王"也改为"生"，说"公能生"，并将此句解释为"能行道公政，故常生也"。继之的原文"生能天"被《想尔注》解释为"能致长生，则副天也"②。

为了配合注者所关注的"生"，《想尔注》在解《老子》第7章中的"是以圣人后其身而身先"时说："求长生者，不劳精思求财以养身……不与俗争，即为后其身也。而自此得仙寿，获福在俗人先，即为身先。"③《想尔注》的作者将《老子》的"把自己放在后面，反而能得到大家爱戴"④的"身先"解为"求长生""得仙寿"，能够比世俗之人先获得长寿的福分，所以叫"身先"。这是明显的刻意曲解。《老子》第7章讲"非以其无私邪，故能成其私"，《想尔注》所注原文为"以其无尸，故能成其尸"⑤，并注解说："不知长生之道，身皆为尸行耳，非道所行，悉尸行也。道人所以得仙寿者，不行尸行，与俗别异，故能成其尸，令为仙士也。"⑥注文把《老子》原文与"生"强行关联的地方比比皆是，如解《老子》第15章"夫唯不盈，故能蔽而新成"为"尸死为弊，尸生为成"⑦；解《老子》第21章中的"其中有信"句为"古仙士宝精以生，今人失精以死，大信也"⑧。

《想尔注》将《老子》中的诸多术语强解为"生"，是在利用人们好

---

① 饶宗颐：《老子想尔注校证》，第40页。
② 饶宗颐：《老子想尔注校证》，第27页。
③ 饶宗颐：《老子想尔注校证》，第15页。
④ 陈鼓应注译：《老子今注今译（参照简帛本最新修订版）》，第101页。
⑤ 饶宗颐：《老子想尔注校证》，第15页。
⑥ 饶宗颐：《老子想尔注校证》，第15页
⑦ 饶宗颐：《老子想尔注校证》，第25—26页。
⑧ 饶宗颐：《老子想尔注校证》，第34页。

生恶死的心理。在作者看来,"生"是人最大的愿望,"死"则是人最大的忌惮。于是"道设生以赏善,设死以威恶,死是人之所畏也"①。《想尔注》以"生"为人生第一要事,甚至将"生"提到"道"的高度来认识,把"生"与道、天、地并列为"域中四大",并提出"生,道之别体也"的命题,其地位与"道"同等重要,两者可以互换。这是注家刻意把"生"的地位突显出来,以说明道教的长生成仙之道,为道教的重生、贵生提出了明确的纲领。

(二)"吾,道也。我者,吾同"——将"道"人格化

《老子》的"道生一,一生二,二生三,三生万物"(第42章)等表述,昭示了"道"的超验性、本原性和生成性。它创造了万物,是万物的原因,而它自己却不受任何原因的支配。对于这个一切原因的原因而自己却没有原因的"道","视之不见""听之不闻""搏之不得"(《老子》第14章),难以认知和把握。但在《想尔注》中,这样一个高度抽象的哲学概念却被拟人化了。《想尔注》把《老子》中出现的所有"吾"都解释为"道",如在注解"吾所以有大患,为我有身"时说:"吾,道也。我者,吾同"②;注解"吾不知其名,字之曰道",也是"吾,道也",类似提法俯拾皆是。如:

> 吾,道也。帝先者,亦道也。与无名万物始同一耳。③
> 吾,道也。观其精复时,皆归其根,故令人宝慎根也。④
> 吾,道也,所以知古今终始共此一道,其事如此也。⑤
> 吾,道也,同见天下之尊。⑥

"吾"变成了"道","道"就不再是《老子》那里"渊兮""湛

---

① 饶宗颐:《老子想尔注校证》,第32页。
② 饶宗颐:《老子想尔注校证》,第22页。
③ 饶宗颐:《老子想尔注校证》,第12页。
④ 饶宗颐:《老子想尔注校证》,第26页。
⑤ 饶宗颐:《老子想尔注校证》,第35页。
⑥ 饶宗颐:《老子想尔注校证》,第45页。

兮""寂兮寥兮""惚兮恍兮"的形而上的存在，而是有喜好、有判断、有选择、有意志、有目的的人格化存在。《想尔注》说"忿者，怒也。皆非道所喜"[1]，"人举事不惧畏道诫。失道意，道即去之，自然如此"[2]。在这里，"道"像人一样能喜能恶、能取能舍。

人格化的"道"就要与世人交流，且基本上是以第一人称的口吻向人间直接发话，指导世人的生活。如《老子》第11章"三十辐共一毂，当其无，有车之用"。《想尔注》说："古未有车时，退然，道遣奚仲作之。""凿户牖以为室，当其无，有室之用。"《想尔注》说"道使黄帝为之"[3]。车、器、室等什伯之器，《想尔注》说："此三物本难作，非道不成。"这些器物不是人力所能为，没有"道"派遣奚仲、黄帝等神人来制作，人间就不会出现这些东西。人格化的"道"成为在事物背后使得所有事件得以发生的推动者。

（三）"我，仙士也"——将"道"仙化

《想尔注》把人们的注意力从世俗生活引领到了仙界，让人们去追求"长生""成仙"。《想尔注》中大量提到这种心愿。如：

> 道人畏辱，故不贪荣，但归志于道，唯愿长生。[4]
> 道人同知俗事、高官、重禄、好衣、美食、珍宝之味耳，皆不能致长生。[5]

《老子》原文没有"仙"这个概念，但《想尔注》却大量提到"仙"。《说文》解释"仙"为"人在山上""入山之深也"。《老子》中的"我"，《想尔注》基本上都注解为"仙士"，十几次提到"仙士"，如《老子》第20章的"我魄未兆"，《想尔注》解为"我，仙士也"[6]；《老

---

[1] 饶宗颐：《老子想尔注校证》，第11页。
[2] 饶宗颐：《老子想尔注校证》，第38页。
[3] 饶宗颐：《老子想尔注校证》，第19页。
[4] 饶宗颐：《老子想尔注校证》，第44页。
[5] 饶宗颐：《老子想尔注校证》，第44页。
[6] 饶宗颐：《老子想尔注校证》，第32页。

子》第20章的"我欲异于人,而贵食母",《想尔注》解释说:"仙士与俗人异,不贵荣禄财宝,但贵食母者,身也,于内为胃,主五藏气。俗人食谷,谷绝便死。仙士有谷食之,无则食气。气归胃,即肠重囊也。"① 除"仙士"外,《想尔注》还十几次提到"仙寿",如"奉道诫,积善成功,积精成神,神成仙寿"②。

探寻生命的终极意义、追求超越的世界是宗教的核心问题。《想尔注》通过将"道"仙化,创造了一个超越世俗生活的理想境界,一个逍遥自在、长生不死的神仙世界。在仙界,人超越了其自然限制而能飞升,超越了其生命的有限而能不死。

(四)"一散形为气,聚形为太上老君"——将"道"神格化

《想尔注》不仅将《老子》文中的诸多术语人格化、仙化,还将其神格化,这其中最具标志性的命题就是"一散形为气,聚形为太上老君"③。

"一"被创造性地作为哲学术语使用始于老子。当他用"夷""希""微"三者来说明"道"不能被感官捕捉时,他说"此三者不可致诘,故混而为一"(《老子》第14章)。"一"如此重要,几乎可看作"道"的别名。所以后人在理解"道"与"一"的关系时,很容易就把"道"与"一"联系在一起,如《韩非子·扬权》提出"道无双,故曰一"④。《吕氏春秋·大乐》也说:"道也者,至精也,不可为形,不可为名,强为之谓之太一。"⑤

当《想尔注》理解"一"时,与哲学性的思辨迥异,石破天惊般地突破了原文。《老子》第10章有"载营魄抱一,能无离乎?"这句话,《想尔注》注解说:

---

① 饶宗颐:《老子想尔注校证》,第33页。
② 饶宗颐:《老子想尔注校证》,第22页。
③ 对老子的神化并不始于东汉末年的《想尔注》。西汉经学家刘向在《列仙传》中就已经将老子作为神仙而给他立传。
④ (清)王先慎撰,钟哲点校:《韩非子集解》,中华书局1998年版,第46页。
⑤ 许维遹撰,梁运华整理:《吕氏春秋集释》,中华书局2009年版,第111页。

道教伦理：传统形态与当代新诠

> 一者道也。今在人身何许？守之云何？一不在人身也，诸附身者悉世间常伪伎，非真道也；一在天地外，入在天地间，但往来人身中耳，都皮里悉是，非独一处。一散形为气，聚形为太上老君，常治昆仑，或言虚无，或言自然，或言无名，皆同一耳。今布道诫教人，守诫不违，即为守一矣，不行其诫，即为失一也。世间常伪伎指五藏以名一，瞑目思想，欲从求福；非也，去生遂远矣。①

这里，《想尔注》明确指出"一"就是"道"，继而说"一"散开即气，聚集起来就是"太上老君"。这是第一次将老子擢升为"太上老君"，成为五斗米道的最高神。老子的"道"既是思辨的对象，也是信仰的对象。《史记》记载老子本人长寿②；《老子》一书也讲"善摄生""修身""长生""长生久视"，以及"不失其所者久，死而不亡者寿"（《老子》第33章）。东汉已经开始神化老子。道教神化老子也在情理之中。当老子成为太上老君，可以直接发布道教诫条之时，当太上老君可以与张道陵盟约而授权其执掌五斗米道之时，"道"就不再是"玄之又玄""惚兮恍兮"的哲学概念，不再是只能通过"玄思"才能在思想中把握的抽象的东西，而是五斗米道的至上神，一个宗教的大神、一个创教的教主。张道陵只是其在人间的执行者，他向张道陵显了神迹，授他"正一盟威之道"，命他为天师，创立道教。

从《想尔注》对"道""一""无""吾""我"的诠释中能清晰明白地看出"注"与原文的差异。"生，道之别体也"，"吾，道也"，"我，仙士也"，"一者道也"，"一散形为气，聚形为太上老君"等说法向我们显示的不是《想尔注》作者关于如何理解"道"这个概念的看法和观念，而是直接在召唤着世人对"想尔之道"的信仰和皈依。所以"《想

---

① 饶宗颐：《老子想尔注校证》，第18页。
② "盖老子百有六十余岁，或言二百余岁，以其修道而养寿也。"（西汉）司马迁撰：《史记》，第2142页。

尔》其实是在用老,而不是在解老"①。余平说:"不领悟这一点,既从根本上'曲解'了《想尔注》的'曲解'和'篡改'本身,也从根本上错失了想尔道诫的意义域本身。"②

《老子》文中的有些表述确实蕴含对"道"的信仰意涵,这是《想尔注》能将道家诠释成道教的基础。即便如此,在老子那里,由于"道"具有"无"的特点,没有固定的形态,也没有统一的标准,信仰"道"就不是信仰一个固定的、统一的、外在的他者、有限者。《想尔注》中的"道"却要与人交流,进入了人们的日常生活,用具体的道德命令规范着世俗的生活,这就比老子那形而上的"道"与人更近了。《想尔注》引导世人对这位人格化的"道"要有信仰、要有感恩、要有敬畏。"敬道""信道""尊道"这些强调信仰的表达在《想尔注》中俯拾皆是。由于"道"不可言说,不可用经验性的方法获得对"道"的知识,它先于万物而存在,万物最后回归于它,"玄之又玄",具有相当的神秘性,使得对"道"的诠释向神学方面发展有一定的基础。如果原著没有这个维度,《想尔注》别出心裁的注释就缺少文本的依据,也难以成为"托遘"的对象。但《想尔注》无疑极大地突破了其文本限定,对引而未发的思想进行了极大的发挥和大幅度的创造,把哲学文本改造成了宗教经典。

《想尔注》虽然采取了注解的形式,却绝非一般意义上的《老子》解经。《想尔注》的神学思想非常丰富,后世道教神学的诸多内容都可在《想尔注》中找到端倪。《想尔注》对于老子之"道"进行了创造性的神学诠释,把老子神化为太上老君,成为早期五斗米道的至上神。这位神直接向人显圣,授命张道陵为天师。他颁布道德律令,告诫人们持守道诫,达到长生成仙的宗教目标。它系统地改造《老子》,在中国思想史上第一次基于宗教的立场诠释《老子》。《想尔注》依托《老子》而新创的"训"和"诫",为五斗米道提供了创立宗教所需的教义、教规

---

① 陈丽桂:《〈老子想尔注〉解老》,《华中师范大学学报》(人文社会科学版)2009年第1期。
② 余平:《神仙信仰现象学引论——对几部早期道经的思想性解读》,四川大学出版社2015年版,第150页。

和戒律等,为道教的最终形成及传播作了理论上的准备。

第三节 中国宗教史上的首次跨越——道教的创立

五斗米道、天师道、正一道是对源自五斗米道的道教在不同时期的称谓。称谓上的不同,反映了道教的形式和内容在不同时期都有不同的表现。[①] 五斗米道的创立,是中国宗教史上的重要事件。五斗米道团以四川鹤鸣山为中心设二十四治,作为正一盟威道的基层组织与活动中心,宣传太上正一盟威道的基本教义,尊道贵德,奉老子为教主,尊称为太上老君,以《老子》为主要经典,同时结合巴蜀巫术为百姓治病,并相信通过修炼可以成仙。这一切都使得五斗米道与它之前就存在的巫觋杂术、血祭淫祀、访仙问药区别开来,实现了从民间祭祀等信仰活动到宗教的跨越。《神仙传》说到张陵得正一盟威之道后,"能治病,于是百姓翕然奉事之以为师,弟子户至数万"。可见当时张陵所传正一盟威之道影响很广,成为早期的道教大派。道教作为一个成熟宗教自此登上历史舞台,并在此基础上发展、演变、完善,延续至今。

---

① 潘雨廷先生考证说,"五斗米道、天师道、正一道三名,似同指东汉顺帝(126—144年在位)时,张陵客居在四川鹤鸣山所创立的道教教派。由张陵至张衡、张鲁祖孙三代皆名五斗米道,毁之者谓之米贼……除张陵三代外,尚有张修。张修与张鲁同属于刘焉。那时未见有天师道、正一道之名。天师道、正一道二名来源于五斗米道之发展……《晋书》中述及东晋时,始见互用五斗米道与天师道。五斗米道与天师道为二,盖同源异流……自南北朝起,天师道之名大行,五斗米道不为一般信众所称。……隋唐以来,正一道继五斗米道、天师道而发展。隋唐后互用天师正一两名。……自明迄今,正一道之名,大行于民间"。潘雨廷:《论五斗米道、天师道、正一道之同异》,《潘雨廷著作集玖·道教史发微》,上海古籍出版社2016年版,第69—77页。

第二章 "一,道也,设诫":转向道教的教化

一 五斗米道初创

《后汉书·刘焉列传》记载了三张时期五斗米道的大致情况。书中记载:

> 鲁,字公棋。初,祖父陵,顺帝时客于蜀,学道鹤鸣山中,造作符书,以惑百姓。受其道者,辄出五斗米,故谓之米贼。陵传子衡,衡传子鲁。

《三国志·张鲁传》注引《典略》概述了张角、张修的宗教,说道:

> 熹平中,妖贼大起,三辅有骆曜。光和中,东方有张角,汉中有张修。角为太平道,修为五斗米道。太平道者,师持九节杖为符祝,教病人叩头思过,因以符水饮之,得病或日浅而愈者,则云此人信道,或其不愈者,则为不信道。修法略与角同,加施静室,使病人处其中思过。又使人为奸令祭酒,祭酒主以《老子》五千文。使都习,号为奸令。为鬼吏,主为病者请祷。请祷之法,书病人姓名,说服罪之意。作三通,其一上之天,著山上,其一埋之地,其一沉之水,谓之三官手书。使病者家出米五斗以为常,故号曰五斗米师。

这些记载为我们了解早期道教及其特征提供了基本的历史资料。五斗米道创始人张陵本为太学学生,博采五经,早年曾举为"贤良方正直言极谏科",出任巴蜀江州令,后觉"此无益于年命"①,好神鬼事,辞官隐居邙山。东汉顺帝时,张陵闻蜀地多名山,民风淳厚,易于教化,于是入蜀居鹤鸣山修道,作道书二十四篇。后感太上亲降,授正

---

① (晋)葛洪撰,胡守为校释:《神仙传校释》,中华书局2010年版,第190页。

一盟威之道,以及《三天正法》《正一科术要道法》《正一盟威妙经》《三业六通之诀》等道书,命为天师,创立道教的早期形态——五斗米道团。五斗米道起自民间,继承、综合了古已有之的民间祭祀、信仰、炼养,融进了道家的哲学、阴阳五行思想、汉代谶纬神学、古代天文学、墨家的组织形式等。由于有了自己的教义和理论,还有大名鼎鼎的教主、影响广泛的经书,严密的组织、戒律,这使得五斗米道超越了民间的祭祀活动而成为一个各方面都比较完备的宗教。对于宗教的基本特征,恩格斯在《反杜林论》中作过明确论述,他说:"一切宗教都不过是支配着人们日常生活的外部力量在人们头脑中的幻想的反映,在这种反映中,人间的力量采取了超人间的力量的形式。"① 宗教信仰是对异化的超自然、超人间的力量的信仰,有着相对于世俗的超越的世界;有阐述其信仰的宗教教义而不仅仅是仪式和法术;围绕信仰而展开种种宗教活动,信众过着有仪式、戒律、组织、教育、义务、传承的宗教化生活。五斗米道作为古人为超越时间和空间的限制所作出的努力,为解决社会危机、生命危机而提出的理论与实践、组织与管理、戒律与修持等,使其具备了宗教的一般特征和基本内容,具备一个成熟宗教应有的素质。

二 五斗米道宗教要素分析

作为相对成熟的宗教,五斗米道有自己的最高信仰——道,围绕着"道"而有了教主和经书。这里的"道"不再是哲学家老子那里那不可言说、"视之不见""听之不闻""搏之不得"的形而上之道,不是《坐忘论》所说:"夫道者,神异之物,灵而有性,虚而无象,随迎不测,影响莫求,不知所以然而然。"② "道"已经成为有喜好、有判断、有选择、有意志、有目的的神。"道"作为有意志的神,最重要的是要向

---

① 《马克思恩格斯文集》第9卷,人民出版社2009年版,第333页。
② 《道藏》,文物出版社、上海书店、天津古籍出版社1988年版,第22册,第896页。

第二章 "一，道也，设诫"：转向道教的教化

世人发布道德命令，向人间颁布诫律，用生死、利害作为赏罚，与人立约。

五斗米道成功地将哲学家老子请上了神坛，从而有了超人间的教主——太上老君。司马迁对历史人物老子生平的记载使得这位智者本身就带有一定的神秘性。他说：

> 老子者，楚苦县厉乡曲仁里人也。姓李氏，名耳，字聃，周守藏室之史也。孔子适周，将问礼于老子。

又提到：

> 老莱子……著书十五篇，言道家之用，与孔子同时。

也提及：

> 自孔子死之后百二十九年，而史记周太史儋见秦献公曰：'始秦与周合而离，离五百岁而复合，合七十岁而霸王者出焉。'或曰儋即老子，或曰非也，世莫知其然否。老子，隐君子也。

这段记载里出现了三个老子。老子生世的这一不确定性为老子成为教主提供了多种可能的解释空间。刘向则把这一可能性变为了"现实"，在《列仙传》里直接就将老子作为神仙而为他立传。明帝、章帝之际，益州太守王阜作《老子圣母碑》，说：

> 老子者，道也。
> 乃生于无形之先，起于太初之前，行于太素之元，浮游六虚，出入幽冥，观混合之未别，窥清浊之未分。

老子已演变为长生不死的神仙，成为超自然的人物，受到民间与

宫廷的祭祀。《后汉书》记载："桓帝延熹八年正月，遣左悺之苦县祠老子。十一月，又使管霸之苦县祠老子。次年，遂亲祠于濯龙宫，与浮屠并祠。"（《后汉书·桓帝记》）这说明老子作为宗教人物已得到朝廷的认可。在有组织的教团——五斗米道中，老子成为被崇奉的主神。值得注意的是，《想尔注》解《老子》第14章"是无状之状，无物之像"说："道至尊，微而隐，无状貌形像也。但可从其诫，不可见知也。今世间伪伎，指形名道，令有服色名字状貌长短，非也。悉耶伪耳。"① 可见，虽然神化了老子，但道教创教之初是反对偶像崇拜的。张陵奉老子为教主，把老子看成道的化身。为了便于理解，五斗米道领袖还为《老子》作注，名《老子想尔注》，从宗教立场出发，通过注解《老子》来阐述五斗米道的信仰与教义。神化后的太上老君具有无所不能的巨大神通，常常显示出超人间的神秘力量。张陵本人就受托于太上老君传正一盟威之道。②

　　道教的创立，另一条件就是要有自己的经书。随着太上老君成为教主，《老子》一书也就成了道教的经书。西汉前期，由于窦太后的提倡，《老子》成为皇室成员的必读书。《老子》在汉代已经具有极高的权威性。③ 为了讲解、理解、信奉《老子》，五斗米道对《老子》进行了宗教性的注释，令祭酒主讲，令道民颂习。余平认为，就道教史而言，《想尔注》的出现是一个具有"划时代意义"的事件：与《河上公章句》和《太平经》《周易参同契》等早期道教经典不同，《想尔注》第一次生成了一种严格意义上的"宗教的立场"；经过《想尔》之道的生存性构建，中国传统的神仙信仰已不再仅仅是一种个体性的柔性生存方式，而一跃成为一种组织化、仪式化、制度化、真正独立的"宗教信仰"性的

---

① 　饶宗颐：《老子想尔注校证》，第23页。
② 　近人章太炎也提到董仲舒之托于孔子、张道陵之托于老聃这个史实。见《章氏丛书·太宗文录驳建立孔教议》。但董仲舒等汉代今文经学家神化孔子，拟把儒家变为宗教的努力却失败了。儒家后来的几次宗教化努力都未见成功。道教则脱颖而出，成为中华民族的本土宗教，绵延2000年之久。儒道之不同走向确实让人深思。
③ 　参见谭宝刚《〈老子〉称"经"考》，《学术论坛》2007年第5期。

第二章 "一,道也,设诫":转向道教的教化

生存方式。①

五斗米道的重要信仰是长生成仙。五斗米道教导其信众守一、行气、房中等道术,以便与道合一、长生不死。《想尔注》说"守诫不违,即为守一"②;"仙士有谷食之,无则食气"③;"阴阳之道,以若结精为生";"精结为神。欲令神不死,当结精自守"④。这种主张怀道抱一、导引行气,配合自律和节制的宗教修持,已经不同于战国和西汉时期那种向外寻找神仙、求不死之药的方士。

作为信仰"对象"的神仙是无前提、无条件的,对此对象的"信仰"也是无前提、无条件的,对神仙的信仰就与一切"效验""终无有验""无有效"和"其效可睹矣"无关。道教初创时就构筑起了这样一个系统、明确、自明而又有深度的信仰境域,这是道教产生前就存在的"巫术""方术""血祭"崇拜等无可比拟的。⑤五斗米道也有意识地使自己与之区别开来,《老子想尔注》说"天之正法,不在祭餟祷词也。道故禁祭餟祷祠,与之重罚,祭餟与耶通同,故有余食器物,道人终不欲食用之也"⑥,明确反对血祀、淫词等。

当然,如果《老子》《庄子》等道家没有自己的信仰之维,从道家过渡到道教是难以想象的。"道"在老子那里已经具有了哲学与宗教的两重性。这在第一章第二节已经有所讨论。老子说"有物混成,先天地生","道"必定在那里。庄子说它"自古以固存",它一直在那里。这就是一种坚定的信念。这样的信仰需要信众去悟、去体证、去虔信。葛洪在《抱扑子内篇·释滞》中说道:

> 五千文虽出老子,然皆泛论较略耳。其中了不肯首尾全举其

---

① 参见余平《〈想尔〉之道的现象学定位》,《四川大学学报》(哲学社会科学版)2012年第5期。
② 饶宗颐:《老子想尔注校证》,第18页。
③ 饶宗颐:《老子想尔注校证》,第33页。
④ 饶宗颐:《老子想尔注校证》,第14页。
⑤ 参见余平《"自然长生之道"的信仰性奠基——〈老子道德经河上公章句〉读解》,《哲学研究》2013年第7期。
⑥ 饶宗颐:《老子想尔注校证》,第39页。

事，有可承按者也。但暗诵此经，而不得要道，直为徒劳耳，又况不及者乎？至于文子、庄子、关令尹喜之徒，其属文笔，虽祖述黄老，宪章虚玄，但演其大旨，永无至言。①

道家"或复齐死生，谓无异以存活为徭役，以殂殁为休息，其去神仙，已千亿里矣，岂足耽玩哉？"②这就是说，单纯的哲思是远远不够的，对于神仙信仰以及道教而言，或早或迟都面临着对道家"理论"的一个"信仰的"突破。五斗米道团的产生实现了这样的突破，由于有了信仰的维度而成为宗教。

宗教之为宗教，不仅仅止于一种内在的精神性信仰，这种信仰还需取得某些不可或缺的外在物质形式，即贯穿这种信仰的组织、制度、礼仪、规范等，也就是说，在理论性的教义之外，一个成熟宗教还需要宗教组织。宗教组织是构成宗教的基本要素。制度化宗教必然通过特定的组织把成员组织起来，在社会生活中践行其信仰。在宗教要素中具有核心意义的宗教教义也只有通过组织才能形成一个宗教的社会实体，规范化的宗教礼仪也只有在组织系统中才能实现。从这个意义上讲，宗教组织是宗教其他构成要素发挥自己功能的组织依托，没有这一依托，宗教便无法发挥它们的功能。③天师道创立之初就已有了一整套宗教组织系统和宗教制度。

五斗米道在组织上实行政教合一体制。五斗米道的二十四治和缴纳信米五斗都体现了古代的哲学思想。潘雨廷提到：

> 当汉安元年（142）张道陵于蜀鹤鸣山中学道有成，太上乃下二十四治，凡上八治、中八治、下八治，应天二十四气又合二十八宿，付天师张道陵奉行布化。若以二十八宿合于二十四气，尚多四宿，故于上中下三位八治外，另有四治，传说为道陵所加……集二

---

① 王明撰：《抱朴子内篇校释》，中华书局1985年版，第151页。
② 王明撰：《抱朴子内篇校释》，第151页。
③ 参见陈麟书、陈霞主编《宗教学原理（新版修订本）》，宗教文化出版社2003年版，第84页。

第二章 "一,道也,设诫":转向道教的教化

十四治以合于二十四气,此属天象的时间坐标;道陵又集二十八治以合于二十八宿,此属另一天象的时间坐标……主要以蜀地为主,然已延伸至今属陕西的阳平汉中及河南的北邙山,范围已很广大。①

二十四治中的阳平治为正一盟威道总坛,属于中央教区,张鲁自封师君统领政教。各治于每年阴历十月初一聚会汉中,收纳信米,同时举行录籍、迁赏、庆生、建功、闻科戒等活动。除二十四治与古天文学有密切关系外,"五斗米"的"五斗"也与古人对天象的理解有关。柳存仁在《一千八百年来的道教》中曾说:"'五斗米'的'斗'字通常一向认为是量词。……沈子培(曾植)先生的《海日楼札丛》卷六有《五斗》一条,以为五斗米的'五斗'的意义也许是指东斗、西斗……五斗,五斗米当是祀五斗时向教民收的米谷。……这个见解很新颖,恐怕是正确的。"②李刚提出,如果是这样,祭拜五方星斗所用的米称为"五斗米",这是一种与人的命运紧密相关的所谓"星命米"③。中国古人"仰观天象",见紫微垣众星永不没落,据此确定时间和空间的坐标。人们根据这个坐标制定节令、历法、时辰,指示方位和处所,从而让人们的日常生活、生产劳作、经济活动有规可循、有法可依。在道教的宗教活动中,"斗"作为"天枢",是天地造化的枢纽,是天极之所在。道教相信它们有主宰人间吉凶祸福、生老寿夭的神力。礼斗是道教极重要并经常举办的祈福、消灾、延寿科仪。所以"五斗米"之"斗"与古人的星辰崇拜有关。

在信奉五斗米道的区域里不设长吏,而以五斗米道各级首领管理政

---

① 潘雨廷:《论二十四治与二十八治》,《潘雨廷著作集玖·道教史发微》,第213—215页的相关研究。

② [澳]柳存仁:《和风堂文集》,上海古籍出版社1991年版,第656页。转引自李刚《五斗米·北斗·南斗》,载广州道教学会、香港道教学院主办《道教与星斗信仰学术研讨会论文集》,广州,2012年,第143页。

③ 参见李刚《五斗米·北斗·南斗》,载广州道教学会、香港道教学院主办《道教与星斗信仰学术研讨会论文集》,第143页。

务和教务，立祭酒分领教民，实现了政教合一。祭酒是古代飨宴时酹酒祭神的长者。这些长者以德高望重而服人。五斗米道的宗教领袖既是世俗管理者，又是宗教引路人，祭酒既是教职，又是官职。初入道者名"鬼卒"，入道已久并笃信其教者号"祭酒"，任统辖教民之职，统领教民多的称"治头大祭酒"。张鲁则自号"师君"，为五斗米道的最高首领。在巴、汉地区，五斗米道建立起鬼卒—祭酒—治头大祭酒—师君的组织系统，其组织制度渐趋完备。

五斗米道在创教之初就关注着底层社会，有着强烈的关心现实、关心社会的入世精神。五斗米道起自民间，主要成员是下层民众，早期经书中就有一些批评社会不公、要求改变不合理现状、建立太平世界的言论，如以"三天正法"战胜"六天故气"。(《三天内解经》)他们的主张反映了民众反对经济剥削和政治压迫的愿望。

五斗米道轻刑罚、重教育，用宗教思想教化民众，特别注重培养民众的道德观念，鼓励信众通过守一、守道诚得到解脱。张陵让那些"有疾病者，皆疏记生身以来所犯之辜，乃手书投水中，与神明共盟约，不得复犯法，当以身死为约"(《太平广记·神仙八》)。《三天内解经》说病人"但令从年七岁有识以来首谢所犯罪过，立诸诡仪章符，救疗久病"。病人需要与神明立约，随时提醒自己的行为应符合神的要求。在宣扬社会伦理道德的时候，五斗米道往往与其长生成仙、消灾免难、祈求健康等思想结合起来，而且以"神"的威力要求人们奉行，这对维护社会的伦常和秩序发挥了特殊的作用。《老子想尔注》说"人不行诫守道，道去则死"[①]；"奉道诫，积善成功，积精成神，神成仙寿，以此为身宝矣"[②]。在道德上要求教徒"竞行忠孝"，"守中和之道"，"与不谢、夺不恨"，"喜怒悉去"，"诫知止足"，"勿贪宝货"，"施惠散财除殃"，"道人宁施人，勿为人所施"，"学知清静"，"不为贰过"，"道重继祠"[③]等。《正一法文天师教戒科经》也说：诸欲修道者，务必"臣忠、子孝、夫

[①] 饶宗颐：《老子想尔注校证》，第54页。
[②] 饶宗颐：《老子想尔注校证》，第22页。
[③] 饶宗颐：《老子想尔注校证》，第30，13，25，34，54，10，54，55，25，38，14页。

第二章 "一，道也，设诫"：转向道教的教化

信、妇贞、兄敬、弟顺，内无二心。"它特别强调"事师不可不敬，事亲不可不孝，事君不可不忠……仁义不可不行"①。

五斗米道积极入世的另一个表现是实行广泛的社会救济，以及通过科仪法事为民众治病、消灾、祈福。他们在交通要道放置义米、义肉，设置义舍，供行人量腹取食，若过多，鬼辄病之；五斗米道以符箓咒术为人治病，让信众"使自隐，有小过者，当治道百步，则罪除；又依月令，春夏禁杀，又禁酒。流移寄在其地者，不敢不奉"（《三国志·张鲁传》）。信众有病自首其过，为此特别设置"静室"，作为患者思过修善之所。戒律上禁止春夏两季杀生，禁止教徒饮酒。关于惩罚也有规定，对于小过者，只要修路百步，即可补过；对犯法者，"犯法者三原，然后乃行刑"（《三国志·张鲁传》），即先原谅三次，如无悔改才动用刑罚。祭酒也为病人请祷。请祷之法是书写病人姓名，以表达负罪之意，共写三份，其中一份放在山上，一份埋在地下，一份沉于水底，谓之"三官手书"。病人与神明盟誓，以身死为约，不得复犯。据释道安《二教论》记载，张鲁还创制了道教最早的斋法"涂炭斋"②，作为为人谢罪祈福的请祷仪式。

总之，五斗米道作为一个宗教团体，具备了宗教所必需的基本要素和普遍特征，有了相对完整的神学理论；形成了从鬼卒、祭酒、治头大祭酒、师君的信众分工和层级，初步形成了按教阶组织起来的宗教管理阶层，有比较健全的组织体系；实施义舍、治所、静室、修路等利民措施；制订了宽刑和严格的教规、教诫相结合的对教民的教育，如先原谅三次，春夏禁杀，平日禁酒、禁贪、禁盗、禁淫等劣行；确立了比较固定的修行场所和日期固定的三会制度、科仪法事、修炼诸术。由于其较高的宗教素质，五斗米道的出现，标志着中国本土宗教——道教的基本成形，使其与方仙道、谶纬神学、黄老道、鬼神信仰、方术、淫祀、巫术、习俗等区别开来。在汉末天下大乱之际，巴、

---

① 张继禹主编：《中华道藏》，第 8 册，第 317 页。
② （唐）释道宣撰：《宋思溪藏本广弘明集（三）》，国家图书馆出版社 2018 年版，第 43 页。

汉成为比较安定的地区，并在短短几年时间内发展壮大，史称"不置长吏，以祭酒为理，民夷信向"①，"民夷便乐之"，朝廷"力不能征"②，安定了当地的人心，实现了长达三十多年的政教合一体制。道教的创立使中华民族的信仰生活上升到一个新的高度，并延绵两千年而至今不绝。

第四节　成为道德宗教

一　仙道与人道的统一

马克思说："人的本质不是单个人所固有的抽象物，在其现实性上，它是一切社会关系的总和。"③在道教教义中，仙道要以人道为基础。人不是独立的、自足的、原子的、先行存在的孤立个人。"个人行动及其客体在本体论上或在经验上并不先于社会而存在；换言之，个人在实在序列上并不优先于社会，而只在意义序列上优先于社会。"④社会性也是人的本性，个体必然要受到他者的制约，在与他者的关系中"自我"才能展开、扩充、形成。所以他者既是"自我"需要克服的，也是"自我"实现自己不可或缺的。

对于道教来说，飞升成仙毕竟是少数人的追求，对于大众来说，最容易在群体之中失去个性和个体价值。只有通过社会变革，通过政治、经济、社会的现代性转化，才能将精神意义上的主体性转化为社会意义

---

① （南朝宋）范晔撰：《后汉书》卷75，中华书局1965年版，第2436页。
② （西晋）陈寿撰：《三国志》卷8，中华书局1964年版，第263页。
③ 《马克思恩格斯文集》第1卷，人民出版社2009年版，第501页。
④ 邓正来：《规则·秩序·无知——关于哈耶克自由主义的研究》，生活·读书·新知三联书店2004年版，第24页。

第二章 "一,道也,设诫":转向道教的教化

上的个人权利。道教要求修仙者心怀世事、济世度人,在人道中成就仙道的基本功。事实上,人与人不和谐,社会环境恶化,大环境被破坏,仙道也只能是水中月、雾中花,不可能真正实现。由于道教追求在今生今世长生久视,它把过去、未来都纳入当下的现世时间之中,未来与现在是连续的,没有可以等待的下一个间断了的神圣的时间。在这样的时间观里,无路可退,所以道教特别关注自然世界和人类社会。道教不是逃离此世的宗教,而要在此岸实现超越。改善社会环境、改善人与人的关系对道教实现成仙的目标是必不可少的基本前提。

历代高道都强调济世度人的社会关怀,将人道和仙道统一起来。《老子》《庄子》《文子》《列子》都有关于政治得失、天下太平的篇章,庄子就提出了"内圣外王"的立身处世原则。他说:

> 内圣外王之道,暗而不明,郁而不发,天下之人各为其所欲焉以自为方。(《庄子·天下》)

道教在其修身实践中,还把修身与治国等同起来,并将修身原则用于政治实践。关于身国关系,老子曾经说,"贵以身为天下,若可寄天下;爱以身为天下,若可托天下"(《老子》第13章),要将天下托付给以贵身和爱身的态度去"为天下"的人。在老子这里,"贵身"是"为天下"的条件。庄子认为与治国相比,治身更根本。他说:"两臂重于天下也,身亦重于两臂"(《庄子·让王》);"道之真以治身,其绪余以为国家,其土苴以治天下。由此观之,帝王之功,圣人之余事也,非所以完身养生也"(《庄子·让王》)。"道"的精华应该用于治身,与治国相比,修身显然重要得多。当然,还有杨朱提出的"拔一毛利天下而不为"(《孟子·尽心上》),认为身体之一毛比天下更重要。这是对个人权利的肯定。《法言·先知》提到:"政之本,身也,身立则政立矣。"身是国的根本。

黄老道家则明确把治身与治国紧密关联起来。首先,黄老常常将身体与国家互相比附,形成身国同构论。《鹖冠子》说:"天地阴阳,取稽

于身。故布五正以司五明。十变九道，稽从身始。五音六律，稽从身出。"(《鹖冠子·度万》)天地阴阳、五音六律、十变九道都是以身体为参考对象而创设的。《管子》也将国家结构与身体相比附，它说："心之在体，君之位也；九窍之有职，官之分也。心处其道，九窍循理。"(《管子·心术上》)葛洪提到："一人之身，一国之象也。胸腹之位，犹宫室也。四肢之列，犹郊境也。骨节之分，犹百官也。神犹君也，血犹臣也，气犹民也。故知治身，则能治国也。夫爱其民所以安其国，养其气所以全其身。民散则国亡，气竭即身死。"①

其次，黄老认为治身与治国的原则是相通的。身体与国家不仅结构相同，而且有机相连成一体，抓住了治身的根本，就可以身国兼治了。如果本末倒置，则身国皆危。《文子》说："本在于治身，未尝闻身治而国乱者也，身乱而国治者，未有也。"(《文子·上仁》)《吕氏春秋》讲"夫治身与治国，一理之术也"，"先圣王成其身而天下成，治其身而天下治"(《吕氏春秋·先己》)，治身直接通治国。《老子河上公章句》在注解《老子》时，常常将治身与治国相提并论。如："爱民治国，治身者爱气则身全，治国者爱民则国安"(第10章)；"是以圣人之治，说圣人治国与治身也"(第3章)；"治身者神不劳，治国者民不扰，故可长久"(第44章)。《淮南子》也认为治身能通治国。它说："天下之要，不在于彼而在于我，不在于人而在于我身，身得则万物备矣。"(《淮南子·原道训》)《淮南子》还说道："未尝闻身治而国乱者也，未尝闻身乱而国治者也。故本在于身，不敢对以末。"(《淮南子·道应训》)

治身与治国之所以能够相通是因为二者都遵循着"道"。"用道治国，则国富民昌，治身则寿命延长，无有既尽之时也。"(《老子河上公章句》第35章)"道"最关键的特性是无为，无为的原则对身、国都同样有效。"法道无为，治身则有益于精神，治国则有益于万民不劳烦也。"(《老子河上公章句》第43章)用无为治身需宝精爱气、除情去欲、知足知止等，将这些原理推广到治国，则与民休息、轻徭薄赋、治

---

① 王明撰：《抱朴子内篇校释》，第326页。

于未乱，最终达到身国兼治。

从历史上看，文景之治的出现与黄老政治思想的实施有着密切的关系。汉代的道经《太平经》讲：

> 上士学道，辅佐帝王，当好生积功乃久长。中士学道，欲度其家。下士学道，才脱其躯……因其自然性立教。①

《太平经》积极呼吁有道之士出来赈济国家，把实现太平理想的方略上达于帝王，让他们尽快施行，安邦救国之心显得特别急切，有着强烈的参政意识和现实关怀。该经认为只顾自己修行得解脱，是下士所为。葛洪不仅著有《内篇》，还著有兴国理政的《外篇》。他在《外篇》"自叙"中说：

> 其《内篇》言神仙方药鬼怪变化养生延年禳邪却祸之事，属道家。其《外篇》言人间得失，世事臧否，属儒家。②

作为道教史上集大成的道教理论家，葛洪的《外篇》比《内篇》篇幅更长，他倾注的社会关怀由此可见一斑。

二 仙道以道德为基础

建安二十年（215），曹操率军西征，张鲁降曹，被拜为镇南将军。大批五斗米道信众随之北迁，天师道于是也从巴、汉传到了北方和南方，并吸引了诸多士人的信奉，其中产生了著名的道教改革家如东晋的葛洪、北魏的寇谦之、刘宋的陆静修和梁代的陶弘景等人。他们对早期的道教科仪进行了整顿，加强了道教的伦理色彩，道教开始发生新的变

---

① 王明编：《太平经合校》，中华书局1960年版，第724—725页。
② 王明撰：《抱朴子内篇校释》，第377页。

化，由一个民间宗教变成符合统治阶级需要，得到官方承认的合法宗教。葛洪声称：

> 欲求仙者，要当以忠孝和顺仁信为本。若德行不修，而但务方术，皆不得长生也。(《抱朴子·对俗》)①

刘宋陆修静提出了"三合成德"的理论，即"夫道，三合成德，自不满三，诸事不成。三者，谓道、德、仁也。仁，一也；行功德，二也；德足成道，三也。三事合，乃得道也。若人但作功德而不晓道，亦不得道；若但晓道而无功德，亦不得道；若但有道德而无仁，则至理翳没，归于无有"②。北魏寇谦之改革天师道，强调道教修炼应"专以礼度为首，而加之以服食闭炼"③。金元以后传遍全国的全真道不仅修炼自己的内丹"真功"，还济急救难表现其济世"真行"。宋明的净明道提出"欲修仙道，先修人道"之说。关于"人道"之重要性，净明道曾有过这样的解释：

> 要知求仙学道，譬如做一座好房屋相似，就地面上，先要净除瓦砾、剪去荆榛、深筑磉窠，方成基址；次第建立柱石、位置栋梁、盖覆齐全、泥饰光净，工夫圆满，耸动观瞻。若是荆榛不除、瓦砾不去、不平基址、不筑磉窠，却要就上面立柱架梁、覆瓦编壁，莫教一日风雨震凌，洪流飘荡，欹侧倾倒，枉费辛勤。又如江流中做一座石桥相似，先须推穷到底，脚踏实地，却就实地垒木叠石，大做根脚，砌到上头，平铺桥面，造屋遮覆，方保不朽根基，直得惊涛骤浪冲击。无由怪雨颠风摇撼不动，人人赞叹。非有他也，只是根深脚稳，所以牢固长久。若心地不好、根浮脚浅之士，何可望其有成？(《净明忠孝全书》卷三)。

---

① 王明撰:《抱朴子内篇校释》，第53页。
② 《洞玄灵宝斋说光烛戒罚灯祝愿仪》，载张继禹主编《中华道藏》，第4册，第410页。
③ (北朝齐)魏收撰:《魏书》，中华书局1974年版，第3051页。

第二章 "一,道也,设诫":转向道教的教化

净明道的核心教义是忠孝。清代净明道士傅金铨继续发挥修习人道为成就仙道的基础,说:

> 欺诈者,杀佛之戈矛,忠孝者,成仙之阶梯。不尽三纲五常,必入四生六道。求道之士,恶可以不忠孝耶?①
>
> 三教鼎立,如一屋三门,中无少异。儒立人极孝弟之道,报本反始,正心诚意,道德之源,此范围形体之道,入世之法也。仙佛在声臭之表,形气之先,出世之法也。出世必基于入世,欲求出世之功,先讲入出(世)之道,儒其大宗矣。②

修人道之重要性后来发展为可直接通过积善而成仙的法门。道教成仙了道的方法多种多样,积善后来成为重要的方法,甚至出现"积善派"一说,认为通过积善就可以成为善仙。当今中国台湾地区有学者把一些善坛归属于道教"积善派",鸾堂也属于道教"积善派",这个派包括每一个采用《太上感应篇》和《文昌帝君功过格》来修道的派系。1949 年龙虎山天师府在统计道派及信众时,也把"积善派"作为一种道派,并统计出该派有信众 769 万。③宋代以后逐渐形成的道教劝善书就宣扬积善可以成仙,如善书之祖《感应篇》认为只要你不断去恶就善,成为善人就可希冀成为神仙。它说:

> 所谓善人,人皆敬之,天道佑之,福禄随之,众邪远之,神灵卫之,所作必成,神仙可翼。欲求天仙者,当立一千三百善;欲求地仙者,当立三百善。(《太上感应篇》)

如果只服食闭炼,不修人道,即使成仙,也是阶位很低的仙。《太

---

① 《杯溪录》,载胡道静等主编《藏外道书》,巴蜀书社 1992 年版,第 11 册,第 16—17 页。
② 《道海津梁》,载胡道静等主编《藏外道书》,第 11 册,第 367 页。此处括号中"世"字原文为出,疑为错字,笔者改为世。
③ 参见南怀瑾《中国道教发展史略》,复旦大学出版社 1996 年版,第 599 页。

上洞玄灵宝本行因缘经》记载吴赤乌三年（240）有地仙三十三人谒见葛玄，请教他为何他们修行多年只得地仙，葛玄说：你们"前世学道受经，少作善功，唯欲度身，不念度人，唯自求道，不念人得道"，所以只能成地仙；若要晋升，必须"救度国土民人灾厄疾苦"①。这里道士借葛玄之口批评只顾个体修仙不死，不顾救度众生超脱的做法，要求道士走大乘之路，出来济世度人。葛洪甚至认为："求长生者，正惜今日之所欲耳，本不汲汲于升虚，以飞腾为胜于地上也。若幸可止家而不死者，亦何必求于速登天乎？"（《抱朴子·对俗》）②即使修炼到了很高的境界，也不急于飞升，还要滞留世间拯救世人。

明末清初的道士王常月提出了世俗化的神仙修炼思想。在《碧苑坛经》中他提出了这种世俗化修炼的具体措施，说：

> 志在圣贤，愿希仙佛，心存善念，口说善言，身行善事，接得善人，足踏善地，手持善物，厚重端严，身不妄动，心不妄游，期于必清，期于必静，久久功深。③

明清道教修炼更强调心性的修养。清代正一道士娄近垣将佛教的"空观"与道教"道论"相结合，提出"无心"的修道理论。他说：

> 世间种种法，皆出于自心，故曰心生种种法生，心灭则种种法灭。如果一心不生，万法无咎，则自然能转一切，而不为一切转去。④

用"无心"的理论来指导修道有佛道融合的色彩。清代四川全真龙门道士张清夜（1676—1763）在其所著《玄门戒白》中，劝诫道士修德

---

① 《太上洞玄灵宝本行因缘经》，载张继禹主编《中华道藏》，第4册，第671页。
② 王明撰：《抱朴子内篇校释》，第53页。
③ 《碧苑坛经》，载胡道静等主编《藏外道书》，第10册，第182页。
④ 《龙虎山志》，载胡道静等主编《藏外道书》，第19册，第553页。

第二章 "一,道也,设诫":转向道教的教化

慎行。他说:

> 近世师愈多而道愈歧,德愈薄而心愈昧,或偏执一隅,至死不回;或首鼠两端,终身罔济;或藉疯癫以欺人,逾闲荡检;或假黄白而盅众,灭理欺心。无怪牛毛学道,兔角出仙。……恶风相继,举世知非,仙派源流,于今几绝。①

为了改变这种局面,张清夜在《玄门戒白》中提出"正纲常","须知大道出自纲常,纲常外无大道"。② 如果道士以纲常立基,"立基既固,冲举何难!大本一亏,飞升奚自?"③ 他把道教修炼进一步与儒家纲常结合。张清夜提出的"出世必基于入世,欲求出世之功,先讲入世之道"的道教修炼阶段论,表明道教修炼需要到世俗社会去求真求德。

明清时期有关道教的历史故事向俗讲过渡,道教神仙也深入世人之中,不辞劳苦频频降世、苦口婆心殷殷劝善。其中关帝、玄帝、文昌帝君、吕祖、妈祖等神灵在民间最受崇祀。这期间的道教劝善书多托名这些与老百姓生活相关的神灵而制作。神不再高居仙界,而是下到凡间致力于世人的道德提升。他们更关心现实世界所发生的一切,《照心宝鉴》有孚佑帝君叹时世的话,他说:

> 吾等临鸾飞笔,有慨时世。追想庚子兵燹之苦,不禁怃然长叹,请关公追述往迹,以警世人。

协天大帝警醒世人说:

> 呜呼!于今世道大变,人心摇摇。强者肆其鲸吞,弱者甘为奴隶,智者逞其诡谋,愚者凭人播弄,富者视财如命,贫者弃品不

---

① 蒙文通辑校:《蒙文通文集(第六卷)·道书辑校十种》,巴蜀书社2001年版,第1200—1201页。
② 蒙文通辑校:《蒙文通文集(第六卷)·道书辑校十种》,第1201页。
③ 蒙文通辑校:《蒙文通文集(第六卷)·道书辑校十种》,第1200页。

修，贵者妄自尊大，贱者枉自攀援。以致上干天怒，下积魔障。庚子之年，神拳大肆杀掠教民，殃及无辜。①

神仙关心时事是道教世俗化的表现。道教劝善书的影响延续至中华民国，这时期的《道教会宣言书》对道教的世俗化作了纲领性的说明。《道教会宣言书》中批评的情况是对清代道教弊端的总结，反映了道教在清代走向世俗化的总趋势和道教劝善在中华民国时被道门提倡的情况。《道教会宣言书》说：

> 彼以符箓为道者是道贼也；以服食为道者是道魔也；以炼养为道者是道障也；更有深林寂寞，痼癖烟霞；蓬莱方丈，谬托神仙；理乱不知，黜陟不闻，于物与同胞，毫无系念，自为计则得矣，如苍生何？如世界何？尤其甚者，□□自守，顽石难移。语以天演之如何淘汰，人群之如何进化，则掉头不顾，充耳不闻，惟以募化为生涯，疏懒为事业，在人类中为寄生物，为附属品，无怪乎道教之江河日下，而为社会所鄙弃，地方所摧残，自侮人侮，势所必至，理有固然也。同道等目击心伤，慨然有道教会之建设。②

此次成立的道教会把道教事业分为出世间业与世间业。出世间业主要是对道教经书的研究和传播，以及对道教戒律的解说和传授。世间业则主要指救济和劝善，以便道教能更多地关心人们的日常生活。

救济门：如振饥（义振会、工振会）、援溺（水上慈救会）、治病（病院、卫生会）、保赤（慈幼会）、救灾（水火消防协会、战地慈救会）、济贫（孤儿院、贫民工艺厂）、扶困（养老会、保贞会、残病保全会）、利便（义渡会、灯明会）。

劝善门：包括文字劝导（劝善书报告会、检定小说会）、言说劝导

---

① 《照心宝鉴》，载胡道静等主编《藏外道书》，第27册，第442页。句读笔者有删改。
② 《道教会宣言书》，载胡道静等主编《藏外道书》，第24册，第474页。□处原文不清晰，句读为笔者自行所加。

第二章 "一,道也,设诫":转向道教的教化

(普通讲演会、监狱讲演会、军营讲演会、检定戏乐会、科学研究会、讲演研究会)、开通智慧(道德研究会、古学研究会、开智展览会)。

化恶门:包括弭杀(戒杀放生会)、弭盗(正义会)、弭淫(劝戒淫邪会)、正俗(劝戒奢华会、戒赌公会、戒烟酒会、戏曲改良会)。同时,该道教会设立演教、广化、法务、纠纪、评议和黜陟六个司,其中广化司下分救济科和劝善科,黜陟司下分稽罪科、考功科和改过科。

在《道教会宣言》中,道教的道德劝化功能特别突出。《道教序》说:"教者,告也,有言有理有义,有授有传。"道教之教可分为五种。"自然之教者,元气之前,淳朴未散,杳冥寂尔,浩旷空洞,无师说法,无资受传,无终无始,无义无言。元气得之而变化,神明得之而造作,天地得之而覆载,日月得之而照临,上古之君得而无为,无教之化也。神明之教者,朴散为神明。夫器莫大于天地,权莫大于神明,混元气而周运,叶至道而裁成,整圆清而立天,制方浊而为地,溥灵通而化世界,轶和气而成人伦。阴阳莫测其兴亡,鬼神不知其变化。正真之教者,无上虚皇为师,元始天尊传受。泊乎玄粹,秘于九天,正化敷于代圣。天上则天尊于三清众天,大弘真乘,开导仙阶;人间则伏羲受图,轩辕受符,高辛受天经,夏禹受洛书,四圣禀其神明,五老现于河渚,故有三坟五典常道之教。返俗之教者,玄元大圣,帝舜时理国理家,灵文真诀大布人间,金简玉章广弘天上,切欲令天上天下,还淳返朴,复契皇风。训世之教者,夫子伤道德丧,阐仁义之教,化乎时俗,将礼智而救乱原,淳厚之风远矣,华薄之风行矣。噫,教出圣人救世愍物之心,物心悟教则同圣心,圣心则权实双亡,言诠俱泯,此际方契不言之教,意象固无存焉。"① 卡西尔谈到宗教发展到一定程度后,道德力量会突出来,神会把注意力放在善和恶的问题上,宗教于是走向伦理化。他说:

> 一切较成熟的宗教必须完成的最大的奇迹之一,就是要从最原

---

① 《道藏》,第22册,第899页。

始的概念和粗糙素材中提取它们的新品质，提取出它们对生活的伦理解释和宗教解释。①

道教的发展、道教劝善书的盛行也表明其神秘色彩日趋淡化，伦理功能得到加强。由此观之，道教不是置这个世界于不顾的宗教，而是希望将修身之道扩展到经国理政领域，积极参与社会重大的经济、政治和社会变革。道教不是仅仅关心自己肉体解脱，对社会、人事无动于衷的宗教，它有着强烈的济世情怀。宋元以后，道教逐渐加强对社会的道德教化，成为一种道德的宗教，领户化民、行教布道，道德教化成为道教面向大众最重要的宗教活动。

---

① ［德］卡西尔：《人论》，甘阳译，上海人民出版社1986年版，第133页。

中 篇
劝善书：道教伦理的传统形态

第三章　道教劝善书的特点及思想渊源

早在先秦、汉代就有《孝经》《女诫》等具有劝善性质的伦理道德教化书，但作为一种特殊的、自成一家、独立分类的道德教化作品——"劝善书"（简称"善书"）却正式形成于宋代，以《太上感应篇》的出现为标志。南宋大臣、学者真德秀的《西山文集》就提到了"善书"。他说："《感应篇》者，道家儆世书也。蜀士李昌龄注释。其义出入三教中，凡数万言。余连蹇仕途，志弗克遂，故常喜刊善书以施人。"①

"劝善书"是以因果报应的说教宣传伦理道德、劝人从善去恶的通俗教化书籍，民间也将这类书籍称为"劝世文"或"因果书"。各家各派劝人行善积德的通俗道德教科书都可以统称为劝善书。②《中国丛书综录》有教化书籍"善书"这个分类。《中国曲艺音乐集成》里很多地方卷都列有"善书"这个曲种。所以劝善书既指宗教性的道德劝化书籍，也指非宗教性的训俗小册子，还包括政府为老百姓制定的规章如"圣谕"之类，以及民间用于鼓励人们积善积德的曲艺唱本。总的来说，劝善书属于通俗道德教材，易晓、易懂、易行，传播的范围十分广泛。它宣扬"善恶到头终有报"，有德之人获福、无德之人遭殃的德福一致思想。

---

① （南宋）真德秀：《西山文集》卷二七《感应篇序》，载（清）纪昀等编《景印文渊阁四库全书》，台北：台湾商务印书馆1986年版，第1174册，第418页。
② 参见袁啸波编《民间劝善书》，上海古籍出版社1995年版，前言第1—3页的相关内容。

在传统社会后期，劝善书在社会上十分流行，非常普及。社会各阶层制作的劝善书籍一般都被放置在宫观、寺庙，免费赠送，或在各地方免费为人发放和讲唱。自劝善书产生以来，上至宫廷、达官显宦、文人学士，下至宗教信徒、民间艺人、黎民百姓都参与了善书的制作、推广、阅读、讲唱和践行。明代成祖仁孝皇后徐氏"尝采女宪、女戒作内训二十篇，又类编古人佳言善行，作劝善书，颁行天下"（《明史·后妃传》）。在儒、释、道三教以及明清时代的诸多民间宗教中均产生了大量的劝善书籍。除《太上感应篇》外，宋代出现的其他善书还有黄光大的《积善录》、李元纲的《厚德录》、陈录的《善诱文》、李昌龄的《乐善录》、真德秀的《谕俗文》和《四库全书》收录的《琴堂谕俗编》等。元代有吴亮的《忍书》和冯梦周的《续积善录》。明清影响比较大的善书有明代的《迪吉录》《劝戒全书》《了凡四训》；清代前期的《愿体集》《欲海回狂》《不费钱功德例》《身世准绳》《远色编》《信心应验录》；清代后期的《训俗遗规》《人生必读书》《几希录》以及各种形式的功过格等。直到中华民国时期还有许多善书被重新翻刻。时至今日，不少大陆和港台地区的坛庙仍在大量制作善书，在寺庙、车站、医院或街角等人们常去的地方可看到免费让人取阅的善书。

在形形色色的劝善书中，道教劝善书独树一帜，扮演着十分重要的角色。在传统社会后期这场声势浩大的"善书运动"中，道教适应社会的需要，率先投身到制作道德劝化书籍的行列中。宋代面世的《太上感应篇》既是第一部劝善书，也是第一部道教劝善书。从这个意义上说，道教首开了善书制作的先河，其意义非同一般。宋元以降，历朝历代都有许多道教劝善书问世，明清时期道教劝善书的制作达到高峰，广泛流传于社会各阶层，其影响延续至中华民国。道教劝善书在中国社会存在近千年，它的出现是道教逐渐世俗化、逐渐与民众生活结合的产物。"诸恶莫作、众善奉行"是道教劝善书的内涵精义。道教劝善书属于传统善书的范畴，它具有广义劝善书的通俗性，也讲善恶报应，但它同时与道教的教理教义、与道教本身的发展演变有着密切的关系。它既有着一般劝善书的共性，又有着自己独特的个性，尤其是独特的劝善方式、

第三章　道教劝善书的特点及思想渊源

角度及内容。它是劝善书这个分类中的一个特殊种类，对传统社会产生了不容忽视的规范人们行为的作用。

道教在明中叶后更多地关注民间，对这段道教历史的研究比较薄弱。道教在民间的具体情形如何由于资料的缺乏、不系统而模糊不清。这期间最活跃的是道教劝善书的大量刊刻、印刷、讲唱和流行。道教劝善书广泛活跃于明清之际，与民间社会融为一体，是研究明清道教历史发展、思想演变及宗教伦理思想的重要内容。这部分将涉及道教劝善书的概念内涵、历史流变、种类、宗教伦理特色、社会教化功能及其社会影响等内容。

第一节　道教劝善书的研究、特点及主要内容

一　道教劝善书研究简述

大陆早在20世纪50年代就有学者研究善书，早期有郑振铎在《中国俗文学史》[①]和胡士莹在《弹词宝卷书目》[②]中收集整理民间说唱性的宝卷，其中包括善书。李世瑜在《宝卷综录》[③]里收集了民间宗教的善书。朱越利发表《〈太上感应篇〉与北宋末南宋初的道教改革》一文[④]，对《太上感应篇》的成书年代进行了考证，并分析了该书的内容、在道教史上的地位及其流传和影响。朱越利认为该书的产生标志着北宋末道教改革的开始，其特点是宗教的世俗化。业师卿希泰先生和李刚发表过

---

① 参见郑振铎《中国俗文学史》，商务印书馆2010年版。
② 参见胡士莹编《弹词宝卷书目》，上海古籍出版社1984年版。
③ 参见李世瑜《宝卷综录》，中华书局1961年版。
④ 参见朱越利《〈太上感应篇〉与北宋末南宋初的道教改革》，《世界宗教研究》1983年第4期。

《试论道教劝善书》①,对道教劝善书的思想来源、产生背景及其主要思想内容和社会影响进行了分析。刘守华在《口头文学与民间文化》②一书中有《论善书》一文,介绍民间说唱善书。蒋守文发表《四川善书(圣谕)源流变——兼与何远志同志商榷》《从善书的衰亡吸取教训》以及《四川善书与川剧》③等文章,整理了有清以来在四川地区流传的曲艺善书,研究了四川善书的曲目、声腔等内容。香港中文大学游子安有《关帝善书》、《论清代江苏长洲彭氏家学、善书与善举》、《明末清初功过格的盛行及善书所反映的江南社会》④、《劝化金箴》⑤等著作和文章,对明清时期善书在江南商业发达地区的情况进行了研究。袁啸波的《民间劝善书》⑥、唐大潮的《劝善书注译》⑦、周心慧的《中国古代劝善书汇编》⑧、丁满的《劝善书》⑨、赵敏俐和尹小林的《太上感应篇:中国民间劝善书》⑩、张祎琛的《清代善书的刊刻与传播》⑪、王丽娟的《明清劝善书的社会教化思想研究》⑫、曾斌的《道教劝善书伦理美学思想初探》⑬、张世琼的《晚明善书中的德与命——以〈了凡四训〉和〈迪吉录〉为例》⑭、易可的《表演理论视域下的四川民间善书说唱研究》⑮、王林华的《文昌信

---

① 参见卿希泰、李刚《试论道教劝善书》,《世界宗教研究》1985年第4期。
② 参见刘守华《口头文学与民间文化》,中国文联出版公司1989年版。
③ 参见蒋守文《半方斋曲艺论稿》,四川大学出版社2006年版。
④ 参见游子安《明末清初功过格的盛行及善书所反映的江南社会》,《中国史研究》1997年第4期。
⑤ 参见游子安《劝化金箴》,天津人民出版社1999年版。
⑥ 参见袁啸波编《民间劝善书》,上海古籍出版社1995年版。
⑦ 参见唐大潮等注译《劝善书注译》,中国社会科学出版社2004年版。
⑧ 参见周心慧主编《中国古代劝善书汇编》,文物出版社2017年版。
⑨ 参见丁满《劝善书》,地震出版社2011年版。
⑩ 参见赵敏俐、尹小林《太上感应篇:中国民间劝善书》,首都师范大学出版社2007年版。
⑪ 参见张祎琛《清代善书的刊刻与传播》,博士学位论文,复旦大学,2010年。
⑫ 参见王丽娟《明清劝善书的社会教化思想研究》,硕士学位论文,东北师范大学,2005年。
⑬ 参见曾斌《道教劝善书伦理美学思想初探》,硕士学位论文,四川大学,2003年。
⑭ 参见张世琼《晚明善书中的德与命——以〈了凡四训〉和〈迪吉录〉为例》,硕士学位论文,浙江财经大学,2014年。
⑮ 参见易可《表演理论视域下的四川民间善书说唱研究》,硕士学位论文,华东师范大学,2014年。

第三章 道教劝善书的特点及思想渊源

仰善书文献研究》①、姚安峰的《劝善与教化：南宋儒家善书研究》②、黄营的《明末劝善书中的自省观——以〈了凡四训〉、〈人谱〉为中心》③、李艳的《辅教风化劝善于戏——道教劝善书与元明清戏曲初探》④、乐爱国的《试析道教劝善书中的生态伦理思想》⑤、安荣的《道教劝善书中的伦理思想及其教育方法》⑥、孙茜的《儒释道的融合：明清时期的道教劝善书》⑦、王谋寅的《道教劝善书中的"无讼"观》⑧、周波和邢海晶的《道教劝善书的和谐理念——以〈关圣帝君觉世真经〉为例》⑨、郑素贞的《从道教劝善书探三教融合——对〈太上感应篇〉的研究》⑩、丁常云的《道教劝善书与现代精神文明》⑪、张慧中的《从劝善书看道教道德伦理——以〈太上感应篇〉为例》⑫等研究，使得我们对劝善书有了更丰富、更深入的认识。

中国台湾地区的蔡懋堂将酒井的《中国善书研究》一书的绪言、第一章至第三章和第七章以及泽田瑞穗的《地狱变》译成汉语，并着手收集整理了100多本善书。他写有《台湾现行的善书——献给善书印赠人及慨赠善书者》，并发表了《台湾现行的善书》。台湾文献会的郑喜夫发表了《从善书见地谈白衣神咒在台湾》，发表了《清代台湾善书初探》，

---

① 参见王林华《文昌信仰善书文献研究》，硕士学位论文，南昌大学，2015年。
② 参见姚安峰《劝善与教化：南宋儒家善书研究》，硕士学位论文，河北大学，2017年。
③ 参见黄营《明末劝善书中的自省观——以〈了凡四训〉、〈人谱〉为中心》，硕士学位论文，辽宁师范大学，2020年。
④ 参见李艳《辅教风化劝善于戏——道教劝善书与元明清戏曲初探》，《宗教学研究》2004年第1期。
⑤ 参见乐爱国《试析道教劝善书中的生态伦理思想》，《伦理学研究》2004年第1期。
⑥ 参见安荣《道教劝善书中的伦理思想及其教育方法》，《中国道教》2006年第3期。
⑦ 参见孙茜《儒释道的融合：明清时期的道教劝善书》，《中国宗教》2019年第8期。
⑧ 参见王谋寅《道教劝善书中的"无讼"观》，《宗教学研究》2012年第1期。
⑨ 参见周波、邢海晶《道教劝善书的和谐理念——以〈关圣帝君觉世真经〉为例》，《宗教学研究》2010年第3期。
⑩ 郑素贞：《从道教劝善书探三教融合——对〈太上感应篇〉的研究》，《商丘师范学院学报》2014年第10期。
⑪ 丁常云：《道教劝善书与现代精神文明》，《中国道教》1998年第4期。
⑫ 张慧中：《从劝善书看道教道德伦理——以〈太上感应篇〉为例》，《中国校外教育》2018年第18期。

对善书进行了最广义、广义和狭义三个层次的区分。台湾"中央研究院"朱瑞玲曾经从《太上感应篇》《阴骘文》《功过格》和《关圣帝君觉世真经》等几部道教善书来分析中国人的慈善观念、善书的传播策略，发表有《台湾民间善书的心理意涵：从传统到现代的转变》。台湾文化大学陈兆南以清代台湾善书的宣讲活动为研究题目作了博士学位论文《清代的宣讲及其形式》。台湾"中央研究院"宋光宇发表《解读清末在台湾撰作的善书〈觉悟选新〉》一文，研究了澎湖地方士绅如何通过扶乩的办法撰作善书。[①] 宋先生还发表了《清代台湾的善书与善堂》。郑志明出版有《中国善书与宗教》一书，探求大传统的文化如何经过调适性转化，成为小传统民众的生活原理与价值体系。

善书在明清时的广泛流行，也引起了国外学者的注意。在中国善书研究方面影响较大的国外学者，当首推日本筑波大学名誉教授酒井忠夫。他于1960年就出版了专著《中国善书研究》。[②] 该书立足明代的社会现实，从明代的教化政策、乡绅及士人的处境、三教合一思想及明代的民间宗教等方面对善书进行了探讨，同时对《太上感应篇》《功过格》《阴骘文》和《了凡四训》等善书进行了专门研究。这本书是善书研究的经典之作。酒井先生还发表了多篇研究善书的文章。日本的其他学者如泽田瑞穗有《宝卷的研究》，吉冈义丰有《功过格思想的源流》等文章。秋月观映、平野义太郎、清水泰次等学者也发表了许多关于善书研究的文章。哈佛大学包筠雅（Cynthia J. Brokaw）所著的《功过格：中国封建社会后期的社会变迁与道德秩序》（*The Ledgers of Merit and Demerit: Social Change and Moral Order in Late Imperial China*），从明清的社会分层出发，研究了社会各阶层所制作的功过格的功能。包筠雅认为：一些社会下层士人希望通过积善累德来获得爵位和子嗣，实现向上的社会流动；中上层士人则希望他们的功过格能维持社会等级，各人都能安分守己。各社团制作的功过格都表达了他们的

---

① 宋光宇：《关于善书的研究及其展望》，《新史学》第五卷第四期。
② ［日］酒井忠夫：《中国善书研究（增补版）》，刘岳兵等译，江苏人民出版社2013年版。

社会理想。德裔美籍学者艾伯华（Wolfram Eberhard）的《中国传统社会中的罪恶观》（*Guilt and Sin in Traditional China*）专门就善书中的罪恶问题进行研究，并引进了西方心理学的研究方法。作者从描写地狱的善书中找出哪些行为受到什么样的惩罚，从而深入地探讨了中国人的罪恶观念。美国学者祁泰履（Terry Kleeman）1988年出版专著《文昌帝君——一个中国民族神的诞生》（*Wenchang and the Viper:_the Creation of a Chinese National God*），探讨了许多道教劝善书托其名的"文昌"如何由自然神向战神演变，以及最后转变为道德之神的背景和过程。牛津大学恰德（Robert L. Chard）的《一家之主：中国灶君祭拜的历史发展》（*Master of the Family : History and Development of the Chinese Cult to the Stove*）以及《灶君与司命》（*The Stove God and the Overseer of Fate*）探讨了善书中常见的司命神——灶君的功能以及人们对他的祭祀仪式。美国汉学家梅维恒（Victor H. Mair）的《圣谕语言的思想特色》（*Language and Ideology in the Written Popularization of the Sacred Edict*）一文详细讨论了"圣谕"的不同版本及其印行、传播的情况以及圣谕的语言和思想特色。莱比锡大学柯若朴（Philip Clart）1996年完成博士学位论文《善书的仪式：台湾扶乩的个案研究》（*The Ritual Context of Morality Books: A Case-Study of A Taiwanese Spirit-Writing Cult*）。这篇论文考查了台湾明正堂新出善书的过程、经本及善书的完成对于明正堂的意义。作者主要研究中国宗教信仰中经书撰作所产生的意义、作用以及扶乩善书的整个过程。柯若朴还写有其他研究善书的文章。

二 道教劝善书的特点

道教劝善书正式形成于宋代，其标志就是《太上感应篇》的出现，它受到社会各阶层的重视。道教内外后来陆续制作了很多新的善书，善书阵容日益庞大，成为一股特殊的道德教化力量。

汉代道书《太平经》中的"承负"思想，魏晋《抱朴子内篇》等道书中的欲成仙当行善立功、克忠尽孝的思想是后世道教劝善成仙理论的思想渊源。第一部道教劝善书《太上感应篇》(以下简称《感应篇》)成书于北宋，宋代还出现了另一本道教劝善书《玉历钞传》，在金元时期出现了《省心录》《太微仙君功过格》和《文昌帝君阴骘文》(本书简称《阴骘文》)等对后代影响巨大的道教劝善书。明清之际道教劝善书进一步繁荣。这期间有影响的道教劝善书包括《关圣帝君觉世真经》(以下简称《觉世经》)、《文帝孝经》、《文昌应化元皇大道真君说注生延嗣妙应真经》、《关帝忠孝忠义经》、《敬灶全书》、《指淫断色篇》、《除欲究本》、《寿世慈航》和《白话劝戒录》等。《道藏》还有汇编《太上感应篇》《梓潼帝君戒士子文》《阴德延寿论》《放生文》《杀生七戒》和《劝杀牛歌》等劝世文而成的道教劝善书集子《水镜录》。各种形式的"功过格"也被大量印发，如《十戒功过格》《警世功过格》《石音夫功过格》《文昌帝君功过格》《文昌帝君惜字功罪录》等。这期间解说《太上感应篇》《文昌帝君阴骘文》和《关圣帝君觉世真经》的注书也不一而足。道教劝善书在从产生到繁荣的道路上不断与民间社会结合，世俗化程度不断提高，对社会的影响力得到加强。

　　道教劝善书指假托神仙的名义制作或道士以个人名义撰写的、用道教教义、从道教神学的角度劝人去恶从善以成仙了道和积善获福的通俗道德教化书。道教劝善书主要包括说理性、操作性、纪事性和惩恶性四种类型。说理性的道教劝善书如《感应篇》《阴骘文》，是从道教神学的角度阐发的道德原则、规范和善恶条款。操作性的道教劝善书即各种名目的功过格，如《太微仙君功过格》，是实施说理性善书提出的道德规范的善恶记录簿。纪事性道教劝善书讲善恶报应的灵验故事，如《指淫断色篇》《除欲究本》等。惩恶性道教劝善书主要指描写地狱的善书，如道士入冥而作的《玉历钞传》。道教劝善书既劝善也惩恶。劝善部分告诉世人行善会得到种种好报，惩恶部分提醒人们作恶会到地狱受百般煎熬。道教劝善书既给人们讲善恶的道理，也为人们提供具体的行善措施；它既有百姓易于理解和接受的善恶报应故事，也有足以让人胆战心惊的对恶人的严惩不贷。道教劝善书采用多种方式、从多种角度来实现其劝善惩恶的道德教化功能。它从善恶报应的角度宣传善有善报、恶有恶报；从道教神学出发告诫世人，监察世人善恶行为和念头的神无所不在、无时不在；神具有赏善罚恶的能力，从而让人因敬畏神而不敢胡作非为。道教劝善书出现在上层道教从鼎盛走向衰落的时期。它的出现是道教适应社会变化、通过自身调节进一步影响社会的表现，是道教世俗化、民间化、伦理化的产物。道教因转向道德宗教重新获得了社会各阶层的支持。与其他善书相比，道教劝善书具有三个方面特点。

1. 神灵的观念贯穿整个道教劝善学说

道教劝善书作为一种宗教的道德教化书，神学观点一直贯穿在其劝善学说当中。首先，道教劝善书一般都假托道教神仙的名义来制作。道士仰慕神仙，追求成为神仙。他们把道教经籍说成是神仙降授的，以增强其经典的神圣性和权威性。道教劝善书也体现了道教神化其经书的特点。道教崇奉的神仙一般都具有完美的品德。那些位列仙班的神仙虽然自己逍遥自在，却也不忘关心百姓的世俗生活，他们有着博大的济世情怀。每当社会风气败坏、世风日下的时候，他们便会下凡济世，点化世人。制作并宣传道教劝善书就是他们济世救人的一种独特方式。借神仙的名义制作和推行善书能彰显神明之德，让人们感受到神明的存在和力量，受到神仙的感化，产生敬畏之心，从而自觉约束自己的行为。

道教劝善书主张神是道德的源泉、道德规范的立法者、道德行为的楷模。神通过善书把善恶标准颁布给世人，为人立下道德规矩。道教劝善书一般都是以"太上曰"或"帝君曰"开头。如《感应篇》开篇即说："太上曰：祸福无门，唯人自召。"《阴骘文》开始就讲："帝君曰：吾一十七世为士大夫身……于是训于人曰……"关圣帝君曾说"见人心风俗，日就颓靡。而吾悯世之心隐然勃发。固奉玉旨降《太微功过格》，增而行世以化愚顽"①。神要么通过梦，要么通过扶乩或神游等神秘方式把善恶准则颁布给世人。《太微仙君功过格》的制作就是神在梦中的提醒。作者说：

---

① 《劝世归真》，载胡道静等主编《藏外道书》，第28册，第21页。

> 余于大定辛卯之岁仲春二日子正之时，梦游紫府，朝礼太微仙君，得受功过之格，令传信心之士。忽然梦觉，遂思功过，条目历历明了。寻乃披衣正坐，默而思之，知是高仙降灵，不敢疏慢，遂整衣戴冠，涤砚挥笺，走笔书之，不时而就，皆出乎无思，非干于用意。①

这本善书虽出于道士之手，但作者声称是在梦中受到启发之后完成的。神还通过扶乩让神灵附在乩手身上，从而把上界的规定传达给世人，如鸾书《天律纲纪》即玉皇大帝降鸾的善书。它说：

> 玄穹高上帝玉皇大天尊旨曰：朕以世界生灵，各有性天，性天之得。得之苍穹。凡昧性天。是为伤苍穹。伤苍穹，理昧良亏，难还苍穹。只得灵沉地界，罚报惨途。还苍穹，理无他。时时明心地以处世，灵自不昧。灵不昧，获何果。朕差遣司律，稽查世人，查善恶以定因缘，稽功过以定赏罚。职掌天律，掌查稽责。灵不染、性得定。合苍穹而同寿，岂不快欤。朕不忍世人日日昧性，刻刻黑良，特准广善堂垂续天律纲目，以救世界之灵性。朕有厚望焉，是为序。②

道教劝善书大都是这样假托神仙的名义或神仙代写序言而制作的。颁布道教劝善书的神仙一般在道教神谱中地位较高，是忠孝的化身，在民众中影响较大，深受老百姓信奉和喜欢，因而易于受到圣贤的感召，如托太上老君之名制作的《感应篇》、托文昌帝君之名制作的《阴骘文》《劝孝文》《劝敬字纸文》《戒淫文》《救劫宝诗》《八反歌》、托孚佑帝君之名的《求心篇》《功过格》《戒淫文》《宝训》、托关圣帝君之名的《觉世经》《训孝法语》《戒世子文》、托钟离仙祖之名的《戒淫歌》等。由

---

① 《太微仙君功过格》，载张继禹主编《中华道藏》，第42册，第811页。
② 《天律纲纪》，载胡道静等主编《藏外道书》，第28册，第893页。

第三章　道教劝善书的特点及思想渊源

这些受世人尊敬和爱戴的神来降授善书增强了道教劝善书的权威性和人们的认同感。

其次，道教劝善书宣传有神明监督人的善恶。神仙将善恶准则颁布给世人，但世人不一定会循规蹈矩。于是道教劝善书设置了天上、地下、家中及人体内的众多神灵来监督和记录人的善恶行为，让神对人的行为进行约束和引导。道教劝善书告诫世人，人的一言一行都受到神明的监督。《感应篇》说：

> 是以天地有司过之神，依人所犯轻重，以夺人算。……又有三台北斗神君，在人头上，录人罪恶，夺其纪算。又有三尸神，在人身中，每到庚申日，辄上诣天曹，言人罪过。月晦之日，灶神亦然。

这里提到的三台、北斗、三尸、灶神等都是司过之神，掌管道德。三台、北斗是北斗旁边的六颗星，它们两两相对，一对称为一台，"上台虚精、中台六淳、下台曲生"（《云笈七签》卷二十五），专管人的寿夭。北斗星君是北斗星的神格化，负责人的善恶。《搜神记》说"北斗注死，南斗注生"，北斗星君和南斗星君在天上记录人的罪恶。在人体内还有三尸，专门监督人的善恶念头。《太清玉册》卷八说：

> 上尸彭倨名青姑，伐人目，居人头，令人多欲好车马；中尸彭质名白姑，伐人五脏，居人腹，令人好食轻恚怒；下尸彭矫名血姑，伐人胃命，居人足，令人好色喜杀。
>
> 人之生也皆寄形于父母胞胎，饱味于五谷精气，是以人之腹中各有三尸九虫为人大害，常以庚申之日上告天帝，以记人之造罪，分毫录奏，欲绝人生籍，减人禄命，令人速死。死后魂升于天，魄入于地，唯三尸迷走，名之曰鬼。四时八节企其祭祀，祭祀既不精，即为祸患，万病竞作，伐人性命。（《云笈七签》卷八十一）

三尸神一到庚申日就上天去报告人的罪过。庚申日是天神决断人善恶的日子。守庚申原是道教的一种修炼方术。三尸欲人早死好享受祭祀之物，庚申日要上天言人罪过，所以修道的人一定要斩灭三尸方能成道。《太清中黄真经》卷上《内养形神章第一》说"常守淡泊，三尸自灭"①。修道者"常以庚申日彻夕不眠。下尸交对，斩死不还。复庚申日彻夕不眠。中尸交对，斩死不还。复庚申日彻夕不眠。上尸交对，斩死不还。三尸皆尽，司命削去死籍，著长生录上，与天人游"（《云笈七签》卷八十二）。在道教劝善书中，"三尸"成为一个十分重要的监督人体内善恶念头的司命。在人的家中有灶神监督一家人的善恶行为。灶神又被称为灶君、灶王。道教尊灶神为"昆仑老母"，《灶王经》称之为"种火元君"。在民以食为天的传统社会，曾主管一家饮食的灶神自汉代以来就受到人们的普遍信仰。由于人们在灶头供奉灶君，每家每户每天都要进厨房烧火做饭，灶君对一家人的善恶了如指掌，于是逐渐演变为执掌全家生死祸福的司命，并形成了民间极为普遍的祭灶习俗。

道教认为人体内还有六贼引人作恶。《太清元道真经》卷中说：

> 人不能长存者……因六贼妄生，目妄视，耳妄听，鼻妄香臭，口妄言味，身妄作役，意妄思虑。故终不归根也。②

六贼的发动会劫夺诸善，所以被称为贼。三尸六贼在人体内作恶，人若不控制它们，就会造种种恶业，人只有靠意志才能抑制它们。人不努力向善，就会"勾引六贼住在心，他合三尸同结连。没有一日肯安分。时刻暗盗神不全。三尸六贼能拿住，精神夺回还复原"③。善书劝人"杀死三尸除后患，灭尽六贼断祸根"④。

除上述司命神外，家中还有门神，城里有城隍，地下有土地神，一

---

① 《太清中黄真经》，载张继禹主编《中华道藏》，第23册，第123页。
② 《太清元道真经》，载张继禹主编《中华道藏》，第23册，第133页。
③ 《除欲究本》，载胡道静等主编《藏外道书》，第28册，第119页。
④ 《除欲究本》，载胡道静等主编《藏外道书》，第28册，第276页。

第三章　道教劝善书的特点及思想渊源

年有四值功曹，昼夜有日游神、夜游神。如此无所不在、无时不在、疏而不漏的神仙监察系统让人的善恶都无所逃于天地之间。这种说教在传统社会对人有一定的约束作用，如道教劝善书劝人勿行淫说：

> 欲念既起，猛不可遏。当思《感应篇》所言：司过之神在旁，三台北斗在上，三尸神在身，灶神在户，三光在天。照临者有之，怒目者有之，记录者有之，我又何能瞒耶。①

一旦想到人随时随地都处于神灵的监视之中，谁敢肆无忌惮地为非作歹呢？

再次，道教劝善书强调神明对人施行赏罚。神有赏善罚恶的能力，在一定的时候上述司命神会将个人和家庭的善恶告知具有赏罚能力、掌人生死寿夭的神，如玉皇大帝、文昌帝君、东岳大帝、真武大帝、丰都大帝等。神如何安排个人的命运全凭人一生一世所积累的善恶数量，这些神随人的功过施以相应的奖惩。只有努力向善才能得到神的护佑。"天道无亲，常与善人。"(《老子》第 79 章)《文昌帝君阴骘文》说"诸恶莫作，众善奉行。永无恶曜加临，常有吉神拥护"。《觉世经》讲"一切善事，信心奉行。人虽不见，神已早闻。加福增寿，添子益孙。……神明监察，毫发不紊"。《天律纲纪》提到上天设有三十二个司，各司的职责分工如下：关圣帝君掌性命司、文昌帝君掌禄位司、普济真君掌疾病司、元妙帝君掌坎坷司、紫霞帝君掌流落司、孚佑帝君掌饥寒司、紫虚真君掌离散司、关圣帝君掌兵乱蹂躏司、太上道祖掌变幻司、桂宫黄仙掌讼狱司、玉帝掌天仙司等。每个司都有明文规定的善恶清单，还有像功过格一样的案册，记录各自职责范围内人们的善恶行为，并换算成相应的善恶数量。善恶记录积累到一定程度后就将犯者定案，即注明该人应入何籍，比如恶籍、禄籍、离散册籍、子嗣昌盛籍等。将这些登记

---

① 《暗室灯》，载胡道静等主编《藏外道书》，第 28 册，第 521 页。

注册之后，就移交给东狱大帝①，听候玉皇大帝发落。以下从地仙司的工作可以看到人的命运被神裁决的细节：

> 奉上帝差遣，秉地界全仙。案卷如山，丝毫不紊。凡阳世男女，积善积恶，死后归阴，无命案牵连者，东狱天尊饬阴差送交地界。是否受苦、是否得安、是否得福，皆量各司所注之天律。稽查善籍若干、恶籍若干、功籍若干、过籍若干。分别处置，余量籍处置后，呈奏上帝定赏定罚……数满，余销案，送交东狱天尊处，投生阳世，还偿宿因。定生何地、何方、何姓、何氏、何父、何母、何兄、何弟、何姊、何妹、何夫、何妻、何子、何女、何富、何贵、何贫、何贱、何冤、何缘、何因、何果、何时丰、何时寒、何时荣、何时辱、何地生机、何地运塞、受何奇缘、受何惨报、寿何年终、死何年朽，皆前世各司所注天律之善恶功过各籍，定宿缘焉。②

总之，道教劝善书始终围绕着神仙来进行道德教化。神为人颁布道德条规、监督这些条规的执行、记录世人的执行情况，并依此进行奖惩。"伦理化宗教的特征是以神的名义推动社会教化。"③在道教劝善书设置的"神学法庭"上，受人爱戴的"神"是道德的源泉。善书把神所制定的法律叫"天律"或"阴律"，并认为"阴律"比世俗社会的"阳律"更完备、更严厉。世俗法律只能惩处已经犯下的罪恶，由于恶人的狡诈，有可能利用法律的漏洞、钻法律的空子而逃脱应有的制裁。神参与其中的阴律却很细密，不仅仅是已经发生的行动和说出的言语处于监视和记录之中，连心中的恶念只要一发动，就已有司命将之记录在册了，无法侥幸逃脱。世人"多有阴为不善，而阳欲掩之。殊不知人易欺，而

---

① 东狱大帝即东岳大帝，《天律纲纪》作东狱大帝。
② 《天律纲纪》，载胡道静等主编《藏外道书》，第28册，第942—943页。
③ 赵敦华：《基督教哲学1500年》，人民出版社2005年版，第51页。

神不可欺。任尔弥缝多巧,神目如电"①。"阳律多论迹,所以甚疏;阴律惟论心,所以甚密。"②在整个道德劝善活动中,一直有神的监督。道教劝善书告诉世人"头上三尺有神明"。由于有人们喜欢和敬畏的神参与世人的道德生活,使得道教劝善书传播的道德讯息有很高的可信度。神又具有超人的赏罚能力,他们能满足世人的愿望,还能让恶人受到最严厉的惩罚。这些奖惩使人们有了行善去恶的动力,甚至超过了法律对人的规范作用。

2. 道教劝善书鼓励世人积善成仙

道教劝善书宣扬积善可以成仙,如《感应篇》认为只要你不断去恶就善,成为善人就可希冀成为神仙。它说:"欲求天仙者,当立一千三百善;欲求地仙者,当立三百善。"③到明清时候,道教劝善书更是大力提倡这种观点。道士董清奇在其善书中说道:

> 余编此书,少学问,短机锋,无异名。言简路捷,易于醒悟。即是全不识字的人听之亦与身心有益。若能醒悟,改邪归正,浅行者消灾致祥不遭横祸;深行者修身养德神人钦敬;行于至善者,成仙证祖,皆不出此关键尔。④

另外一本道教劝善书取名为《起生丹》,即通过善行而炼就的仙丹,其中谈道:

> 见人之得,如己之得;见人之失,如己之失。此皆由一片天然血心所发。以此由浅及深,便能将千般利欲,化成一种仁慈。久而久之,何患道不得、仙不成。金丹妙诀,无人指引也。但能体会其言,遵信奉行,待到功满缘成,自有金仙渡脱尘嚣。生等其各鉴

---

① 《劝世归真》,载胡道静等主编《藏外道书》,第28册,第3页。
② 《十戒功过格》,载胡道静等主编《藏外道书》,第12册,第41页。
③ 《太上感应篇》,载胡道静等主编《藏外道书》,第27册,第3页。
④ 《除欲究本》,载胡道静等主编《藏外道书》,第28册,第100—101页。

诸，勿蹈伊人之习也可。①

刘海蟾有劝世诗曰：

> 日暖风和物候新，好摇橹去泛迷津。遥看村落纵横处，似有失途寻路人。破浪冲风快放船，唤人随我渡前川。此身休被狂澜溺，跳出迷津便作仙。②

道教劝善书给人指出一条积善累德的修仙之路。即使世人因修善未成仙，神也会赐予善人许多世俗的好处如福、禄、寿之类。由此可见，道教劝善书有积累善行以获福报和积累功德以成仙了道两个层次。首先通过善的积累成为善人，在此基础上继续积累功德就可望成为真人和神仙。其他善书的目标仅仅是成为善人以获福报，而道教劝善书则为行善提供了更高的回报。

道教劝善书除强调积善成仙之外，还把道教传统的养生、炼丹的观念和方法贯穿在劝善书之中。这不是道教劝善书的主要内容，但它们能从侧面辅助道教的劝善。如太乙救苦天尊讲炼丹说：

> 夫修金丹大道，炼玄元之本性，返天地之精华。炼真精而盛于阳，阳精九转复始，丹成炉鼎生光而宇宙辉煌。然丹乃心之苗也。③

孚佑帝君有丹诀曰：

> 前三关，后三关；坎中水，离与乾；分八卦，五行全；呼吸气，心头拴；归土釜，纳脐前；戊巳调和在玄关。工夫到，自安

---

① 《起生丹》，载胡道静等主编《藏外道书》，第28册，第588页。
② 《起生丹》，载胡道静等主编《藏外道书》，第28册，第622页。
③ 《卫济真诠》，载胡道静等主编《藏外道书》，第27册，第550页。

然。养心丹，踏大还，那时得遇蓬莱仙。众仙同揩手，童子列两边。那时节，回头看，世事红尘一旦完。①

孚佑帝君有劝善诗文说：

> 二目垂帘养太池，丹田温暖杜邪思。延年益寿无他术，保守双林济坎离……敛气还虚养道心，牢拴意马杜邪淫。长交子午归元性，炼出丹沙体似金。②

道士董清奇在其所著善书中提到内丹修炼，他说"学道都是精灵子，蓬莱没有糊涂的。学成逆行颠倒法，抽铅添汞补坎离。三千功满丹书诏，八百行圆跨鹤飞"③。道教劝善书认为：

> 人负阴而抱阳，冲气以为和。逆之则灾害生，顺之则疴疾不起。故滋味者，身之充也。而酸伤脾，咸伤心，辛伤肝，甘伤肾，失其节也。起居者，身之适也，而坐伤肉，卧伤气，行伤筋，立伤骨，渝其常以召之也。饮食有节，起居有常，喜怒有则。若明鉴之照物，不将不迎，泰然静寂。则气日完，精日积，神日定。若然者，忧患不能入，嗜欲不能汩，邪气不能袭。虽度百岁而动作不衰。④

在劝人们戒淫时，道教劝善书也把劝化同道教养生结合在一起。道教不主张禁欲而强调节欲，善书说：

> 至于夫妇之道，人生所不能废者，尤有节度，不当过纵。二至

---

① 《劝世归真》，载胡道静等主编《藏外道书》，第28册，第9页。
② 《劝世归真》，载胡道静等主编《藏外道书》，第28册，第44页。
③ 《除欲究本》，载胡道静等主编《藏外道书》，第28册，第285页。
④ 《全人矩矱》，载胡道静等主编《藏外道书》，第28册，第367页。

之日宜戒，大寒大暑宜戒，日月薄蚀宜戒，大风大雾宜戒，迅雷暴雨宜戒，本命日、庚申日、甲子日、丙丁日、四立二分日、二社日、弦望日、晦朔日，又每月十五日、二十八日，正月初三日、十四日、十六日，二月初二日，三月初九日，四月初四日、初八日，五月逢六逢七名为九毒日，十月初十日，十一月二十五日，十二月初七日、二十日俱宜戒，凡此皆所谓度也。淫欲过度，自求速死耳。①

上述日期是道教的禁忌日，它们要么是诸神聚会或察人善恶的日子，要么是某位神仙的诞辰或出道之时，这些日子纵欲会干神怒，不得长寿。道教劝善书宣扬这些禁忌以便让人节欲、养生。

道教劝善书中还有许多描写神仙出游的情境，如《照心宝鉴》提到蔡仙少霞的逍遥如下：

命童子守尸而出，过访于华山之上，会友清谈。因忆游春之乐事，遂邀友重游于丰台各处焉。命童儿携诗囊、带琴剑随侍而行。一路唱谈歌咏，得无边之雅趣。②

这样的宣传是道教借助善书传播教义、吸引信众的方式。所以道教劝善书不仅为维护社会秩序服务，它也致力于道教自身的发展。

3. 道教劝善书有明显的三教合一特征

哲学是在辩论中发展的。中国传统文化中历史最为悠久、影响最为深远的是儒家和道家，它们的思想论辩形成了中国哲学儒道对立、互补的局面。后来佛教传入，道家又与儒家和佛教在三教辩论中形成三足鼎立的态势。陈寅恪先生20世纪30年代在《冯友兰中国哲学史下册审查报告》中曾说：

---

① 《暗室灯》，载胡道静等主编《藏外道书》，第28册，第551页。
② 《照心宝鉴》，载胡道静等主编《藏外道书》，第27册，第429页。

第三章 道教劝善书的特点及思想渊源

南北朝时即有儒释道三教之目，至李唐之世，遂成固定之制度。如国家有庆典则召集三教之学士，讲论于殿廷，是其一例。故自晋至今，言中国之思想，可以儒释道三教代表之。①

在中国哲学史上，儒释道三教从各自的立场出发，常常互相辩难。三教在长期的辩论、交流过程中互相借鉴、融合，保留各自特色而鼎足而立的三教模式逐渐被以儒家学说为主体、佛道为辅助的"三教合一"模式替代，成为传统社会后期思想学术发展的主流。

道教劝善书就带有浓厚的三教合一色彩，往往是三教中有关劝善的内容和三教各自的说理都融汇其中，越是向后发展这种特点越突出。如果说宋元时期的道教劝善书还是道教神仙以个人名义在制作，到明清时期，出现在道教劝善书中的神往往是三教中的圣、仙、佛都有。在扶鸾善书中，神、佛通过对话的形式降下劝世诗文和话语。神、佛之间互相支持和帮助，共同投入劝世当中。世人"仰三教之神佛慈悲，悯世人之孽海，挽波涛于狂澜，愿渡众生共掌仙舟之快乐乎"②。三教圣人互相邀请、互相补充，你方唱罢我登场，用各自的教义讲述同样的道理，如"今日吕仙，邀请吾佛门弟子，来坛说法，普设慈航……"③道教劝善书高唱三教同理，说：

> 所谓三教一理也，是知圣贤之心，即仙佛之心。仙佛之言，皆圣贤之言，其理一也。
>
> 明心见性之道，三教一理。不过立名微异，而入步之功无他。儒云忠恕，佛谓慈悲，推及道教，则云感应。按此六字，则皆以心为主。④

---

① 陈寅恪：《冯友兰中国哲学史下册审查报告》，载陈美延编《陈寅恪集·金明馆丛稿二编》，生活·读书·新知三联书店 2001 年版，第 283 页。
② 《照心宝鉴》，载胡道静等主编《藏外道书》，第 27 册，第 461 页。
③ 《照心宝鉴》，载胡道静等主编《藏外道书》，第 27 册，第 491 页。
④ 《起生丹》，载胡道静等主编《藏外道书》，第 28 册，第 708 页。

> 心者，万善之源而百行之所由出也。儒曰正心，道曰存心，释曰明心。心正则不乱，心存则不放，心明则不蔽。三教一理也。

道教劝善书《玉历钞传》声称它可以"证儒书、参仙旨、括佛教"。三教都劝人为善，但它们的侧重点或所用的方法不尽一致。道教劝善书说：

> 儒者止据目之所见，不言前世后身与幽冥之故。谓事属暗昧不足凭信云云。是语也，不但阻人善心，亦且启人恶意。试论之如乱臣贼子，一切积恶之人固是一死，即忠孝圣贤一切积善之人亦未尝不死。唯死后有三途之苦，所以不敢为恶。若谓一死便了，则彼此同归于尽。积善何益，反不如积恶者，盗袭财位以图今世享用之为愈也。阻善启恶莫甚于此。①

"子不语怪力乱神"（《论语·述而》），孔子说"未知生焉知死"，"未能事人焉能事鬼"（《论语·先进》），儒家不会大谈生前死后之事，即便在今生今世作恶多端最多也只是受到道德谴责而已，对普通民众的劝善禁恶效力有限，道教却能从神灵鉴察、生前死后、善恶报应的角度赏善罚恶，能产生极大的威慑，带来更好的教化效果。道教劝善书特别强调人的行为将影响后世，让人用负责的态度对待自己的所作所为。三教的教义各有所长，但能互相取长补短以达到劝善止恶的共同目的。

三　道教善书中的神学禁忌及宗教戒律

道教劝善书作为一种宗教道德教化书，它所涉及的道德内容既有宗教的成分，也有儒家的忠孝伦理以及世俗民众的道德伦理，涉及人与神、人与人和人与自然。

---

① 《暗室灯》，载胡道静等主编《藏外道书》，第28册，第477页。

第三章 道教劝善书的特点及思想渊源

道教劝善书让人们礼敬神明，如《感应篇》提醒"诃风骂雨"，"骂神称正"，"指天地以证鄙怀，引神明而鉴猥事"，"越井越灶，跳食跳人"，"晦腊歌舞，朔旦号怒；对北涕唾及溺，对灶吟咏及哭；又以灶火烧香，秽柴作食；夜起裸露，八节行刑；唾流星，指虹霓；辄指三光，久视日月"，"对北恶骂"等都必须禁止。《阴骘文》让大家"奉真朝斗"，"拜佛念经"，"印造经文，创修寺庙"，"广行三教"。《觉世经》劝人不要"恨天怨地，骂雨呵风；谤圣毁贤，灭像欺神"。《劝世归真》有奉劝世人敬奉灶君的诗："晨昏叩首信香焚，比户皆宜敬灶君。莫谓东厨司水火，一家善恶尽知闻。"①

许多善书还附有道教神仙的诞辰和成道纪念日，提醒人们在这些日子朝礼神灵，布施功德。道教劝善书反复提醒人们不要怀疑神仙实有，不要怀疑神仙对人的审判。雷公在《劝世归真》中乩降警世训曰：

> 尔等众生设立善坛，请鸾劝世，显扬神教，必须多加诚敬。如轻视不恭、谈笑放肆、半信半疑，此等恶徒自招天怒。吾施一震之威，用雷击之，绝不宽恕。戒之戒之……仙神救劫驾飞鸾，下化愚民降善坛。孰敢轻狂说不信，上干天怒岂容宽。②

道教劝善书除劝人礼敬神明外，还劝人们礼敬神所造之物，如文字、经文之类，善书评价道：

> 字之有功于世也，伟矣。昔苍颉造字，泄天地之机，开万物之智，发圣贤之秘，续道德之传，记古今之治乱，著人物之贤奸。若天下无字，万古如长夜。此一宜敬。天曹公案、皇朝律例、公门文移、冥府卷籍，咸以字为凭。是字能生人、杀人、荣人、辱人、予人、夺人者也。可不郑重之乎。此二宜敬。天地神祇之号、日月星

---

① 《劝世归真》，载胡道静等主编《藏外道书》，第28册，第43页。
② 《劝世归真》，载胡道静等主编《藏外道书》，第28册，第27页。

辰之纪、圣贤仙佛之名、祖宗父母之讳，皆散著于字。弃置践污，于心何忍。此三宜敬。①

敬惜字纸在过去是一件很重要的善行，许多地方都设有焚烧字纸的字库。成都大慈寺后门仍保留过去用于焚烧字纸的字库。《警世功过格》规定："以不净手翻书三过，以书籍字扇置枕席间三过，卧看经书一过。"② 错念、漏念经书都是不可饶恕的罪过。《玉历至宝钞》讲述十殿地狱中的第一殿设有补经所，说：

僧道有得人钱物，代人拜诵经忏，遗失字句页卷者，至本殿发进补经所，各入黑暗斗室。内藏经忏，其遗失字句页卷之处，概皆签明，勒令补诵。设有灯盏，贮油数十斤，用细线一根，燃火，或时明亮，或时昏晦，不能一气即速补足。③

可见在地狱里对念经不认真的惩罚是非常严厉的。作为道教劝善书，其劝化内容还有针对道士的清规戒律。早期的五斗米道要求信众定期首过，生病之人更应为自己的过错进行忏悔以治疗疾病。净明派要求弟子身边放置功过格一册，逐日记录其行为，每日进行自我反省。④《太微仙君功过格》规定道士：

自己注撰救众经法一宗为三十功，保养性命经法一宗为二十功（谓得功验者）。赞道之文一篇为一功（谓诗、词、歌、颂等）。若咏无教化者则无功。为国为民，或尊亲先亡，或无主孤魂，诵大经一卷为六功，小经一卷为三功，圣号百篇为三功；为平交亲知及卑

---

① 《全人矩矱》，载胡道静等主编《藏外道书》，第28册，第395页。
② 《警世功过格》，载胡道静等主编《藏外道书》，第12册，第83页。
③ 《玉历至宝钞》，载胡道静等主编《藏外道书》，第12册，第789页。
④ 《太微仙君功过格》说："付修真之士明书日月，自记功过，一月一小比，一年一大比，自知功过多寡。"《太微仙君功过格》，载张继禹主编《中华道藏》，第42册，第811页。

第三章　道教劝善书的特点及思想渊源

幼诵大经为四功，小经、圣号为二功；为施主诵大经一卷为三功，小经、圣号为一功；若受法信，则无功。为己禳谢，诵大经一卷为二功，小经、圣号为一功。

这些都是针对道士的详细规定。除此之外，在针对大众的道教劝善书中也经常有提醒道士的内容，如：

道教有等人，自己作聪明。也不下苦志，也不学修行。终日贪荣华，合人好恋情。他说有事来，事来该当应。应过先扫心，清心似明镜。心上无尘垢，这就是清静。清静能养神，养神就是正。……七真皆如此，修行不恋情。

道教人多无其数，我比旁人更糊涂。当初举意想学道，就想天宫把福受。艰难困苦都避过，昼夜谋着走好路。不思夕日长春祖，遇难从来不避头。每日只化七家饭，如此道像寻罪受。①

这些是针对教门中人的不足而激励其改过，使其成为合格的道士。

四　道教善书倡导的社会人伦规范

道教劝善书有大量处理世俗社会人伦关系的各种规范，这是道教劝善书的核心部分。首先，道教劝善书劝人应竭忠尽孝，因为"父母为五伦之首，孝亲乃人道之先"。

人生在世，莫忘忠孝二字。为臣尽忠，为子尽孝，乃万古不易之理也。吾劝世人，或为忠臣，或为孝子，则不愧为人矣。②

立善多端，莫先忠孝，即成仙证佛，亦何尝不根基于此。③

---

① 《除欲究本》，载胡道静等主编《藏外道书》，第28册，第271、283页。
② 《劝世归真》，载胡道静等主编《藏外道书》，第28册，第27页。
③ 《太上感应篇集注》，载胡道静等主编《藏外道书》，第12册，第129页。

除大力宣扬忠孝之外，它也提倡个人应当仗义疏财、诚实、勤劳、谦虚、简朴等。《太上感应篇》宣扬：

> 悯人之凶、乐人之善；济人之急、救人之危。见人之得如己之得，见人之失如己之失；不彰人短，不炫己长；遏恶扬善、推多取少；受辱不怨、受宠若惊；恩不求报，与人不追悔。

《阴骘文》鼓励：

> 忠主孝亲，敬兄信友……济急如济涸辙之鱼，救危如救密罗之雀……矜孤恤寡，敬老怜贫。措衣食周道路之饥寒，施棺椁免尸骸之暴露。家富提携亲戚，岁饥赈济邻朋……奴仆待之宽恕，岂宜备责苛求……舍药材以振疾苦，施茶水以解渴烦……点夜灯以照人行，造河船以济人渡……勿谋人之财产，勿妒人之技能……勿淫人之女妻，勿唆人之争讼。勿坏人之名利，勿破人之婚姻……勿因私仇，使人兄弟不和；勿因小利，使人父子不睦。勿倚权势而辱善良，勿恃富贵而欺穷困……善人则亲近之，助德行于身心；恶人则远避之，杜灾殃于眉睫……常须隐恶扬善，不可口是心非……剪碍道之荆榛，除当途之瓦石。修数百年崎岖之路，造千万人来往之桥……垂训以格人非，捐资以成人美。作事须循天理，出言要顺人心……见先哲于羹墙，慎独知于衾影。

道教劝善书还有丰富的对职业道德的规定。元皇帝君劝士人"劝尔攻书宜早思，世传古典要多知。归心悟道师先圣，真用纯功始见奇"[①]。道教劝善书劝商人"斗秤须要公平，不可轻出重入"，劝医生不要"籍医术以网世财，贪得无厌。只顾目下肥己，那知头上有天。古之所谓名

---

① 《劝世归真》，载胡道静等主编《藏外道书》，第28册，第15页。

第三章 道教劝善书的特点及思想渊源

医,今之所谓民贼也。戒之,戒之"①。几乎当时社会上存在的各种职业,道教劝善书对其职业道德都有涉及。

道教劝善书还有劝止当时的溺女、吸鸦片、赌博等社会陋习方面的内容针砭时弊、教化人伦。对于溺女,善书说:

> 人非产于空桑,孕于浮木。块然七尺,皆是男精女血而成。溺女一事,罪孽甚大。迷者不晓,未有警醒之言动其听耳。尔之母亦人之女也。尔之妻亦人之女也。若无女,尔乌得有母,尔乌得有妻。尔杀尔之女,并未杀尔之母与妻。然充尔杀女之心,不杀尔之母,杀尔之妻也。人伦之祸至此极矣。

西华帝君劝止吸食鸦片道:

> 若大的家私因为吸烟败,最好的人品暗被烟毒伤。我劝那吸洋烟的人儿,快快听我劝,急发狠心肠。若要是戒了烟,我许你神清气爽身强壮,寿命亦能长。也免得财消家败声名伤,也免得充口无食遮体少衣裳。更保你四季安然身无恙,合家欢乐美誉传扬。②

元皇帝君指出赌博的危害是一害昧良心,二害失品行,三害丧身命,四害败门庭,五害坏家声,六害荡产业,七害生事变,八害绝恩义,九害犯王法,十害遭天谴。

道教劝善书也假神仙之口反映百姓的愿望,要求官员应"正直代天行化,慈祥为国救民"(《文昌帝君阴骘文》),不可"虐下取功,谄上希旨……轻蔑天民,扰乱国政;赏及非义,刑及无辜;杀人取财,倾人取位;诛降戮服,贬正排贤;凌孤逼寡,弃法受赂;以直为曲,以曲为直;入轻为重,见杀加怒"(《太上感应篇》)。为官不正同样要受

---

① 《劝世归真》,载胡道静等主编《藏外道书》,第28册,第34页。
② 《起生丹》,载胡道静等主编《藏外道书》,第28册,第662页。

到神的监督和惩罚。《文昌帝君功过格》专设"居官"格,让朝廷各级官员如内辅、外宪、将帅、牧令等进行自我约束、提升道德。内辅应"持躬谨慎""格君非心",不可"阿谀权要",徇私忘公;外宪应"勤俭率属","工役不科派百姓","考试不阻抑孤寒",不可"纵属贪污",不能"讳荒,不即开仓赈济";牧令应"狱中除秽,燃苍术,免瘟疫","老幼勿打",不可"地方利害明知应兴应革,不肯出身担任,反多方止遏"。神对所有人的所有恶行施行惩处,帝王将相概不例外,神仙"遣童子三百万,巡察四方官吏善恶,各行果报"(《道藏辑要》星集《文帝救劫经》)。《天律纲纪》规定太上道祖的任务之一是监察这些达官显贵,如:

> 第一数,凡君主造有三次恶籍,余定数报偿。第二数,凡皇后造有三次恶籍,余定数报偿。第三数,凡宰相、士绅以及公卿大夫造有三次恶籍,余定数报偿。……凡造此十数之一,余则变幻生初之福禄,奏知上帝,听候送交何司注册受罚。

善书假神仙之口来调节人与人的关系,既有个人修养和处理家庭、社会关系的准则,也有社会各阶层的职业道德,还有对社会陋习的批判、讽谏、教化。这部分内容相当丰富。

第二节 道教劝善书的思想渊源

道教劝善书在宋代的产生不是一蹴而就的,以《感应篇》和《太微仙君功过格》等道教劝善书的出现为分水岭,可把道教劝善书的演变分为三个阶段,汉魏两晋南北朝和隋唐是道教劝善书的酝酿时期,宋金元则为形成时期,明清是道教劝善书的盛行发展时期,其影响延续至中华民国。

道教自东汉末年产生以来,就有劝人为善去恶的传统。早期道教经典《太平经》中就有着丰富的劝善思想,如"天地混齑,人物糜溃。唯积善者免之,长为种民。种民智识,尚有差降,未同浃一,犹须师君。君圣师明,教化不死,积炼成圣,故号种民。种民,圣贤长生之类也"[①]。"行之司命注青录,不可司录记黑文。黑文者死,青录者生。生死名簿,在天明堂。"[②]"天道无亲,唯善是与。善者修行太平,成太平也。成小太平,与大太平君合德[③]",后来道教劝善书中的神人感应、司命录人罪过、善恶报应、求仙需积功累德等思想在此经中已见端倪。

一 汉魏两晋时期的道教劝善思想

1.《太平经》的劝善思想

(1) 感应说

《太平经》的劝善思想是建立在"天人感应"的宗教神学基础上的。"天人感应"思想有一个发展过程。《尚书》记载商灭夏之后,告诉诸侯说:

> 夏王灭德作威,以敷虐于尔万方百姓。尔万方百姓,罹其凶害,弗忍荼毒,并告无辜于上下神祇。天道福善祸淫,降灾于夏,以彰厥罪。(《尚书·汤诰》)

天的伦理属性可见于"天道福善祸淫"的表达中。《尚书》说:"唯上帝不常,作善降之百祥,作不善降之百殃。"(《尚书·伊训》)天作

---

① 王明编:《太平经合校》,第1—2页。据王明《论〈太平经钞〉甲部之伪》,认为《太平经》现存甲部抄自魏晋时期成书的《灵书紫文》,非《太平经》本身内容。但本书主要讨论道经中的思想,《灵书紫文》亦道教重要经典,故其掺入《太平经》之内容并不影响本书的论述,特此说明。参见王明《道家和道教思想研究》,中国社会科学出版社1984年版,第201—214页的相关考证。

② 王明编:《太平经合校》,第4页。

③ 王明编:《太平经合校》,第4页。

为自然的主宰逐渐演变为能影响历史和主宰个人命运的天,天被赋予了道德的含义。殷商时期人们相信王权神授,周朝却有了神授权给有德之君的思想。《尚书》讲"皇天无亲,唯德是辅"(《尚书·蔡钟之命》),祭祀媚神日益退到历史舞台的后面,对个人道德修养的要求越来越高。"祭祀之盛,莫盛道德",人们明确提出"妖由人兴""吉凶由人""祸福无门,唯人所召"(《左传·庄公十四年》)。汉代董仲舒通过自然与人间的比附,在中国思想史上第一次从理论上系统地论证了天有目的、有意识地创造了人和人类社会,天人之间可互相感应。他提出"王道之三纲,可求于天"(《春秋繁露·基义》)。他说:

> 物莫无合,而各有阴阳。阳兼于阴,阴兼于阳;夫兼于妻,妻兼于夫;父兼于子,子兼于父;君兼于臣,臣兼于君。君臣、父子、夫妇之义,皆取诸阴阳之道。君为阳,臣为阴;父为阳,子为阴;夫为阳,妻为阴。阴道无所独行,其始也不得专起,其终也不得分功,有所兼之义。是故臣兼功于君,子兼功于父,妻兼功于夫,阴兼功于阳,地兼功于天。(《春秋繁露·基义》)
>
> 天者,万物之祖,万物非天不生。(《春秋繁露·顺命》)
>
> 人之为人,本于天,天亦人之曾祖父也,此人之所以上类天也。(《春秋繁露·为人者天》)
>
> 天者,百神之大君也。事天不备,虽百神犹无益也。(《春秋繁露·郊语》)
>
> 夫仁、义、礼、智、信五常之道,王者所当修饬也。五者修饬,故受天之佑而享鬼神之灵,德施于方外,延及群生也。(《春秋繁露·对策》)

《太平经》也从天人一体的思想出发提出了带有道教色彩的天人感应论。道教认为人身是小宇宙,天地自然是大宇宙,大宇宙与小宇宙之间是息息相关的。《太平经》说:

> 人生皆含怀天气具乃出，头圆，天也；足方，地也；四支，四时也；五藏，五行也；耳目口鼻，七政三光也。①

《太平经》不仅认为人的身体与天相类，而且还有无数神灵存在于天地之间，包括存在于人身各部位之中，各司其职，司察人间善恶，如"心神在人腹中，与天遥相见，音声相闻，安得不知人民善恶乎？"②

《太平经》认为天人感应普遍存在，"感应则变化随方，功成则隐沦常住。住无所住，常无不在。不在之在，在乎无极"③。人的所作所为一定会上达于天，形成天人或神人之间的感应。

> 地上善，即天上善也。地上恶，即天上恶也。故人为善于地上，天上亦应之为善；人为恶于地上，天上亦应之为恶，乃其气上通也。五气相连上下同，六甲相属上下同，十二子为合上下著，无有远近皆相通。其下善，其上明；其下恶，其上凶。故五行兴于下，五星明于上。此者，天所以晓于天下人也……故常上下相应，不失铢分也。④

"天之应人如影响，安得行恶而得善者乎？"天与人的沟通是通过物的盛衰、人的寿夭和祸福来暗示和表达的。

> 常力周穷救急，助天地爱物，助人君养民。救穷乏不止，凡天地增其算，百神皆得来食，此家莫不悦喜。因为德行，或得大官，不辱先人，不负后生。人人或有力反其易，不以为事，可以致富，反以行斗讼，妄轻为不祥之事。自见力伏人，遂为而不止，反成大恶之子。家之空极，起为盗贼，则饥寒并至，不能自禁为奸，其中

---

① 王明编：《太平经合校》，第36页。
② 王明编：《太平经合校》，第545页。
③ 王明编：《太平经合校》，第10页。
④ 王明编：《太平经合校》，第664页。

顿不肖子即饥寒而死。勇力则行害人，求非其有，夺非其物，又数害伤人，与天为怨，与地为咎，与君子为仇，帝王得愁焉。遂为之不止，百神憎之，不复利祐也。天不欲盖，地不欲载，凶害日起，死于道旁，或穷于牢狱中，戮其父母，祸及妻子，六属乡里皆欲使其死，尚有余罪，复流后生，或成乞者之后，或为盗贼之子，为后世大瑕。①

关于善行与人的命运以及神灵赏善罚恶的关系，《太平经》的"命树"说也与此相关，该经说：

人有命树生天土各过，其春生三月命树桑，夏生三月命树枣李，秋生三月命梓梗，冬生三月命槐柏，此俗人所属也。皆有主树之吏，命且欲尽，其树半生；命尽枯落，主吏伐树。其人安从得活？欲长不死，易改心志，传其树近天门，名曰长生。神吏主之，皆洁静光泽，自生天之所，护神尊荣。但可常无毁名，天有常命，世世被荣，虽不下护，久自知精。所以然者，去俗久远，当行天上之事，不得失脱。诸神相检，如绳以墨，何复自从，故不下耳。宜勿怪之。②

人的祸福在天庭也有如"命树"这样的异象与此对应。这就是说，在天人关系上，一方面，天有意志，是冥冥之中的最高主宰，能赏善罚恶；另一方面，人可以至诚感天，通过积善德、行善事感动上天，受到神的庇护，降福增寿。

（2）承负说

《周易》曾谈到过"积善之家，必有余庆；积不善之家，必有余殃"（《周易·坤》）；还说"善不积不足以成名，恶不积不足以灭身。小人

---

① 王明编：《太平经合校》，第251—252页。
② 王明编：《太平经合校》，第578页。对于命树的分析，参见严一钦《〈太平经〉"命树"观念新考》，《世界宗教研究》2022年第7期。

第三章 道教劝善书的特点及思想渊源

以小善为无益,而弗为也。以小恶为无伤而弗去也。故恶积而不可掩,罪大而不可解"(《周易·系辞》下)。善恶数量积累到一定程度会影响个人及家族的盛衰。《太平经》发展了"积善之家必有余庆,积不善之家必有余殃"的思想,提出了"承负"这一道教教义概念。它说:

> 承者为前,负者为后;承者,乃谓先人本承天心而行,小小失之,不自知,用日积久,相聚为多,今后生人反无辜蒙其过谪,连传被其灾,故前为承,后为负也。负者,流灾亦不由一人之治,比连不平,前后更相负,故名之为负。负者,乃先人负于后生者也。①

"承负"的意思是说先人犯有过失,积过很多,后人遭殃,也指先人积功很多,后人得到先人之功的荫庇,这是"承"的意思。"负"指这代人积的功或过对下一代人的积极或消极的影响。《太平经》谈到,个人要前承五代,后负五代,前后共十代为一个承负周期,"因复过去,流其后世,成承五祖。一小周十世,而一反初"②。这就是说,个人的善恶行为不仅影响个人,也流及后世,将影响前后十辈人。但是,如果个人的善行很突出,先人的过不能流及他。如果个人的罪太大,先人的功也抵消不了,其人也不能侥幸逃脱惩罚,"比若父母失至道德,有过于邻里,后生其子反为邻里所害,是即明承负之责也"③。承负说的提出对个人行为的规范更严格,个人必须对自己的行为高度负责,因为要影响好几代人。

《太平经》的承负说还谈到每个人的过错加起来对整个时代和社会的影响也巨大,类似于佛教的共业。人们遇到挫折时,不好好检查自己的不足,而怪罪上天不公,怪罪他人无德,于是逆反地做更多的错事,会加重整个社会的承负。

---

① 王明编:《太平经合校》,第70页。
② 王明编:《太平经合校》,第22页。
③ 王明编:《太平经合校》,第54页。

> 夫治不调，非独天地人君之过也，咎在百姓人人自有过，更相承负，相宜为多，皆悉坐不守实所致也。①

《太平经》的出现，就是因为人类的承负已经非常繁重，上天于是降下《太平经》，以助人类解除承负之灾，"为皇天解承负之仇，为后土解承负之殃，为帝王解承负之厄，为百姓解承负之过，为万二千物解承负之责"②。道教承负说解释了人们在社会生活中遇到不幸的原因。它说：

> 凡人之行，或有力行善，反常得恶，或有力行恶，反得善，因自言为贤者非也。力行善仅得恶者，是承负先人之过，流灾前后积来害此人也。其行恶反得善者，是先人深有积蓄大功，来流及此人也。

在现实生活中，往往有好人得不到好报，恶人受不到惩罚，其原因是个人承负其祖先所积功过的差异，前者承负先人之过，后者承负先人之功。但个人如果"能行大功万万倍之，先人虽有余殃，不能及此人也"③。即使先人积累有过错，只要自身的善行能抵消先人的过错后还有结余，就可避免先人的"余殃"。承负观念后来融合佛教因果报应说，发展了道教劝善书的善恶报应思想。道教从承负说发展而来的善恶报应与佛教的因果报应是有区别的。道教承负不是轮回，而是善恶在血缘家族中由前辈传给后辈的线性传承。佛教的因果报应讲轮回。轮回指众生在六道（天、人、阿修罗、地狱、饿鬼、畜生）中流转，就像车轮一样旋转不停、循环不已，贯通现在、过去和未来，即"三世因果"。至于人死后灵魂上升或堕落到善道或恶道，则取决于众生今世的业力。《成实论》卷七说："业有三报，善、不善、无记；从善、不善生报，无记不生。""善得爱报，不善得不爱报，无记无报。"佛教认为业发生后不

---

① 王明编：《太平经合校》，第53页。
② 王明编：《太平经合校》，第57页。
③ 王明编：《太平经合校》，第22页。

会消除，它将引起善恶报应，即业的报应或果报。所谓"已作不失，未作不得相"①。东晋高僧慧远著有《明报应论》和《三报论》论证因果报应。他说：

> 业有三报：一曰现报，二曰生报，三曰后报。现报者，善恶始于此身，即此身受。生报者，来生便受。后报者，或经二生三生，百生千生，然后乃受。受之无主，必由于心；心无定司，感事而应；感有迟速，故报有先后；先后虽异，咸随所遇而为对；对有强弱，故轻重不同，斯乃自然之赏罚，三报之大略也。《弘明集》卷五（《三报论》）

佛教教义中的报应承担者仍然是行为者自己，他们因业力的不同而在六道中轮回。道教的承负者却是行为主体的亲人、后代，它强调个人行为对家族、宗族、社会的影响。中国传统社会特别重视家庭、家族，"光宗耀祖""衣锦还乡"是个人成功的标志。后来的道教劝善书强调的报应主要是融合道佛有关报应的思想而形成的善恶报应，主张家族承担个体的功过，所以个体更应该对自己的行为负责。现代学者就认为中国传统文化中，人并非海德格尔所言之"向死而生"，而是向世而生。孙向晨说：

> 人类的生存确实是"向死而在"，这是一个普遍性的维度。但基于"亲亲"之爱，人类的生存还有另外一个面向，那就是"向生而在（Being towards next generations）"。当生存面对"下一个"世代时，生存论结构就会呈现出另一番面貌。当然，不止是下一个世代，也要面对"上一个"世代。笔者将其概括为在"世代之中存在（being between generations）"，这也有别于海德格尔所讲的"在世

---

① 《瑜伽师地论》，载中华大藏经编辑局编《中华大藏经（汉文部分）》，中华书局1987年版，第27册，第724页。

之在（being in the world）"。这样，我们对于生存的理解就呈现出某些新向度，这同样是人类普遍所具有的生存论特征。它不再局限在一个有限的世代中来揭示人类的生存论结构，而是凸显出人类的生命有着"一代又一代"的生存论特征，并由此揭示出"亲亲"的来源。①

承负思想就很好地体现了这一基于"亲亲之爱"而产生的在"世代中存在"。承负既要面对上一代留给你的"承"，也要面临你带给子孙后代的"负"，体现了中国人在世代中存在，在家族中存在的特点。

（3）司命说

道教劝善书认为人生活在天地之间，一切行为都要受到神的监督。神根据个人善恶行为的数量施以相应的奖惩。道教称这些监督人善恶的神为"司命"，即掌管人命运的神。"行之司命注青录，不可司录记黑文。黑文者死，青录者生。生死名簿，在天明堂。天道无亲，唯善是与。"②司命随时记录人的功过善恶，神根据这些记录来裁判一个人的命运，世人必须警惕自己的言行。道经记载：

> 天遣神往记之，过无大小，天皆知之。簿疏善恶之籍，岁日月拘校，前后除算减年，其恶不止，便见鬼门。地神召问，其所为辞语同不同，复苦思治之，治后乃服。上名命曹上对，算尽当入土，衍流后生。③

人一生行善，神灵自有嘉奖，"天善其善也，乃令善神随护，使不中邪。天神爱之，遂成其功"④。如果某人行为不轨，上天就会"使主恶之鬼久随之不解，有解不止，余鬼上之，辄生其事，故使随人不置

---

① 孙向晨：《何以"归一家"——一种哲学的视角》，《哲学动态》2021年第3期。
② 王明编：《太平经合校》，第4页。
③ 王明编：《太平经合校》，第526页。
④ 王明编：《太平经合校》，第596页。

也"①。即使做了恶事，如果心生后悔，神仍然会给一条生路，"反正悔过，可复尽年，各自分明。计其所为，勿怨天神。努力为善，子孙延年，不者自在，可勿怨天"②。一切都是自作自受，悔过之人可以得福，因为善神随之；自以为是，就会遭殃，因为恶神随之。"吉凶之神，各各自随所人，恶能自悔，转名在善曹中。善为恶，复移在恶曹。"③司命之神无所不在、无处不在，人的身中也有，为善作恶都无所逃于天地之间，所谓"为善亦神自知之，恶亦神自知之。非为他神，乃身中神也。夫言语自从心腹中出，傍人反得知之，是身中神告也。"④

《太平经》劝人遵守忠君孝亲、周穷救急、戒杀放生、保护女性等具体人伦道德。《太平经》认为最大的罪过是不孝，"夫天地至慈，唯不孝大逆，天地不赦"⑤。"孝善之人，人亦不侵之也；侵孝善之人，天为治之。"⑥对父母应尽孝，对君王则应尽忠。"为帝王生出慈孝之臣也。夫孝子之忧父母也，善臣之忧君也，乃当如此矣。"⑦忠孝在后来的善书中得到大力提倡，并成为其核心思想。《太平经》还提倡救济、自食其力等优良品质，它说：

> 人积德无极，不肯力教人守德、养性为谨，其罪不除也。……或积财亿万，不肯救穷周急，使人饥寒而死，罪不除也。……知天有道而反贱道，而不肯力学之以自救。或得长生，在其天统先人之体，而反自轻，不学视死。忽然临死，乃自怨，罪不除也。……人生知为德善，而不肯力学为德，反贱德恶养，自轻为非，罪不除也。……不为力可得衣食，反常自言愁苦饥寒。但常仰多财家，须

---

① 王明编：《太平经合校》，第526页。
② 王明编：《太平经合校》，第549页
③ 王明编：《太平经合校》，第552页。
④ 王明编：《太平经合校》，第12页。
⑤ 王明编：《太平经合校》，第116页。
⑥ 王明编：《太平经合校》，第592页。
⑦ 王明编：《太平经合校》，第135页

而后生，罪不除也。①

同时，《太平经》主张对大自然的保护，它说：

> 慎无烧山破石，延及草木，折华伤枝，实于市里，金刃加之，茎根俱尽。其母则怒，上白于父，不惜人年。人须草自给，但取枯落不滋者，是为顺常。天地生长，如人欲活，何为自恣，延及后生。有知之人，可无犯禁。②

《太平经》认为"诸谷草木蚑行喘息蠕动，皆含元气，飞鸟步兽，水中生亦然，使民得用奉祠及自食"③，号召珍惜人类的这些朋友。《太平经》还提倡保护女性。④这样的主张在后来的道教劝善书中得到发挥，成为道教劝善书极力宣扬的重要内容。

2.《抱朴子内篇》的劝善思想

魏晋时期是道教进入分化和改造的时期。葛洪、杨羲、许谧、魏华存等文人、士大夫大量加入道教。这期间产生了上清派和灵宝派等新道派，出现了大量新的道书。新道派对原来民间道教反映下层民众的思想进行了改造，把神仙道教理论与纲常名教紧密结合起来，其代表人物是葛洪。

葛洪对魏晋时期的道书和各种神仙思想、修炼方术进行了系统的总结，写出了集中体现道教神仙思想的著作《抱朴子内篇》。《抱朴子内篇》引南北朝道书《玉钤经》《易内戒》《赤松子经》及《河图记命符》等，发挥了道教劝善成仙思想，具备了道教劝善学说的雏形，对后来道教劝善书的产生起了十分重要的奠基性作用。《抱朴子内篇》重在论神仙实有、神仙可学和修仙的方法途径。成仙之要，在葛洪看来应是服食

---

① 王明编：《太平经合校》，第242—243页。
② 王明编：《太平经合校》，第572页。
③ 王明编：《太平经合校》，第581页。
④ 参见王明编《太平经合校》，第34页。

第三章 道教劝善书的特点及思想渊源

丹药。他说：

> 夫五谷犹能活人，人得之则生，人绝之则死，又况于上品之神药，其益人岂不万倍于五谷耶？夫金丹之为物，烧之愈久，变化愈妙。黄金入火，百炼不消，埋之，毕天不朽。服此二物，炼人身体，故能令人不老不死。此盖假求于外物以自坚固。①

同时，葛洪也认为只求金丹而不修道德，长生不死仍是不能实现的。所以《抱朴子内篇》同时强调了行善立功这一成仙的重要条件，认为儒家道德的修炼是成仙的前提和保证。他论证说：

> 或问曰："为道者当先立功德，审然否？"抱朴子答曰："有之。按《玉钤经中篇》云，立功德为上，除过次之。为道者以救人危使免祸，护人疾病令不枉死，为上功也。欲求仙者，要当以忠孝和顺仁信为本。若德行不修，而但务方术，皆不得长生也。"（《抱朴子·对俗》）

为道者先立功德、积善行，基本的"善"就是指按照忠、孝、仁、恕、信、义、和、顺等立身处世。功德善行还包括道士应遵守的道教戒律。他说：

> 览诸道戒，无不云欲求长生者，必欲积善立功，慈心于物，恕己及人，仁逮昆虫，乐人之吉，愍人之苦，周人之急，救人之穷，手不伤生，口不劝祸，见人之得如己之得，见人之失如己之失，不自贵，不自誉，不嫉妒胜己，不佞阴贼，如此乃为有德，受福于天，所作必成，求仙可冀也。（《抱朴子·微旨》）

---

① 王明撰：《抱朴子内篇校释》，第71页。

葛洪还谈到修道之人要想长生成仙，实现生命的永恒，必须有所禁忌。天地之间有专司人过错的神，一旦人所犯的过错达到一定程度，这些司过神就会夺去人的生命。生命都没有了，还谈什么成仙？他解释道：

> 或曰："敢问欲修长生之道，何所禁忌？"抱朴子曰："禁忌这至急，在不伤不损而已。按《易内戒》及《赤松子经》及《河图记命符》皆云，天地有司过之神，随人所犯轻重，以夺其算，算减则人贫耗疾病，屡逢忧患，算尽则人死，诸应夺算者有数百事，不可具论。又言身中有三尸，三尸之为物，虽无形而实魂灵鬼神之属也。欲使人早死，此尸当得作鬼，自方纵游行，享人祭酹。是以每到庚申之日，辄上天白司命，道人所为过失。又月晦之夜，灶神亦上天白人罪状。大者夺纪。纪者，三百日也。小者夺算。算者，三日也。吾亦未能审此事之有无也。然天道之邈远，鬼神难明。……山川草木，井灶污池，犹皆有精气；人身之中，亦有魂魄；况天地为物之至大者，于理当有精神，有精神则宜赏善而罚恶，但其体大而网疏，不必机发而响应耳。"（《抱朴子·微旨》）

尽管《抱朴子内篇》有丰富的劝善思想，但该书重在论证神仙实有，讲神仙方药和修炼、鬼怪变化、禳邪祛祸等道教神学内容。劝善不是《抱朴子内篇》的主旨，《抱朴子内篇》也并不被人们称为善书，但该书中提到的大量劝善思想却成为后世道教劝善书的张本，对道教劝善书的出现产生了十分深远的影响。

二 南北朝隋唐时期的道教劝善思想

道教经过魏晋援儒入道的改造和充实，它的各方面都更加成熟，积善成仙思想得到道教各派认同，为道教劝善书的出现提供了基础和蓝本。隋唐道教炼外丹的风气很盛，道教思想家们仍继续着魏晋"肉体成

第三章　道教劝善书的特点及思想渊源

仙不死"的传统神仙理论，继承了积善成仙的思想，但也有部分道教思想家转向内在的心性修炼。这期间道教更多地融汇外来的佛教教义，道教劝善成仙思想得到充实，突出了心性的修炼，这就使得道教劝善学说更加精致，道教伦理思想更加丰富和成熟。

道教在南北朝时期经过了寇谦之、陆修静、陶弘景等人的改革和充实，道教的组织制度、斋醮科仪、神仙谱系、修炼理论都更加完备和精致。道教劝善成仙思想也得到了继承，更加强调道德在神仙修炼过程中的重要作用。陆修静提出了"三合成德"的理论。对道教修炼进行神仙道术与伦理道德兼修的改造使道教成为主流社会也能接受的神仙道教。寇谦之对天师道的改革强调道教修炼应"专以礼度为首，而加之以服食闭炼"①。他在《老君音诵诫经》中假太上老君之口说：

> 我今以世人作恶者多，父不慈、子不孝、臣不忠，运数应然，当疫毒临之，恶人死尽。②

为了禁止道民犯上作乱，寇谦之把儒家的忠、孝、仁、义等伦理道德增订为道教戒律。在《老君音诵诫经》中规定"不得违戾父母师长，反逆不孝"，"不得叛逆君王，谋害国家"等条文。陶弘景说："大道无亲，唯德是与；天地无心，随德乃矜"（《真诰》卷四《运象篇第四》），十分强调道德的重要性。在《养性延命录》中，陶弘景让人们提防鬼神对人善恶行为的监督，他告诫世人：

> 人言小语，鬼闻人声，犯禁满千，地收人形。
> 人为阳善，吉人报之；人为阴善，鬼神报之。人为阳恶，贼人治之；人为阴恶，鬼神治之。故天不欺人依以影，地不欺人依以响。老君曰：人修善积德而遇其凶祸者，受先人之余殃也；犯禁为

---

① （北朝齐）魏收撰：《魏书》卷114，第3051页。
② 《老君音诵诫经》，载张继禹主编《中华道藏》，第8册，第564页，句读笔者有酌情修改。

>恶而遇其福者，蒙先人之余庆也。
>
>有过知非，悔过从善，罪灭善积，亦得道也。(《真诰》卷六《甄命授第二》)

这些思想在道教劝善书中随处可见。

陆修静、寇谦之、陶弘景等人的道教思想继承和发扬了魏晋时期的道教劝善理论，使早期的道教劝善学说得到加强。虽然他们认为积累功德在成仙过程中非常重要，但"服食闭炼"仍然不可缺少。在后来的道教劝善思想中，"服食闭炼"不再必须，仅仅通过积善就可以成仙。

1. 道教劝善成仙理论的形成

魏晋时期修仙者认为不仅需要道术，还应有伦理道德的修持，忠孝、仁义是修仙不可或缺的，但仅仅做功德而不采用其他修持方法，依然不能成道。南北朝隋唐时期的道教思想家们则提出即使不修道术，只进行道德修持也可以成仙。唐末五代时期的杜光庭就特别重视人的道德行为。他说：

>经曰，人之行善，何弃之有。故立天子，置三公，此圣人教民舍恶从善也。又曰，为恶于明显者，人得而诛之；为恶于幽暗者，鬼得而诛之。又曰，为善者善气至，为恶者恶气至，此太上垂惩劝之旨也。书曰：惟上帝不常，作善降之百祥，作不善降之百殃。此圣人法天道福善祸淫之戒也。由是论之，罪福报应犹响答影随，不差毫末，岂独道释言其事哉？抑儒术书之，固已久矣。……况积善有余福，积恶有余殃，幽则有鬼神，明则有刑宪，斯亦劝善惩恶。[①]

杜光庭也论证神仙实有，但他指出成仙的方法除白日升天、山林隐化、尸解神游之外，还有很多方法与积功累德有关，如：

---

① 《道教灵验记序》，载张继禹主编《中华道藏》，第45册，第71—72页。句读有所调整。

> 又有积功未备，累德未彰，或至孝至忠、至贞至烈，或心不忘道、功未及人、寒栖独炼于己身、善行不加于幽显者，太上以其有志，太极以其推诚，限尽而终，魂神受福者，得为善爽之鬼，地司不判，鬼录不书，逍遥福乡，逸乐遂志，年充数足，得为鬼仙。然后升阴景之中，居王者之秩，积功累德，亦入仙阶矣。如此则善不徒施，仙固可学，功无巨细，行无洪纤，在立功而不休，为善而不倦也。①

杜光庭在这里提出，仅仅依靠积善就可以位列仙班。这种成仙思想对于道教劝善理论是一个重要发展。宋以后道教劝善书提倡的神仙观念主要是这种积善成仙的思想。杜光庭的《道教灵验记》专门搜集善恶报应的灵验故事，叙述老君、天师、真人、王母等神仙，以及修建宫观、塑造尊像、从事斋醮、拜章等道教活动产生的各种灵验故事，涉及帝王将相、教内教外人士。该书用故事举例说明道教劝善学说中的善恶报应论，用实际的人物和具体的事件来证明善恶报应，让人更加信服。根据种种灵验故事，他说："罪福报应，犹响答影随，不差毫末。"②不论你是鬼鬼祟祟地作恶，还是正大光明地行善，其行为都逃不脱神在暗中的监督。"行善益算，行恶夺算；赏善罚恶，各有职司；报应之理，毫分无失；长生之本，惟善为基"（《墉城集仙录》卷一《圣母元君》）。他还编有《录异记》《墉城集仙录》等宣扬积善成仙、善恶报应的灵验故事。这种用灵验故事来进行道德劝化的做法在道教劝善书中得到广泛应用，被后世纪事性道教劝善书借鉴。

2. 修行新径的开创

隋唐道教思想家也开始从心性论上追寻人能成仙了道的内在根据。唐代重玄学派吸收魏晋玄学和佛教义理的部分思想内容，以"重玄"思想解释老庄，极大地加强了道教教义的理论建设，增强了思辨色彩。在

---

① 《墉城集仙录序》，载张继禹主编《中华道藏》，第 29 册，第 897—898 页。
② 《道教灵验记》，载张继禹主编《中华道藏》，第 45 册，第 71 页。

修炼方法上不如早期道教注重炼形，而更强调炼神和心性的修炼。这期间甚至出现彻底否定肉体成仙的思想，说：

> 一切众生有诸患者，为有身矣。有身则有百恶，生死随形。若能行心合真，道则并也。身神既备，则为真人，归于无形，而成道也。①

无形而成道即精神不死。唐末五代道士谭峭的《化书》也明确主张精神不朽。他说：

> 虚化神，神化气，气化血，血化形，形化婴，婴化童，童化少，少化壮，壮化老，老复化为虚，虚复化为身，神复化为气。化化不间，由环之无穷。夫万物非欲生，不得不生；万物非欲死，不得不死。达此理者，虚而乳之，神可以不化，形可以不生。（《化书》卷一《死生》中）

既然只有精神才能不朽，心性修炼就更重要了。张万福说：

> 子欲长生，定其心也。身有百神，心为之主，故《老君内观经》云：心者，禁也，一身之主，禁制形神，使不邪也。
> 道者，有而无形，无而有情，变化不测，通神群生，在人之身，则为神明，所谓心也。所以教人修道即修心也，教人修心即修道也。（《三天正法除六天玉文》）

"修道即修心""修心即修道"，把心性修炼提到这样的高度，开创了道教修炼的新途径。提倡心性的修养在道教劝善书中得到大力发扬。道教劝善书教人不要刻意追求物质上的享受，过分追求物质享受会让人不顾

---

① 《太上太玄女青三元品诫拔罪妙经》，载张继禹主编《中华道藏》，第3册，第794—795页。

道德约束而为所欲为。人们应注重道德的培养和心性的修炼以求成仙了道，得到神的护佑和赐福。吴筠在《玄纲论》中回答了善恶报应的理论问题，使道教劝善学说更为完善。有人问："人有善恶，天地神明岂悉知之乎？"他认为心是神灵之府，神栖于心间，信念一动，神即知道。他在回答为什么"颜生夭，冉子疾，盗跖寿，庄蹻富，楚穆霸，田恒昌"时，提出天道远，人道近，"报应之效，迟速难量"，意思是说报应有迟有急，但最终都会有报。这种报应有迟急的观点使报应理论更加精致，更易让人信奉。这期间的道教经书不仅注重心性修炼，也提倡济世度人，提出度己度人、自利利他的大乘道教。道教劝善书极大地发挥了这种普度一切人的思想，希望通过善书的普及来实现道教劝善济世的目的，从而因立德、立功而成仙并提高仙阶。

3. 功过格的萌芽

道教强调积累功德在神仙修炼中的重要性，甚至可以直接通过功德的积累而成仙。修成神仙后，其所处的仙阶也因功德的积累而不同，功德越多仙阶越高。陶弘景的《真灵位业图》为神仙排序时即以他们的道德品行作为标准之一。"天计功过，明知不亏"（《无上秘要》卷四十七）。十斋八节时"众圣按行条记功过"（《洞玄灵宝道士受三洞经诫法箓择日历》）。为了记录功过善恶，道教专门设计了日积月累记录善恶的簿册。

对善恶的记录可以追溯到《太平经》。《太平经》中有道民记录善恶的"天券"，它是神与道民之间的一种"契约"。道民把自己平日的善恶年复一年地记录在"天券"上，并说：

> 真人欲知其效，今年所付归，因书一通自置之，亦教吏民自记一通置之，视善恶多少，名为天券；来年付归，复置一通，视善恶多少；来年复付归，置一通，视善恶多少；下疏与上所记置，当繇相应，名为天征合符。①

---

① 王明编：《太平经合校》，第154页。

意思是说神和人都持这种小册子记录个人的功过，人的记录要与神的记录一致，即"天征相符"，上天最后进行善恶决算，按照功过对教民实行赏罚和升降。李刚说"'天券'这种计算人的善恶，分别予以不同报应的作法实为后世功过格之滥觞。所谓'天券'，可以说就是道教功过格最初的名称，二者名异而实同"①。

在南北朝隋唐的道书中类似功过格的记载很多。陶弘景在《真诰》中说到"功过之标格"，他说：

> 积功满千，虽有过，故得仙。功满三百，而过不足相补者，子仙。功满二百者，孙仙。子无过又无功德，藉先人功德，便得仙，所谓先人余庆。其无志，多过者，可得富贵，仙不可冀也。……此一条，功过之标格也。"（《真诰》卷五《甄命授第一》）

陶弘景还将道士在仙界的晋升与此标格相联系。杜光庭曾将善恶数量与相应的阶位和果报联系起来，他说："行善益算，行恶夺算；赏善罚恶，各有职司"，"人有一千恶，后代妖逆；三千恶，六疾孤穷；七千恶，为诸方地狱徒；八千恶，堕寒冰狱；九千恶，入边底狱；一万恶，堕薜荔狱，永无原期，渺渺终天，无由济拔"，"人有一善，则心定神安；有千善，则后代神真"等规定。（《墉城集仙录》卷一《圣母元君》）在宋元以前的道书中经常提到的"格法""天券""标格"和"功过"之类簿册是后来道教功过格的前身。

汉魏两晋南北朝隋唐道书中的劝善学说、积功累德以成仙证道的思想以及神与人各置簿册记录善恶的方法为道教劝善书的正式形成进行了准备和铺垫。

---

① 李刚：《道教功过格解析》，载陈鼓应主编《道家文化研究》第七辑，上海古籍出版社 1993 年版，第 27 页。

第四章 道教劝善书的形成

　　道教劝善思想散见于早期的道教经书，在宋代特殊的历史条件下，道教劝善书脱颖而出，其形成的标志就是《太上感应篇》的面世。这期间还出现了宋代的惩恶性善书《玉历钞传》、金代的操作性善书《太微仙君功过格》和元代的说理性和纪事性结合的善书《文昌帝君阴骘文》等。

　　宋朝在中晚唐至五代十国的几百年藩镇割据、兵将跋扈、战火纷飞、政局动荡、民不聊生的背景下立国。宋太祖因手握兵权而得以黄袍加身，深知武将干政的后果，遂将兵权、政权、财权集中于朝廷，而且从中央到地方都大量重用文人。为了选拔人才，宋朝完善了科举制，大量读书人入仕，科举出身的文官成为各级政府官员的主要构成部分，打破了汉魏六朝的门阀世族制，"中国封建社会的政治形态，遂由汉魏六朝的门阀政治，经唐代半官僚半门阀政治，而进入北宋以后无所谓世庶之分的完全科举文官政治的阶段"[1]。士人不分名望都可以通过科举考试入仕，"朝为田舍郎，暮登天子堂"。宋代很多人通过艰苦创业，在竞争中获胜，使得门庭光耀，但几代之后，在舒适环境中长大的子孙挥霍无度，很快败家，造成"骤得富贵""其家不传"的局面。由于个人与家

---

[1] 金净：《文官政治与宋代文化高峰》，载孙钦善等《国际宋代文化研讨会论文集》，四川大学出版社1991年版，第21页。

族的身份地位可以随着子弟的努力与否而上升或下降，而上升了的身份地位又不能以世袭的方式直接传给后代。社会地位的上下游动不定使人们普遍感到"废兴显晦，如浮云之变幻，俯仰改观，几同隔世"（叶梦珠，《阅世编》卷五）。因此，一些取得较高社会地位的人为了防止家道中落，十分重视教育后代，希望子孙能金榜题名、光宗耀祖。"为父兄者，以其子与弟不文为咎；为母妻者，以其子与夫不学为辱。"（《容斋随笔》四笔卷五《饶州风俗》）宋代出现了大量的家训，其中较著名的有叶梦得的《石林家训》、黄庭坚的《家戒》以及司马光的《训俭示康》等。这些家训是家庭方面的教材，训诫子孙上进为善，对整个社会来说，具有这种教化功能的教材主要是善书。道教劝善书认为吉凶祸福的变换是前世积德或作恶的结果，大力宣扬积善获福的思想。这种思想得到社会各阶层的认同和接受，加强了对整个社会的教化。

宋代商品经济有所发展，科技文化呈现繁荣局面，其中雕版印刷术的推广使得官私书籍大量涌现流通。在印刷术没有发明之前，书籍只能以写本的方式传播。宋以后，这种情况得到了改变，书籍价格大幅度下降、数量成倍增加。印刷业的发达使得书籍更为普及，信息传递和储存的方式发生了历史性的变革，促进了文化的推广，为道教劝善书的普及和盛行提供了物质基础。

宋代道教出现了世俗化的趋势，更多地关心人间事务，把宗教活动同世俗生活结合起来。魏晋南北朝和隋唐时期的道教思想家们把道教炼养与纲常伦理结合，使道教成为能为士人阶层服务的神仙道教。神仙道教坚信神仙实有、长生可致、方术有效，以服食炼丹为要。在金和南宋期间，"尖锐的民族矛盾，造成了汉民族传统的道教生长发展的适宜条件，再加上道教本身发展大势所趋，使这一时代的道教相当兴盛，新道派纷纷出现，教义教制都表现出崭新的面目，在一定意义上，可以称为道教的又一革新运动"[①]。道教内部形成了太一道、大道教、全真道、净明道、内丹派南宗、清微派等新道派。这些新道派都不同程度地表现出

---

① 卿希泰主编：《中国道教史》第3卷，第1页。

了世俗化趋势。净明道更是以纲常伦理作为其宗教实践及内丹修炼的基础，把心性的"净明"当作其全部教义的枢要，具有强烈的入世色彩和儒学化倾向。卿希泰先生说："刘玉所阐述的净明道教义，理学气味是很浓的。从而使该派具有较多的世俗化特点，也使它革新了较多的道教传统思想，和具有较少的鬼神气。"①

道教世俗化还表现在道教与民间的联系更多，使它更接近百姓的日常生活。在宋元以后的道教宫观中开展许多民俗活动，"自早呈拽百戏，如上竿、趯弄、跳索、相扑、鼓板、小唱、斗鸡、说诨话、杂扮、商谜、合生……"（《东京梦华录》卷八《六月六日崔府君生日，二十四日神保观神生日》）。《金瓶梅词话》第三十九回有宋时西门庆在玉皇庙听评话的事："西门庆……被左右就请到松鹤轩阁儿里……原来吴道官叫了个说书的说西汉评话《鸿门会》。"在道教宫观中开展这类民俗活动增加了道教与民间社会的接触，促使道士更多地了解民众的愿望和喜好，拓宽了道教与信众的交流，扩大了道教的影响。

道教崇奉的神仙在宋元以后也大量流入民间，道教也吸收了不少民间神加入道教神谱。这期间出现了更多贴近老百姓生活的神仙，如八仙的出现，他们中有皇亲国戚，也有布衣黔首、市井乞丐，甚至残障人士。他们来自不同社会阶层，神仙生活更加类似现实社会。八仙信仰的形成是道教自宋以后逐渐民间化和世俗化在神仙谱系中的表现。

道教世俗化既遵循着宗教发展的一般规律，宋代道教的世俗化同时也是道教内部必须做出的调整，不得不然。由于宋朝统治者崇道使道教在北宋得到复兴和发展，但这种复兴中已潜伏着危机，尤其是符箓道派。徽宗迷信道教，在开封和各大都市都新建了许多道教宫观。政府还设置了道官二十六等，使其与朝廷官吏同样领取俸禄，被皇帝宠信的林灵素等人多为符箓道士，"北宋之末，符箓大盛。徽宗好道，所好者符箓也"②。为了扩大财源，北宋实行了售道士度牒的制度。大批不懂道教

---

① 卿希泰主编：《中国道教史》第3卷，第356页。
② 刘咸炘：《道教征略》，浙江古籍出版社2012年版，第36页。

教理教义的投机者也混进了道教，这些人的形象和所作所为使道教的声誉受到严重损害。符箓道派的劳民伤财和徽宗的"崇道误国"使时人对道教多有反感。宋祁曾揭露："道场斋醮，无有虚日，且百司供给，至不可赀计。彼皆以祝帝寿、奉先烈、祈民福为名，臣以为此主者为欺盗之计尔。"[①]"宣和初，都城暴水，遣灵素厌胜。方率其徒步虚城上，役夫争举梃将击之，走而免。"（《宋史·方技列传》）

道教所面临的这些危机迫使其要么改革赢得发展机会，要么就听任这种局面的继续而失去群众基础和统治者的支持。在此情形下，作为通俗道德教化书的道教劝善书的出现正适应了道教改革的趋势，并把这次改革推向深入。道教劝善书适应宋代文化普及的潮流，用浅显的教义、通俗的语言和家喻户晓的故事劝人们遵循道德，其通俗色彩和民众色彩十分浓厚。世俗化了的道教在普及文化和加强道德方面对民间社会的影响更大。

第一节　说理性善书《太上感应篇》的出现

一　《太上感应篇》的成书年代及作者

《太上感应篇》版本较多，《政和万寿道藏》收有《感应篇》。现存有单行本的残宋本《太上感应篇》，明人董康过目后认为"文与《藏本》悉合"，即与《万寿道藏》收录的《感应篇》吻合。高宗南渡后在临安建秘书省，搜访北宋遗书，在发行的《秘书省续编到四库阙书目》卷二有道家注录《太上感应篇》一卷。绍定六年（1233）太一宫道士胡莹微刊印《太上感应篇》，在《进太上感应篇表》中奏明该篇本于《宝藏》，

---

① （元）脱脱等撰：《宋史》，中华书局1977年版，第9595页。

因胡莹微时《道藏》又名《琼章宝藏》，简称《宝藏》，出自《琼章宝藏》也就是出自《政和万寿道藏》。据陈国符先生考证，《万寿道藏》刊镂经版，当在政和六、七年（1116、1117）。①《太上感应篇》共一千二百七十四字，胡莹微据此取名为"千二百"。北京图书馆藏有明版《太上感应篇集传》和明刻本《太上感应篇》残卷。上海涵芬楼《道藏》有《太上感应篇》30卷等版本。本书参照的是上海涵芬楼《道藏》中收录的《太上感应篇》。

对该书的成书年代，学术界存有许多争议。文物出版社、上海书店和天津古籍出版社据涵芬楼版本出的《道藏》本《感应篇》第七卷末收有独立于正文、传和赞之外的《虚静天师颂》，张天师说：

> 人之一性，湛然圆寂。涉境对动，种种皆妄。一念失正，即是地狱。敬诵斯文，发立汗下。煨烬心火，驯服气马。既以自镜，且告来者。②

虚静先生也称虚靖先生，是宋徽宗于崇宁四年（1105）赐给正乙道三十代天师张继先的号。从《续书目》、虚静先生的颂和《万寿道藏》来看，《感应篇》当是宋代作品。朱越利推断，《太上感应篇》成书于公元1101年至公元1117年，正值宋徽宗宠用蔡京、童贯等权臣和信用徐知常、刘混康、王仔昔、林灵素等道士之际。③对于《感应篇》的作者争议也多。《宋史·艺文志》记载"李昌龄《感应篇》一卷"，意谓《感应篇》的作者是李昌龄。《道藏》太清部收《太上感应篇》三十卷，题为"李昌龄传，郑清之赞"，即李昌龄只是传了《感应篇》一书，而不是该书的作者。《宋史》卷二八七有李昌龄的传记，说：

> 李昌龄，字天锡，宋州楚丘人……太平兴国三年举进士，大理

---

① 参见陈国符《道藏源流考》，中华书局2014年版，第113页。
② 《太上感应篇》，载《道藏》，第27册，第41页。
③ 参见朱越利《〈太上感应篇〉与北宋末南宋初的道教改革》，《世界宗教研究》1983年第4期。

> 评事，通判合州。历将作监丞、右赞善大夫、通判银州。京城开金明池，昌龄献诗百韵，太宗嘉之，擢右拾遗、直史馆，赐绯……至道二年，以本官参知政事……卒于大中祥符元年。

宋州楚丘在今山东，这里的李昌龄是北宋真宗时的御史中丞，山东人氏。清代大儒惠栋作《太上感应篇注》，他认为《宋史》有传的参政李昌龄是《感应篇》的作者，俞樾也持这个观点。但该传记虽提到李昌龄好"药物药器"，未提他著《感应篇》。北宋显宦不可能是著或注《感应篇》的人，因为传里对此只字未提。这个李昌龄不可能是《感应篇》的作者。《道藏》收录的《感应篇》有绍定六年（1233）陈奂子的序，说"读《感应灵篇》与蜀士李昌龄之注"，即宋代四川还有位叫李昌龄的人与《感应篇》有关系，他注解过《感应篇》。赵希升《群斋读书附志》"神仙类"说"《太上感应篇》八卷。右汉嘉夹江隐者李昌龄所编也[①]"。这里的李昌龄是一隐者，也是四川人氏。《挥尘后录》载宋徽宗时昌龄后人李质的逸闻："质，字文伯，熙陵时参知政事昌龄之曾孙……质少不检，文其身，赐号锦体谪仙。"[②] 日本学者吉冈义丰先生提出《感应篇》的作者是南宋著《方州集》的蜀人李石。

文献既有记载说李昌龄著《感应篇》，也有记载说李昌龄注《感应篇》。具体谁是《感应篇》的作者还有待继续探讨。从这些记载可知宋代有与道教存在关系的蜀人李昌龄。《感应篇》"乃北宋初某道士吸取《抱朴子内篇》所引诸道经而成，李昌龄得到此书为其作注。此后人们继续整理注解，有所增益，直发展到后来的三十卷，到南宋理宗时正式刊行于世"[③]。中国台湾学者宋光宇认为，在宋徽宗时（1101—1125），四川有不知名的人士以东晋时葛洪的《抱朴子内篇》为蓝本，掺杂一些

[①] （宋）晁公武撰，孙猛校证：《郡斋读书志校证》，上海古籍出版社1990年，第1162页。
[②] （南宋）王明清撰：《挥尘后录》，载（清）纪昀等编《景印文渊阁四库全书》，第1038册，第436页。
[③] 卿希泰、李刚：《试论道教劝善书》，《世界宗教研究》1985年第4期。

先秦诸子和儒家的文句，撰作了《太上感应篇》。① 尽管对《感应篇》的作者需要进一步考证，但该书产生于宋代则是不少学者的共识。《感应篇》撰于北宋末年，作者是宋代四川的一名道士。

从《感应篇》的内容来看，它大部分引自葛洪的《抱朴子内篇》，稍作改动，部分内容甚至原封不动地照搬。在宋代，道教继唐代的外丹高峰之后，已经转向内丹修炼和道德修持。宋代道门中人适应社会潮流和道教自身的发展，率先推出了适合社会教化、稳定人心、改革道教的劝善书籍。《太上感应篇》就是他们的第一篇力作。

二 《太上感应篇》与《抱朴子内篇》比较

《感应篇》吸收了魏晋南北朝和隋唐道书中的行善立功等道教伦理思想，尤其是抽取了《抱朴子内篇》中的劝善部分，对这些内容进行适当的剪裁，写成独立成章、短小精悍的善书。该书从内容到文字都脱胎于《抱朴子内篇》。下面对两书的比较就能说明这点。

行恶事大者，司命夺纪，小过夺算，随所犯轻重，故所夺有多少也。凡人之受命得寿，自有本数，数本多者，则纪算难尽而迟死，若所禀本少，而所犯者多，则纪算速尽而早死。又云，人欲地仙，当立三百善；欲天仙，立千二百善。（《抱朴子·对俗》）	太上曰：祸福无门，唯人自召。善恶之报，如影随形。……欲求天仙者，当立一千三百善；欲求地仙者，当立三百善。（《太上感应篇》）
天地有司过之神，随人所犯轻重，以夺其算，算减则人贫耗疾病，屡逢忧患，算尽则人死，诸应夺算者有数百事，不可具论。又言身中有三尸，三尸之为物，虽无形而实魂灵鬼神之属也。欲使人早死，此尸当得作鬼，自方纵游行，享人祭酹。是以每到庚申之日，辄上天白司命，道人所为过失。又月晦之夜，灶神亦上天白人罪状。大者夺纪。纪者，三百日也。小者夺算。算者，三日也。（《抱朴子·微旨》）	天地有司过之神，依人所犯轻重，以夺人算。算减则贫耗，多逢忧患。人皆恶之，刑祸随之，吉庆避之，恶星灾之。算尽则死。又有三台北斗神君在人头上，录人罪恶，夺其纪算。又有三尸神在人身中，每到庚申日辄上诣天曹，言人罪过。月晦之日灶神亦然。凡人有过，大则夺纪，小则夺算。其过大小有数百事，欲求长生者，先须避之。（《太上感应篇》）

---

① 参见宋光宇《"众善奉行，诸恶莫作"——有关台湾善书的研究及其展望》，《台北文献》1995年直字第111期。

然览诸道戒，无不云欲求长生者，必欲积善立功，慈心于物，恕己及人，仁逮昆虫，乐人之吉，悯人之苦，周人之急，救人之穷，手不伤生，口不劝祸，见人之得如己之得，见人之失如己之失，不自贵，不自誉，不嫉妒胜己，不佞谄阴贼，如此乃为有德，受福于天，所作必成，求仙可冀也。(《抱朴子·微旨》)	是道则进，非道则退；不履邪径，不欺暗室；积德累功，慈心于物；忠孝友悌、正己化人；怜孤恤寡，敬老怀幼；昆虫草木犹不可伤。宜悯人之凶，乐人之善，济人之急，救人之危。见人之得如己之得，见人之失如己之失；不彰人短，不炫己长；遏恶扬善、推多取少；受辱不怨、受宠若惊；施恩不求报，与人不追悔。(《太上感应篇》)
叛其所事，受恩不感……纵曲枉直，废公为私，刑加无辜，破人之家，收人之宝，害人之身，取人之位，侵克贤者，诛戮降伏，谤讪仙圣，伤残道士，弹射飞鸟，刳胎破卵，春夏燎猎，骂詈神灵，教人为恶，蔽人之善，危人自安……夺人所爱，离人骨肉，辱人求胜，取人长钱，还人短陌，决放水火……以恶易好，强取强求，掳掠致富，不公不平，淫佚倾斜，凌孤逼寡，拾遗取施，欺给诳诈，好说人私，持人短长，牵天援地……假借不已，换贷不偿，求欲无已，憎拒忠信，不顺上命，不敬所师，笑人作善，败人苗稼，损人器物，以穷人用……轻秤小斗，狭幅短度，以伪杂真，采取奸利，诱人取物，越井越灶，晦歌朔哭。(《抱朴子·微旨》)	受恩不感，念怨不休……刑及无辜；杀人取财，倾人取位……以直为曲，以曲为直……讪谤圣贤，侵陵道德；射飞逐走，发蛰惊栖；填穴覆巢，伤胎破卵……窃人之能，蔽人之善；形人之丑，讦人之私；耗人货财，离人骨肉；侵人所爱，助人为非；败人苗稼，破人婚姻；苟富而骄，苟免无耻；认恩推过，嫁祸卖恶；沽买虚誉，包贮险心；挫人所长，护己所短；乘威迫胁，纵暴杀伤；无故剪裁，非礼烹宰；散弃五谷，劳扰众生；破人之家，取其财宝；决水放火，以害民居……损人器物，以穷人用……短尺狭度，轻称小升；以伪杂真，采取奸利；越井越灶，跳食跳人；损子堕胎，行多隐僻；晦腊歌舞，朔旦号怒。(《太上感应篇》)
凡有一事，辄是一罪，随事轻重，司命夺其算纪，算尽则死。若算纪未尽而自死者，皆殃及子孙也。诸横夺人财物者，或计其妻子家口以当之，以致死丧，但不即至耳。其恶行若不足以煞其家人者，久久终遭水火盗贼，及遗失器物，或遇县官疾病，自营医药，烹牲祭祀所用之费，要当令足以尽其所取之直也。故道家言枉煞人者，是以兵刃而更相杀。其取非义之财，不避怨恨，譬若漏脯救饥，鸩酒止渴，非不暂饱而死亦及之矣。(《抱朴子·微旨》)	如是等罪，司命随其轻重，夺其纪算，算尽则死。死有余责，乃殃及子孙。又诸横取人财者，乃计其妻子家口以当之，渐至死丧。若不死丧，则有水火、盗贼、遗亡器物、疾病、口舌诸事，以妄取之直。又枉杀人者，是易刀兵而杀也；取非义之财者，譬如漏脯救饥，鸩酒止渴，非不暂饱，死亦及之。又枉杀人者，是易刀兵而杀也；取非义之财者，譬如漏脯救饥，鸩酒止渴，非不暂饱，死亦及之。(《太上感应篇》)
其有曾行诸恶事，后自改悔者，若曾枉煞人，则当思救济应死之人以解之。若妄取人财物，则当思施与贫困以解之。若以罪加人，则当思荐达贤人以解之。皆一倍于所为，则可便受吉利，转祸为福之道也。能尽不犯之，则必延年益寿，学道速成也。夫天高而听卑，物无不鉴，行善不息，必得吉报。(《抱朴子·微旨》)	其有曾行恶事，后自改悔，诸恶莫作，众善奉行，久久必获吉庆，所谓转祸为福也。故吉人语善、视善、行善，一日有三善，三年天必降之福；凶人语恶、视恶、行恶，一日有三恶，三年天必降之祸。(《太上感应篇》)

从这个对照表可以看出，《感应篇》的内容和文字主要来自《抱朴子内篇》的《对俗》和《微旨》两部分，其中关于成仙、司命、善行、恶行及对恶的惩罚、悔过等问题的论述十分雷同。天地有司过之神的认识在《太平经》《抱朴子内篇》中都有论述。司命之神与人世之间的沟通是

第四章　道教劝善书的形成

通过天人之间的感应而进行的，行善为恶绝对逃不过神的监督和奖惩。"天高听卑，其后必受斯殃也……人自不能闻见神明，而神明之闻见己之甚易也。①"这是道教劝善书劝人的主要方式。《抱朴子内篇》与《感应篇》所列的善恶清单也非常相近，如礼敬神明、克忠尽孝、周穷救急、买卖公平、保护自然等神学的、社会的、家庭的和生态的伦理。

这两部作品的相同之处是用道教神学来推行道德教化，但二者之间的区别也是十分明显的。第一，《抱朴子内篇》一书的主要内容是有关道教神仙思想的，劝善不是全书的主要目的，而《感应篇》的直接和唯一的目的就是劝人为善。第二，在《对俗》和《微旨》中葛洪只是把道教修炼与儒家的纲常名教结合起来。他认为只重道术修持而不重道德修养不可能成仙。《感应篇》一书却只谈伦理道德修持，不涉及方药、鼎炉、符箓、祈禳、步罡踏斗、修炼的秘传禁方等内容。葛洪说"若不服仙药，并行好事，虽未便得仙，亦可无卒死之祸矣"②，《感应篇》则指出只要行善到一定程度自然能成仙。它说："所谓善人，人皆敬之，天道佑之，福禄随之，所作必成，神仙就翼。欲求天仙者，当立一千三百善；欲求地仙者，当立三百善。"第三，《抱朴子内篇》一书虽谈到报应，但对善恶报应还持怀疑态度，葛洪说："大者夺纪。纪者，三百日也。小者夺算。算者，三日也。吾亦未能审此事之有无也。然天道之邈远，鬼神难明"③，即葛洪还不知道司功过神增减人纪算是否确有，但天道遥远，也可能有，但不一定事事都带来报应。他说："况天地为物之至大者，于理当有精神，有精神则宜赏善而罚恶，但其体大而网疏，不必机发而响应耳。"（《抱朴子内篇》卷六《微旨》）《感应篇》则坚信此事确有，"故吉人语善、视善、行善，一日有三善，三年天必降之福；凶人语恶、视恶、行恶，一日有三恶，三年天必降之祸"。"必降之福"与"必降之祸"的确信已远远不是《抱朴子内篇》"未能审此事之有无"和"不必机发而响应"的模糊、怀疑和不确信。

---

① 　王明撰：《抱朴子内篇校释》，第258页。
② 　王明撰：《抱朴子内篇校释》，第54页。
③ 　王明撰：《抱朴子内篇校释》，第53页。

在《抱朴子内篇》中作为神仙修炼之辅助手段的行善立功，在《感应篇》中成了唯一的修仙途径和修行的核心内容。

三 《太上感应篇》的伦理规范及其意义

道教劝善书同以前的道经不同，它撇开其他的道教修炼方术不谈，直接切入劝善成仙这个主题。道教把道作为最高信仰、人类社会和自然界的最高准则，《感应篇》也把道作为伦理规范的最高标准，提出"是道则进，非道则退"。作为一本劝善书，其伦理思想毫无疑问会涉及道教的核心信仰——长生成仙，它说："欲求天仙者，当立一千三百善；欲求地仙者，当立三百善。"

除这些道教神学内容外，《感应篇》中有二十九条涉及自然界。道教重视人与自然的和谐。道教尊重自然，把环境宜人的地方称为洞天福地，它们是神仙真人、炼养之士、逍遥之人的栖居之所。要修炼道教功夫，就必须去这些地方拜师学道。《云笈七签》描述了道教的十大洞天、三十六小洞天、七十二福地，道士特别注重对这些地方的保护。另外，道教的多神论认为神灵存在于万物之中。出于对神灵的敬畏和虔诚的宗教情感，他们不愿意破坏自然界的一草一木。《感应篇》就提出不能"射飞逐走，发蛰惊栖；填穴覆巢，伤胎破卵"、"无故剪裁，非礼烹宰"、"埋蛊厌人，用药杀树"、"无故杀龟打蛇"等禁忌，以及"昆虫草木犹不可伤"的规定。触犯这些规定一定逃不过神灵的惩罚。

《感应篇》共列出善行二十四条，恶行一百六十一条，其中有三十四条涉及个人道德修养，一百二十条涉及人在家庭、社会中的利他行为。处理家庭、社会关系的伦理是《感应篇》中内容最为丰富的部分，其中包括家人、朋友、为官、经商等方面的道德原则，如"不履邪径，不欺暗室；积德累功，慈心于物；忠孝友悌、正己化人；怜孤恤寡、敬老怀幼；宜悯人之凶、乐人之善；济人之急、救人之危。见人之得如己之得，见人之失如己之失；不彰人短，不炫己长；遏恶扬善、推多取少；受辱不怨、受宠若惊；恩不求报，与人不追悔"等，这些规范就是

《感应篇》提倡的善的正面清单。

与它提倡的善相比，它所要惩罚的恶要多得多。《感应篇》提倡的善和惩罚的恶之比是 7∶1。这些恶行的负面清单主要包括嫉妒虚荣、损人利己、争强好胜等陋习，如"愿人有失，毁人成功；危人自安，减人自益"，"窃人之能，蔽人之善；逞志作威，辱人求胜；败人苗稼，破人婚姻"，"见他荣贵，愿他流贬；见他富有，愿他破散；见他色美，起心私之"，"干求不遂，便生咒恨；见他失便，便说他过；见他体相不具而笑之，见他才能可称而抑之"。在家庭生活中它反对"男不忠良，女不柔顺；不和其室，不敬其夫"，"无行于妻子，失礼于舅姑"，"抵触父兄"等行为。在与人交往中，它反对"班诸无识，谤诸同学"，"得新忘故，口是心非"。为官的不应该"阴贼良善，暗侮君亲；刚强不仁，狠戾自用"，"轻蔑天民，扰乱国政；赏及非义，刑及无辜"，"诛降戮服，贬正排贤；陵孤逼寡，弃法受赂"，"乘威迫胁，纵暴杀伤"，"赏罚不平，逸乐过节；苛虐其下，恐吓于他"，"以私废公"。做生意的不能"短尺狭度，轻称小升；以伪杂真，采取奸利"，"以恶易好"。

《感应篇》不仅提出了人们须遵守的外在规则，同时提出人们必须从心上下功夫。人不但不应有恶行，而且连作恶的心都不要有，破除心中贼，这样才是真正的善人。它说："夫心起于善，善虽未为，而吉神已随之。或心起于恶，恶虽未为，而凶神已随之。"① 心念是善恶的源头、祸福的关键。如果善心感了吉神，吉神便跟定他，望他善行圆满，多方降福。恶心感了凶神，凶神也跟定他，望他恶贯满盈，多方降祸。人没有作恶之心，才能杜绝恶行。有时一念善，便能转祸为福，有时一念恶，又能转福为祸。"其有曾行恶事，后自改悔，诸恶莫作，众善奉行，久久必获吉庆，所谓转祸为福也"。在这里，《感应篇》为罪人开了一条改过自新的路。人自知做了恶事，觉得前程无望，就会自暴自弃。《感应篇》于是提出只要从行动上悔改，从心上醒悟，便能转祸为福。所以《感应篇》开篇即说："祸福无门，唯人自召。"只要人能切实行善不倦，

---

① 《太上感应篇》，《道藏》，第 27 册，第 140 页。标点为笔者所加。

必获福报，所谓"一日有三善，三年天必降之福……一日有三恶，三年天必降之祸"。"诸恶莫作，众善奉行"是本篇的纲领。

同以前的道书相比，《感应篇》具有两方面新内容。第一，《感应篇》虽然托名道教神仙太上老君的名义制作，书中也宣传道教的神学思想，如不得"辄指三光、久视日月"之类礼敬神灵的禁忌和长生成仙的信仰，但与以前的道书相比，其内容发生了较大的变化。神仙方术、举形飞升、鼎炉铅汞、服食导引、养生延年、长生不死、洞天福地、符箓禁咒、祛邪禳灾、斋醮科仪等道教修炼、方术仪式等具有灵修色彩的内容在《感应篇》中几乎不谈。《感应篇》通篇讲的只是道教的伦理道德。这些在过去道书中比较分散、不系统的伦理道德却成了该篇的唯一主题。《感应篇》把以前道经中提到的报应发挥到天上地下每个角落的每种行为、每个念头，成为最重要的道教劝善理论。

第二，《感应篇》提出通过修善而成仙，这种方法和手段比起那些晦涩难懂，需要法财侣地等千载难遇的特殊机缘，铁树开花般罕见条件的内外丹修炼要简便易行得多，即使"愚夫愚妇"也"易知易行"。南宋先挺说"《太上感应篇》之作，正所以开千万世愚夫愚妇为善之门也"（《太上感应篇解题》）①。南宋陈天昌赞许《太上感应篇》"有功于辅教"②。

以前的道教经书即使把道术修持与伦理道德相结合，但道教的主要目的仍然在于长生成仙，宗教生活和世俗生活仍然泾渭分明，但《感应篇》却把宗教活动化为世俗的道德生活。道教劝善书的出现意味着道教自身的发展进入了一个新的阶段，获得了更加广阔的发展空间，其作用和影响也就更加广泛而深刻。道教劝善书的出现可谓道教发展过程中的一次静悄悄的改革，是道教适应社会和影响社会的又一重要举措。

该书问世不久，即引起教内、教外各界人士的高度重视。第一个公开推广这本书的皇帝是南宋理宗。他曾赐禁钱百万命工刊梓，并为这本

---

① 《太上感应篇跋》，《道藏》，第27册，第3页。标点为笔者所加。
② 《太上感应篇跋》，《道藏》，第27册，第4页。标点为笔者所加。

书题颁"诸恶莫作，众善奉行"八个字冠诸篇首，称《御题太上感应篇》，使得这本善书成为官方推行的社会教化的基本教材。明世宗也作序称赞它"不但扶翼圣经，直能补助王化"，而让之颁行天下。1656年清顺治敕谕刊行，颁赐群臣及举贡生监。第一个称颂《太上感应篇》的是北宋末年的三十代天师张继先。第一个为《太上感应篇》作序的人是南宋时的名儒真德秀，他说：

> 以儒家言之则《大学章句》、《小学字训》等书，以释氏言之则所谓《金刚经注》者，凡三刻也。然小学可以诲学者而不可以语凡民，金刚秘密之旨又非有利根宿慧者不能悟而解也。顾此篇指陈善恶之报，明白痛切，可以扶正道，启发良心，故复捐金贵镂之垫学，愿得者摹以与之。庶几家传此方，人挟此剂，足以起迷俗之膏肓，非小补也。(《真文忠公文集》卷二七《感应篇序——代外舅作》)

《感应篇》开了道教世俗化的先河，开创了道教发展的新途径。《感应篇》在民间也被老百姓普遍接受，对民间社会产生了深远的影响，并吸引了不少满腹经纶的士人为《感应篇》作注，如清朝大儒惠栋和俞樾分别作了《太上感应篇注》和《太上感应篇缵义序》。该文还被翻译成满文、彝文、日、韩、英、法等文字，法国汉学家、法兰西学院院士儒莲（Stanislas Julien）曾于1835年翻译出版了《太上感应篇》，其影响之大可见一斑。由于《感应篇》流传之广、影响之深而被誉为"善书之祖"。

第二节　惩恶性善书《玉历钞传》

在道教的神谱中，有神祇主管地府、治理鬼魂。人死归土，死后鬼魂都要到地府接受审判。地府有神统辖下的审判机关，是道教的神学法庭，可谓"天网恢恢有罪一魂何避，阴刑赫赫无情实地难逃"，"真伪权衡，震威秉公正，阴阳判断，睨眼察秋毫"。这里有神分担着司法、监察、行政等方面的职能。在神学法庭，顽固不化、十恶不赦者一定会受到神的惩处，如北京东岳庙里的神学法庭设有七十六司，就是要让恶人受到应有的惩处，伸张神律的公正。张勃分析各司的职能说："其中，取人司、催行司、索命司属于警察系列，推勘司、追取罪人照证司、生死勾押推勘司、地狱司属司法系列，'所掌在追捕恶人，搜求见证，审判其罪状'。较量司、都察司、磨勘司、举意司属于监察方面，'所掌在实核罪状轻重，判决当否之责'；其余的属于行政方面，'凡事之善恶经过、纠举、审判后，便由行政方面诸司执行，奖善惩恶，福善祸淫诸事皆掌之，又有数司统治所属曹吏，鬼神之事'。具体又分司文书案卷诸事者、司生死诸事者、总司善恶报应诸事者、司奖善之事者、司惩恶诸事者、统辖属吏者、统治天地鬼神诸司七种。这样一种看法，较之顾颉刚的理解，当更符合民间信仰的逻辑。"①陈巴黎对各司的工作流程描述如下："追取罪人照证司负责侦察，搜集罪证；取人司前去缉拿；催行司督促；推勘司初审；磨勘司、较量司、都察司；生死勾押推勘司最终判决；勾生死司判决生与死。如有冤假错案，索命司攫取恶人性命，还魂司则将善人遣返阳间。各司所判文案，由都签押司盖章划押。真可谓明察秋毫，疏而不漏。善恶果报，历历不爽，凿凿可据。"②神学法庭的设立目的就是让作恶多端者受到阴律的制裁。这点在道教善书《玉历钞传》中有具体的描述。

一 《玉历钞传》考辨

《玉历至宝钞》全名是《玉帝慈恩纂载通行世间男妇改悔前非准赎罪恶玉历》（以下简称《玉历》）。该书还有《玉历钞传》《玉历宝钞》

---

① 张勃：《郭立诚眼中的东岳庙》，《文史知识》2012年第1期。
② 陈巴黎：《北京东岳庙七十六司概述》，《中国道教》2000年第2期。

《慈恩玉历》等几十种版本在坊间流行。各地重刊者在该书前后附有灵验故事、劝世文和地狱十殿的图像。鲁迅先生曾记载过《玉历》的版本。他在杂文《无常》中说：

> 倘使要看个分明，那么，《玉历钞传》上就画着他的像，不过《玉历钞传》也有繁简不同的版本，倘是繁本，就一定有。……《玉历钞传》上还有一种和活无常相对的鬼物，装束也相仿，叫做"死有份"。[1]

《藏外道书》版《玉历钞传》记载该书是辽国道士淡痴以亲身入冥经历地狱各地后记录下来的。书中说：

> 淡痴尊者，宋时真宗朝人。心存普救志切，铁杖芒鞋，云游天下。偶以肉身入地府，《玉历》一书，实其观受于冥王。传之人间，劝化世俗。后白日乘云上升，封洪济真人。常骑驴行江浙村市，闲人多见之。其弟子勿迷，亦复得悟真诠，能摄元神，不食人间烟火者十年，无疾坐化。[2]

钱塘李宗敏在《玉历至宝钞》的跋中说道："乾隆辛巳，敏客居江右见之，系宋版旧本。"第二十三章首行有"昔时天下太平，庚午秋九月重阳戊申日，淡痴登高独步，游神于渺茫之中"及二十四章末页有"贫道于戊申夏六月云游四川，路遇吾师淡痴"，并有"大宋绍圣五年勿迷钞录劝世"字样。

宋仁宗天圣八年（1030）是庚午年，这时正值北方辽国太平十年。宋神宗熙宁元年（1068）是戊申年，与绍圣五年（1098）宋版《玉历》在年代上基本吻合。《梵天庐丛书》有"宋时淡痴会于阴司，赐传冥事"

---

[1] 《鲁迅全集》第1卷，人民文学出版社1983年版，第405页。
[2] 《玉历钞传》，载胡道静等主编《藏外道书》，第12册，第799页，句读有修改。

的记载。从这些记载看来,《玉历》最早在宋代已经出现。泽田瑞穗先生认为作于南宋。①该书广泛流传却是在清代。淡痴作《玉历》后传给弟子勿迷,其中所载"勿迷道人受淡痴传玉历笔记"说:"戊申夏六月贫道云游四川成都双流县,路遇淡痴",授传了《玉历》。

二 《玉历钞传》的主要内容

《玉历钞传》描写的是地狱十殿的种种刑罚、十殿的条款、圣贤诞辰、发愿日期等,有地狱十殿及判官、小鬼的图像,以及信奉、传播该书的灵验故事。

中国本土没有地狱概念,地狱思想来自佛教。佛教六道轮回中有饿鬼道,处在这一道的众生会在阎罗管辖的地狱里受种种苦难。《法华经》有"受地狱畜生饿鬼之苦"的说法。《大藏法数》说地狱"在地下,铁围山间,有八寒八热等狱,即造作极重恶业众生,堕于此道,故名地狱"。《问地狱经》《佛说净度三昧经》《佛说提谓经》《盂兰盆经》等佛经均谈到地狱的情形。《佛说大灌顶神咒经》说:

> 阎罗王者,主领世间名籍之记……于是地下鬼神及伺候者,奏上五官,五官料简,除死定生,或注录精神,未判是非;若已定者,奏上阎罗,阎罗监察,随罪轻重,考而治之。

佛教在东传过程中,不断发展和完善早期的地狱说。成书于唐代的《佛说十王经》把道教的冥神泰山神纳入佛教地界。在三教融合加深的宋代,佛教"广收佛道两教地狱冥神,使它成为中土各教各层人士的共同信仰,于是佛教的地狱说,至此便完全本土化"②。佛教地狱观念对道教劝善书影响深远。道教劝善书不仅奖励行善,也惩罚作恶。作恶多

---

① [日]泽田瑞穗作,蔡懋堂译:《玉历钞传》,《台湾风物》第二十六卷第一期。
② 萧登福:《道佛十王地狱说》,台北:新文丰出版公司1996年版,第28页。

端的人不仅在世间多遭不幸，离开人世后还要在地狱受种种苦不堪言的折磨。

宋元以前的道书中曾提到过作恶之人会下地狱受苦，如杜光庭在《墉城集仙录》中曾提到根据作恶数量会将恶人处罚到相应的地狱受刑。他说："七千恶者为诸方地狱徒；八千恶者堕寒冰狱；九千恶者入边底狱；一万恶者堕薜荔狱……堕薜荔狱者永无原期，渺渺终天无由济拔。"[①] 惩恶性道教善书把这些早期道书中描述的地狱之说具体化，把地狱里的种种刑罚描绘得触目惊心、毛骨悚然，以便让人们更清楚地知道神是如何惩罚恶人的，从而达到劝善止恶的目的。

《玉历》构筑的地狱之行政管理机构如下：玉皇大帝、丰都大帝、地藏菩萨、十殿阎罗、城隍、土地、判官、日夜游神、门神、灶神和鬼卒等。十殿阎罗分别是一殿秦广王，专司人间寿夭生死册籍，统管幽冥吉凶鬼判，殿居大海沃焦石外、正西黄泉黑路，有孽镜台、补经所等处；二殿楚江王，司大海之底，正南沃焦石下，这殿有活大地狱，另设十六小地狱；三殿宋帝王，司大海之底，东南沃焦石下，这殿有黑绳大地狱，另设十六小地狱；四殿五官王，司大海之底，正东沃焦石下，这殿有合大地狱，另设十六小地狱；五殿阎罗天子，本来居一殿，因怜屈死鬼，私自放其还阳申冤而降到此殿，司大海之底，东北沃焦石下，这殿有叫唤大地狱，另设十六诛心小地狱和望乡台；六殿卞城王，司大海之底，正北沃焦石下，这殿有大叫唤大地狱，另设十六小地狱；七殿泰山王，司大海之底，西北沃焦石下，这殿有热恼大地狱，另设十六小地狱；八殿都市王，司大海之底，正西沃焦石下，这殿有大热恼大地狱，另设十六小地狱；九殿平等王，司大海之底，西南沃焦石下，有阿鼻大地狱，另设十六小地狱；十殿转轮王，居幽冥沃焦石外，正东直对世界五卓之处，设有金、银、玉、石、木板、奈何桥六座，专司各殿押解到此处的鬼魂，分别核定，发往四大部洲。十殿设有转劫所、柱死城、血污池，还有卖迷魂汤的孟神婆，手执纸笔的活无常和手捧算盘的

---

① 《墉城集仙录序》，载张继禹主编《中华道藏》，第29册，第194页。

死有分。人死之后究竟该到何殿、受何种刑罚，取决于个人生前的善恶记录。这些记录如同个人档案，这些档案会从一殿经过二、三等殿后转到下一殿。各殿处理不同的恶行，如果没有该殿的恶行就将鬼魂放到下一殿。经过十殿过目和处理后，最后到一殿登记注册，决定其男、女、寿、夭、富、贵、贫、贱等命运，然后将册籍送往丰都。

《玉历》一是说明阴间受难之苦，二是讲世人作恶太多，担心司过神不知记下了多少恶行，也不知这些司过神累积了多少恶册，自己对得到善报已没有信心，自暴自弃，上界于是开始对人开恩赦罪。《玉历》中的"孚佑帝君原序"说：

> 近时世人，根行愈薄，动辄作恶。上天慈悲，准菩萨诸神议奏。凡遵改悔者，格外加恩抵免，分发《玉历》晓谕。欲使世人忏其前非，悔不再犯。省怨之谛语真诠，而世人皆不知。①

《玉历》鼓励世人道：

> 如有犯过能悔，或于阳世曾转劝作一二善事者，从宽量减抵免。……如有世人矢愿向善，能悔改一事，不复再犯，准赎二罪。改悔后力行善事五件，余罪即赦。男生福地，女转男身。善事如过五件者，并准潜修冥福，超度眷属亡灵，脱离苦恼。速将所奏各条，纂载玉册，通行下界。城隍土地门灶各神鬼知悉，凛遵无违。②

三 《玉历钞传》的影响

《玉历钞传》详细地描述了地狱的设置及刑罚，如《玉历》记载五

---

① 《玉历至宝钞》，载胡道静等主编《藏外道书》，第 12 册，第 777 页。
② 《玉历至宝钞》，载胡道静等主编《藏外道书》，第 12 册，第 788 页。

第四章　道教劝善书的形成

殿外望乡台说：

> 台面如弓，背朝向东西南三方，弯直八十里。后如弓弦，坐北方。台高四十九丈，砌高六十三级。良善之人，此台不登。功过两平，已发往生。惟有罪鬼，望眼睁睁，登台四顾，珠泪交萦。忽闻笑语，家里分明遗嘱不遵，教令不行，妇思再醮，子女强横。存下财物，临运交争。田产抽匿霸夺无情，或因帐目贻累非轻。死欠活的，分文必清。活欠死的，奈失证凭。一概胡乱，万事改更。三党亲戚，怀怨讥评。略有几人，想念前盟。抚棺一哭，冷笑三声。更有恶报，男受官刑。遗种不禄，闺守不贞。更遭大劫，水火刀兵。何止寇虐，酷报生平。闻见及此，魄散魂惊。①

在十殿有长大二鬼：

> 其一头盖乌纱，体服锦袄，手执纸笔，肩插利刀，腰挂刑具，圆撑两目，哈哈大笑，名曰活无常。其一垢面流血，身穿素衣，手捧算盘，肩背米袋，胸悬纸锭，愁蹙双眉，声声长叹，名曰死有份。②

《玉历》中诸如此类对地狱的描述极大地影响了后来中国人关于地狱冥府的知识，如有关望乡台、奈何桥、迷魂汤、孽镜、寒冰、烈火、刀山、血池、十八层地狱、无常等传说都与此书的描述有关。该书构筑了一幅可怕的地狱图画，如书中描写在九殿那些受苦的灵魂：

> 阳世所犯刑法律例，极恶之罪，应得凌迟斩绞处决。死后于前各殿受过狱苦，解到本殿。以及放火焚烧房屋，制蛊毒、炼闷香、

---

① 《玉历至宝钞》，载胡道静等主编《藏外道书》，第12册，第791页。
② 《玉历至宝钞》，载胡道静等主编《藏外道书》，第12册，第795页。

揉肚胎、吸脐气、耗童精、堕妇孕、作淫书淫画淫具、造哑药、聋药、狂药之人，自闻《玉历》章句，尚执迷不思改悔，仍蹈前衍。勾到后，应自二殿起受苦。至本殿更添设极刑，用空心铜柱练其手足相抱，煽火焚烧尽心肝。遍历小地狱诸刑后，发入阿鼻大狱，刀穿肺肝，自口含心，渐渐陷下狱底。①

《玉历》还神化其经书，劝人传播该善书，并说：

现在天下都城隍处，每逢庚申，分派夜游等神，专查人间遵信《玉历》、捐资重刊广传者上奏，准世世荣显报；遇灾难印传者，逢凶化吉；病者印传，愈疴疾而得长生；夫妇至戚不相和睦、子孙不肖，肯印传者，均能亲爱改过。如作客，能远传千百里之外者，免遭风波盗贼之险害。②

地狱的种种酷刑惨不忍睹，让人胆战心惊、不寒而栗。该书把十恶不赦的罪人都打入地狱受苦，把这些恶人作为反面教材讲述给世人，希望起到威慑的作用，好让世人尽早醒悟。

第三节　操作性善书《太微仙君功过格》

《感应篇》之类的说理性劝世文侧重讲善恶报应和积善成仙的道理，提供伦理规范，功过格则是具体执行前者提出的伦理规范，并使这些规范得以量化的善书。

---

① 《玉历至宝钞》，载胡道静等主编《藏外道书》，第12册，第794页。
② 《玉历至宝钞》，载胡道静等主编《藏外道书》，第12册，第777页。

李善注引《仓颉篇》说:"格,量度也",功过格是量度功过的簿子。在宋元以前的道书中经常提到"格法""天券""标格"之类的术语,是道教功过格的早期萌芽。成于宋代的道书《至言总》之卷五《功过》标志着功过格即将成熟。它说:

> 夫功过者,谓济生度死、自我惠彼者也。《列纪经》云:"夫学道之人欲得广行阴德、慈向万物、救人艰危、度人厄难、轻财重道、施惠布德、不吝宝贿、投之穷地、启誓真圣、虚心跪请也。"《本顾经》云:"学升仙之道,当立三十善功。故曰功满三千,白日升仙者也。"

《至言总》之《功过》还提到"凡行善益算,行恶夺算,赏善罚恶,各有司职,报应之理,毫毛无失"。① 这说明对个人行为进行计算和量化的传统在道教中早已存在,但这些道书只笼统地提到有这样的簿子,以及多少功德可得到什么样的报应和达到什么样的果位,却没有具体行为的善恶计数。《太微仙君功过格》继承了早期道教这种用以约束信众行为的道德记录簿,第一次为具体行为明确规定了功过数量,把早期笼统的多少善得什么果具体化为做哪一件事值多少功或过,一目了然,操作起来更为方便。

一 净明道与《太微仙君功过格》

《太微仙君功过格》记载在《道藏》洞真部,是现存最早的功过格,作者署名"西山会真堂又玄子"。西山是净明道的祖庭,许逊曾避乱"豫章之南昌"(《净明忠孝全书》)②。《道藏》卷三有《西山许真君八十五化书》。净明经师张洪崖也曾在"豫章之西山读书钓鱼",并在此羽

---

① 《至言总》,载张继禹主编《中华道藏》,第23册,第290页。
② 《净明忠孝全书》,载《道藏》,第24册,第623页。

化。①重建净明道的刘玉自称"西山隐士"。净明道的活动中心是传说中东晋许逊升仙的南昌西山。政和二年（1112）宋徽宗曾封许逊为"神功妙济真君"，崇拜许逊的净明道在南宋得到大力发展。从作者的署名可知又玄子是一位净明道弟子，写作时间是金世宗大定十一年，即南宋孝宗乾道七年（1171）。日本也有学者主张该功过格是净明道派的经典。②

净明忠孝道脱胎于灵宝派，是在吸收、改造上清、正一之学的基础上形成的新的符箓道派。公元1125年宋金联合灭辽后，金统治者乘北宋空虚无备之际，出动大军南下进攻北宋。北宋灭亡后，康王赵构在江南建立南宋小朝廷，形成宋金对峙的局面。中国北方大部分地区由女真族建立的金国统治。道教在战乱中受到破坏，对宗教的需求使得北方大批新道教应运而生。此时偏安于江南的南宋人心浮动，北方的武力威胁给南宋造成巨大的压力，从上到下都祈求神灵的护佑。道教在此时的发展虽不如真宗、徽宗时辉煌，但是，重宗教仪式、长于设斋建醮和解决实际问题的符箓道派却十分活跃，崇拜许逊的净明道在南宋得到大力发展。净明忠孝道的显著特点是突出伦理。他们解释净明说："净明只是正心诚意，忠孝只是扶植纲常。""何为净？不染物；何为明，不触物。不染不触，忠孝自得。"③《太微仙君功过格》说：

> 著斯功格三十六条，过律三十九条，各分四门，以明功过之数。付修真之士，明书日月，自记功过，一月一小比，一年一大比，自知功过多寡，与上天真司考校之数昭然相契，悉无异焉。……依此行持，远恶迁善，诚为真诚，去仙不远矣。④

此功过格是净明派的戒律书和净明道士进行道德修持的指南，其中的规定主要针对教内弟子修仙之用。

---

① 《净明忠孝全书》，载《道藏》，第24册，第629页。
② 参见［日］福井康顺等《道教》第二卷，上海古籍出版社1992年版，第118页。
③ 《净明忠孝全书》，载《道藏》，第24册，第635页。
④ 《太微仙君功过格》，载张继禹主编《中华道藏》，第42册，第811页。

二 《太微仙君功过格》的主要内容及其对道教劝善理论的发展

《太微仙君功过格》分功格三十六条，共有四门。同后来的"功过格"相比较，它的条目比较简单，功过的计数很少，最大的善计一百功，最大的恶计一百过，分类只有救济门、教典门、焚修门和用事门，这些规定几乎都是针对教门中人的。功格有四门

1. **救济门**。包括用符法、针药治病救人、赈济鳏寡孤独、修桥补路、济饥渴之民等。如"以符法、针药救重疾一人为十功，小疾一人为五功。受病家贿赂则无功，治邪一同"。"凡行治一度为一功。""施药一服为一功。""传一符、一法、一方、一术，令人积行救人，每一术为十功。如受贿而传，或令人受贿，则并无功。""赈济鳏寡、孤独、穷民，百钱为一功，贯钱为十功。""一钱散施，积至百钱为一功。米麦、币帛、衣物以钱数论功。饶润穷民债负，亦同此论。""一饮一食皆为一功。""平理道途险阻及泥水陷没之所，一日一人之功为十功。""若造船桥济渡，不求贿赂者，所费百钱为一功，一日一人之功为十功。"

2. **教典门**。自己钻研或向人请教救人法经教和自我保护经教，将之传给世人。如"以救众经法付人为五功，保养性命经法付人为四功，演道经论付人为三功"。

3. **焚修门**。维修宗教建筑、为民章醮和诵经。如"旦夕朝礼，为国为众焚修，一朝为二功，为己焚修，一朝为一功"。"章醮为国为民，为祖先，为孤魂，为尊亲，祛禳灾害，荐拔沉魂，一分为二功，为己一分为一功，为施主一分为一功。若受法信，则无功。""为无告孤魂告行拔亡符命，一符为十功；祖先尊亲，一亡为十功；为平交知亲及卑幼，一亡为五功；为施主，一亡为四功。若受法信，则无功。"

4. **用事门**。兴善事、演经教、劝和、节检，如"讲演经教及诸善言，化谕于众，在席十人为一功，百人为十功。人数虽多，止五十功"。

《太微仙君功过格》分过律三十九条,共有四门。

1. 不仁门。见病不治、见死不救,学厌祷诅咒邪法,杀生等。如"见杀不救,随本人之过减半;无门可救,不生慈念为二过,助赞杀生为五过"。

2. 不善门。毁坏寺庙设施、斋日及节令不朝真、食荤,章词记不熟、错念经典等,如"以言指斥毁天尊圣像为二十过,真人为十五过,神君为十过。见毁灭不劝为二过,赞助毁灭为五过。毁灭经教与此同论"。

3. 不义门。唯恐天下不乱而造谣生事,不师良师、不择良友,如"见明师不参授典教为二过,不依师之教旨为十过,反叛师长为五十过,违师教公为三十过,尊长父母同此论"。

4. 不轨门。传伪法与弟子,注撰言情小说、饮酒作乐等,如"五辛无故食之,一食为一过。食后持念经,一大卷为十过,一小经为五过,一圣号为一过。斋日食之为五过"。

以上是《太微仙君功过格》规定的功和过的主要内容。《太微仙君功过格》的主要目的是使道士远恶迁善,从而飞升成仙。它提出的修炼方法是积功累善,并进行道德估算。它把善、恶作为功过估算的基本要素,对修道者的善恶数量进行计算。通过计算,统计出善恶之间数量的对比,从而决定人的命运以及是否升仙。这种切实可行、能落到实处的修行方法发展了传统道教的修持。道教劝善书不仅奉劝人们行善,还用功过格教人们如何行善和计算善恶。《太微仙君功过格》这种操作性道教劝善书的出现使道教劝善实践得到了很大的发展。通过记录日常宗教生活中的功过善恶,勉励自己在道德上取得进步以达到修炼成仙的目的。有这么精确、细致的计算,如此简便的操作,人们就能日复一日地努力做自己力所能及的善事,"勿以恶小而为之,勿以善小而不为",使得功过格成为道士修行和推行伦理道德教化的有效工具。

第四节　说理性与纪事性结合的善书《文昌帝君阴骘文》

《文昌帝君阴骘文》是假托文昌帝君的名义制作的。文昌帝君是旧时读书人祀奉的主要神灵，由于文昌信仰的普遍，《文昌帝君阴骘文》的流行也十分广泛。

一　文昌帝君与《阴骘文》

文昌是古代星名，"斗魁戴筐六星为文昌宫。一曰上将，二曰次将，三曰贵相，四曰司命，五曰司中，六曰司禄"（《史记·天官书》）。"文昌六星，在北斗魁前，天之府也，主集计天道。"（《隋书·天文志》）两部史书所提到的斗魁是北斗七星的前面四颗星，因其形状而名之魁星。斗魁背上属大熊星座的六颗星叫文昌，属紫微垣，又名"文曲星"。在中国古代神话中，这颗星被神化为主宰功名、禄位的神。在宋元时期，这颗星神逐渐与地上的梓潼神合而为一。地方性的梓潼帝君于是成为天上的大神，玉皇大帝命他掌管文昌府及人间禄籍。

传说梓潼神名张亚子，祖居今四川凉山州越西县，为报母仇而迁至川北梓潼七曲山。最早建在七曲山的是雷神庙。《华阳国志》记载"梓潼县，郡治。有五妇山，故蜀五丁士所拽蛇崩山处也。有善板祠，一曰恶子。民岁上雷杵十枚，岁尽，不复见，云雷取去"①。善板或恶子当是雷神之名。传说在梓潼有一对张姓夫妇的滴血曾化为一条蛇。这条蛇长成后因屡次食人畜而被乡人告为妖，张姓夫妇因养蛇妖而被捕入县堂。这条蛇为搭救父母而将梓潼七曲附近下陷成河，淹没了县官，人们于是

---

① 刘晓东等点校：《二十五别史·华阳国志九家旧晋书辑本》，齐鲁书社2000年版，第22页。

将这条河称为"陷河"。由于这条蛇的神力，后来被梓潼人奉为蛇神。在蛇神阶段，梓潼神的道德属性是次要的，而它的超自然力量才是第一位的。这位蛇神后来演变为后晋一位与羌人作战的大将，临阵战死，蜀人为之立祠祭祀。到唐代，梓潼神已成为四川的地方保护神。安史之乱后唐玄宗逃到四川。梓潼地处川陕交界的要冲，由于有剑门雄关及蜀道的艰险，唐玄宗从长安出来只有到了这里才能稍作喘息。梓潼神是唐玄宗遇到的第一个四川地方神。传说梓潼神曾向他显灵，玄宗于是封他为"左臣相"。一个世纪后，唐僖宗避黄巢起义之乱再次入蜀，张亚子又为他显灵，僖宗封他为"济顺王"。在受到帝王的朝拜和封赏之后，梓潼神已非一般的地方保护神了。《清河内传》《梓潼帝君化书》对这个传说有详细的叙述。

在宋代，梓潼神的地位和功能发生了巨大的变化。它从一个具有叛逆精神的蛇精演变成了现实秩序的维护者、民族利益和国家稳定的保护神。宋代不断加封地方神，以便地方官员能孝忠朝廷。这种把地方神变为国家神的措施能起到维持内部统一和稳定的作用。同时，宋代边患不断，朝廷也希望得到这些地方神的超自然神力以抵御外侮。像梓潼神这样一位曾为国战死而尽忠尽孝的民族英雄的化身神，更是受到朝廷的重视。直到元代，作为忠孝化身的梓潼神一直受到朝廷和百姓的崇奉。宋代又是一个十分重视科举考试的朝代，由于梓潼神的显赫地位和无边的神力，于是关于梓潼神能保护士子的神话也诞生了，地上的梓潼神与天上的文曲星从此攀上了关系。《铁围山丛谈》记载张亚子祠非常灵验，说"士大夫过之，得风雨送，必至宰相；进士过之，得风雨送必殿魁"[①]，意即路过张亚子祠能遇到风雨的话，此人前途必定光明。十二世纪以来，梓潼帝君除能影响考试结果之外，人们也开始赋予他道德色彩。科举考试是朝廷选拔各级官员的考试，通过了考试的读书人会奔赴各地任职。对这些人，除了需要他们主政一方、读书、做文章外，还要

---

① （北宋）蔡绦撰：《铁围山丛谈》，载（清）纪昀等编《景印文渊阁四库全书》，第1037册，第593页。

求他们有良好的道德品质，德才兼备。唐宋以前，大多数官员的任命是由各地推举有德行的人充任。到了宋代，梓潼帝君作为禄神逐渐具有了监督士人道德行为的功能。人们认为那些通过科举考试取得了功名的人，要么是由于他本人的善行，要么是其祖先善行的荫庇。那些应该考上而又没有考上的人，则是因为他个人或其祖先的恶行的惩罚。

在梓潼神用风雨示人前途的传说中，这个神本身隐身事外。在走向人间化的过程中，梓潼神逐渐从反抗现实的恶神变为为国效命的战神，最终成为伦理道德之神，他从隐身事外而走向前台开始直接与人对话。由于文昌帝君既能在科举考试中帮助士人，又能暗中监视士人及官吏的道德行为，文昌帝君作为保佑功名利禄的禄神受到读书人的广泛信仰和祭祀。在传统社会后期，文昌帝君已演变为"代天宣化"的道德神，托名文昌帝君所作的其他善书不一而足，如《文帝孝经》《文昌应化元皇大道真君说注生延嗣妙应真经》《文昌心忏》《文昌大洞仙经》《文帝救劫经》《文帝延嗣经》《文昌帝君劝敬字纸文》《文昌帝君惜字真诠》《文昌帝君戒淫文》《文昌帝君救劫宝诗》《文昌帝君劝孝歌》《文昌帝君八反歌》《文昌帝君惜字功罪律》《文昌帝君诗》等。《文昌帝君阴骘文》是其中最有名的和影响最大的。《阴骘文》产生之后，引起了各界人士对它的注意，出现了诸如《文帝阴骘文注》《阴骘文像注》《阴骘文图证》《阴骘文图说》《丹桂籍注案》等注书，如《梓潼帝君化书》就强调文昌帝君用道德拯救世人的济世功能。"化"有变化和劝化的意思，其中的每一化几乎都是劝人为善的故事。这些故事大多以士大夫为主。梓潼帝君的现身说法成了士大夫的楷模，希望文昌帝君的道德故事感化士大夫向善。为官的首要品德便是对朝廷尽忠、不顾私利、任人唯贤、公正廉洁等，书中也有普通百姓应遵循的德行，如在家尽孝之类。

二 《文昌帝君阴骘文》的劝善思想及特点

《文昌帝君阴骘文》又称《文昌帝君丹桂籍》。旧时以登科为折桂，所以用"丹桂"比喻考试及第的人，这本书也因之被称为《丹桂籍》。

该篇是托名文昌帝君而作的善书，约成书于元代。延祐三年（1316）元仁宗将梓潼帝君加封为"辅元开化文昌司禄宏仁帝君"。自此以后开始把梓潼帝君称为文昌帝君，该篇的创作应该不会早于元代。它开篇即是"帝君曰：……"，这种创作手法仍然是道教的习惯用法，即道士隐身背后，假托某位神来说法。

《尚书·洪范》有"惟天阴骘下民，相协厥居"的说法。阴，默也；骘，定也，即默默之天在暗中对人们的行为进行奖惩。在《阴骘文》中，"阴骘"所具有的天人感应思想得到发展。它要求人们多积阴功阴德，道教司命神随时在记录着人们的行为和思想。做好事也不要到处张扬，只要悄悄去做，自然会得到福佑。所以后来人们称"阴骘"为"阴德"，而把暗中做伤害人的事叫作"伤阴骘"。一旦伤了阴骘，自己及后代就会遭遇厄运，受到神的惩罚。《阴骘文》宣扬的仍然是善恶报应，人们若积累阴德就常得"吉神拥护"，如果作恶多端则有"恶曜加临"。用神的名义和神能奖善惩恶来劝化世人是典型的道教劝善方式。

《阴骘文》共计七百四十五字。由于文昌帝君是旧时读书人崇祀的主要神灵，所以帝君说教的对象以官僚士大夫为主，特别强调他们作阴功、积阴德。《梓潼帝君化书》记载帝君有十七世化为士大夫，所以《阴骘文》开篇即说：

> 吾一十七世为士大夫身，未尝虐民酷吏，救人之难，济人之急，悯人之孤容人之过，广行阴骘，上格穹苍。人能如我存心，天必锡汝以福。于是训于人曰……

紧接着帝君举了几个有史记载的士大夫做善事得善报的例子，如"昔于公治狱，大兴驷马之门；窦氏济人，高折五枝之桂；救蚁中状元之选，埋蛇享宰相之荣"。这四句话讲的是四个灵验故事。

《阴骘文》告诉人们："欲广福田，须凭心地。行时时之方便，作种种之阴功。利物利人，修善修福。""见先哲于羹墙，慎独知于衾影。诸恶莫作，众善奉行。永无恶曜加临，常有吉神拥护。近报则在自己，远报则在儿孙。百福骈臻，千祥云集，岂不从阴骘中得来者哉！"

《阴骘文》提倡三教合一，帝君就叫人们"或奉真朝斗，或拜佛念经。报答四恩，广行三教"。"印造经文，创修寺院。"

在做人方面，帝君告诫世人"勿淫人之妻女，勿唆人之争讼。勿坏人之名利，勿破人之婚姻。勿因私仇，使人兄弟不和；勿因小利，使人父子不睦。勿倚权势而辱善良，勿恃富贵而欺穷困。善人则亲近之，助德行于身心；恶人则远避之，杜灾殃于眉睫。常须隐恶扬善，不可口是心非"。"作事须循天理，出言要顺人心。"

帝君要求为官的"正直代天行化，慈祥为国救民。忠主孝亲，敬兄信友"；做生意的"斗秤须要公平，不可轻出重入"；在主仆关系上应"奴仆待之宽恕，岂宜备责苛求"；对世间万物都应存爱心，"举步常看虫蚁，禁火莫烧山林"，"或买物而放生，或持斋而戒杀"，"勿登山而网鸟禽，勿临水而毒鱼虾"。

帝君还提出许多济急救难的具体举措，他说："济急如济涸辙之鱼，救危如救密罗之雀。矜孤恤寡，敬老怜贫。措衣食周道路之饥寒，施棺椁免尸骸之暴露。家富提携亲戚，岁饥赈济邻朋。""舍药材以拯疾苦，施茶水以解渴烦。""点夜灯以照人行，造河船以济人渡。""剪碍道之荆榛，除当途之瓦石。修数百年崎岖之路，造千万人来往之桥。垂训以格人非，捐资以成人美。"

与《感应篇》相比，善恶报应在《阴骘文》中得到进一步发展。第一，《感应篇》提出善恶报应"如影随形""如响应声""如镜照人"，非常迅速、快捷，而《阴骘文》提出"近报则在自己，远报则在儿孙"，即善恶报应有远近、急迟两种。帝君告诫人们，一切行为绝对有报应，不是不报，而是时候未到。有的报应在几年、几十年后才兑现，甚至报应在几代人之后。这样的报应观点为道教的报应说提供了缓冲和解释的余地。第二，《阴骘文》的内容大多数是正面劝善，鼓励人们多做好事。书中谈到的禁恶之事只十四条，正面诱导占三十条，而《感应篇》中劝善二十六事，惩恶一百七十事，更多是惩恶。第三，《感应篇》多少谈到行善成仙的思想，列举了道教的司过之神，其中的道教神学色彩比《阴骘文》浓厚。《阴骘文》中的帝君直接对人发话,只讲行善得好报、作恶得恶报的善恶报应观,不谈对成仙的追求。从《阴骘文》中只看到帝君处理人间事务和人们的道德问题,表明道教的世俗化加深了。第四,《阴骘文》还高唱三教合一。文中要求人们"或奉真朝斗,或拜佛念经","广行三教","印造经文,创修寺院",这是《感应篇》中所没有的。第五,与《太上感应篇》相比,《阴骘文》增加了"无弃字纸"等与读书人有关的内容,因为文昌帝君是读书人特别信奉的神。

《阴骘文》提到的"阴骘"或"阴德"的思想在后来的道教劝善书中十分普遍,如"道高自有龙虎伏,德重感动鬼神欢。自古阴骘能延寿,善不求人天自怜"[①]。"阴骘"思想在民间的影响也巨大,如明清士人特别流行"一命、二运、三风水、四阴德"。对很多人来说,行善的目的就是累积阴德,以求改变命运和实现自己的人生理想。这就不难理解为什么明清时期的士人那么热衷于刊印和宣讲善书,按照善书的要求来身体力行。《阴骘文》宣扬的"阴骘"思想对后世中国人的思想观念影响很大。人们在劝人行善时,总不忘提醒世人"积阴德"。

宋金元时期原则性、说理性的《感应篇》,惩恶性的《玉历钞传》,操作性的《太微仙君功过格》和说理性与纪事性融合的《阴骘文》等道教劝善书的出现,标志着道教劝善书的正式形成。随着道教世俗化和民间化的加深,道教劝善书也得到更大的发展和普及。由于其提供的行善方法简便易行,吸引了越来越多的社会各阶层人士为各自不同的目的加入道教劝善书倡导的积功累德以获福报的行列,道教对民众的影响也更广泛、更深入了。

---

① 《除欲究本》,载胡道静等主编《藏外道书》,第 28 册,第 117 页。

第五章　道教劝善书的盛行

明清两朝进入传统社会的末期。明朝皇帝朱元璋废除丞相，分其权于六部，再把权力集于皇帝一人。清朝承袭明制，专制达到顶峰。理学成为明清社会的主要意识形态，在理学家的推动下，纲常名教统治达到了登峰造极的地步，社会处于"万马齐喑究可哀"的沉闷之中，黄宗羲发出了"天崩地解"的惊世骇俗之言。与此相关，"明清之际道教在上层地位日趋衰落以后便转向民间，走向世俗化，民间通俗形式的道教活动愈来愈活跃。"[①] 顺治十三年（1656）十月谕礼部说："儒、释、道三教并垂，皆使人为善去恶，反邪归正，遵王法而免祸患。"[②] 雍正九年（1731）清世宗的上谕说："域中有三教，曰儒、曰释、曰道。儒教本乎人心，为生民立命，乃治世之大经大法。而释氏之明心见性，道教之炼气凝神，亦于吾儒存心养气之旨不悖。且其教皆主于劝人为善，戒人为恶，亦有补于治化。"[③]

为了扶世教、救颓俗，众多的善书传布开来，其中道教劝善书更被大量地编纂和广泛地流传，成为道教劝善书大盛行的时期。劝人行善是明清道士的一项重要修行活动，如明代中后期茅山乾元观有称"阎祖派"的龙门支派活动，其主要内容就是劝善。《茅山志》卷九记载："阎道人者，不

---

① 卿希泰主编：《中国道教史》第4卷，第225页。
② 《世祖实录》，载《清实录》，中华书局2008年版，第3册，第811页。
③ 《龙虎山志》，载胡道静等主编《藏外道书》，第19册，第427页。

知何许人也。其投刺人称希言,人与之书亦称希言。顶一髻,不巾栉,粗布衫而无袒服,履而不袜。疏眉目,丰辅重颐,色正紫,腰腹十围,叩之如铁,重可三百斤。行步轻捷,虽少壮不啻也。盛夏赤裸而曝日中不汗,穷冬凿冰而浴,又令人积溺缶中浴之出使自干,嗅之殊不觉膻臊,以故所至者异之,目为道人。以其不巾栉也,又目之阎蓬头。诸慕道者,咸以爹呼矣。道人亦不辞,或坐不起,拜之亦不起,然未尝求伸于不知己。喜饮酒,量不过三四升,酣畅自适,则歌道曲以娱坐者,食能百人,不择荤素第。嗜蔬而安粥,人奉之帻则帻,奉之衣则衣,予之金钱则亦置袖中,转盼即付之何人手不顾也。出则童子噪而从之,往往袖甘果为饷,故从者益众。问道人百岁乎?曰然。问且二百岁乎?曰然。问元时尝为安庆路总管乎?曰然。或曰:道人不过六十耳,何诳我为?曰:是诳尔也。竟无以测也。然道人绝不为人道其所由得,叩之以延年冲举之术亦不应,唯劝人行阴骘广施予,勿淫勿杀,勿忧勿恚,勿多思而已。"①明清道教三教合一色彩更浓,这也表现在道教伦理思想中。王常月所著的《碧苑坛经》经常提到"圣贤仙佛",把儒、释、道三教的杰出人物都纳入自己的著述之中。他说圣贤仙佛在未成道之前,比常人"不曾多只眼睛,添著手脚";圣贤仙佛"内用刚以制身,外用柔以服人",凡人则"内用柔以恕己,外用刚以责人";圣贤仙佛"未曾有死,先明死后之机",凡夫"死在目前,尚且只图生计";圣贤仙佛"要出世法,将世法炼心,为人子则尽孝,为人臣则尽忠",凡夫"不但不知出世法,连世间的法尚且不知,那里知道忠于君,孝于亲"。所以凡人应该遵守以下教导:"要依那圣贤仙佛的实话,不要图那圣贤仙佛的虚名;须要立起圣贤仙佛之志,不要空说圣贤仙佛之言;须要修下圣贤仙佛之因,不要指望圣贤仙佛之果;须要种下圣贤仙佛之根,自然有那圣贤仙佛之报;须要积下圣贤仙佛之德,自然得那圣贤仙佛之道;须要行出圣贤仙佛之事,自然证那圣贤仙佛之位。"②

总之,明清道教世俗化进程加快,与民间的联系更紧密。在这期间

---

① 《茅山全志》,载胡道静等主编《藏外道书》,第19册,第866页。
② 《碧苑坛经》,载胡道静等主编《藏外道书》,第10册,第190—191页。

出现了大量的道教劝善书是道教世俗化加剧的主要表现。明清除继续解说、注释《感应篇》和《阴骘文》之外，以道教仙真成道故事为题材的纪事性善书在民间非常盛行，如全真龙门道士董清奇作的善书《除欲究本》《指淫断色篇》等。另外，功过格也得到极大的推广，出现了《文昌帝君功过格》《文昌帝君惜字功罪律》《十戒功过格》《警世功过格》和《石音夫功过格》等。在明清道教劝善书中，道教传统的积善成仙理论有了新的进展，道教劝善书的世俗化程度更高，伦理色彩更浓，三教融合更深，影响范围更大，语言更接近百姓的俚语。明清道教劝善书除大力劝善外，还神化道教劝善书本身，宣扬持诵、印赠这些善书同样能获得福报。明清道教劝善书的劝善内容也折射了明清的社会现实。

第一节 《关圣帝君觉世真经》略析

一 关公信仰与关帝劝善

关圣帝君俗称关帝、关公，道教约在宋代将其纳入自己的神仙谱系，是道教奉祀的重要护法天神。关帝信仰由古代著名武将关羽衍化而来。小说《三国演义》成功地塑造了关羽的形象，书中描写的与关帝有关的如桃园结义、单刀赴会、过关斩将、刮骨疗毒、温酒斩华雄、三英战吕布、千里走单骑、大义失荆州、斩颜良诛文丑等家喻户晓的故事使他在民间影响很大。关羽义薄云天的忠义形象在人们心中留下非常深刻的印象，所以他受到各阶层人士的普遍爱戴。道教把关羽神化成了关圣帝君。《神仙通鉴》宣称关帝前身是雷首山泽中的龙神，曾吸黄河水救济灾民，后转生人世[①]，"忠义性成，神圣之质"。约成书于北宋末南

---

① 参见《神仙通鉴》，载胡道静等主编《藏外道书》，第32册，第404页的相关记载。

宋初的《太上大圣朗灵上将护国妙经》即假托关帝传经说咒，称关帝为"义勇武安王汉寿亭侯大元帅"，受玉帝敕命，为"三界都总管雷火瘟部丰都御史"。① 明万历以后成书的《三界伏魔关圣帝君忠孝忠义经》称他为三界伏魔大帝，说他"掌儒释道教之权，管天地人才之柄。上司三十六天星辰云汉，下辖七十二地土垒幽丰，秉注生功德延寿丹书，执定死罪过夺命黑籍，考察诸佛诸神，监制群仙群职"②。在古代，关羽是集忠、孝、仁、义、智、勇等品行于一身的典型代表，从宋代起就受到历代帝王的青睐。自宋以后，关帝也受到官方的奉祀。《礼记·祭法》载：

> 夫圣王之制祭祀也，法施于民则祀之，以死勤事则祀之，以劳定国则祀之，能御大灾则祀之，能捍大患则祀之。

关帝符合《礼记》提出的上述祀奉条件，于是受到帝王的敕封和官方及民间的祭祀。作为道教神仙的关帝，其职责是保护帝国、抵御外敌的入侵和平息内部的叛乱。宋徽宗崇宁元年（1102）封他为"义勇武安王"，明神宗封他为"协天护国正直右大帝"。这些敕封使关帝崇拜在明代达到极盛。清初因为各处用武，关于关帝显灵的事很多，清廷把他尊为武圣。乾隆四十一年（1776）七月二十六日的上谕说：

> 关帝在当时力扶炎汉，志节凛然，乃史书所谥并非嘉名。陈寿于蜀有嫌，所撰《三国志》多存私见，遂不为之论定，岂得谓公？从前世祖章皇帝曾降谕旨，封为"忠义武圣大帝"，以褒扬威烈，朕复于乾隆三十二年降旨加"灵佑"二字，用于尊崇。③

---

① 《太上大圣朗灵上将护国妙经》，载胡道静等主编《藏外道书》，第6册，第265页。
② 《三界伏魔关圣帝君忠孝忠义经》，载胡道静等主编《藏外道书》，第4册，第273页，标点为笔者所加。
③ 转引自许地山《扶箕迷信的研究》，商务印书馆1999年版，第27页。

清朝统治者把他抬得很高，嘉庆封他为"武帝"，道光给他加封了与孔子平起平坐的头衔，全国很多城市都有他的庙宇，各地的文武庙将孔子与关帝并列祀奉。清朝末年，官员们在关帝诞生和去世的日子都要到关帝庙献祭。他也经常降临扶乩的鸾堂，在明清道教劝善书中是现身最为频繁的神仙之一。

二 《关圣帝君觉世真经》的劝善思想

《关圣帝君觉世真经》（以下简称《觉世经》），全文四百八十四字。《觉世经》是明代的道教扶鸾书籍。它开篇即说："敬天地，礼神明。奉祖先，孝双亲。守王法，重师尊。爱兄弟，信朋友。睦宗族，和乡邻。别夫妇，教子孙。"这几句训语涉及人对神明、父母、君师、朋友、宗族、家庭的道德原则。在遇到具体事情时，《觉世经》列出如下正面清单：

> 时行方便，广积阴功。救难济急，恤孤怜贫。创修庙宇，印造经文。舍药施茶，戒杀放生。造桥修路，矜寡拔困。重粟惜福，排难解纷。捐资成美，垂训教人。冤仇解释，斗秤公平。亲近有德，远避凶人。隐恶扬善，利物救民。回心向道，改过自新。满腔仁慈，恶念不存。

《觉世经》反对人们不仁不义，列出以下负面清单：

> 存恶心，不行善事；淫人妻女，破人婚姻；坏人名节，妒人技能；谋人财产，唆人争讼；损人利己，肥家润身；恨天怨地，骂雨呵风；谤圣毁贤，灭像欺神；宰杀牛犬，秽溺字纸；恃势辱善，倚富压贫；离人骨肉，间人兄弟；不信正道，奸盗邪淫；好尚奢诈，不重俭勤；轻弃五谷，不报有恩；瞒心昧己，大斗小秤；假立邪教，引诱愚人；托说升天，敛物行淫；明瞒暗骗，横言曲

> 语；百日咒诅，背地谋害；不存天理，不顺人心；不信报应，引人作恶。

对于这种"不修片善，行诸恶事"的人，《觉世经》警告他们会遭到"官词口舌，水火盗贼，恶毒瘟疫，生败产蠢，杀身亡家，男盗女淫"的惨重报应。这是一定要兑现的，"近报在身，远报儿孙"。

从这些内容来看，该篇融合了《感应篇》和《阴骘文》的劝善思想，其中劝善与惩恶参半。但关帝降下的劝世文书语气比《感应篇》和《阴骘文》严厉得多，大有咄咄逼人之势。他说："我作斯语，愿人奉行。言虽浅近，大益身心。戏侮吾言，斩首分形！"这种严厉的口气是《感应篇》和《阴骘文》所没有的。由于明末民间秘密教团活动频繁，《觉世经》提到了"不信正道，奸盗邪淫……假立邪教，引诱愚人；托说升天，敛物行淫；明瞒暗骗，横言曲语"等批评邪教造神的新的劝善内容。《感应篇》和《阴骘文》告诉人们按照神灵的要求去做就会受到保佑、得到善报，而《觉世经》具体指出得到什么报应，它说："一切善事，信心奉行。人虽不见，神已早闻。加福增寿，添子益孙。灾消病减，祸患不侵。人物咸宁，吉星照临。"这些奖励和惩罚的内容与民间百姓所渴望和忌讳的东西更接近了。随着道教劝善书的普及，善书本身也被神化。关帝说：

> 有能持诵，凶消聚庆。求子得子，求寿得寿。富贵功名，皆能有成。凡有所祈，如意而获。万祸雪消，千祥云集。诸如此福，惟善可致。吾本无私，惟佑善人。众善奉行，毋怠厥志！

即除了具体实践善书规定的各种善行外，诵读、捐资印刷、传播道教劝善书本身也能带来福报。《感应篇》和《阴骘文》仅教人行善，没有神化善书本身。对善书本身的神化是明清善书的一大特色。

三 "三圣经"的盛行

《感应篇》《阴骘文》和《觉世经》都在劝人尽忠尽孝、去恶从善、成为善人。这种教化十分有利于统治阶级维护其政权,所以三部道教劝善书产生之后都得到了大力提倡。《太上感应篇》《文昌帝君阴骘文》和《关圣帝君觉世真经》由于其传播之广、影响之大和对它们的注释、说明、解读之多而被誉为"善书三圣经"。

道教劝善书自产生以后就受到统治者的支持。同时,明清至中华民国时期社会各界也用不同形式注释、讲解道教劝善书,对《感应篇》《阴骘文》和《觉世经》的注释不下数十百种,出现了《太上感应篇集注》《太上感应篇图说》《太上感应篇直讲》《太上感应篇注》《太上感应篇缵义》等,以及《文昌帝君阴骘文注》《阴骘文图证》《丹桂籍注案》《阴骘文图说》《觉世经注证》等。这些注疏使得这几部道教劝善书更为盛行,受众更广泛。用图像来注解《感应篇》则使得不识字的人也能掌握《感应篇》的要旨。不仅"愚夫愚妇"阅读它,就连士大夫阶层也重视它、信奉它、实践它。从如此众多的注本可以看出明清道教劝善书流行的盛况。

为了使更多的人知道《感应篇》一书,并加以实践,明清时期盛行用图画来宣扬《感应篇》的思想。浙江处州镇总兵官黄正元于乾隆二十年(1755)就采用了古今史实及儒家经义解说此书,配以图例,佐以诗词和灵验故事,使《感应篇》成为巨著。这本《感应篇图说》在清代书市上十分流行。光绪十五年(1889)上海仁济善堂将其石印,改为《太上宝筏图说》。黄正元在序中说:

> 人心厌故喜新,或因数见不鲜,多有尘积案头,久不寓目者。是编句必有注,注必有传,复绘图以肖其状,仍师鹤沙先生故步。而所引事实多采新闻,无非欲动阅者之目,兴起其从善去恶

之心。①

书中还说道：

> 古人云：遇上等人说性理，遇平等人说因果。可知二者之书不可偏废。盖可与言性理者固难多得，而祸福报应之谈亦足以感应人心。是以性理之书固宜流通，即因果之书亦断断不可少也……世祖章皇帝钦命刊刻此篇颁赐群臣，至举贡生监皆得遍及。于是名贤硕儒助宣教化，或增注以申其义，或绘图以证其说。理明词达，愚鲁可喻，而是篇遂成大观。②

黄正元认为道教劝善书之经文虽出《道藏》，"但所言皆格致诚正之功，齐治均平之理，并无鼎炉修炼之习，与四书六经相为表里。人能全而体之，则可希圣希天。得其余绪亦可谨身寡过。观者慎勿视为道书而忽之也"③。

1928年《感应篇图说》被重印，增加了介绍如何流通此书的途径，如全施流通、半施流通、祈福流通、忏罪流通、吉庆流通、馈送流通、善写流通、贸易流通等推广此书的方法，以及得富灵验记、得贵灵验记、得子灵验记、祈病获痊灵验记、遇难成吉灵验记、散离复合灵验记、合宅同升灵验记等奉行《感应篇图说》而得灵验的事例。

除图证《感应篇》以求传播更广外，官绅们还用儒家经典和灵验故事说明《感应篇》，使它能在官绅、士大夫阶层中间流传。康熙四十五年（1706）泽州陈廷敬编有《太上感应篇集注》，他说：

> 儒者之学以求诚也，而诚贯乎学之始终。《传》曰：不诚无物，况学之大乎？六籍皆劝善禁恶、导吉避凶之书……余观《太上篇》

---

① 《太上宝筏图说》，载胡道静等主编《藏外道书》，第27册，第592页。
② 《太上宝筏图说》，载胡道静等主编《藏外道书》，第27册，第595页。
③ 《太上宝筏图说》，载胡道静等主编《藏外道书》，第27册，第594页。

第五章 道教劝善书的盛行

中既列善恶之目，而于终篇则要之以语视行三者……其文约而不漏，详而不杂，切近而显明。用之警世动俗，可以勉进于正而惩创其邪僻。与六籍所载劝善禁恶、导吉避凶之旨无异焉。①

清代大儒惠栋的《词馆分写本太上感应篇引笺注》（以下简称《太上感应篇注》）和俞樾的《太上感应篇缵义》是各种注释中影响最大的。这两本注释都是用儒家经典来解释《感应篇》。乾隆十四年（1749）惠栋完成《太上感应篇注》，引《洪范》《春秋》《论语》《孟子》以及《中庸》等儒家经典来注释这本道教劝善书的每一句话。在序言中他说：

《太上感应篇》一卷即《抱朴子》所述。汉世道戒皆君子持己立身之学。其中如三台、北斗、司命、灶神之属，证诸经传无不契合。劝善之书称谓最古，自此以下无讥焉。雍正之初，先慈抱病，不肖栋日夜尝药，又祷于神，发愿注《感应篇》以祈母疾。天诱其衷，母疾有间。因念此书感应之速。②

惠栋在《太上感应篇注》中用儒家经典逐句注释《感应篇》，如"祸福无门，惟人自召"一句，惠栋先"引经"：

孟子曰：祸福无不自己求之者。《诗》曰：永言配命，自求多福。《太甲》曰：天作孽，犹可违；自作孽，不可违。

"引经"之后是"笺注"：

虞仲翔注《易》以坤为鬼祸，乾为神福。乾神坤鬼，神为福，鬼为祸。是知祸属阴，福属阳。阳为善，阴为恶。故祸福以类相

---

① 《太上感应篇集注》，载胡道静等主编《藏外道书》，第12册，第121—122页。
② 《太上感应篇集传》，载胡道静等主编《藏外道书》，第27册，第1页。

从，字皆从示，示神示也。《说文》天者神，《谷梁》然则祸福皆天也，而不知转移之者，人也。

这样的注解使得《感应篇》与儒家圣人之意完全契合。俞樾对《感应篇》的注释没有惠栋那么复杂，但仍然以儒家经义为根据。他担心惠栋的注多骈词，有背注体，于是改用儒家经书之义和历代儒生的故事证实此书与儒家经书相表里，以伦理讲历史，用历史证伦理。同治十一年（1872）的《太上感应篇缵义》序言说道：

此篇虽道家之书，而实不悖乎儒家之旨。董仲舒曰："天人相与之际，甚可畏也。"后世儒者不信此说，《洪范·五行传》且斥为荒诞，于是篇乎何有？故自宋以来，虽流传不绝，不过巷闾细民共相诵习，而士大夫辄鄙薄之。其注释诸家，亦多浅陋邱里之言，无当大雅。惟国朝惠定宇先生以经师硕儒而注此书，征引渊博，文字雅驯。然予犹惜其多用骈词，有乖注体。且原文明白易晓，初不待注而明。惟附以经义，证以秦汉古书，使人知其与儒书表里，不敢鄙夷，自然敬信奉行，于身心有益。余于惠氏无能为役，一知半解，掇拾其所未备。所已及者，则从略焉。因非注体，故援宋杜道坚《文子缵义》之例，题曰《太上感应篇缵义》。卷帙繁重，为上下二卷，用自修省，以为息黥补劓之方，乐善不迁之君子倘有取乎？①

清人王砚堂于1899年也注有《太上感应篇》。他的注释采用的是文法注释法，即对《感应篇》进行分段，把其中的每句话归类为说某个道理，就像作精读讲解。王砚堂说：

兹感应二字，可动为善去恶之心者，谓人纵不畏王法，未有不

---

① 《太上感应篇集传》，载胡道静等主编《藏外道书》，第27册，第1页。

畏鬼神者。王法或翼巧力而脱，鬼神岂可以巧力而脱耶？然先儒常说：上智不妨行下学事功。《感应篇》既是警惕下根，亦是接引上根。上根之人不务实修，专讲虚无，是篇尤其对症之药。①

为了方便人们讲解《感应篇》，清人还编有《太上感应篇直讲》。它宣传"劝读，获福之本也；劝行，获福之宝也；劝刻，获福之广也"。该书介绍的讲解方法有会讲、演讲、家讲、馆讲、摘讲和劝讲六法。该书把《感应篇》解释得更为口语化，还注了每个字的读音。

《阴骘文》的注释也多采用儒家经义、道教典籍。道光二十四年（1844）大兴朱硅石著《文昌帝君阴骘文注》，既引用三教经典，又讲历史人物和时人行善获福、作恶遭殃的灵验故事。康熙年间颜生愉编《丹桂籍注案》。该书声称把《阴骘文》改为《丹桂籍》是文昌帝君在梦中对颜子的委托，说：

> 颜氏世有显德，自元历今箕裘弗坠。而廷表先生为明名臣。成化之时，著直节于西台，靖蛮苗于巴蜀。功勋垂竹帛矣。而从政之暇，尝取《阴骘文》笺注之。至其曾孙云丽先生复采见闻善恶之报，为之案验以附于篇首，自是勒成一书，足传不朽。噫，两先生之表彰懿训、启迪后人可谓至矣。②

该书对《阴骘文》每句话加以注解，同时附上灵验案证。《丹桂籍注案》后序中有持奉该案证的灵验记。昆明谢琏在《后序》中说道：

> 先儒之论为学必先德行，后而文章。德行云何？帝君曰：行事必循天理，出言要顺人心……是知内而身心，外而家国。只此数语，而天下之能事毕矣。余家世滇南，祖父相承奉行《感应篇》、

---

① 王砚堂《太上感应篇解题》第1页，见《感应篇汇典》卷上。
② 《丹桂籍注案》，载胡道静等主编《藏外道书》，第12册，第680页。

道教伦理：传统形态与当代新诠

《阴骘文》甚力，垒遭兵燹，幸获安全，默有神助。岁丙午有子云间到昆明者，授吾父以《丹桂籍》一书，云近奉帝君新命，其劝戒士子尤切，且历有明验。时余年三十，艰于嗣续。吾父年五十八，速于望孙。遂祷于帝君前，愿依籍中所载，随时随事行之。果蒙神佑，递生三子，科第联翩。无乃丹桂发祥之一验欤。①

与注释《感应篇》一样，用图来注释《阴骘文》的版本也很多。康熙己亥年（1719）赵如升编撰《阴骘文像注》，把它作为教育后代的教材。在序中他说：

升发龄甫入小学，先大人手授是篇，令每晨兴诵无间，伊时拜受之。熟于口而义未悉。及束发洞其义，所行多有违渎，且衷罪莫能违矣……追忆先志，不禁泪下盈盈。敬听宝训而疏注之，又引证而著为图，名《阴骘文像注》。因欲识字义者阅之，回心而向道。尤欲巾帼孺子目昧一丁者，观像问、由耳闻，而警醒也。②

《阴骘文像注》是在《阴骘文》的每句话下附若干图画和故事。同治四年（1865）朱启寿编《阴骘文图说》。在《阴骘文》的每句话下，绘几幅图，讲几个善恶报应的故事，使得《阴骘文》也成为大书。光绪四年（1878）项肖卿编《阴骘文图证》，图画十分精美，书法也很漂亮。咸丰年间江苏彭氏有《觉世经注证》，详细讲解书中字句，道理讲得透彻，佐以灵验故事，十分吸引人。

明清对这些道教劝善书的注释和改编为道教劝善书的盛行推波助澜，使得其影响更加广泛。这三本善书除以单行本流行于世之外，它们还经常被放在明清出现的其他善书的开篇之处。清代出现的部分善书格式一般都是先有康熙的《圣谕十六条》，继而是《感应篇》《觉世经》或

---

① 《丹桂籍注案》，载胡道静等主编《藏外道书》，第12册，第681页。
② 《阴骘文像注》，载胡道静等主编《藏外道书》，第12册，第429页。

《阴骘文》的全文，即首先是"圣谕"，接着是"神谕"，把朝廷的道德宣传册子与宗教性的劝善书结合起来，最后才是这些新出善书自己的内容。

第二节 明清纪事性道教劝善书及其伦理特色

纪事性道教劝善书指以故事形式出现的劝人行善之书。随着道教进一步世俗化和民间化，道教劝善方式更多地采取了民众易于接受的故事形式来讲善恶报应的道理，把道教劝善书宣扬的伦理道德和修持方法寓于生动的故事之中。纪事性善书既可用于阅读，其写作技巧也考虑到了对不识字的人进行讲解的方便，俚语用得较多。这类善书采用百姓熟悉的语言，讲他们熟悉的人物，修道之人和士庶百姓都能从中获益。明清比较有名的纪事性道教劝善书是道士董清奇所作的《除欲究本》和《指淫断色篇》（以下简称《断色篇》）。

一 《除欲究本》和《指淫断色篇》的出现

董清奇是清代道士，龙门第十代，生卒年不详。嘉庆丙寅（1806）曾为河南乞化道士，因长年赤足云游四方，故别号"赤脚董真人"。他担任西安八仙庵住持期间，曾募资修缮道院，增修西跨院，开坛演教，重振道风，恢复曾一度被取消的十方丛林制度。嘉庆十八年（1813），他先后著成善书《除欲究本》和《指淫断色篇》。在《除欲究本》的《自序》中，董清奇说："赤脚道人终日托钵十方，功德无可酬达，编一部《除欲究本》的俚言，奉劝世人。"

这两本善书既告诫道门中人，也劝化贩夫走卒。在《指淫断色篇·序》中，他说："余著《断色篇》一书，无非勉我同志，苦心修行也。然绅庶阅之，亦有补于身心匪浅。"对教内弟子而言，如果接受这些善书的规劝，就有成仙的希望，因为修行方法已隐含在这些善书中。《断色篇》说：

> 内中有脱阳说、洗澡说、藏疯说，其类不一。原惊人戒淫，非示人贪淫。第世之人愚者多、贤者少，恐认谈风流乐事，不几为人反害人乎。而抑知淫荡之说，原有炼修之论，四方高明君子、清静道者，不嫌秽目，或自刷印，或余印送，编闻愚顽，庶知淫中有雅，邪之有正，是余之志也夫。①

《除欲究本》的目的与《断色篇》一样，他解释说："今董氏所著《除欲究本》一书，深患无文之人，故以浅说明示令人易于醒悟耳。盖孔孟之书人难尽晓，即老庄之经亦难精详。因而董氏素在方外，遍游天涯。或目睹其事实，或耳闻其情由，一一记忆，不忘编为俚句名曰《除欲究本》。"但是，该书对于教外人士、晋绅士人也是大有裨益的，他说："虽曰为易醒无文之人，即文士阅之亦有补于身心。"同时，对于道士也有特别的作用："然于志士修心治病之意，学者炼性作人之方，则未必小术云。"②

《除欲究本》的劝善作用分为几个层次，"浅行者，消灾致祥、不遭横祸；深行者，修身养德、身人钦敬。行于至善者，成仙证祖，皆不出此关键耳"③。董清奇告诉修道之人，如果细细品味其中的道理，也能悟出修真的方法；而对于士庶百姓，听从这些规劝，则会获得福报。

---

① 《指淫断色篇》，载胡道静等主编《藏外道书》，第27册，第844页。
② 《除欲究本》，载胡道静等主编《藏外道书》，第28册，第102页。
③ 《除欲究本》，载胡道静等主编《藏外道书》，第28册，第100—101页。

二 《指淫断色篇》的主要内容

《断色篇》讲的是类似章回小说的故事,共十三回。本书开篇说道:"指淫断色无穷妙,抽添火候要知道。反复之中擒龙虎,杀阴还阳要自造。"①接下来开始讲各章回的故事,如第一回"师兄出苦离尘市,师弟入荣变女流",第二回"公子出门欲大隐,夫人在屋想悬梁",第五回"前次屡辞心未定,后方忽讨志修成",第八回"父子云游同慕道,高人循理独修行",第十二回"藏头疯想邪除正,老道士思正治邪"等。《断色篇》主要是针对教门内的善书,书中多次提到张珍奴为拜吕纯阳为师、孙夫人为跟随王重阳学道而毁容的情节。书中写张珍奴修道的故事说:

> 昔有妓女张珍奴,自娼换性登天堂。本心常存习贤意,屈身院下受磨折。前生欠下风流债,何日还完两断绝。常怀出苦离尘志,从来不肯对人说。昼夜思量这件事,瘩大约不能出虎穴。无奈虔诚降夜香,苦苦哀告玉皇爷。不求荣华并富贵,只求早死早离别。另转一人悟清静,愿把红尘目下撇。一心要走修行径,诸魔拦路亦不怯。任凭八风摇不动,那怕天崩与地裂。不皱眉头心意定,万死不辞愿保节。……虔诚感动吕祖爷,密密与他传妙道。隐隐谨守莫漏泄,装疯大隐居尘市,才免是非无口舌。功成圆满超三界,修成真人朝玉阙。

《断色篇》主要劝化人们戒淫。全真道本来具有浓厚的禁欲色彩,它"以出世主义的神仙追求为价值取向,把禁欲主义发展到道教史上的顶峰"②。董清奇撰写专门以戒淫为目的的善书与全真道的禁欲传统有

---

① 《指淫断色篇》,载胡道静等主编《藏外道书》,第27册,第845页。
② 卿希泰主编:《中国道教史》第3卷,第83页。

关。另外,明清时期的言情小说如《株林外史》《昭阳趣史》等十分泛滥。"百行孝为先,万恶淫为首",戒淫成为明清善书的一大主题,道教劝善书《断色篇》也从道教修炼的角度劝人戒淫,为戒淫作出道教的贡献。

三 《除欲究本》的写作特点及其世俗化的神仙理论

《除欲究本》是一些顺口溜、道士的修炼故事及劝善的灵验故事,其写作手法也类似于明清章回小说,共分积、聚、成、全、圆、满六卷。每卷由几个故事组成,每个故事开始是回名,如"孝心感动百灵敬,积善降祥神鬼钦",然后有"诗曰":"克己施财已早年,生平抱负被人怜。为亲割股纯阳佑,孝子传名百世传。"接着讲故事,"乾隆四十年间,余在津门曾闻人云,有邵姓名耆兴者。生平为人居心最慈。……"故事完毕有"偈曰":"苍天不昧苦辛人,作善降祥知必真。即令今生未享受,福禄带去报来生。"

《除欲究本》在讲故事时,把伦理道德和道教教义夹杂在故事中,用世俗社会的真人真事来说明这些道理。如卷二十一故事开头即:师兄劝教学仙业,师弟半途念世情。

  诗曰:访仙学道四海游,因受饥寒望外求。
  虽则荣华暂富贵,无恒之辈终难留。
  昔有一道人……

把故事讲完后,最后是歌曰:

  聪明反被聪明误,伶俐吃了伶俐亏。
  仗着自己有才智,不做乞食化斋辈。
  烧丹不成又开矿,自己寻着要受累。
  后来得下心痨病,求死不死反受罪。

第五章 道教劝善书的盛行

精神耗尽失涵养，死后做个糊涂鬼。

明清小说大量采用这种格式。为了适应大众，道教劝善书亦加以采用。道书创作与大众文学形式的结合加速了道教的世俗化，增强了道教劝善书的可读性，扩大了道教的影响。

尽管《除欲究本》是小说形式的善书，但书中却包含着丰富的道教思想。《除欲究本》将全真道的教理教义用于世俗伦理的教化。全真道在金代创立时主要以内丹修炼为主，把断除酒色财气作为修心内炼的基本功夫。全真道的出家制度便与此有关。早期全真道士在乱世中宣扬宗教伦理，进行社会教化，在维护社会秩序方面起过重要作用。全真道士不仅修炼自己的内丹"真功"，还济急救难表现其济世"真行"。他们认为道德上的完人就是神仙。全真道士董清奇的善书继承了全真道减少世俗欲望和化民导俗的传统，他取名《除欲究本》就是全真道去欲和济世思想的表现。《除欲究本》之《序》说：

> 除欲者，除其旧染之污；究本者，究其本然之性……是书言虽简而路捷；词虽浅而易醒。览之者勿谓妄诞之论，而嚼之自有旨味也。修真慕道之士遍览经书，亦唯以是书为训诫。庶乎邪者可以归正，恶者可以化善。①

在《除欲究本》中，他还讲道：

> 心上有欲不得轻，君若想轻也不难。除欲比个买卖人，担着一担盆瓦罐。卖了一件轻一些，全轻除非都卖完。若能连担全放下，如此逍遥非等闲。心上无欲即福地，何处不是洞中天。②

---

① 《除欲究本》，载胡道静等主编《藏外道书》，第28册，第103页。
② 《除欲究本》，载胡道静等主编《藏外道书》，第28册，第121页。

这里放下担子就是劝人们除去奢望。他告诉世人说："人人想求不老丹，不远就在汝心间。精气神三宝守住，自然而然超出凡。"怎样才能守住三宝呢，董清奇也认为应先去欲。他说：

> 耳目口鼻舌，耗人精气神。此是神出路，主意全是心。心里要想听，耳里能走神。心里要想看，眼里能走神。心里想言谈，口里能走神。心想闻香臭，鼻孔能走神。心想尝滋味，舌尖能走神。诸事全不想，自然闭六门。六门照常关，才是真养神。①

修炼和养生最重要的是炼心去欲，"大道不离方寸地，但向玄关着意寻。劝君不必劳形智，心死神活乃全真"②。董清奇在该书中大量谈到修心的法门。他说："万恶滔天总是心，顺心作孽似海深。心要回头登彼岸，超凡入圣亦是心。"③从道教善书来看，修仙不必假求丹药之类的外物，而是在自身中找药。修行就是修自己的心。只要有了行善的心，本来穷苦的命运会因此得到改变，甚至能够成道证真。他说："五行八字天生就，运筹帷幄行法活。惟有人心多变化，时刻变善又化恶。高人学会有妙法，只在心上苦琢磨。诸恶淫邪都除尽，独存天理心上搁。外面未改里头换，穷汉做下财主活。上天默加福禄寿，相面实在难揣摩。"④

全真道从创教时即高唱三教合一，董清奇也不例外。他的善书中同样有儒释二教的影子，如"天理常存留人门，私欲不生塞鬼路"。存天理、灭私欲即理学家的主张；又如"道亲非是等闲亲，色身里面包法身。色身有生定有死，法身在世照常存。色身改头又换面，狭路相逢是法身"⑤，色身、法身是佛教术语。《除欲究本》也继承了道教由来已久

---

① 《除欲究本》，载胡道静等主编《藏外道书》，第28册，第106页。
② 《除欲究本》，载胡道静等主编《藏外道书》，第28册，第113页。
③ 《除欲究本》，载胡道静等主编《藏外道书》，第28册，第293页。
④ 《除欲究本》，载胡道静等主编《藏外道书》，第28册，第124页。
⑤ 《除欲究本》，载胡道静等主编《藏外道书》，第28册，第131页。

的"三尸""六贼"的观念,书中说到"杀死三尸除后患,灭尽六贼断祸根"①。"生来淳朴都是贤,酒色财气轮流缠。本来淳朴都忘尽,得便作孽只当玩。勾引六贼住在心,他合三尸同结连。没有一日肯安分,时刻暗盗神不全。三尸六贼能拿住,精神夺回还复原。"②除掉人体内的三尸,尽量做善事,即便不求神仙,神仙也会暗中帮助,所以求神不如求己。这也体现了全真道的"真行"理论,从内心立志踏踏实实地去做,"高贤不求神自佑,那是他机投神机"③。董清奇还让人凡事不必计较短长,相信公正的神明能裁判一切,"明公不争论,争论就不明。恶人有天罚,恶满天报应。善人有天怜,暗里有感应"④。

总之,董清奇继承了全真道禁欲主义的修行,受到早期道教劝善思想、心学及佛教的影响。他对全真教义也有发展。早期全真道继承钟吕内丹学说,以成仙证真为修行目的。"这一信仰,建立在否定现实人生、追求出世的人生价值观基础之上。"⑤全真道的出家制度就与神仙信仰关系密切。明清时期,道教炼养理论发生了很大的变化。董清奇提倡世俗化的入世修仙理论,与全真道早期的出世思想有别。他说:"修行混俗且和光,圆即圆兮方即方。"⑥他"劝君大隐居尘市,何必深山守静孤"⑦。他认为"修行何必讽经咒,也不住山当比丘。宇宙广大无两样,何处不通修真路。公门与人行方便,为善最乐自无忧。不必求神有感应,自然加官来进禄"⑧。只要尽职尽责,多做善事,每个人都可以修仙。"神仙未修是凡人,凡人有恒可修仙。"⑨"圣人因他处事好,生为圣贤死成神"⑩,"只要本人心地好,同赴蓬莱会仙真。修

---

① 《除欲究本》,载胡道静等主编《藏外道书》,第28册,第119页。
② 《除欲究本》,载胡道静等主编《藏外道书》,第28册,第276页。
③ 《除欲究本》,载胡道静等主编《藏外道书》,第28册,第289页。
④ 《除欲究本》,载胡道静等主编《藏外道书》,第28册,第106页。
⑤ 卿希泰主编:《中国道教史》第3卷,第57—58页。
⑥ 《除欲究本》,载胡道静等主编《藏外道书》,第28册,第292页。
⑦ 《除欲究本》,载胡道静等主编《藏外道书》,第28册,第159页。
⑧ 《除欲究本》,载胡道静等主编《藏外道书》,第28册,第289页。
⑨ 《除欲究本》,载胡道静等主编《藏外道书》,第28册,第290页。
⑩ 《除欲究本》,载胡道静等主编《藏外道书》,第28册,第116页。

行简易无多语，去巧守拙内究心"①。他说："当初出家去求神，求神保佑出苦门。后遇高人亲说破，神佑无非是好人。好人不求神自佑，多福少祸超出尘。"②

在董清奇这里，修仙就是过道德的生活，成仙就是成为一个有道德的人。

第三节　明清道教功过格的发展

道教功过格在明清非常盛行，涌现了《文昌帝君功过格》《十戒功过格》《警世功过格》和《石音夫功过格》等。与《太微仙君功过格》相比，明清功过格的操作更加简便，功过分类更细致，适应的对象更广泛。这与《太微仙君功过格》仅仅"付修真之士"有别，几乎社会各阶层人士的行为规范都有涉及，三教色彩更浓，时代气息更强烈。

一　《文昌帝君功过格》的内容和操作

1.《文昌帝君功过格》的内容

《文昌帝君功过格》是雍正二年（1724）的扶乩作品，它开列的条目非常细致，有八个方面的内容。

伦常第一，下分父母功格和过格、兄弟功格和过格、妻妾功格和过格、子侄功格和过格、宗亲功格和过格、师友功格和过格、仆婢功格和过格。如对父母，"解亲一怒、舒亲一忧，十功"；"远出忘亲，十过"；"敬兄爱弟、推逸任劳，一日一功"；"对外人说兄弟长短，一次一过"；

---

① 《除欲究本》，载胡道静等主编《藏外道书》，第 28 册，第 282 页。
② 《除欲究本》，载胡道静等主编《藏外道书》，第 28 册，第 132 页。

"善御婢妾，一日一功"；"禁止妇女出门游戏、烧香，十功"；"多置盛饰艳服以悦妇人，一次一过"；为子侄"择得一明师良友，十功"；"教子侄占便宜，三十过"；为宗亲"立义田义屋，养活一人，五十功"；"乖一尊卑次序，一次一过"；"不负一友托妻寄子，五十功"；"背一明师，五十过"；对仆婢，如"赦一小过，一功"；"体恤劳苦，一日一功"；"配一男女不及时，二十过"等。

敬慎第二，下分存心功格和过格、言行功格和过格、事神功格和过格。如"一月心常存诚，有善无恶，百功"；"言行未深，希望福报，一念一过"；"说果报劝人，一功"；"讥时政，三过"；"出财修理损坏寺观，装饰剥落神像，百钱一功"；"失小物，呼神咒骂，十过"。

节忍第三，下分气性功格和过格、衣食功格和过格、货财功格和过格、美色功格和过格。包括"火性不生，在在欢喜感化，百功"；"迁怒一人，一次一过"；"一月安淡泊，惜福，十功"；"一日鲜衣美食，享用过丰，一过"；"假银入手不使，百钱一功"；"诱人赌博，一次十过"；"造一部戒淫书，三百功"；"当可染境不染，百功"；"因邪淫害人性命，五百过"等。

仁爱第四，下分人类功格和过格、物类功格和过格。如"施一暗夜路灯，一功"；"修路、造桥、疏河、掘井，百钱一功"；"掩一暴露棺，埋一白骨，五功"；"医家计利，误人一命，百过"；"坏一人阴地，百过"；"买放生命，百钱一功"；"偷杀畜物，五十过"；"笼系禽畜，一月一过"等。

劝化第五，下分善类功格和过格、恶类功格和过格。如"刻施一善书，百钱一功"；"编辑一济世善书，十功"；"毁坏一人戒行，五十过"；"劝阻人勿溺子女，五十功"；"赞助一人讼，三十过"；"代写一离书，五十过"等。

文学第六，下分著述功格和过格、为师功格和过格、技术功格、惜字功格和过格。如"秽中拾一字纸，洗浴焚化，一功"；"著述一济世善书，百功"；"手不净翻动经书，一过"；"待弟子如己出，循循善诱，一日一功"；"不禁弟子抄袭、代倩，一事三过"；"见器物门墙上字，即刮洗送于河中，一次一功"；"见劝善书不信、不传者，三十过"。

居官第七，居官下分内辅功格和过格、外宪功格和过格、将帅功格和过格、牧令水利功格和过格。如"率由旧章，不轻更易，百功"；"识见大，不图便一时，害后世，千功"；"恋禄忘亲，百过"；"出巡简从，省地方供应，十功"；"杜绝方术，百功"；"虚报年岁收成，百过"；"不抑士卒功，百功"；"临阵怯懦，百过"；"浚渠修堤，灌溉民田。每顷千功，反此论过"；"亲兵乡约，劝惩有方，一次一功"；"不禁民间溺女，千过"；"不禁赌博，五过"等官员的功格和过格。

闺门第八，下分闺门孝敬功格和过格、闺门敦睦功格和过格、闺门性行功格和过格、闺门职业功格和过格、闺门教育功格和过格、闺门御下功格和过格、闺门安贫功格和过格、闺门守节功格和过格、闺门惜福功格和过格。包括"出食物应舅姑急用，百功"；"己身不育，不容纳妾，百过"；"夫弟妹幼孤无依，劝夫收养，成立百功"；"亲族往来，情意轻薄，十过"；"寡言笑，百功"；"对灶泣詈，五过"；"早起夜眠，操作勤苦，一日一功"；"不敬奉香火，一日十过"；"夫没，能兼严慈教养孤子，无量功"；"任子女佚游嬉笑无度，一日一过"；"宽待奴婢侍妾，一日一功"；"酷虐婢妾，一次十过"；"夫贫，勉以义命，劝以仁义，无量功"；"怨翁姑娶不成礼，五十过"；"苦守节操，无量功"；"与人苟接言语，一次十过"；"薄口福，十功"；"看戏、烧香、赶会，一次十过"等。

2.《文昌帝君功过格》的操作

《文昌帝君功过格》除了有上述详细的功过规定之外，还教人使用一种更方便的记录法，这就是投黄黑豆的方法。其法为：

> 缝一布囊，长短宽窄，随意量裁，拴在腰间，共三层，中层供计功过，内层装大小黄豆，外层装大小黑豆。如有一功，即取内层小黄豆一颗，投入中层里；如有一过即取外层小黑豆一颗，投入中层里。有十功投一大黄豆，十过投一大黑豆。功过之多寡，照颗数加减。临睡时，将中层大小黄黑豆取出数之，算功过若干，即写在

第五章　道教劝善书的盛行

逐日功过册上。此操修秘法，亦简便良方。如此时时检点，处处遵行，有不知不觉，而日造乎高明之域者。不然，如行走路途，交接亲友，不能随带笔墨，到晚交一日之功过，恐已忘大半矣。故设此法以记之。①

此功过格后面附有一月历。格式如下：

年月
初一日功过初二日功过
初三日功过初四日功过
初五日功过初六日功过
初七日功过初八日功过
初九日功过初十日功过
十一日功过十二日功过
十三日功过十四日功过
十五日功过十六日功过
十七日功过十八日功过
十九日功过二十日功过
二十一日功过二十二日功过
二十三日功过二十四日功过
二十五日功过二十六日功过
二十七日功过二十八日功过
二十九日功过三十日功过
本月共功共过准折下共
以上本月照除共积连前月共积

在使用《文昌帝君功过格》前，还有一套通报神明的仪式。内容

---

① 《文昌帝君功过格》，载袁啸波编《民间劝善书》，第202页。

如下：

> 具书弟子某名氏生于某年某月某日某时，生在中华国某省某府某县某处地方居住，为迁善悔过，誓行功过格事。缘弟子自生以来，年无片善；涉世而后，月有多愆。今者改过知非，洗心涤虑，敬行圣格，以求谋事如意。为是虔诚具疏，冒渎于文昌帝君座前。伏乞赦已往之愆尤，赐将来之福禄，时时护佑，日日提撕，俾所欲从心，所求如意弟子誓行终身，以答圣恩。倘半途而废，甘受罚谴。谨疏以闻。
>
> 　　天运年月日具疏。行功过弟子某名氏具疏是实。

满一月后，此功过格使用者还应向文昌帝君汇报一次，其内容如下：

> 具疏弟子某名氏为自呈功过事。缘弟子自本月初一日起，至三十日止，一月之内，积功若干，积过若干，功过准折，积若干，连前月共积若干功过，为是虔诚具疏，上呈于文昌帝君坐前，伏乞洪恩：弟子所欲从心，所求如意，俾积功有自，改过无遗。弟子不胜沾感之至！
>
> 　　天运年月日弟子某名氏具疏跪奏

《文昌帝君功过格》篇幅庞杂，它的各种规定是《太微仙君功过格》的七倍，功过规定比前者更加细致，已超出了道教早期功过格多用于规范道士行为的作用，走向了民间，其适用的范围更为广泛，操作方法更加简单，从其分类来看，其儒家化的趋势更加明显。

二 《石音夫功过格》的内容及其修道方法

《文昌帝君功过格》教人们行黄黑豆之法，这种方法在教内教外都

第五章　道教劝善书的盛行

得到普遍采纳。《石音夫功过格》就是使用黄黑豆之法而成仙了道的灵验事例。

《石音夫功过格》成书于乾隆二十三年（1758），流传在嘉庆年间。这部功过格与其他道教功过格不同，它没有具体规定各种行为相应的功过数量，而是叙述使用功过格而成仙的灵验故事。作者这里把行功过格当作一种新的道教修炼方法，叙述了石音夫、白玉开、李元亮、锺一干诸人因行持功过格而成仙的经过。它说："此编真修行入门捷径……欲修还丹，先积阴德。阴德既优，自能入悟。既悟则可以长生出世。"①《石音夫功过格》还叫人广传善书，这也可以积善行，其中有紫微仙君的垂训如下："若以善书传一人者，当十善；传十人者，当百善；传大富贵、大豪杰者，当千善；广布无穷，重刊不朽者，万万善……若不吃牛犬，谓之吃半斋，永无瘟疠牢狱之灾。故欲行善，先须戒此为首。"②

此《功过格》说石音夫是宋代一个连自己姓名都不知道的乞丐，后遇一道长指点，并给他取名石音夫，还教他修炼黄黑豆之法。石音夫遵从道长的指点，乞讨到一些黄黑豆，分作两个口袋。一个带于左，一个带于右，又另做一袋挂于胸前。黄豆放左，黑豆放右。如果日夜之间起了一点不好的心念，做了一件坏事，即取右边黑豆一颗投入中袋记过。若起了一点好心念，做了一件好事，即取左边黄豆一颗投入中袋记功。满一百日，从中袋内取出黄黑两色豆数数，看功过多少。始而功少过多，继则功过平半。久之，功多过少……行持两年半，自觉心舒体泰，万物同根，灵蠢一体。③

石音夫悟道后，开始用此秘法点化其他人。石音夫度的第一人是他的岳父石心德。石心德是个轻出重入的奸商。天神曾派火神将他家烧毁，准备指派雷神将他震死，以报应他使用大小秤的恶行。由于石音夫的苦苦劝说，加上石心德自己病痛的折磨，石心德才生改恶向善之心。"上帝命纠察神下界查察，见心德前行尽改，又且行些好事，即命雷火

---

① 《石音夫功过格》，载胡道静等主编《藏外道书》，第12册，第86页。
② 《石音夫功过格》，载胡道静等主编《藏外道书》，第12册，第87页。
③ 《石音夫功过格》，载胡道静等主编《藏外道书》，第12册，第88页。

二部缴旨。"① 石心德后来也用黄黑豆之法修炼。石心德悟道后，先后为一僧一道开悟，度化了白玉开和几位道门、佛门中人。这位道人后来力行功过之法，修得了真人的果位。

白玉开常出外参禅，曾在几处修行，只见一些佛教徒"行事湾横，用心过分，外面似善，心内比那不吃斋不念佛的更狠"②。后来白玉开拜石心德为师，用黄黑豆之法方才修得正果，最后尸解而去。石音夫、石心德和白玉开后来度化了李元亮，也是教他黄黑豆之法。李元亮本是修真学道之人，但太拘泥于形式。石音夫、石心德和白玉开通过扶乩纠正了他的误解。他依法行持功过格之后，出现如下异象：

> 自觉恶气化为善气，浇风化为淳风……元亮归家，一人行善，因之感化一家一乡，无不父慈子孝、兄友弟恭、夫柔妻顺、婆媳亲爱、妯娌雍容。不数年间，真觉善气薰蒸，祥和密布，鸟不乱飞，虎不乱行，常有神仙在元亮家往来。久之，将他一家大小度成仙去。③

石音夫最后度化的是锤一干。锤一干通过功过格的修炼，德行越修越多，"自觉心舒体泰，慧悟日开。不数年间，功行圆满"④。最后音夫自己也得了地仙果位。"圣祖仁皇帝南巡见二羽士。询之，一称'臣汉徐庶，一称臣宋石音夫，同在护驾'云云。盖均肉身成仙长生不老者欤。"⑤

这本功过格对当时一些道士偏离正途的做法进行了更正。《石音夫功过格》教人们不要外假于物，拜佛念经、烧香磕头等都不能获得解脱。该书说："佛神无私，不因敬而赐福，不以不敬降殃。尔若有过，

---

① 《石音夫功过格》，载胡道静等主编《藏外道书》，第12册，第90页。
② 《石音夫功过格》，载胡道静等主编《藏外道书》，第12册，第93页。
③ 《石音夫功过格》，载胡道静等主编《藏外道书》，第12册，第96页。
④ 《石音夫功过格》，载胡道静等主编《藏外道书》，第12册，第97页。
⑤ 《石音夫功过格》，载胡道静等主编《藏外道书》，第12册，第98页。

任尔烧钱化纸、磕破头额、天天拜佛、时时念经,不能解也。尔想正直佛神,岂肯受贿?"①自己造下罪孽,"求神俱是无益,当自解之"②。石心德曾对一化缘道人说:

> 人生在世,命中只有八合米,行尽天下不满升。尔前世不能修积,所以今生受苦。且内丹三百六十日成道,尔何不自为?看尔一片浮气肉身不能保,何为修道?外丹既可点铜成银,何必要他人资本?尔与师傅学道烧丹,要得一点来,终身用不尽了,何必又再打算?未必师傅折了本,一点舍不得与尔?况近功实为山溪之水,大道岂徒浅近之学?神仙尚忠上帝,凡民岂容忘君国?父母之恩不报,手足之情俱忘。专于外务,假作仙术,误人银钱。孽海茫茫,自造地狱。种子人生,岁月几何,汝何不自思之甚也。③

石心德的这番话对当时社会上一些道士"专于外务,假作仙术,误人银钱"的做法提出了批评。

"不论儒释道一教,俱要从孝弟忠信、礼义廉耻做起。言天官岂有不孝弟之真宰,洞府无不忠义之神仙。"④即使"道家修行,要以五伦为主。伦常不亏,方才成得正果"⑤。《石音夫功过格》提出的修行方法是以黄黑豆记录功过,提醒自己改过迁善。它以一道长点化石音夫开始,然后由音夫度化石心德这位悔罪之人、白玉开这位对佛门失望之人、李元亮这位执着于外在形式的修真之人,和锺一干这位本已有些善端却还未成道的求道之人。这几位最后有的成为尸解仙,有的阳神出窍,有的成为地仙,都得道成仙。这是对传统道教劝善成仙思想的继承和发展。这种修持方法简便易行,适合任何人。这种方法促使道教进一步世俗化,

---

① 《石音夫功过格》,载胡道静等主编《藏外道书》,第12册,第95页。
② 《石音夫功过格》,载胡道静等主编《藏外道书》,第12册,第95页。
③ 《石音夫功过格》,载胡道静等主编《藏外道书》,第12册,第92页。
④ 《石音夫功过格》,载胡道静等主编《藏外道书》,第12册,第92页。
⑤ 《石音夫功过格》,载胡道静等主编《藏外道书》,第12册,第95页。

使其修持方法更为简单。该《功过格》还认为"修行何必在出家，行止动静戒无差。但求时刻心无愧，九州大地尽开花"。《石音夫功过格》把操作性和纪事性融为一体，道教世俗化、理学化色彩浓厚。

三 《十戒功过格》的内容及特点

1.《十戒功过格》的内容

《十戒功过格》是道士假托孚佑帝君即纯阳吕祖之名制作的。道教功过格曾是道士的戒律书，所以这部功过格在其《后跋》中专门讲了道教戒律，说："孚佑上帝秉玉清大化度亿万众生，总以戒为心印，开千七百余坛……孚佑上帝又曾传修真七戒，为仙家熏修至宝，宜补载于此，以公之同善。"[①] 这里提到的七戒是：一戒机、二戒浊、三戒躁、四戒辩、五戒昏、六戒神役形和形役神、七戒锐。此戒律及功过格对儒释道三教都通用，"存心养性在是；明心见性在是；修心炼性亦在是矣"[②]。
"十戒"本身就是十条戒律，《十戒功过格》除提出道教戒律外，这个功过格也从戒律的角度规定各种行为的功过数量。《十戒功过格》宣称人们每做一事是几过或几功都该作准确、详尽的记录，各种功过都有神灵主管。东岳掌铁律管理鬼，上清掌玉律管理仙，雷府掌金律管理人。每一戒中都有功例和过例。这些神不仅掌管已经施行的功过，也掌管内心的善恶念头。《十戒功过格》内容包括十个方面。

一戒杀。过例：《十戒功过格》把杀的类型分为憎杀、爱杀、误杀、戏杀、倡杀、普杀。杀的对象有杀微命、杀小命、杀大命和杀人命。如"由于医术不精而错误处方至使人死者，一人命为五十过"。"牢养调弄曰戏杀，杀微命一命为一过，小命为二过，大命为二十过。"杀类分为喜杀、赞杀、庆杀、忘情杀、溺情杀、间杀、横杀、残杀、试杀。这几种杀类又按杀微命、小命、大命、人命而记差等不同的过。杀机包括为

---

① 《警世功过格》，载胡道静等主编《藏外道书》，第12册，第84页。
② 《警世功过格》，载胡道静等主编《藏外道书》，第12册，第85页。

难穷苦人、讨厌老人和残疾人、不照顾兄妹、幸灾乐祸、不成人之美、落井下石等，这些行为虽未直接杀人，但有可能导致别人死亡，所以记不同程度的过。

功例：《十戒功过格》把救命分为哀救、力救、法救、过情救、大悲救、报德救、普护救。如救一无依女子设法收养得长成为二百功，使之终身得所为五百功，即不长成亦为百功等内容。《十戒功过格》提到的绝杀类是让人起大悲心以至于不杀生，如"见杀不能救生哀怜心曰心救，一次为一功，微命为二功"。杜杀机是使饥者得食、寒者得衣、迷者得返为一功。解厄救急、消仇化恨、勤侍父母、善待兄妹、成人之美、体恤孤寡老幼及残疾、劝善止恶等皆记入功格，断绝人自杀的动机。

二戒盗。过例：盗财、盗名、盗命。对财、名、命的盗窃又分为明盗、暗盗、诬盗、挟威盗、挟诈盗、绝命盗、典守盗和灭伦盗。比如"穷人之功为己所有，小事五过、大事十过、人不辩白而享其利者为二十过"。《十戒功过格》提到的盗充指无盗之迹而有盗窃之心，如短斤少两、奢侈、有借不还、虚绷门面、聚众赌博、打听别人隐私、践踏他人五谷等。盗原指好奢好懒，这是导致人们行盗的原因之一。如饮食嫌恶薄、衣服嫌朴陋、居室嫌湫隘、器用嫌粗恶等为一过。大吃大喝、游手好闲、贪吃贪睡、讲究排场、贪图享乐等都是能引发人们行盗的原因。

功例：舍财、舍名、舍命。舍财分为喜舍、悲舍、自然舍、力舍、暗舍、法舍、教舍、慈舍。舍名有忘能舍、让能舍、忘善舍、让善舍、忘恩舍、让恩舍、容浊舍。如"己有善行，为人盗窃，不求表白曰忘善舍，一事为二功"。舍命分为安命舍、忘命舍、全身舍。如"忍饥而饭人、忍寒而衣人、倾囊而济人曰忘命舍，一事为百功"。绝盗充指一些美德，如买卖公平、勤俭节约、有借有还、自觉纳税等。谨盗原包括饮食起居不讲奢华、勤俭持家等。人如果具有这样的美德，就可以避免盗窃之心的产生。

三戒淫。过例：对妇人、孀女、僧尼、娼妓施行暴淫、痴淫、冤业淫、宣淫、妄淫都记有不同的过。如"暴淫僧尼为无量过"。淫类有正淫、纵淫、偏淫、拟淫、慕淫、造淫、戏淫和幻淫。例如"遇美色留连顾盼曰慕淫，一次为一过"；"看淫戏一次为一过、倡演者五十过"。

功例：有畏保、爱保、无形保等形式。如"助人赎一娼妓从良为五十功"。绝淫类包括"家规整肃、上下和顺、妻妾无间，一年为五十功"；"婚嫁择德不择貌为二十功"。杜淫媒包括"焚毁传奇小说一书为一功"；"闻妇女调笑语以正色应之，一次为一功"。

四戒恶口。过例：谩骂、痛骂、辱骂、咒骂、恶骂、戏骂、笑骂和侮骂尊长、平等和卑幼都是《十戒功过格》禁止的。如"恶骂尊长一言为十过，平等一言为五过，卑幼一人为五过"。骂状有躁急状、凌人状、发恨状、冤抑状、气愤状、轻弃状、俗恶状。比如"高声叫喊曰躁急状，一言为一过，尊长加一等，卑幼免过"。

功例：有顺理爱、不恭爱、克己爱、忘形爱、训导爱和周旋爱。如"忘形爱尊长一次为五功，平等一次为十功，卑幼一次为十功"。忍骂状包括"于尊长前能忍诸骂状一次为一功，于卑幼前一次为二功"。

五戒两舌。过例：粉唆、诬唆、反复唆和刁唆所爱、所尊、所亲都要记过。如"诬唆所爱一事为五过，所尊为二过，所亲为五过"。唆隐分为谣唆、仇唆、贪唆、便唆、反唆、妒唆等。比如"妒人得宠，唆以间之，希己得宠者曰妒唆，一事为十过"等。唆类包括闲谈人是非、论人短长，即使谈论与己无关的人亦为一过。

功例：有独力周旋、两面周旋、四面周旋、明周旋、暗周旋和巧周旋。如为所爱四面周旋一事为五功，所尊一事为十功，所亲一事为二十功。杜唆隐包括立心正直、略无谣曲，遇有是非力为排解者一事为一功，大者为五功。绝唆类包括不听刁唆、自和朋旧，一事为一功。

六戒绮语。过例有戏笑、戏调、戏嘲和戏虐之分。如"见人形貌不全而戏笑者一次为二过"。戏调包括"见人失遂而反称得意者一次为一过"；"戏虐及古人者一次为五过，戏虐及圣贤仙佛者一言为二十过"等。笔虐指写作虐别人的文章等，如"刻意形容丑事，事涉古人为一过、事涉今人为一过"；"造一风情语、作一淫艳诗俱为五过"。

功例：体敬、敬劝和敬笔。如"见人好赌委曲劝止之为一功，若听从为二十功";"劝人勤读书为一功,听从为十功";"劝人孝为二功,听从为五十功";"作诗文描述稼穑艰难,可以风世者一篇为一功";"纂集善书一卷为二十功"等。

七戒妄语。过例有习妄、为己妄、为人妄、交妄。如"饥言不饥、寒言不寒等俱为溺俗匿情,统作一过"。"轻约重性、势不能践者一言为五过,轻议朝廷政治得失一言为二过。"为人妄指对别人讲虚妄不实的话,包括"誉人失实,意在得斯人之欢心者为五过";"假托术数诬人取利一事为五十过"。交妄指在交易中虚妄不实,如"一切交易买卖以贱称贵、以少言多、以轻说重为一过";"僧道行法如做戏、世人请僧道行法亦如做戏,彼此均无实心,费钱财,僧道斋主俱作五十过"。

功例:除积习,如"为人隐恶,人或问及,言不知,是功非过,小事一功、大事二功";"不求名利、但求无欺,不顾利害、止凭一直,有则有、无则无,一事为一功"。

八戒贪。过例:贪名、贪利、贪安逸、贪利养、贪势力,贪图这些东西具体包括懊恼贪、自满贪、患得贪、患失贪、有蔓贪、无厌贪、悭贪、骄贪、爱贪、妒贪、恶贪、循环贪、梦想贪。比如"一贪未息、一贪又起者曰循环贪,一念为十过"。

功例:忘名、忘利、忘安逸、忘利养、忘势力,淡泊这些东西包括浑忘、淡忘、守忘、遗忘、遁忘。比如"亦见可欲而不动心者曰淡忘,常守此心为二百功"。

九戒嗔。过例:嗔人有公嗔、私嗔、暗嗔、现嗔、郁嗔、暴嗔、长嗔、乱嗔、固嗔、业报嗔、藏嗔、蔓嗔、决嗔、蛇蝎嗔、豺虎嗔、死嗔。嗔事、嗔境也有上述十六种嗔的类型。比如"境过事移,提起复嗔者曰藏嗔,一次为十过";"气填胸臆,几不欲生者曰死嗔,一次为五十过"。

功例:悲人、悲事、悲境都有求悲、法悲、智悲、大悲、体用全悲等分类。例如"不见可恶、只见可悲者曰大悲,一念为百功"。

十戒痴。过例:痴忆、痴执、痴逆都包括顽痴、习痴、忍痴、复痴。比如"不穷理、不达事,过去悲愉恋恋于心中者曰顽痴,为百过";痴空有搅乱痴、幽暗痴和虚圆痴之分。比如"游心广漠,无归者曰虚圆痴为五百过"。

功例:了忆包括业了、意了、法了。如"事过即忘,不怀恩、不念怨、不恋顺境、不悲逆境者曰业了为百功"。了执包括达了、能了、真了。如"看人世之欣戚悲愉如流水、如浮云,了不可执者曰能了,为二百功"。了逆分为见了、行了、心了。如"不见有往、不见有来,昭然独觉者曰心了为五百功"。了空分为境不落空、行不落空和难思义空。

由于有如此详尽的规定,人、鬼、仙的一举一动皆可根据此功过格进行考查,无毫厘之差。照此修行,渐渐去恶就善,过越减越少、功越积越多,积到一千功,会报得下等善果以消前世罪孽;积一万功可成就中等善果,希冀富贵福寿;积一亿功就能升仙。《十戒功过格》就从以上十个方面给世人提供道德准则,类似天神与世人之间的契约,履行它或不履行它会带来福祸两种截然相反的后果。

2.《十戒功过格》的特点

在心的一念处下功夫是《十戒功过格》的一大特点。它说:"见杀生欢喜心曰喜杀","见杀称其便捷者曰赞杀","见渔猎称其利、见冤对报复称其快曰庆杀,对微命一过、小命二过、大命五过、人命十过"。在戒盗中把无盗之迹有盗窃之心称作盗充,也记入过类。在淫戒里有"无故作淫邪想曰造淫,一次为五过"等控制人们恶念的措施。在杜绝刁唆隐患时,《十戒功过格》有"立心正直、略无谣曲,遇有是非力为排解者,一事一功、大事五功。立心慈恕、素无仇隙,遇有是非力为排解者,一事为一功,大事为五功。……立心谨慎、语不轻出,一事为一功"。内心有恶念同样会受到惩罚,有时甚至更严,特别强调从心里去恶。仅从外在的行为看功过的多少还不够,必须验证于心。当人们没有恶的念头时,恶行才能彻底消失。书中说道:

> 求福报者必修实行,欲修实行者,必起实心,欲起实心者,必祛妄念。欲起实心祛妄念,必考核于阴律。知阴律之轻重,然后知立心之诚伪。知立心之诚伪,然后知功行之虚实。知功行之虚实,

然后知福报之有凭无凭。

《十戒功过格》深受佛教影响是它的第二大特点。其中的戒杀、戒盗、戒淫、戒恶口、戒两舌、戒绮语、戒妄语、戒贪、戒嗔、戒痴等戒条与佛教戒律相同。它吸收了佛教的三界、三业、三宝、三毒等思想。身、口、意是佛教的三业，《十戒功过格》中也有，它说："阴律者，合二为一以定果报者也。三者何，身业、语业、意业是也。"《十戒功过格》中的戒杀、戒盗、戒淫是身业，戒恶口、戒两舌、戒绮语、戒妄语是口业，戒贪、戒嗔、戒痴是意业。在《十戒功过格》许诺的果报中，除下、中、上三个仙阶等级外，它还说："更能皈依三宝，念佛参禅，缘觉、声闻菩萨诸乘皆得成就。"[①] 贪、嗔、痴三种烦恼是佛教的三毒，《十戒功过格》提出要戒掉这三毒。佛教对此书影响之深可见一斑。

---

① 《十戒功过格》，载胡道静等主编《藏外道书》，第12册，第41页。

第六章　道教劝善书的伦理特色及其影响

　　道教劝善书的伦理体现出神性与人性、利己与利他、动机与效果的结合，希望通过他律以自律，具有功利性、可操作性、大众性、道德万能和道德至上等特色，对社会产生了广泛的影响。皇帝后妃大力提倡善书，甚至亲自制作善书，为它的发行和流通开方便之门；士人和各级官员出钱、出力注释善书；民间艺人把善书戏曲化，用老百姓喜闻乐见的形式宣传善恶报应。在统治者的提倡和推动下，在社会各阶层的积极参与下，道门外形形色色的善书也被大量制作出来，儒家、佛教、民间宗教都制作了许多善书。道教善书所宣扬的思想观念在明清小说、戏曲和民俗活动中比比皆是。在封建社会后期可以说是兴起了一场声势浩大的善书运动。通过上上下下不遗余力的宣传，道教劝善书在社会上的流行越来越广泛，甚至还流传到少数民族地区和国外。光绪二十九年（1903），江苏同乡会创办发行的《江苏》杂志第九期、第十期合刊《社说》都不得不惊呼："感应阴骘之文，惜字放生之局，遍于州县，从而充于街衢"①，可见道教善书影响之深远和广泛。明清社会上还产生了大量的放生会、慈善堂、惜字会、讲约所、宣讲堂等具体实施善书思想的地方组织和慈善机构。这些组织集资布施钱、粮、医、药、衣、被、嫁奁、棺木、茶水、施粥等，发展了明清的社会救济事业。道教善书不仅

---

① 转引自卿希泰、李刚《试论道教劝善书》，《世界宗教研究》1985年第4期。

在道德上教化世人，同时推动着文化的普及，为时人提供了娱乐活动。

第一节 道教劝善书的伦理特色

一 神圣性与世俗性的结合

宗教与道德是两种不同的意识形态。道德主要调节人与人的关系，通过善与恶、正义与非正义、公正与偏私、诚实与虚伪等价值来评价人们的行为，依靠社会舆论、信念、习俗、传统和教育等发挥其维护社会秩序的功能。宗教主要是通过宗教信仰、宗教教义、宗教戒律、宗教禁忌、宗教组织、宗教活动来影响社会。在社会生活中，宗教与道德是相互影响的。一方面，宗教把世俗道德提升为宗教的教义、信条、诫命和律法，把恪守宗教戒律作为取得神灵护佑和到达彼岸的条件。另一方面，宗教的教义、信念又以天命或道德诫命的形式影响整个社会。神灵不仅是宇宙和社会生活的创造者、维持者，也是真善美的源泉和典范，人类的一切善思善行都来源于神，衡量世间行为善恶的标准也由神制定。这实际上是将宗教教义伦理化了。

早在西周时期，"善"和"恶"、"善"和"不善"、"善人"和"恶人"等已经是基本的伦理范畴，先秦诸子对此有很多论述。①《易经·系辞》提到"善不积不足以成名，恶不积不足以灭身"。《论语·述而》说"三人行，必有我师焉。择其善者而从之，其不善者而改之"。《论语·季氏》让人"见善如不及，见不善如探汤"。《老子》第二章提出

---

① 在《说文解字》里，善与"义""美"同义。清代文字训诂学家段玉裁的《说文解字注》揭示"善""义""美"三字都从"羊"，"羊"就是"祥"的意思，所以"善""义""美"都表示"吉祥"。《说文解字》解释"恶"说："恶者，过也，从心。"段玉裁在《说文解字注》里说："人有过曰恶，人有过而人憎之，亦曰恶。"

"天下皆知美之为美，斯恶矣；皆知善之为善，斯不善矣"。(《老子》)第二十章说"善之与恶，相去几何？"(《老子》)第二十七章说"善人者不善人之师，不善人者善人之资。不贵其师，不爱惜其资"。(《老子》)第四十九章有"圣人无心，以百姓心为心。善者吾善之，不善吾亦善之"之语。(《老子》)第六十二章讲"道者，万物之奥，善人之宝，不善人之所保"，等等。这些经典都有对善恶的讨论。无论是宗教的善恶，还是世俗的善恶，其内涵随时代、民族和文化背景而不同。恩格斯曾说过："善恶观念从一个民族到另一个民族、从一个时代到另一个时代变更得这样厉害，以致它们常常是互相直接矛盾的。"[1] 善就是在人和人的关系中表现出来的对他人、对社会、对自然有益的行为，恶就是对他人、对社会、对自然有害的行为。人是社会关系的总和，在阶级社会里，统治阶级在生产关系中的统治地位决定了他们在政治生活中也居于统治地位。马克思、恩格斯说道：

> 统治阶级的思想在每一时代都是占统治地位的思想。这就是说，一个阶级是社会上占统治地位的物质力量，同时也是社会上占统治地位的精神力量。支配着物质生产资料的阶级，同时也支配着精神生产的资料，因此，那些没有精神生产资料的人的思想，一般地是受统治阶级支配的。占统治地位的思想不过是占统治地位的物质关系在观念上的表现，不过是表现为思想的占统治地位的物质关系；因而，这就是那些使某一个阶级成为统治阶级的各种关系的表现，因而这也就是这个阶级的统治的思想。[2]

在传统中国社会，其生产关系的基础是地主占有生产资料和部分占有生产者。土地是传统农耕社会主要的生产资料，传统中国以农立国，农业社会是以宗法血缘关系为根基的。分散的自然经济的农村以血缘的

---

[1] 《马克思恩格斯全集》第 20 卷，人民出版社 1971 年版，第 101 页。
[2] 《马克思恩格斯全集》第 3 卷，人民出版社 1960 年版，第 52 页。

第六章　道教劝善书的伦理特色及其影响

家庭关系为纽带连接起来。在两千年的时间里，以血缘为纽带、以农村家庭小生产为基础的社会生活和社会结构没有多大变化，宗法制度十分强大。社会的基本单元是众多的血缘家庭，这些家庭隶属于星罗棋布的家族村落，家族村落隶属于地方政府，而地方政府由中央委派官吏行使管理职权，这个结构的顶端是君临天下的皇帝。这是一个"金字塔"式的等级结构。在这个结构中，有天子、诸侯、大夫、士和庶人的差序格局。大一统的国家通过这个家庭血缘的纽带对不同等级实行统治。"三纲"是传统社会三条最基本的道德规范。在宗法社会里，一国犹如一家，皇帝是至高无上的家长。以嫡长子继承制为核心的宗法制度要求儿子服从父亲，即"孝"，把"孝"扩展到社会领域，便是"忠"。《孝经》提出"孝为百行之原"，《忠经》则宣扬"善莫大于忠"。除此之外，统治阶级还宣扬"五常"即仁、义、礼、智、信，作为处理人与人之间关系的准则；另外还有维护家庭和社会关系的"六纪"，即诸父、兄弟、族人、诸舅、师长、朋友。《三纲六纪》规定"诸舅有义，族人有序，昆弟有亲，师长有尊，朋友有旧"。"三纲""五常""六纪"就是传统社会的主要道德准则。统治阶级的道德不仅需要政权、法规来保证其实施，也需要哲学、宗教、艺术、社会舆论等来助力其践行，甚至把宗法思想宗教化，宗教也需要依附统治阶级来维护和发展。

道教产生、发展、成熟都在这个背景之下，它的伦理思想毫无疑问会打上这个社会的烙印。在魏晋南北朝时期，葛洪、寇谦之、陆修静、陶弘景等大批高道改革道教，使其能服务于社会上层阶级，从而也得到统治阶级的支持。"神仙道教同原始民间道教相比较，由于神仙道教偏向社会上层活动，保护社会上层的利益……从张陵创教开始，到魏晋南北朝为止，属于道教的创建和改造时期。这个时期的主要特点，是民间的比较原始的早期道教逐渐分化并向上层化的方向发展，使与当时农民起义相结合的民间早期道教逐步被改造、并转化为维护封建统治阶级利益的上层化的士族贵族道教。"[①]"善""恶"是道教劝善书的基本范畴。

[①] 卿希泰主编：《中国道教史·序》第1卷，第1—3页。

"在善书作者的善恶观念中,烙印着当时居于统治地位的封建道德伦理观念。"[1] 道教劝善书所提出的"善""恶"以"忠""孝"为核心内容,并不遗余力地宣传这种善,道教劝善书也因此得到统治阶级的提倡。

道教劝善书把本来属于世俗道德的一些行为规范,诸如"勿登山而网禽鸟,勿临水而毒鱼虾。勿宰耕牛,勿弃字纸,勿谋人之财产,勿妒人之技能,勿淫人之妻女,勿唆人之争讼,勿坏人之名利,勿破人之婚姻。勿因私仇使人兄弟不和,勿因小利使人父子不睦。勿倚权势而辱善良,勿恃富豪而欺穷困"[2]等纳入宗教范畴,作为道教的戒律,并以善书这种通俗化的形式向世人宣讲,为宣传道教教义服务。这就是将原本属于世俗的道德宗教化了。道教劝善书声称其道德规范来源于神,所以具有神圣性。神监督人的善恶行为,神的赏罚能敦促人们过道德的生活。"儒家的伦理纲常,主要是靠政权的力量来贯彻,而道教的伦理道德,则主要是靠神灵的威力来贯彻,因而对一般老百姓来说,在心理上的作用更大。"[3] 道教劝善书所宣扬的伦理观正是宗教道德化和道德宗教化的历史产物。

二 由他律以自律

他律指道德规范依赖外在的约束。在规范伦理学中,道德他律指人或道德主体赖以行动的标准或动机超出道德自身之外。在宗教伦理学中,道德规范的最终根据既非道德自身,又非道德主体,而是至高无上的神。人在道德领域中受制于神,并在神的监督下行动。在这个阶段,"道德所产生的力量还不是来自道德主体自身,不是道德主体自身对道德规范的认同、内心的敬畏和自由的服从,而是来自一种超乎个人之上的社会道德的压力。……这时理性对欲望的把握,还只是社会理性外在

---

[1] 刘守华:《论善书》,《口头文学与民间文化》,第133页。
[2] 《文昌帝君阴骘文注》,载胡道静等主编《藏外道书》,第12册,第402页。
[3] 卿希泰:《简论道教伦理思想的几个问题》,载陈鼓应《道家文化研究》第七辑,第24页。

第六章　道教劝善书的伦理特色及其影响

性的把握，还未升华到个人意志自由把握的境界"①。停留在他律阶段的道德规范，无论人们怎样一丝不苟地遵循，它终究受制于道德主体之外的异己力量。道德规范的他律性如果不转换为道德主体自己给自己的道德命令，就缺乏道德的主体性这个重要特点。自律指自己对自己的约束，自己把道德规范内化为个人内心的信念，是自我加之于自身的。这种向内转换的动力既来源于利益的驱使，也来源于主体对道德本身的认同，是自己对自己的命令。当道德规范转换为自律时，道德主体不再把外在的道德规范视为异己的、消极的东西，而是把它视为必须，是一种应该。道德主体只有从内心深处敬畏、认同这些道德规范，主体自身才会主动对自己的行为进行约束。

道教劝善书主要是他律，通过他律达到自律。首先，道教劝善书以外在的神的名义来推行道德教化。颁布道德规范的有太上老君、文昌帝君、关圣帝君、纯阳吕祖等神明。他们为救人于水火而颁布了诸多人应遵循的道德条规。神不仅为人制定道德规范，还督促道德规范的践行。道教劝善书里设置了众多的司命神，天上、地下、人间和人身中，白天、黑夜和一年四季都有司命在监督和记录人的功过是非。那些裁决人命运的神也会在某个日子降临人间，视察善恶。神仙们还定期集会，审判人的善恶并对人的命运作出裁决，如《天律纲纪》就说：

> 凡世人性灵不亏，死后准东狱处录清善籍。稽查一生过恶，除抵销净尽后，余善若干、功若干、德若干。查核一生性灵，涵养若干、黑污若干、良心不昧若干、欺污若干，皆汇齐各籍，录奏前来，朕定案施赏……无私无亏，各等于平。造淫孽，还淫报。福禄有积，淫中有福。造命冤，还命冤。淫孽无因，冤中清贞。庸人果报，点点不齐。果造不一，如雪如墨。雪还其白，墨还其黑。②

---

① 夏伟东：《道德本质论》，中国人民大学出版社1991年版，第117页。
② 《天律纲纪》，载胡道静等主编《藏外道书》，第28册，第945页。

为了赏善罚恶，善事可得加倍的奖励，恶行可得加倍的惩罚。"善造一条，赏还三条。恶造一条，罚还三条。"①从道德规范的制定和执行上看，道教劝善书是主张道德规范的他律性的。但道教劝善书并没把道德方面的一切都托付给神，它认为人在其中也有主动性，希望通过他律带动自律。道教劝善书不仅设定了记录人之善恶的司命，同时还有一种人自己记录是非的功过格。功过格要求人们要么自己记录平日的表现，要么在功格或过格下面画圈，要么就数随身携带在袋子里的黄黑豆，其操作非常容易，即使"愚夫愚妇"也容易实行道德自律。道教劝善书要求神的记录和人的记录要一致，即《太平经》中谈到的"天征合符"②。在道德的管理上，神和人各自持有一本账目，彼此无法隐瞒和欺骗。所以在道德管理上，道教劝善书要求人也参与其中，自己管理自己，自己把握自己的道德进步，并通过记录功过来鞭策自己积功累德。

道教劝善书的主体性还表现在它对命运的看法上。道教的主流观点认为神仙可学，葛洪、吴筠等都有专门的著述来论证这一点。道教伦理的神学目的是修炼成仙，善书就是人如何成仙的指南。虽说在天上、地下和人间有诸多的神仙，但道教里的神是为人服务的。如果你有德，神就会帮助你实现人生的目的。如果你缺德，神就会降祸于你。虽然人畏惧神的威力，但神并不要求一切行为都以他为中心。道教劝善书宣扬的是以人为中心的神学伦理，神也是为人服务的，人所做的是对自己有利的事情，神的参与是在帮助人自身。如道教正一派就用符箓召神劾鬼、驱邪镇魔。道教倡导"我命在我不在天"，认为自己可以把握自己的命运。虽然有神在冥冥之中裁决一切，但神裁决的依据却是人自己的道德行为。"天无私情亲有德，神圣岂保无德人。有德不祈神自佑，无德求神神不允。神圣若是眼见小，那还是个什么神。"③这里的神不是超越界的不可认知之存在，人们深信只要践行道德就可以获得神佑。这是可知的，是人可以掌控的。自己选择作恶还是行善决定了自己的命运。

---

① 《天律纲纪》，载胡道静等主编《藏外道书》，第28册，第945页。
② 王明编：《太平经合校》，第154页。
③ 《除欲究本》，载胡道静等主编《藏外道书》，第28册，第126页。

第六章　道教劝善书的伦理特色及其影响

"人生处处贵仁慈，济困扶危仗义施。作善休言不见好，妻贤子孝自修之。"① "富贵荣华自己修，阴功广积善根留。簪缨世代朝郎相，云阁勋名几万秋。"② 道教劝善书认为人不仅可以自己造命，还能通过积德来改变神所安排的命运。虽然人有预定的命运，但人可以通过主观努力来改变它。由此看来，一切又都在流转之中，人自己的行为在生死祸福的流转中起着关键的作用。在天地水三官中，天官是赐福的。他奉劝世人道：

> 人之一生富贵贫贱虽曰八字注定，亦在自己修为。如命中该富贵者，有钱不作德，倚财仗势、胡作非为、伤天害理、不孝父母、不敬天地、不遵王法。种种恶行，灶君每月三十日启奏上帝，削去富贵册簿，改为贫贱册簿。令其速冻饿而死，断绝后嗣。如命中该贫贱者，无钱好修身，存好心、说好话、办好事，作个好人。敬天地、礼神明、守王法、孝双亲、安分守己、贫而无怨，每月三十日灶君启奏上帝，改为富贵册中，令其受享荣华、美衣美食、子孙贵显、科第绵长。③

道教劝善书不仅宣传这个道理，它还举出许多灵验故事加以证明。《阴骘文》有"救蚁中状元之选"的典故。宋代有宋郊、宋祁两兄弟，他们都在太学，曾有胡僧为他俩相面，说小宋将大魁天下，大宋亦不失科甲。十余年后，当春试完毕，又遇见胡僧。他对大宋说："你神采顿异，好象救活过数百万生灵。"宋郊因救生灵而改变了自己的科举名次。《除欲究本》卷二记载一渠性人氏乐善好施，有割股奉亲之孝。该书记载：

> 闻其幼时坎坷，多疾厄。子平星相之家，推其命相，皆以为不寿无子。将冠卜期合卺，选择者知其事，恐负占验不善，名辞之弗与涓也。迨后其友徐姓相士，复见之，惊曰："君地阁顿宽而上兜，

---
① 《劝世归真》，载胡道静等主编《藏外道书》，第28册，第37页。
② 《劝世归真》，载胡道静等主编《藏外道书》，第28册，第40页。
③ 《劝世归真》，载胡道静等主编《藏外道书》，第28册，第92页。

此必有阴骘所致。不然，何以相貌部位顿异曩日耶"……虽有造化，人力未尝不可以挽回焉。①

诸如此类的灵验故事在善书中可谓汗牛充栋。道教劝善书认为神根据人自己的造化安排人的命运，但安排得不如意的命运又可以通过改过修善来请神重新安排。

道教劝善书不仅要求人们禁绝恶行，更强调人不要生恶念；不仅提倡外在的善行，也让人们内在地发善心，把外在的道德规范化为个人内心的道德要求，以便做到道德自律。宋明时期中国哲学出现从宇宙论向心性论的转化，儒家的"心即理"，道教的"心即道""心道合一""以心言道""心外无道"在宋代就很突出了。这点在道教劝善书中也有体现。《感应篇》讲"夫心起于善，善虽未为，而吉神已随之；或心起于恶，恶虽未为，而凶神已随之"②。所以在道德劝化时，道教劝善书对人心的善恶意念尤其注意防范。"西华帝君正心务本说"谈道："夫大道宏深，不外乎务本；天性良善，原本乎一心。心为人主，本因心立，灵心独运，道本随成。此不刊之论，亦昧道之言，独怪夫今之圜海间。"③如果在人心中去除了恶的根源，表现于外的行为自然会符合道德规范。道教劝善书在劝人行善时强调人们要培养善心。

"孚佑帝君养心说"讲道：

> 人知养身，而不知养心者，何哉？夫皮之不存，毛将安传。心之不存，身将何主。人须以身养心，莫以心养身。何谓以心养身？口之所嗜、耳之所闻、目之所视、意之所感，心不能制而反为形役，终日奔竞、陷溺罔极，此即以心养身也。何谓以身养心？五官四肢，或动或静，均听命于心，而无或乱妄，此即以身养心也。以身养心，则天君泰然、百体从合、作圣作贤、成佛成仙，均基于

---

① 《除欲究本》，载胡道静等主编《藏外道书》，第 28 册，第 136 页。
② 《太上感应篇》，载《道藏》，第 27 册，第 140 页。
③ 《照心宝鉴》，载胡道静等主编《藏外道书》，第 27 册，第 440 页。

是。以心养身,则魔障丛生、天灵尽没、乃兽乃禽……夫心之所向,可以格天地、感鬼神,亦可以酿祸乱、破世界。①

道教劝善书认为"善恶两途皆由人心自作",强调内心的道德自觉。任何外在的道德规范都只能约束人们表现于外的行为,如果不消除人们心头的恶念,就不能最终消除恶。杜绝恶的产生必须净化人心,所以道教劝善书不仅奖励善行,更奖励善心,不仅惩罚恶行,更惩罚恶念。"心不忘亲,常存敬爱,一日十功","见人才高生钦服心一功","静思人恩以图报称三功","起心害众百过或千过","父母教诲,口应心违,一事五十过","见人失意反生畅快三十过","心欲胜人,时生嫉妒十过"等。道教功过格就不仅记外在的善恶行为,心中的善恶之念也记以一定的功过,如"遇美色留连顾盼曰慕淫,一次为已过"②。善书认为修行的关键在于内心一尘不染。"孚佑帝君正人心论"说:"尽忠尽孝之要,不过一心而已。所以修善之要先在一心。心能持定,然后遇善能修,此入道之门也。"③

道教劝善书要求人们自持功过格记录善恶,要求人们从心上去恶,破心中贼,自己把握命运,它是主张由他律以自律,以他律促进自律。李刚认为,"道教所讲的作为道德主体的人,既非完全生物学意义上的,也非完全社会学意义上的,而是神化了的半人半神,他本身就是自律道德与他律道德的统一"④。但道教善书主要强调他律,由他律带动自律。

三 功利性的自我量化

功利主义伦理学是影响深远的伦理学流派,边沁(Jeremy Bentham)、威廉·葛德文(W.Gadwin)、詹姆斯·穆勒(James Mill)等人

---

① 《照心宝鉴》,载胡道静等主编《藏外道书》,第27册,第471页。
② 《十戒功过格》,载胡道静等主编《藏外道书》,第12册,第53页。
③ 《照心宝鉴》,载胡道静等主编《藏外道书》,第27册,第441页。
④ 李刚:《劝善成仙——道教生命伦理》,四川人民出版社1994年版,第224页。

对功利主义的阐述和发挥使功利主义成为伦理学中一股引人注目、十分重要的思潮。20世纪50年代以来,在牛津大学黑尔(R.M.Hare)和澳大利亚阿德莱德大学施马特(J.JC.Smart)等人的推动下,功利主义再次引起人们的兴趣。功利主义的最大特征是把功利,即以对个人或社会产生的利益、快乐和幸福作为尺度对善恶进行评价。功利即功用、效益,效益一般产生在行为之后,所以功利主义倾向于以行为的后果来评判道德。趋吉避苦、追求幸福是人的本性,道教劝善书的基础也是行善获福、作恶遭殃的功利性考虑。道教劝善书告诫大众如何通过道德的提升而趋吉避凶,提升自己和家族的社会地位,最后飞升成仙。它教给人们趋吉避苦和成仙了道的方法是过道德的生活。它认为人生所有的烦恼和痛苦源于道德的缺乏。道士们的典范是神仙、真人。他们成为神仙和真人不仅因为有特殊的修道方法,更因为他们有济急救难的道德行为。道教劝善书就是他们济人于水火的仙丹妙药,其出发点是让人们获得幸福、获得好报。如果没有对福、禄、寿等回报的期待,人们行善的动机会变弱。

另外,伦理学本身是一门兼及理论和实践的复杂的人文学科,应用性很强。为道德行为提出估算就体现了伦理学的实践特征。希腊的正义女神蒙着双眼,一手拿着天平,一手握住利剑,用天平衡量法律和善恶,用利剑维护法律、惩恶扬善。尼采在《查拉图斯特拉如是说》中,描述查拉图斯特拉做了一个梦,梦见自己站在天之涯、海之角,拿着一杆秤来称量世界上的善恶之事。[①] 道教劝善书就用了数学计算和因果链条原理,不仅从功利的角度宣扬行善作恶的不同后果,同时对这些后果进行了量的计算。为了让人们确切地知道多少善恶能带来多少奖惩、多少祸福、多少利弊,准确地计算出自己行为的功利价值和后果,道教劝善书里有专门对善恶行为进行计算的表格——道教功过格。几乎所有念头、言语和行为都能计相应数量的功过。功过积累到一定程度,个人就

---

① 参见[德]尼采《查拉图斯特拉如是说》,钱春绮译,生活·读书·新知三联书店2007年版,第216—218页的相关内容。

会得到相应的命运。道教劝善书将善恶量化并将功利的获得与善恶的造作等量齐观,有明显的功利特色。宗教一般都会有神对人的审判和裁决,但基督教的上帝如何裁决世人,末日审判的结果世人是无法预知的,道教功过格却能让人明确知道神的喜好和裁决标准。善恶的记录使人对自己的命运可以做到未卜先知。

作为宗教的道德教化书,道教劝善书认为道德规范是神的意志,实现神的意志也有功利的考量。如果按照神的意志行动,他就会恩赐幸福;如果违背他的意志,他就会实施惩罚。这种恩赐和惩罚要么加诸本人,要么加诸其后代。所以按照神的旨意行事有着利己主义的考虑。道教劝善书劝人行善远恶都是以善恶两途的行为后果来劝化的。"自然把人类置于两个至上的主人——'苦'与'乐'——的统治之下。只有它们两个才能够指出我们应当做些什么,以及决定我们将要怎样做。在它们的宝座上紧紧系着的,一边是是非的标准,一边是因果的环链。"① 自己或后代是长命百岁、富贵荣华或英年早逝、穷困潦倒都取决于自己选择善或恶,如关帝所说的"善恶两途,祸福攸分"。善书掌握了人趋吉避祸的心理,宣传个人行为之善恶引起的后果一定会兑现,"近报则在自己,远报则在儿孙"。人应谨慎从事,不要祸及后代,肩负起对未来的责任。

根据行为后果是对自己有利或对大多数人有利,功利主义又可分为利己功利主义和利他功利主义。道教劝善书把利己和利他结合了起来。在具体的道德行为中,做了有利于他人的善事,最终也是本人获利,这件善事记录在行为者自己的名下,是与人方便,自己方便。如果伤害了对方,他人好像暂时成了受害者,但这个过也记录在行为者自己名下,神最终会和行为者算总账。所以利人就是利己,害人也是害己。道教劝善书宣扬功利,希望建立一个互利互惠的社会,不以他人利益的牺牲为代价,不互伤互害,而是把利人利己统一起来。

---

① 周辅成主编:《从文艺复兴到十九世纪资产阶级哲学家政治思想家有关人道主义人性论言论选辑》,商务印书馆 1966 年版,第 582 页。

四 大众性的寓教于乐

道教劝善书是道教世俗化的产物,有浓厚的大众性。道教在明清时期快速走向民间。在这期间产生了大量的劝善书籍把道教深奥的教义通俗化,使道教继续在民间发挥道德教化的作用。从前的道书流通、传承具有相当的神秘性,没有慧根或缘分的人很难得到那些宝贵的秘籍,要了解其中的精义更是难上加难。有几人能具备修道所需的法财侣地这些条件呢?道教劝善书则揭开了道教经书的神秘性,在大众之间广泛地流传,表现出浓厚的大众色彩。

道教劝善书的教化对象涉及社会各个阶层,尤以民间百姓为众。道教的传播对象扩大了,道教的传播方式也发生了相应的转变。当时社会上曾流传着"遇上等人说性理,遇下等人说因果"。"大传统的仁义道德不仅不能符合民间升斗小民的现实世界,而且距离太远,没有实践的可能,无法促成行善的动机。劝善教化内容的通俗化,正是善书之所以出现的理由。"[1] 道教劝善书则针对当时老百姓的基础,对他们讲善恶报应的道理。善书伦理的通俗性首先表现在其主要教化对象上,即所谓的"下等人"或"愚夫愚妇"。其次是善书讲的道理通俗易懂、方法简便易行。"行善获福,作恶遭殃",谁都能明白,道教劝善书的中心思想就是"诸恶莫作、众善奉行"。另外,道教劝善书的语言多用俚语,灵验故事中的人物和事情也是老百姓非常熟悉的。最后就是道教劝善书的操作非常简便。

在现代社会,书籍、报刊、广播、电视、网络、微博、微信公众号、抖音、快手、客户端、移动传播等通常被称为大众传播媒介。从某种意义上说,善书是传统社会的大众传播媒介。它具有信息扩散迅速、广泛,传播过程公开,传播对象分属不同阶层,数量大,由专门机构通

---

[1] 朱瑞玲:《台湾民间善书的心理意涵:从传统到现代的转折》,《本土历史心理学研究》1992年第1期。

第六章 道教劝善书的伦理特色及其影响

过劝善书籍、劝善诗词、宣讲、演唱等工具和手段大规模地向社会传递信息等大众传播的特点。[1] 道教劝善书正是在中国浩如烟海的书籍、历史记载和丰富多彩的现实生活中筛选出好人好事、善人善终、恶人恶报的故事，作为创作善书的素材。大众传播有三大功能：传播信息、引导舆论和提供娱乐。道教劝善书自宋以来流传近千年时间同样发挥了这三大作用。它传播道德信息；引导舆论更是善书的主要目的；同时宣讲善书也是当时人们接受的娱乐方式。《泸县志》记载："黄公炀妻钟氏……矢志养姑……姑有所忧时，说善书以慰之。"《(泸县志》卷五《人物志·贤妇》) 宣讲善书大都由"善人"支助，宣讲善书属于免费娱乐，老百姓不需掏钱。明代小说《金瓶梅》以及明清的诸多小说都描述了时人听宣讲以娱乐的情况。大众传播媒介提供的大众娱乐节目，一般说来都具有一定的思想性和价值导向，"受众"在欣赏或参与娱乐时，也不由自主地对娱乐活动所传递的道德文化信息进行比较、评价、选择和接受。善书宣讲正是运用"寓教于乐"的原则传递道德信息，实行道德教化。道教在传播道德信息时，还把道教神灵和许许多多的公案故事加在里面，增加其道德信息的权威性和民众的接受效果。关于这点，朱瑞玲谈道：

> 著造或刊行善书是一种讯息的传播过程，因此传播者的特性是一个重要决定因素。南宋以来的著名善书，都是由知识阶级，乃至托鸾降旨的方式写进，就因为教化者的权威性会影响其教化的效果。而以民间信仰的神祇来传播劝善的道理，更是建立在民众对鬼神的敬畏上。当然单单一个神威宗教约束，并不能使芸芸众生都一概信服，在善书发刊流通之际，传播者也加入个人的亲身体验，以为佐证，使讯息的可信度提高。[2]

---

[1] "大众传播媒介不仅具有覆盖面广，渗透力强的特点，而且还具有主导舆论，创造舆论环境的特点，这一特点是通过大众传播媒介对所传播的信息的筛选和解释而体现的。"参见张琼、马尽举《道德接受论》，中国社会科学出版社 1995 年版，第 76 页。

[2] 朱瑞玲：《台湾民间善书的心理意涵：从传统到现代的转折》，《本土历史心理学研究》1992 年第 1 期。

道教劝善书的善恶标准虽然是符合统治阶级利益的,但作为宗教,道教劝善书的伦理思想也有着自己独特的理论、角度、方法和规范。道教产生于民间,道教劝善书盛行时,道教又发生了由服务上层的神仙道教回到民间的道德宗教的转变,所以其善恶观念也反映了民众的道德要求。道教劝善书的"生命力在于表现活生生的社会现实,倾吐劳动人民对遭逢不幸者的深切同情和对邪恶势力的憎恨诅咒,表达他们惩恶扬善的积极愿望"①。作为宗教道德教化书籍,道教劝善书以神的名义规定人与人的关系。它既符合统治阶级的利益,又反映民众的愿望。它宣传了统治阶级的善恶,也弘扬了民族的传统美德。

五 道德万能论的偏颇

道教劝善书把一切都归结为道德,过分夸大了道德的作用。它把国家的治乱兴衰归因于道德,把国家、民族、家庭和个人的落后、贫穷、不幸都归因于道德的缺乏。行善可以得到贤妻孝子、高官厚禄和健康长寿,可以避祸、可以治病,宣传"从来作善杜灾殃,任尔妖魔暗逞强。无用朱符与咒水,阴功广积是良方";"众病多端不一名,善能调治救仓生"②;"长生之本,惟善为基"③;"夫至忠至孝之人,既终,皆受书为地下主者,一百四十年乃得受下仙之教,授以大道,从此渐进,得补仙官,一百四十年听一试进也"④;"自古至忠至孝,至真至廉,有大功及物者,皆有所得,不同常流。尧舜周孔伊吕,昔诸圣贤,皆上擢仙职,斯所谓死而不亡者寿"⑤。人生的任何问题都可以通过道德来解决。"百福骈臻,千祥云集,岂不从阴骘中得来者哉!"⑥只要你积功累德,富贵荣华就不求而得。如果你片善不修,福禄寿喜则转瞬即逝。道教

---

① 刘守华:《口头文学与民间文化》,第135—136页。
② 《劝世归真》,载胡道静等主编《藏外道书》,第28册,第19、14页。
③ 《墉城集仙录》卷一,《道藏》,第18册,第166页。
④ 《道藏》,第20册,第586页。
⑤ 《道藏》,第23册,第680页。
⑥ 《文昌帝君阴骘文》,载胡道静等主编《藏外道书》,第12册,第402页。

第六章 道教劝善书的伦理特色及其影响

劝善书不仅夸大行善的作用,甚至夸大制作、流通和讲解善书的作用。《照心宝鉴·序》说:"将此善书刷印施送,则功德广荫于儿孙。凡求名者必显,求子者必得,求寿者必增,求财者必应。"①"古今来撰著善书、纂辑善书、刊布善书、印施善书,因而消灾度危、集福延年者纷纷不可胜数。"② 天官降乩对坛生说:"吾不假降坛,因尔等立坛劝善。吾今特来察虚实、观事体,以赐福耳。今年时症流行,凡在坛劝善者,俱不染时症。此明验也。"③

功过格对印行善书这样的善行也记以功过,如"捐资刷印善书一卷一功",而"毁谤行善等书三十过"。《天律纲纪》规定:"第一律,世人印纯良善书一部,注善百,注智慧册籍;第二律,世人刻纯良善书版一部,注善百,注智慧册籍。"

道教劝善书认为积累德比积累财更重要,说"无私无愧格天佑,胜似家藏万万金"④。司马温公说:"积金以遗子孙,子孙未必能守;积书以贻子孙,子孙未必能读。不如积阴德于冥冥之中,为子孙长久计。"⑤ 道教劝善书把一切都寄托给道德,脱离了社会现实。

道教劝善书盛行的16—18世纪,现实社会已产生了一定的新生力量,孕育着新的经济变动。在王守仁、王艮、李贽、王夫之、黄宗羲、唐甄、方以智、顾炎武等人的思想中已产生了传统社会的早期启蒙思潮。徐宏祖、宋应星、李时珍、徐光启等人的著作中闪烁着科学精神的光芒。道教劝善书对当时社会的维新变法却持否定的态度,说"今之维新学家破除迷信,所谓无鬼神之灵感,深负天地之好生也"⑥。"明清之际中国社会已经出现了近代化的契机"⑦,各种社会矛盾异常突出,

---

① 《照心宝鉴》,载胡道静等主编《藏外道书》,第27册,第421页。
② 《太上宝筏图说》,载胡道静等主编《藏外道书》,第27册,第595页。
③ 《劝世归真》,载胡道静等主编《藏外道书》,第28册,第12页。
④ 《起生丹》,载胡道静等主编《藏外道书》,第28册,第735页。
⑤ 仲瑞五堂主人:《几希录》,载袁啸波编《民间劝善书》,第335页。
⑥ 《卫济真诠》,载胡道静等主编《藏外道书》,第27册,第541页。
⑦ 李亚宁:《明清之际的科学文化与社会:十七·十八世纪中西文化关系引论》,四川大学出版社1992年版,第2页。

道教劝善书却力图维护业已衰落的社会，形成"死的拖住了活的"的局面。

马克思主义深刻揭示了道德的阶级性。"一切以往的道德论归根到底都是当时的社会经济状况的产物。而社会直到现在是在阶级对立中运动的，所以道德始终是阶级的道德；它或者为统治阶级的统治和利益辩护，或者当被压迫阶级变得足够强大时，代表被压迫者对这个统治的反抗和他们的未来利益。"[1]任何被社会广泛接受的伦理观念和道德信条都是由该社会的生产方式和统治阶级的切身利益决定的。因此全部现存的道德作用就是旨在加强统治者的权力，并使其既得利益合法化。[2]在阶级社会中，道德是指维护统治阶级利益的行为规范。它是统治阶级根据自身利益的需要而创造的精神资料，目的是使被统治者自愿地放弃自己的利益，心甘情愿地接受统治阶级的奴役。他在《德意志意识形态》中指出共产主义者决不鼓吹道德，更不把"'共产主义者'一词变成一个纯范畴"[3]。所以马克思较少从改变人性、提升道德这些精神层面思考人的解放和自由全面发展问题，而是更多地从社会结构、阶级关系、生产方式以及制度变革层面展开思考。历史唯物主义揭示了人类社会发展的一般规律，即生产力和生产关系之间、经济基础和上层建筑之间的矛盾运动推动人类社会的发展。"手推磨产生的是封建主的社会，蒸汽磨产生的是工业资本家的社会。"[4]当一个社会的生产关系不再适应生产力发展的要求时，就应变革生产关系以适应生产力的发展。"一切历史冲突都根源于生产力和交往形式之间的矛盾。"[5]人们首先必须衣食住行，然后才能从事政治、经济、艺术、宗教等活动。这是社会存在和发展的基础，也是社会变迁和政治变革的原因。马克思主义对道德的分析有助于今天对道教劝善书的反思。

---

[1] 《马克思恩格斯选集》第3卷，人民出版社1995年版，第435页。
[2] 参见张之沧《马克思的道德观解析》，《马克思主义研究》2010年第9期。
[3] 《马克思恩格斯选集》第1卷，人民出版社1995年版，第96页。
[4] 《马克思恩格斯文集》第1卷，人民出版社2009年版，第602页。
[5] 《马克思恩格斯全集》第3卷，人民出版社1960年版，第83页。

第六章 道教劝善书的伦理特色及其影响

第二节 道教劝善书的社会影响

一 道教劝善书与"圣谕"

帝王将相除为道教劝善书的传播推波助澜外,还亲自制作劝善书籍。

洪武二十年(1387)明太祖颁布《修身大诰》三篇,洪武三十年(1397)颁布《教民榜文》,其中第一条就是"六谕",即(一)孝顺父母;(二)尊敬长上;(三)和睦乡里;(四)教训子弟;(五)各安生理;(六)毋作非为。明成祖曾编辑《钦颁善书》和《为善阴骘》印行天下。《为善阴骘》十卷颁于永乐十七年(1419),成祖从各种传记中采辑,得一百六十五人,在每人的事迹后附上评论和诗歌。他列出的有叔敖埋蛇、李冰堰水、许逊升真、仲淹经济、宋郊渡蚁和苏轼惠爱等几百个劝善故事。明代后宫也制作善书,其中有永乐三年(1405)印行的《大明仁孝皇后劝善书》二十卷。这本善书的编排是在每卷卷首采录儒、释、道三教嘉言,然后讲行善获福、作恶遭殃的报应故事,《明史》对此作过记载。清代善书的兴盛与朝廷的提倡分不开。清朝皇帝自己也制作善书,如顺治九年(1652)颁布《六谕卧碑文》,分行八旗直隶各省。后来顺治又作《劝善要言》。顺治十二年(1655)制作的《劝善要言序》说:

> 古人原天垂训以教天下,正论嘉言不一而足。但文之深者或不易通,言之简者又不能尽。朕恭承天命,抚育万方。深念上之教世,劝勉为先。人之立身,为善最乐。故取诸书之要者,辑为一编名曰《劝善要言》。语不欲文,期于明理;词不厌详,期于晓众。

欲使贤愚同喻、大小共知。①

御制善书中影响最大的是康熙的《圣谕十六条》，其内容如下：

敦孝悌以重人伦；笃宗族以昭雍睦；和乡党以息争讼；重农桑以足衣食；尚节俭以惜财用；隆学校以端士习；黜异端以崇正学；讲法律以儆愚顽；明礼让以厚风俗；务本业以定民志；训子弟以禁非为；息诬告以全善良；戒窝斗以免株连；完钱粮以省催科；联保甲以弭盗贼；解仇忿以重身命。

雍正将这十六条编为《圣谕广训》。雍正二年（1724）"刊刻圣谕广训，颁布天下。……圣祖御制圣谕十六条，颁行日久，虑民间或怠。乃复寻绎其义，推衍其文，共得万言，名曰《圣谕广训》。并制序文，刊刻成编，颁行天下"（《清鉴》卷六）。康熙十一年（1672）钦颁《圣谕十六条》，下令全国各地学宫"每月朔望，令儒学教官传集该学员宣读，务令遵守。违者责令教官并地方官详革治罪"（《清朝通考·学校考》），同时规定宣讲人由各级学官担任，任者称"宣讲生"，即奉圣谕从事宣讲善书的生员。宣讲生经官方考试认可方能宣讲。此项活动后来由学宫逐渐扩大到民间，成为一项民间文化活动。学习和宣讲圣谕成为清代官员的一项政治任务。

"善书"与"圣谕"是两个性质相近但不相同的劝善形式。"善书"宗教性强，"圣谕"意为所讲内容是皇帝的旨意，政治性强。清政府原只规定每月初一、十五由各州府学宫士子及官绅举行仪式，宣读"圣谕广训"，后又扩展到向平民百姓宣讲。对老百姓讲干巴巴的"圣谕"，吸引不了他们，宣讲生一般在念完圣谕后，要讲劝善灵验故事。于是宣讲内容由枯燥的条文逐渐发展到讲唱生动的故事。据《宣讲拾遗》序记

---

① 《太上宝筏图说》，载胡道静等主编《藏外道书》，第27册，第582页。

载，潜江文人王文选"就圣谕十六条之题目，名举案证以实之"①。它每条都举有故事案例，行文散、韵相间，韵文可唱，叫作"宣"；散文口说，叫作"讲"。到晚清已有将这两者相互融通的现象，因而，在清末和中华民国时期，圣谕和善书往往被视而为一，"善书"于是亦被称为"圣谕"，在中华民国时也被称为"格言"。

说唱善书这种曲艺由于曲折的情节、生动的故事和浓厚的地方语言而深受老百姓的喜爱，甚至产生了说唱这些故事、以此谋生的善书艺人。由于宣讲者是"奉旨劝善"，所以，宣讲时只能捧书奉读、照本宣科，不准插科打诨，更不准辅以面部表情和动作表演，只能以声传情。宣讲者能否抓住听众，全凭口头语言上的功夫、声调的抑扬变化，因此难度较大。吟韵文时，得拉长音节，作带有旋律性的讴歌；述散文时，语音高低、节奏快慢须随故事情节的起伏而起伏；讲至悲恸处，眼中虽然无泪，还须听众感觉哭泣有声。好的宣讲人能做到音调高低强弱随心，喜怒哀乐入情，感人深处，使听众如痴如醉，无论男女老少，全进入"忘我"的境界。同时，善书情节曲折、结构紧密、引人入胜。否则，老百姓不可能坚持每次讲唱时听上几个小时。善书的宣传一是可化民导俗，同时也是当时人们的一种娱乐形式。郭沫若在其《自传》中曾写有一段对少年时代的回忆，从中可知民间善书的具体情况和它在老百姓中的影响。他回忆说：

> 我们乡下每每有讲"圣谕"的先生来讲些忠孝节义的善书，这些善书大抵都是民间的传说。叙述的体裁是由说白和唱口合成，很象弹词，但又不十分象弹词。……在街门口由三张方桌品字形搭成一座高台，台上点着香烛，供着一道"圣谕"的牌位。在下边的右手一张桌上放着一张靠椅，有时是两人合演的时候，便左右放一张。
>
> 讲"圣谕"的先生到了宣讲的时候了，朝衣朝冠的向着"圣

---

① 参见（清）冷德馨、庄跂仙集《宣讲拾遗》，华夏出版社 2013 年，第 1—3 页的相关内容。

谕"牌磕四个响头，再立着拖长声音念出十条"圣谕"，然后再登上座位说起书来。说法是照本宣科，十分单纯的；凡是唱口的地方总要拖长声音唱，特别是悲哀的时候要带着哭声。有的参加些金钟和鱼筒（鼓）、简板之类，以助腔调。

这种很单纯的说书在乡下人是很喜欢的一种娱乐，他们立在"圣谕"台前要听三两个钟头。讲得好的可以把人的眼泪讲出来。

在我未发蒙以前，我已经能听懂这种"圣谕"先生的善书了。（《沫若自传》第一卷《少年时代》）

民间宣讲善书的仪式受到道教的影响，是神道设教的一种形式。"圣谕"宣讲仪式及内容如下：

> 主礼：大众肃静，诸生虔诚，行者止步，语者息声。行宣讲礼。礼生就位。（礼生二人立于圣谕台前）于圣谕台前打拱迎神。恭迎：清世祖章皇帝；恭迎：清圣祖仁皇帝；恭迎：文昌帝君、武圣夫子、孚佑帝君；恭迎：三关大帝；恭迎：灵祖大帝、满天星斗会合成真；恭迎宣讲会上列位夫子。迎毕，恭读迎神诗一首：
>
> 幢幡宝盖竖虚空，圣驾迎来香案中。
>
> 渺渺仙云呈瑞彩，瑶池大帝广寒宫。
>
> 读毕，礼生复面。诸圣诸神请登讲台。礼生干拜跪位前。跪、叩首、再叩首、三叩首。上香：初上、亚上、三上，香燎全炉。献帛：初献、亚献、三献。果品盈满。献香茗：初献、亚献、三献，以茗灌池。还献已毕，享蒙降格。
>
> 恭读前清世祖章皇帝教民六训：
>
> （唱）一训孝顺父母；二训尊敬长上；三训和睦乡里；四训教训子弟；五训各安生理；六训勿作非为。
>
> 读毕，叩谢世祖章皇帝一礼，叩首。
>
> 恭读前清圣祖仁皇帝圣谕一十六条：
>
> （唱）

第一条，敦孝悌以重人伦。敦孝悌重人伦广行克教，前清帝为黎民先具一条。

第二条：笃宗族以昭雍睦。笃宗族昭雍睦永敦和好，水有源木有本同根长苗。

第三条：和乡党以息争讼。和乡党息争讼以免烦恼，须小事又何必暗用刀枪。

第四条：重农桑以足衣食。重农桑足衣食勤俭为宝，男耕田女织纺长享富豪。

第五条：尚节俭以习财用。尚节俭习财用生财有道，戒奢华省胡费家业难消。

第六条：隆学校以端士习。隆学校端士习书中读道，儒释道这三教古来高超。

第七条：黜异端以崇正学。黜异端崇正学当学正道，读书人不务正有愧贤豪。

第八条：讲法律以警愚顽。讲法律警愚顽家喻户晓，昏沉沉作反事王法难逃。

第九条：明礼让以厚风俗。明礼让厚风俗谦恭为妙，行让路耕让畔仁义相交。

第十条：务本业以定民志。务本业定民志体学正道，或士农或工商本业勿消。

第十一条：训子弟以禁非为。训子弟禁非为当学正道，当父兄早晚间务要教招。

第十二条：息诬告以全善良。息诬告全善良风享约好，当讼棍连累人没有下梢。

第十三条：戒匿逃以免株连。戒匿逃免株连清却要早，恐那时遭混世自把罪招。

第十四条：完钱粮以省催科。完钱粮省催科各事各了，若迟延不早纳定坐监牢。

第十五条：连保甲以弭盗贼。连保甲弭盗贼处处查考，请地方出号令贼匪难逃。

第十六条：解仇怨以重身命。解仇怨重身命和睦为好，一家人无烦恼快乐逍遥。

读毕，叩谢圣祖仁皇帝一礼。叩首。

圣谕读毕，神谕当宣。恭读文昌帝君警世六愿：

一愿世人崇品性，勿以浮薄欺君亲。孝悌忠信为根本，礼义廉耻天下行。

二愿世人警报应，勿以天高莫听闻。虚空纠查有神圣，如影随形甚分明。

三愿世人淡情欲，勿以美色起淫心。纵对如花似玉品，常存我祖我妹心。

四愿世人轻货利，勿以贪污败令名。儿孙自有儿孙福，一辈新人超旧人。

五愿世人绝趋竞，勿以干求媚妖精。齐家治国习品性，君子忧道不忧贫。

六愿世人须忍辱，勿以睚眦逞斗争。话到口边留半句，礼从内处让三分。

读毕谢文昌帝君一礼，叩首。恭读盖天古佛、伏魔大帝、武胜夫子八德宝词：

一曰孝。为人子在亲前不可傲慢，必须要顺亲心悦色和颜。大舜王行大孝尧帝钦美，招入朝为驸马执掌江山。谁人不孝？隋炀帝药毒父孝无半点，天降下五花棒命丧黄泉。读毕，叩谢孝字一礼。叩首。

二曰悌。弟兄们手足情长谊远，兄让弟、弟敬兄和气一团。汉孔融能让梨四岁未满，到如今谁不称古圣先贤。谁人不悌？齐桓公杀子鸩人伦大变，到后来死围墙天使其然。读毕，叩谢悌字一礼。叩首。

三曰忠。为人谋必须要忠肝义胆，食王禄报君恩理所当然。岳武穆风波亭心不改变，到如今美名儿万古流传。谁人不忠？汉王莽毒平帝松棚设宴,云台观千刀剐尸骨不全。读毕,叩谢忠字一礼。叩首。

四曰信。交朋友原讲的信实一片,而今人多有的诡计千般。羊角哀左伯桃舍命无怨,到而今美名儿留于世间。谁人不信?有庞涓害孙宾信无半点,死亡在马凌道乱箭齐穿。读毕,叩谢信字一礼。叩首。

五曰礼。行礼让普天下人人称赞,而今人哪一个君子谦谦?昔周公制礼乐伦常不乱,孔圣人删诗书教化愚顽。谁人不礼?陈琳公游株林礼无半点,呕死时有红猴来把鞋晗。读毕,叩谢礼字一礼。叩首。

六曰义。提义字不由某嘘吁长叹,而今人哪一个大义参天?关夫子在曹营秉烛待旦,为天相为古佛为圣为贤。谁人不义?陈世美抛妻儿全无义念,琅琊府受腰铡尸骨不全。读毕,叩谢义字一礼。叩首。

七曰廉。普天下哪一个一尘不染?而今人多有的不知羞惭。汉杨震畏四知得银退还,到而今美名儿万古流传。谁人不廉?老严嵩父儿们贪财无厌,父行乞子受罪天理循环。读毕,叩谢廉字一礼。叩首。

八曰耻。人生在天地间耻为正传,而今人多有的不顾耻廉。嗟来食是乞丐尚且不顾,他宁可饿死要把名传。谁人不耻?有皓待阿斗其情可厌,贪富贵卖风流羞辱祖先。读毕,叩谢廉字一礼。叩首。

八个字圣帝时常嗟叹,因世人不遵从叮咛再三。尔诸生收吾语四方普劝,吾佑尔一个绵绵。读毕,叩谢武圣帝君一礼。叩首。

恭读三元三品三关大帝水火一十二愿:

一愿风调雨顺;二愿五谷丰登;三愿皇王万岁;四愿国土清平;五愿民安物阜;六愿福寿康宁;七愿灾消祸散;八愿水火无侵;九愿聪明智慧;十愿学道志诚;十一愿诸神拥护;十二愿家家太平。

一切冤家债主，一切男女孤魂，一切昆虫蝼蚁，一切飞走兽禽、四僧六道；一切韩林来此听闻宣讲，愿亡者早早超生。

水火一十二愿读毕，叩谢三关大帝一礼。

王章圣谕读毕，诸圣诸神请回天宫，单留灵祖大帝在此威镇讲台。折去圣谕位，复立格言牌。"格言"牌也是"圣谕"牌。它们是一块牌子的两面。一面书"圣谕"二字，两边有龙形饰物，另一面书"格言"二字，没有饰物。宣讲善书时，先显"圣谕"一面，此时路过的文官要下轿，武官须下马。在民间，"善书""圣谕"和"格言"是混用的。

生等就地谢恩叩首、再叩首、三叩首。起。礼毕排班，宣讲生进位。跪、叩首，再叩首、三叩首、四叩首。起。请诸生合辑告善，请谋老师登台之拍果报，功德无量。（宣讲生打拱行礼上台。根据故事内容发格言。然后进行宣讲故事。至此，圣谕仪式即告完毕）

以上资料由原成都锦江曲艺团蒋守文先生收集，1984年5月中江艺人王丹口述，林青整理。从这些烦琐的仪式中我们可以看出道教请神降仙、颂神献香等科仪的影响。宣讲圣谕时有这么多道教神仙临场，有道教护法神镇台，其中的讲唱内容除《圣谕十六条》外，还有道教尊神的警世文，道教色彩十分浓厚。孝、悌、忠、信、礼、义、廉、耻本是世俗人伦道德，在讲"圣谕"时，也被说成"伏魔大帝"关帝的"八德宝词"，读后还说"圣帝劝诸生收吾语四方普劝，吾佑尔一个绵绵"。文昌帝君警世"二愿世人警报应，勿以天高莫听闻。虚空纠查有神圣，如影随形甚分明"，这直接来自道教劝善书。民间这类讲唱善书的活动是集政治、宗教、道德、娱乐为一体的活动。它既有帝王对百姓的教化，又有道教科仪的影子，既有儒家忠孝的内核，又借道教神仙以警世。

二　道教劝善书与道情和宝卷

道教劝善书渗透在道情和宝卷这类讲唱性纪事善书之中。道情是一种歌白相间的艺术形式，曾是礼神颂仙、俗讲道教经书和道士讲述自己修炼经历的道教艺术。《张三丰全集》中收有《道情歌》《五更道情》《九更道情》《叹出家道情》《一扫光道情》《无根树道情》《青羊宫留题道情四首》等一百多首道情。唱道情用渔鼓和简板作伴奏乐器。民间传说张果老常背着一个道情筒，倒骑毛驴，云游四方，宣唱道情，劝化世人。明清以来，随着道教进一步世俗化，与民间更深地结合，道情所唱内容更多是劝善的故事，并逐渐演变为以劝善为主的说唱艺术，道情音乐得到极大发展。道情音乐采取当地其他曲种的声腔，使道情内容更为丰富，如郑板桥的十首《道情》在清代就极负盛名。由于道情已发展为以劝善为主，唱善书成为道情的主要内容，所以今天的艺人也把道情叫善书。他们用简板和渔鼓打节奏，喜欢的听众可随意点唱他们准备好的善书唱本。唱毕，给不给钱、给多给少听人之便。直到现在，成都青羊宫、江油窦圌山等道教圣地还有艺人在唱道情。

透过明清广为流传的宝卷也可以看出道情的影响。《何文秀宝卷》讲学台何显之子文秀在全家被知府陈练杀害后，一人逃出虎口，"亏得遇善人把他释放了。他逃到苏州，以唱道情为生"[1]。"宝卷"由唐代"变文"演化而来。"所谓'变文'之变，当是指'变更'了佛经的本文而成为'俗讲'之意。""变文"最早被发现于敦煌石室。敦煌文库里有许多以"变文"为名的文卷，如《降魔变文》《舜子至孝变文》《大目乾连冥间救母变文》《维摩诘经变文》《父母恩重经变文》《地狱变文》《佛本行集经变文》《有相夫人升天变文》《武子胥变文》及《八相成道变》等。[2] "变文"是用于讲唱的，讲的部分用散文，唱的部分用韵文，讲

---

[1] 郑振铎编：《中国文学研究·佛曲叙录》，商务印书馆1928年版，下册，第18页。
[2] 参见郑振铎《中国俗文学史》，商务印书馆2010年版，第157—162页的相关内容。

唱的内容是佛教经文。有的"变文"里直接引用经文，有的依照经文发挥，讲成动人的故事以打动听者，其目的是宣扬佛教。在唐代，俗讲只限于讲说宗教经文，后来僧道为了更好地吸引信众，不断地加进了民间的内容，如民间传说、历史故事，使变文的内容发生了很大的变化。宋真宗咸平至乾兴年间（998—1022）由于僧侣们的讲唱日益离谱，受到当时士大夫们的攻击，被真宗取消。"变文"后来演变为"宝卷"、鼓词和弹词等其他俗文学形式。

"宝卷"产生于宋元之际，盛于明、清。"'宝卷'的结构，和'变文'无殊；且所讲唱的，也以因果报应及佛道的故事为主。"①宋明以后，社会政治思想和主流文化的伦理色彩越来越浓，以讲解经文为主的宝卷也转向道德教化。瞿秋白曾说："一切宣卷、说书、小唱……没有一本不是变相的所谓'善书'，宣传那些最恶劣最卑鄙可耻的中国礼教和果报观念。"②胡士莹也认为"宝卷是一种模仿佛经的经卷作品，它虽然流行在民间，宣讲范围却只限于僧宇尼庵。一般都当作劝善书看待"③。日本学者泽田瑞穗认为早期民间宗教叛逆性的宝卷发展到清代，则具有较以前更浓的伦理色彩。他说：

> 这个时期宝卷缺少教派宝卷创立教派的首唱性，取而代之的是鼓吹通俗的伦理道德，具有较强的道德化倾向。当然，这一时期具有教派色彩的宝卷并非完全没有制作，而是同佛教居士和地方乡绅的善书热合流。④

后期以劝善为主的宝卷在民间又叫"宣卷"，即宣讲宝卷，在民间十分盛行。至同治、光绪后，宝卷与善书合流。宝卷内容也以劝善为主，如《三茅宝卷》讲述三茅真君成道的故事，卷一"三茅降生"开篇

---

① 郑振铎：《中国俗文学史》，第520—521页的相关内容。
② 《瞿秋白文集》第1卷，人民出版社1985年版，第474页。
③ 胡士莹编：《弹词宝卷书目》，第2页。
④ [日]泽田瑞穗：《宝卷的系统和变迁》，车锡伦、金铭译，《曲艺讲坛》1997年第3期。

即说:"说者,《三茅宝卷》,一部劝善书。"印善书的店铺也印宝卷,如印制《立愿宝卷》《叹世宝卷》《孟姜女宝卷》《还金得子宝卷》《昧心恶报宝卷》《赵氏贤孝宝卷》等书籍的本旨即劝善,用民众喜闻乐见的形式宣传忠孝仁义。刘守文提到"善书深受道教的影响,有人把它归入道教文化范围加以研究"①。刘先生所指善书即民间这种说唱性的善书。道教劝善书为这类文学作品提供了丰富的素材。以道教为题材的纪事性善书有《二郎宝卷》《七真宝卷》《十供神仙传》《三仙宝卷》《三世因果纯阳宝卷》《三世修道黄氏宝卷》《三茅真君宝卷》《天仙圣母泰山源流宝卷》《太上三元忠孝宝卷》《仙女宝卷》《先天元始土地宝卷》《延生福寿宝卷》《何仙姑宝卷》《财神宝卷》《蓝关宝卷》《药王救苦忠孝宝卷》《吕祖度何仙姑因果卷》《灶君宝卷》《灵应泰山娘娘宝卷》等。善书作者把这些道教神仙的成道故事用宝卷的形式表现出来,成为善书艺人讲唱的内容。这些宝卷被善书艺人称为"圣卷",因为它们是宣扬行善立功而成仙得道的书籍。它们情节曲折、结构严谨、故事生动,语言具有地方特色。由于是讲唱性质的善书,既有讲的部分,也有唱的部分,讲和唱散韵结合,唱的部分用了单、平、挂、十等曲调。

除以"高台教化"形式讲唱善书外,还有演唱者手捧香盘,沿街走唱的。他们缓步街头,以碰铃为号,遇有欣赏者,即应召就座,让来人翻阅香盘中的善书唱本点唱。沿街走唱的其中还有乞丐,他们也以此作为行乞的手段。《跻春台》中的"香莲配"提到:

> 香远幼时丧父,母亲又因病成了瞎子,香远无奈只得讨口奉母。其母久病,心中嘈杂,若无油荤,遂站不稳,思吃酒肉,无人打发,香远办之不来,时常仰天痛哭。见一老丐所得酒肉极多,香远问故不答,便与拜门,垦祈指示。老丐曰:"如今乞食专讨不行,要兼唱歌人才喜欢,又可劝人,故能得酒食。"于是教他一些劝世文,与他制副《莲花闹》。香远聪明,一教便会,乃上街叫化。

---

① 刘守华:《口头文学与民间文化》,第133页。

他声音又好，人肯打发，日得酒肉极多，香远不胜欢喜，越唱得高兴。①

道教劝善书除直接提供劝善成仙、行善立功的神仙宝卷外，其影响还表现在对以民间传说为题材的宝卷中的有些故事情节作道教化的改写。《化蝶》本是家喻户晓的民间故事，一般讲到梁山伯在祝英台坟前死去，两人化为蝴蝶就告完毕。但在宝卷《柳荫记》中，梁山伯气绝身亡后，马文才、祝英台和梁山伯三人的灵魂被带到地狱。经过三朝对案，方知马文才前世为女，有负于前世为男的祝英台，所以今生受到祝英台报复。地狱狱吏再核对生死簿，发现马文才还有二十年阳寿，于是被阎王遣回人间，叫他专做善事。梁山伯的尸体被太白金星看到，见他尸身还有热气，于是将其尸首带到江边，被路过的考官救起。在这位考官的培养下，梁山伯后来成为武状元。祝英台的灵魂则遇到黎山老母收留。黎山老母掐指一算，知道梁祝今生还有见面的机会。于是在朝廷派梁山伯征乱时，遣祝英台在朝阳观做压寨夫人。梁祝二人几经回合，有似曾相识之感。梁山伯被祝英台擒住带进山寨，经过盘问才知梁是祝英台一直在等待的情人。最后祝英台受招安，由皇帝赐婚许配梁山伯，有情人终成眷属。对梁祝故事的这种改变极富道教劝善书所宣扬的善恶报应色彩。

三　道教劝善书与儒、佛善书的融合

儒家善书主要指明清儒生及官绅所撰集、印行的劝善书，其中官绅功过格受道教影响甚深。

1.官绅功过格与明清江南社会

科举开辟了基层社会读书人出仕、跻身于上层社会的道路。"这不仅使知识分子的思想、信仰从根本上保持着高度的统一（按取士标准、

---

①　（清）刘省三：《跻春台》，上海古籍出版社1994年版，第1077—1078页。

第六章 道教劝善书的伦理特色及其影响

传统思想铸造出来的统一），而且造就了一个乡绅阶层，他们进则为官，退则为绅。"①这部分人尤其是后者在明清之际起着十分特殊的作用。费正清说："旧中国官吏以士绅家庭为收捐征税的媒介。同样，士绅也给农民做中间人，他们在执行官吏压迫农民的任务时，也能减轻些官员的压迫。地方官吏在应付水灾、饥荒或早期叛乱以及众多的次要案件和公共建筑工程时，都要靠士绅的帮助。他们是平民大众与官方之间的缓冲阶层。""这是地方官吏的统治基础。没有这个基础，官府很难有所作为。"②为了维护地方安定、改善时弊，这些人士要么成立"乡约"，让入约之人互相监督；要么组织劝善团体，互相勉励，如高攀龙等人发起组织了劝善性质的同善会。他在同善会的聚会上说：

> 这同善会今日是第十四次了，会友有百余人。人人皆出自心、自愿，可见善是人的本心，为善是人的本分事，如著衣吃饭，人人喜欢做的。从此，岁月日久，凡在同善会中人，看得一县中老者、贫者、病者、死而无葬者，真如一家之人痛痒相关、有无相济。……凡在会中受施之人，自然思量这个银钱是善会中来的，岂可在不善处用，皆当兴起善心。为子弟者，愈思孝亲敬长；为父兄者愈思教子训孙；各思勤俭生理；各戒非为浪费，这等方是同善之意。所助虽微，所劝甚大，不虚了此会。③

明清官绅除组织乡约、同善会之类互相勉励行善的组织外，还大量撰著善书，这也是他们改善地方风气、发挥乡绅职能的举措之一。颜茂猷所著善书《迪吉录》说："乡绅，国之望也，家居而为善，可以感郡县，可以风州里，可以培后进，其为功化比士人百倍。"金石成在所著《乡绅约》中指出：

---

① 张研：《清代族田与基层社会结构》，中国人民大学出版社1991年版，第265页。
② [美]费正清：《美国与中国》，商务印书馆1987年版，第29、83页。
③ （明）高攀龙撰：《高子遗书》卷十二，载（清）纪昀等编《景印文渊阁四库全书》，第1292册，第720页。

> 所以道达民间利弊这个担子，专是乡绅的责任……世上好事，那官长也只做得一半，那一半还要乡绅出来做圆满。地方上慈善救济事业，如修桥补路、施粥济荒、开局施药等费钱的功德，除了乡绅，谁人能行？①

在江苏、浙江、福建等经济发达地区的士人撰著善书尤多，影响较大的有颜茂猷（福建平和）的《迪吉录》、陈智锡（江苏常州）的《劝戒全书》，还有江苏昆山人周梦颜著的《欲海回狂》《远色篇》以及黄正元纂辑的《欲海慈航》等。在道教功过格和《了凡四训》的影响下，乡绅士人也制作了大量的功过格，如《当官功过格》《不费钱功德例》《文昌帝君惜字功罪律》《戒淫功过格》之类，以及胡振安分类整理的《汇编功过格》，还有《汇纂功过格》和《广功过格新编》等功过格的合编本。参加善书制作的有高级官员、乡绅、复社成员或未中举的士子。

官绅功过格采用了道教记录功过的形式，也接受了道教记录功过的功利思想。道教的功过记录建立在报应的基础上。儒家提倡的善本应不以功利为目的，主张君子取义而不取利，但官绅所著功过格却有利益的驱动。他们说："惟中人之翼福而为善，避祸而不敢为不善，天遂得以此鼓舞天下之人。……天下之中人最众，则天下之权其得行于天下之人者亦众。"（《汇纂功过格·功过格绪言》，《王石和福善论》卷五《修身格·货财》）这些善书也劝诱人们为某种目的而行善。当时读书人为功名利禄而积累善行非常普遍，乃至遭到时人的批评："今人行善事都要望报，甚至有千善报千、万善报万之说。颛为村婆野老而设。读书人要晓得，只做自家事，行善乃本等，非以责报。"② 这是提醒士人为善本身而行善，不要为功利而行善。这些功过格中的内容也有受道教劝善思想影响的，如《汇纂功过格》谈到财产时说："财利等物，世间公共，厚非一己所得而有。"纪大奎在《敬义堂家训》中写道："五金货财原是天

---

① （清）石金成撰集，阎明逊等点校：《传家宝》，天津社会科学出版社1992年版，第776页。
② （明）朱国祯：《明代笔记小说大观·涌幢小品》，上海古籍出版社2005年版，第3339页。

第六章 道教劝善书的伦理特色及其影响

地所生,天地所宝。……暴殄者固受天诛,厚藏者亦遭鬼瞰。"早期道书《太平经》就提出过财物是天地中和之物,说"财物乃天地中和所有,以共养人也"①,不能积财而不分人。上面这种观点继承了道教的财产观。

尽管官绅善书吸取了道教功过格的形式和部分内容,官绅善书与道教劝善书还是有明显的不同。首先,在明末清初的儒家善书中,因果报应被改造为有儒家气息的、没有神参与的报应思想。明代东林党人高攀龙主张行善是为了一个社区而不是单纯为了个人。人们善恶行为的感应不是神与人的感应,而是一种气的感应。高攀龙在同善会的讲话中说明了地方善团的作用和儒家的感应论,他说:

> 我等同县之人,若是人人肯向善,人人肯依着高皇帝六言:孝顺父母,尊敬长上,和睦乡里,教训子孙,各安生理,毋作非为,如此便成了极好的风俗。家家良善,人人良善。这一县一团和气,便感召得天地一团和气。当雨便雨、当晴便晴、时和年丰、家给人足,岂不人人享太平之福。若是人心不好,见识歪邪,见个善人便叫他是没用的滞货,见个恶人便叫他是有本事的好汉,看这六句谚语是吃不得、著不得、用不得的古话,一味凭着自己的意力,一切非为要做便做。一人作歹,十人看样,便成了极不好的风俗。这一团恶气便感召得天地一团恶气,雨阳不时、五谷不登、人民疾病、疫疠交作、兵火盗贼出于意外。不知者皆谓气数当然。不知气数是人风俗积渐成的。(《高子遗书》卷十二)

包筠雅对此评论说:

> 这些人接受的是自然报应:个人任何时候的行动和思想,都会导致"精神"或气的运动,并自然地推动或影响他周围的气。……

---

① 王明编:《太平经合校》,第247页。

上天就是这样自然地"感应"人的行动，不依赖神灵的参与。虚假的善行不可能被一个粗心大意的或腐败的官僚天神错误地施以报应。这种"无神"的报应是自动的和完全客观的。个人私利被劝阻，因为这种体系并不总是给善人以物质回报。在形成了气的良性运行的社区，会产生共同富裕。这样的报应强调个人道德对一个地区负责：因为个人不可能希望立即得到善报。他做的善事只能希望善气回到他居住的社区，为这个世界带来秩序。①

儒家善书中还体现出对封建等级制的维护。他们解释等级的不同是因人气秉不同，只有做好分内事才能在下辈子或下下辈子改变自己的身份。在道德沦丧、社会急剧动荡的时候，善书作者试图通过善书提供一种合理性解释，宣扬个人在自己所处的社会地位上尽职尽责。此时的功过格为不同阶层的人规定了与其身份等级相应的行为模式，他们希望每个人都安分听命以维持社会的秩序。清代的乡绅善书可以说是他们表达的社会理想，即维持现存等级，这就需要善待下人以防其反，多做善事以防自己因报应而向下流动。《不费钱功德例》把人分为官长、乡绅、士人、农家、百工、商贾、医家、公门中人、妇人、士卒、僧道、婢仆工役、大众十三类。每一类人都有相应的行为规范，为社会提供特殊的服务。官长则忠君为国、惠恤苍生；乡绅则倡行善事，正己化俗；士人则遇上智讲性理学，见愚人说因果书；农家则耕作以时，照顾虫蚁；百工应成物坚实，不轻费人材料；商贾不卖假货，出入不用轻重等秤；医家遇急病，请到即行，诊脉不轻率；公门中人不应唆人兴讼，不无中生有索诈，不拔制官长生事；妇人孝敬翁姑，不撺分家；士卒忠国卫民，谨守法令；僧道谨守清规，严持戒律；婢仆不因打骂妄生咒诅，不因主贫懦侮慢，不因衣食不敷萌二心，不克落钱财；大众孝顺父母，不坏妇女贞节，敬惜字纸，不毁禽兽巢穴。如果各阶层的人都能各司其职、各

---

① Cynthia J. Brokaw, *The Ledgers of Merit and Demerit, Social Change and Moral Order in Late Imperial China*, Princeton University Press, 1991, p.238.

尽其责，天下就会太平。他们希望人们安分守己，各自做好自己的分内事。在主佃、主雇、主奴间尊卑贵贱关系可能发生变化的传统社会晚期，官绅们企图通过功过格为各等级提供行为模式来保证个人的既得利益。功过格告诫乡绅不要压迫佃仆，体恤下人，"厚给衣食，一日一功"，"善遣一婢妾，慎为择配，三十功"，"无故毒骂，一次一过"（《文昌帝君功过格》）；"身居乡绅，严戒子弟仆从，勿失礼乡党，不犯诸恶习，百功"（《居官功过格》）。这些功过格也要求佃仆不能仗主人之势欺压其他平民，应效忠主人。儒家功过格作者们宣称使用这些功过格不仅能取得科举考试的成功，还能治疗疾病、获得长寿、躲过自然灾害等。在政府不能对地方实施有效统治的时期和区域，地方士绅担负起了维持地方稳定的责任。他们制作的功过格就是宣扬他们的理想社会，用因果报应的诱惑和威胁来保证以上行为的实施。"晚明以来，社会领导层（elite）以功过格一类善书作为安身立命的行动指南，提倡道德实践，主张社会救济。"①

2.《了凡四训》与道教劝善书

明代士人善书中，最值得一提的是袁黄的《了凡四训》，其中也渗透着大量的道教劝善书的思想。袁黄是明代浙江人，字坤仪，号了凡，万历十四年（1586）进士，初任宝坻知县，有善政，后升兵部主事。在他所著善书中，最有名的是《了凡四训》。该文又名《了凡训子书》《训子言》《戒子文》《阴骘录》和《命铨》等。这是袁黄晚年为劝化儿子而写的善书，其中的"四训"是"立命之学""改过之法""积善之方"和"谦德之效"。《了凡四训》在善书中影响相当大，在功过格的推广中起了重要的作用，时人评价道："袁黄功过格，竟为近世士人之圣书"（张履祥，《杨元先生全集·与何商隐》卷五）；"了凡既殁百有余年，而功过格盛行于世，世之欲善者，虑无不知效法了凡"（彭绍升，《居士传》四五）。

《了凡四训》深受道教劝善书的影响。袁黄在训导儿子时，把说理

---

① 游子安：《明末清初功过格的盛行及善书所反映的江南社会》，《中国史研究》1997年第4期。

与纪事结合起来。在《立命篇》中袁黄讲了自己的身世。他自幼丧父，曾放弃举业而从医，后遇到一位用《皇极数正传》看相算命的孔姓占卜者，说袁黄应事举业，并准确地预测了他的成绩及排名，这位算命先生还告诉袁黄他命里无子嗣。后来发生的一切与相士的占卜完全一致，袁黄于是成为相信"生死有命、富贵在天"的宿命论者。他说："余因此益信进退有命，迟速有时，淡然无求矣。"后来袁黄在栖霞山遇到云谷禅师点化，告诉他通过积善可以做到"命由我作，福自己求"。袁黄于是从行持功过格开始，积累自己的善行。他说："余置空格一册，名曰《治心篇》。晨起坐堂，家人携付门役，置案上，所行善恶纤悉必记；夜则设桌于庭，效赵阅道焚香告帝。"他的妻子也行持功过格，帮他积累善行。他告诉儿子道："余行一事，随以笔记。汝母不能书，每行一事，辄用鹅毛笔管印一朱圈于历日之上。或施食贫人，或买放生命，一日有多至十余圈者。"① 他发誓行三千善事以求子。三千善满后，生下儿子天启。为了中进士，又许愿行善事一万件，后果登第，任宝坻知县。袁黄通过行持功过格累积善行而改变命里无子、无功名的经历，实现了从宿命论向立命论的转变。在《立命篇》中，道教劝善书宣扬的积善能改变命运的思想和道教推行功过格来督促自己的道德提升影响了袁黄。在《改过之法》中，也可以看到道教善书对袁黄的影响。他说：

> 但改过者，第一要发耻心。思古之圣贤，与我同为丈夫，彼何以百世可师，我何以一身瓦裂……第二要发畏心。天地在上，鬼神难欺。吾虽过在隐微，而天地鬼神实鉴临之，重则降之百殃，轻则损其现福，吾何可以不惧？……顾发愿改过，明须良朋提醒，幽须鬼神证明，一心忏悔，昼夜不懈，经一七、二七以至一月、二月、三月，必有效验。②

---

① （明）袁黄：《了凡四训》，载袁啸波编《民间劝善书》，第14页。
② （明）袁黄：《了凡四训》，载袁啸波编《民间劝善书》，第15、17页。

第六章 道教劝善书的伦理特色及其影响

这里面有道教劝善书宣扬的司过之神监督、记录世人行为的影响。在《积善之方》中，袁黄列举行善获报灵验故事十个，这些故事也浸透着道教劝善书宣扬的阴骘、阴功和阴德的思想。他对此解释道：

> 何谓阴阳？凡为善而人知之，则为阳善；为善而人不知，则为阴德。阴德天报之，阳善享世名。名亦福也。名者，造物所忌。世之享盛名而实不副者，多有奇祸。人之无过咎而横被恶名者，子孙往往骤发。阴阳之际微矣哉！①

船家杨少师的曾祖在一次洪水中，不像其他人那样专捞财物，而只顾救人。后有神人化为道者对他说道："汝祖父有阴功，子孙当贵显。宜葬某地。遂依其所指而窆之，即今之白兔坟也。后生少师，弱冠登第，位至三公，加曾祖、祖父如其官。子孙贵盛，至今尚多闲者。"② 在《谦德之效》中，袁黄讲江阴张畏岩因考试不中而大骂试官，后遇道者对他说：

> "造命者天，立命者我。力行善事，广积阴德，何福不可求哉？"张曰："我贫士，何能为？"道者曰："善事阴功，皆由心造。常存此心，功德无量。且如谦虚一节，并不费钱。你如何不自反而骂试官乎？"张由此折节自持，善日加修，德日加厚。丁酉，梦至一高房，得《试录》一册，中多缺行，问旁人曰："此今《科试录》。"问何多缺名，曰："科第阴间三年一考较，须积德无咎者方有名。如前所缺，皆系旧该中式，因新有薄行而去之者也。"后指一行云："汝三年来，持身颇慎，或当补此。幸自爱！是科果中一百五名。"

---

① （明）袁黄：《了凡四训》，载袁啸波编《民间劝善书》，第22页。
② （明）袁黄：《了凡四训》，载袁啸波编《民间劝善书》，第18页。

袁黄于是总结道:"由此观之,举头三尺,决有神明,趋吉避凶,断然由我。须使我存心制行,毫不得罪于天地鬼神,而虚心屈己,使天地鬼神时时怜我,方有受福之基。"①

这些劝导都渗透着道教劝善书的影响。袁黄的其他善书如《功过格》《祈嗣真诠》《广生篇》等也受到道教影响。"他通过修道,首先接受了道教的信仰,其次是沉迷于佛教信仰。经过三教兼修之路,建立了所谓的立命之学。由于进入了道教、佛教信仰之途而舍弃家学,致力于举业。他通过自身的修道过程,产生了三教合一的宗教实践。……影响他的道教,是从儒教中采用易理的金丹派的道教。"其所著《祈嗣真诠》之《聚精第三》"是依据道教房中术的医方解释。《养气第四》中的胎息之法,其解释合乎一般人的说法。《存气第五》中,引用了以'聚精在于养气,养气在于存神'为开头的符箓家的说法"。②

士绅所著这些善书与道教劝善书的最终目的成仙不同,他们大都以考取科举功名为目的。他们举出的灵验故事几乎全是某人行善后,要么梦见神提供考题,或神在考官耳边耳语某人做过某善事而改变名次之类的考取功名的灵验故事。

立命论的提出反映了明清之际社会的流动,尤其是人们向上的流动,在积善的基础上是可以实现的。袁黄的《了凡四训》不假神的名义来写,其中也没有道教劝善书中那样庞大的、监督人之善恶的神仙谱系。道教劝善书讲的报应是通过数次转世,最后由神仙裁决命运。袁黄提出人自己在今生今世主宰自己的命运。这里的关键词是立命,即人自己主宰命运,而不是神的报应。虽然《了凡四训》的基础仍然是善恶报应,但作者提出的报应是现世的、功利的和物质性的,是科举考试的通过、随着道德进步而得到的社会地位的提升、荣华富贵的获得。《感应篇》谈到的报应是成仙。在袁黄这里,积善不再是神对人行善的奖励和作恶的惩罚,而是人掌握自己命运的方法。袁黄鼓励人们通过个人的道

---

① (明)袁黄:《了凡四训》,载袁啸波编《民间劝善书》,第29页。
② [日]酒井忠夫:《中国善书研究》,刘岳兵等译,江苏人民出版社2010年版,第323—324页。

德修养实现向上的社会流动。早期功过格中的报应主要是威胁性和惩罚性的，大部分内容在于提醒世人，神对罪恶行为的惩罚多么严厉，而不是着重宣扬好人得到什么让人羡慕的好报。袁黄的功过格则更强调正确行为在物质上和社会地位上的回报。人们不需要等到死后再得到报应，他们在今生今世就可以希望科举成功、子孙昌盛、享受荣华富贵。

3. 积善获福与社会救济

积善的思想深入明清官绅之中，他们也相信善恶报应和积阴德获福报。清代江苏彭氏家族就是一例。彭定求是彭氏第十世，自他以下至第十五世蕴章祖孙六代都十分显贵。据邓逸梅统计，清代二百六十年科甲中，彭家出了两个会元、状元（彭定求、启丰祖孙会状），一个探花（定求族弟宁求），另有十四名进士、三十一名举人、七名副榜，附贡生一百三十余名①，故彭家被称为三吴望族。时人多认为彭氏家族的兴旺与其家世奉道教劝善书和资助善书事业有关，《啸亭杂录》记载道：

> 余素恶扶乩之事，以为假鬼神以惑众，为王者所必诛，故律置之重典，良有以也。然姑苏彭氏素设文昌神乩坛，南先生以孝友称，其孙大司马公复中元魁，祖孙状元，世所希见……科目之盛，为当代之冠，岂真获梓潼之佑耶？②

这个家族的确世代信奉善书，或诵读道教劝善书，或注释善书，或撰写劝孝、惜字纸、戒杀放生、戒溺女等劝善文书。定求早在十一岁时父亲授《太上感应篇》，即知敬重。端拱持念日有常，即知反躬自警省。定求还用这类书籍教育孩子和学生，"予教徒与教子无异"。……当亲写感应、阴骘、觉世、劝孝、敬字、遏欲、放生等文，案头各置一本，题其签曰《元宰必读书》。每晨令读一遍，及《朱子小学》、《汇纂功过格》二书，不厌详说，以长其良心。③

---

① 参见李嘉球《苏州状元》，上海社会科学院出版社1993年版，第240页。
② （清）昭梿：《啸亭续录》，上海古籍出版社2012年版，第315页。
③ 《二十二史感应录》，载王云五等编《丛书集成初编》，商务印书馆1939年版，2689册。

他在家修建文昌阁，举家祭祀文昌帝君。康熙十三年（1674）帝君降乩于其家，有训文三篇、《心忏》一部。①彭绍升重订了善书《活阎罗断案》《关圣帝君全书》，著《闲家类纂》。彭希涑辑《二十二史感应录》，把二十二史当作善恶报应书籍。他在自序中说："《太上感应篇》载善恶条类綦详，其旨余闲，择其善恶事迹，果报最著者，得一百八十余条，编为二卷。"彭蕴章作《劝止溺女文》《育婴三善说》《戒斗示》等劝世文。彭氏家族还为几十本善书写序，印施善书更是不计其数。他们几代人还实施了善书中提出的许多义举，把这些善事付诸实际，如设放生会、素食会、施棺局、购置义田等，真正做到了"积善之家"。这种观点正是道教劝善书宣扬的积阴骘的诸多益处。

通过善书的大力宣传，明清时期的基层社会也开展了济急救难的慈善活动。十八、十九世纪的救荒组织、长江中下游的育婴堂、江浙地区民间慈善活动、收容鳏寡的机构等社会救济事业进行得有声有色。在民间流传的善书中，就一直在传播"善有善报，恶有恶报"，凭借行善以赎罪，甚至行善可以成神的观念。这些是明清士人积极参与各种社会救济活动的基本心理和文化动力②。《玉历钞传》提到"富不怜老恤贫"，"见人有病，家藏药食，吝不付给"，"将养媳卖与他人为妻妾，任妻溺女"，"人间偶有荒歉之处，失食倒毙，且尚未气绝者，乃割其肉以作馒头糕饼之馅，而卖与人食"等是极大的罪过，育婴堂的设立就因为买童养媳和溺杀女婴的现象。宋光宇记录了中华民国熊希龄的慈善活动，他说：

> 曾出任过国务总理的熊希龄，他离开政坛之后，全心投入社会救济事业，在北京香山静宜园创办"香山慈幼院"，收容孤儿最多时有一千六百多人。民国十二年，熊希龄与道院人士徐世光（徐世昌总统的弟弟）等共组世界红十字会，统合中国人的慈善救济力

---

① 参见游子安《论清代江苏长洲彭氏家学、善书与善举》，《大陆杂志》第九十一卷第一期。
② 参见宋光宇《宗教与社会》，台北：东大图书公司1995年版，第27页。

量，在军阀混战、江西剿共、日本侵略等大大小小战役中，救济伤患，抚辑流亡，掩埋尸体，并在各地成立孤儿院、恤嫠院（收容寡妇）、残障院、贫民工厂和学校，成为可以匹敌世界红十字会的纯中国人组成的慈善组织。民国二十六年，熊希龄病逝香港。道院人士透过扶乩的办法，宣示上天封熊希龄为"蕴基真人"。①

由于熊希龄积功累德的善行，他最终成了道教的真人，实现了积善成仙的目标。

4.道教劝善书对佛教善书的影响

佛教善书的大量出现也受到道教劝善书的影响。明末四大高僧之一的袾宏于万历三十二年（1604）作《自知录》。他在序中说：

> 予少时，见《太微仙君功过格》而大悦，旋梓以施。已而出俗行脚，匍匐于参请；暨归隐深谷，方事禅思，遂无暇及此。今老矣，复得诸乱帙中，悦犹故也。乃稍为删定，更增其未备，而重梓焉……先民有云："人苦不自知。"唯知其恶，则惧而戢；知其善，则喜而益自勉。不知则任情肆志，沦胥于禽兽，而亦莫觉其禽兽也。兹运心举笔，灵台难欺；邪正淑慝，炯乎若明镜之鉴形。不师而严，不友而诤，不赏罚而劝惩，不蓍龟而趣避，不天堂地狱而升沉，驯而致之，其于道也何有？因易其名曰《自知录》。②

这段序清楚地记录了高僧袾宏写作该文的来由和原因，其体裁和内容与《太微仙君功过格》大同小异。《自知录》把"功格"和"过律"改为善门和过门，正如袾宏自己所说："旧有天尊真人、神君等，今摄入诸天。旧有章奏、符箓、斋醮等，今摄入佛事。各随所宗，无相碍故。该善若干，该过若干，与旧稍有增减，只是小异大同故。"

---

① 宋光宇：《宗教与社会》，第30页。
② 《自知录》，载袁啸波编《民间劝善书》，第182页。

《自知录》的善门分"忠孝类",如"事父母致敬尽孝,一日为一善","事君王竭忠效力,一日为一善"。"仁慈类",如"救重疾一人为十善,轻疾一人为五善","平治道路险阻泥淖,所费百钱为一善。开掘义井,修建凉亭,造桥梁、渡船等,俱同论。若受贿者非善"。"三宝功德类",如"礼拜大乘经典,五十拜为一善","施香烛、灯油等物供三宝,所费百钱为一善"。"杂善类",如"借人财物,如期而还,不过时日者为一善","引过归己,推善与人,一事为二善"。过门与善门的规定相反,有"不忠孝类",如"不敬养祖父母、继母,一事为一过"。"不仁慈类",如"咒祷厌咀,害人一命为百过,不死而病为五十过","父母溺初生子女,一命为五十过。堕胎为二十过"等。"三宝罪业类",如"诵经差一字为一过,漏一字为一过,心中杂想为五过,想恶事为十过,外语杂事为五过,语善事为一过,起身迎待宾客为二过。王臣来者非过。不依式苟且诵为五过,诵时发嗔为十过,骂人为二十过,打人为三十过。写疏差漏者同论"等。"杂不善类",如"出损德之言,一言为十过","贩卖屠刀、渔网等物,所费百钱为一过"等。

"善书,谓劝善之书,原是在道教信仰的基础上,融合三教之说,阐述诸恶莫作、诸善奉行的。受《太上感应篇》的启发,明代袁了凡著《阴骘录》,释袾宏加以改编,撰成《自知录》,成为以佛教为主体的劝善书。"①《自知录》这本佛教劝善书从形式到内容都深受道教劝善书《太微仙君功过格》的影响,可谓道教劝善书的佛教版本。

四 民间扶乩善书的道教色彩

劝善惩恶成为明清一大社会思潮,几乎社会各阶层都参与进来。除皇帝制作圣谕、官绅制作行为标准功过格和民间艺人讲唱善书外,在民间社会还产生了专门用扶乩方式制作善书的善坛,又叫鸾堂或善堂,是劝善济世思想的实体化组织。这些鸾堂扶乩出来的善书从内容

---

① 任继愈总主编,杜继文主编:《佛教史》,凤凰出版传媒集团2006年版,第440页。

第六章 道教劝善书的伦理特色及其影响

到形式都极大地受到了道教劝善书的影响。首先，这些鸾堂的善书都是圣贤仙佛的降笔。依托神的名义制作善书的做法继承了道教假托神仙制作善书的传统，许多道经也是通过扶乩而产生的。通过扶乩方式制作的善书，道教色彩很浓。这些书大量宣传善恶报应，对参加扶乩制作善书的人来说，他们能得到的最高奖赏也是成为神仙，位列仙班。这样的善坛与道教有着千丝万缕的联系，也有学者认为这类善坛属于道教。

在善坛中降笔的三教圣人以道教神灵为最多，如孚佑帝君、关圣帝君、城隍神、刘海蟾、瑶池圣母、东岳大帝、西华帝君、宏教真君、社令大仙、重阳帝君、碧霞元君等。上至玉帝、下至城隍都在劝善抢险，想尽千方百计力挽狂澜。宏教真君说："河沙木笔作躬耕，挽传人心渡世情。万种良言宣教化，一团热念劝民生。"孚佑帝君讲道："飞鸾渡遍界三千，不论寒天与暑天。宣教永朝复永夕，劝人经月又经年。伦常道德应遵守，心性功夫莫用偏。四海升平劫运免，纯阳方觉乐安然。"① 他有诗诉说劝化之辛苦："飘然驾鹤落仙坛，底事人情教化难。垂训每会呕血唾，飞鸾早已吐心肝。""醉睡昏沉养性天，徒儿报道敕符传。忙催鹤引如飞电，劝善坛前会众仙。"② 从明清的扶乩善书中看到一幅神仙忙碌劝人为善的景象。

这类善书以诗歌为主，有单个神降的诗，也有几个神仙一起降的诗，如八仙联环诗、群仙度世诗、四值功曹联诗等，诗文一般不长。在这些劝善集子里，还有神仙降笔的专题劝世文，如鬼谷仙师劝戒洋烟歌、西华帝君正心务本说、东狱大帝天地无私说、孚佑帝君解迷信赋、孚佑帝君崇正教以敦行论、孚佑帝君端人心以正风俗论、孚佑帝君治家十则、元皇帝君敬字说、元皇帝君赌博十害等。这类善书中还有神仙降的药方，这在《起生丹》中保留最多，其中有治疗各种疑难杂症和应急用的方子，儿童、妇女等专科用的药方，以及保胎、节欲等养生方。提

---

① 《起生丹》，载胡道静等主编《藏外道书》，第28册，第706—708页。
② 《劝世归真》，载胡道静等主编《藏外道书》，第28册，第11页。

供这些实用的医疗保健常识体现了神仙治人身心疾病的济世情怀。他们还认为人类已经进入一个危险的阶段，这期间人们不仅有生理性疾病，也有道德亏欠的疾病，于是开出许多治疗道德沦陷的处方，如文昌帝君就传了治人心病的良方：

> 忠直一块，孝顺十分，仁义广用，信行全要，道理三分，阴骘多加，好肝肠一条，慈悲心一片，温柔四两，仔细十分，公道全用，和气一团，小心一个，忍耐十分，恩惠多施，方便不拘多少，安分一钱，老实一个。以上十八味药，宽心锅内炒，不要焦、去火性；平等盆内研碎，三思罗兜筛过，波罗密为丸，如菩提子大。每日不拘时服用，和气汤送下。切忌背理、两头蛇、暗中箭、笑里刀、肚内毒、平地风波。只此六件，务须要勤戒。人若难寻此药材，汝心桥下肚家开，不用银钱拿去买，回心铺内觅将来。此方专治男女不忠不孝、不仁不义、不恭不敬、亵渎天地圣贤、明瞒暗骗、害众成家、利己损人、刁唆词讼、妄捏是非、逞凶横行、欺贫陷富等症。依方修合，可以延年益寿、灭罪消灾、一生安稳，永保百年其昌。[①]

在民间善书的序文中，一般对其语言和适用对象都有特别的交代，这也是部分道教劝善书的做法，如《劝世归真》说："是书语多粗疏，字句未工。原为劝俗，而未免令明儒大雅见哂。诗词俗浅，令人易晓。善报恶报之理如响应声，直如棒喝当头，木铎振耳。直言无隐，令人胆战心寒。""儒者修省之功有所谓圣教，无所谓神教。……夫圣道可以策贤能，不足以儆孺妇。神教可以示明哲，并可以启愚聋……语言俗浅，原为愚人易明，使看是书者触目惊心，听是书者知过必改。"[②]

鸾书中提到的神教指神仙飞鸾教化，其教化对象主要是愚夫愚妇。

---

① 《劝世归真》，载胡道静等主编《藏外道书》，第28册，第7页。
② 《劝世归真》，载胡道静等主编《藏外道书》，第28册，第1页。

第六章 道教劝善书的伦理特色及其影响

《暗室灯》说：

> 《暗室灯》者，所以戒人于幽隐之中，使之为善去恶而不欺乎暗室者也。其书搜辑劝惩之言，自《感应篇》而下数十，以果报、歆以福祥、扬以殃祸，皆深切著明。为启迪要取而读之，虽锢蔽之甚未有不勃然兴起者；虽愚夫愚妇，生不知书，闻其说者，亦靡不尊崇而信响焉。①

《起生丹》也讲道："兹蒙神圣垂念愚蒙，以木笔而代木铎。开化无知，警其昏愦。"②

正如明清道教神化其善书一样，民间善书也大力神化其善书。清代民间善书在劝世文前面都附有教人布施善书的宣传或介绍善书流通的方法。"夫善书为神圣所作。神圣既作善书，岂有不欲人施之理。"③"古今来撰著善书、纂辑善书、刊布善书、印施善书，因而消灾度危、集福延年者纷纷不可胜数。"④同时设立善坛本身也是一种善举，会带来诸多好运，设立善坛的人死后大多都被奉为神。在青云坛伺坛的玉光子敦灵在《照心宝鉴》跋中说：

> 迨辑成《三坛宝训》，即敦先祖父母等已蒙纯阳帝君保奏为神，且临坛垂训家教。有云："尔能为善，吾等冥中亦沾恩惠矣。凡此皆本生为善所获之报也。生为善人，殁为神明。敦曾目观二十余人创办青云坛越。诚灵毛国鉴，殁为江西都城隍，靖灵吕永才殁为顺天省城隍。其余为府县城隍、福德正神者不及尽述。"⑤

---

① 《暗室灯》，载胡道静等主编《藏外道书》，第28册，第459页。
② 《起生丹》，载胡道静等主编《藏外道书》，第28册，第567页。
③ 《太上宝筏图说》，载胡道静等主编《藏外道书》，第27册，第596页。
④ 《太上宝筏图说》，载胡道静等主编《藏外道书》，第27册，第595页。
⑤ 《照心宝鉴》，载胡道静等主编《藏外道书》，第27册，第457—458页。

清代除有劝善性的民间扶鸾善书外,还降有惩恶性的扶鸾善书。这些书籍把早期道教劝善书中描述的天堂地狱之说更加具体化,让人们更清楚地知道神是如何赏善罚恶的。中华民国初年扶乩的关于地狱的善书《洞冥记》中,还谈到在地狱里的宣讲。书中说地狱里也设有宣讲亭,教育堕入地狱的鬼卒。那些生前片善不修的人,到地狱之后除受各种折磨外,还要对这些灵魂进行思想教育。《洞冥记》是云南洱源县一鸾堂诸生在神佛带领下游地狱十殿的鸾书。这本书深受道教劝善书《玉历钞传》的影响。它模仿淡痴入冥的形式,以真实的笔调描写恶人在地狱受苦的情形。看到那些惨不忍睹的惩罚,有几人还敢肆无忌惮地作恶多端。在《玉历》的序言里交代该书公布地狱情形的原因是担心世人因作恶太多而自暴自弃,只要看了《玉历》后能痛改前非,神也可以既往不咎。《洞冥记》也是这个出发点。所以该书竭力让鬼魂改恶向善,甚至在地狱里新设宣讲亭,劝化恶鬼。书中借仙官之口描写了对鬼魂宣讲的如下情形:

> 那些跪着听讲的人,是刚来的,罪孽较重。那些站着听讲的人,是听了很久的,罪孽较轻。那些坐着听讲的人,是快要毕业的。罪孽甚轻,马上就要升到中级了。到了中级讲亭,全都是站着和坐着听讲的。……那下级听讲的人,都是普通人,资格甚低。先给他们讲的是因果报应和善恶赏罚的道理,每隔三天讲一次,如果忘了,可以补讲,一直到听讲的人全部记住为止。这样就可以升入中级了。由中级升高级,也是这样,不过,中级讲的内容是三纲五常和五伦八德的道理。高级讲的内容是河洛玄奥、太极先天易数、绅道去秘内功和三教同源的道理。能够升入高级得道的人,上可以封为天仙,中可以封为地仙,下可以得人间富贵。①

---

① 根据述古老人书洞冥宝记刊印本编译《洞冥记》,中州古籍出版社1994年版,第303—304页。

五　道教劝善书与明清小说

1. 明清小说对道教劝善书的直接呈现

文艺作品是社会现实生活的反映，社会各阶层的思想状况必然会在文学作品中表现出来。明清各类文学作品塑造了众多的"善人"形象，反映了道教劝善书对社会各阶层的影响。

明末白话小说集《西湖二集》卷三十《马自然骑龙升天》中有主人公劝读《太上感应篇》的情节。《红楼梦》第七十三回写迎春看《感应篇》道，"迎春劝止不住，自拿了一本《太上感应篇》去看"，连黛玉、宝钗等进屋都没觉察。第七十一回讲贾老太太吃闭寿宴后，"贾母歪着，听两个姑子说些因果"。"劝善书"在民间又被称为"因果书"，"说些因果"就是说些善恶报应的灵验故事。

《官场现形记》描写人们流通善书道：

> （潘台）正在出神的时候，忽然门上传进一个手本，又拎着好几部书，又有一个黄纸簿子，上面题着"万善同归"四个大字。潘台见了诧异。忙取手本看，只见上面写着"总办上海善书局候选知县王慕善"。又看那几部书：一部是《太上感应篇详解》，一部是《圣谕广训图释》，一部是《阴骘文制艺》，一部是《戒淫宝鉴》，一部是《雷祖劝孝真言》。潘台看了，心上寻思道："原来都是些善书。"……（王慕善）一面说，一面站起来把呈上来的书检出二部，指着说道："凡事以尊主为本，所以卑职特地注了这部'圣谕广训图释'，是专门预备将来进呈的。这一部'太上感应篇详解'，是卑职仰体制台大人的意思做的。听说制台大人极信奉的是道教，这'太上感应篇'便是道教老祖李老子先生亲手著的救世真言，卑职足足费了三年零六个月工夫，方才解释得完。"（李宝嘉，《官场现形记》第三十三回）

可见道教劝善书在官绅之间的流传很广泛，王慕善这个候选知县为了进呈以图官职，居然也要注解道教劝善书。现代文学家茅盾先生的《子夜》塑造吴老太爷这位封建遗老迷信《感应篇》的情景很典型，他描写道：

> 马达声音响了，一八八九号汽车开路，已经动了，忽然吴老太爷又锐声叫了起来："《太上感应篇》！"
> 这是裂帛似的一声怪叫。在这一声叫喊中，吴老太爷的残余生命力似乎又复旺炽了；他的老眼闪闪地放光，额角上的淡红色转为深朱，虽然他的嘴唇簌簌地抖着。一八八九号的汽车夫立刻把车煞住，惊惶地回过脸来。苏莆和竹斋的车子也跟着停止。大家都怔住了。四小姐却明白老太爷要的是什么。她看见福生站在近旁，就唤他道："福生，赶快到云飞的大餐间里拿那部《太上感应篇》来！是黄绫子的书套！"
> 吴老太太自从骑马跌伤了腿，终至成为半肢疯以来，就虔奉《太上感应篇》，二十年如一日；除了每年印赠而外，又曾恭楷手抄一部，是他坐卧不离的。……二十五年来，除了《太上感应篇》他不曾看过任何书报！……《太上感应篇》便是他的护身法宝。①

以此可见当时的文学作品中反映的道教劝善书对民众心理、生活习惯、阅读偏好、社会交往的影响。这种影响甚至成为风俗习惯，影响了国民的气质和性格。

2. 道教劝善书对明清小说思想观念的影响

道教劝善书通过大力宣传和传播对社会各界产生了极大的影响，其中也影响了明清小说家。明清的小说作者们很多也把救世婆心流露在笔端。扬善惩恶成为众多明清小说家写作的动机。无论是这时的白话章回小说，还是文言笔记小说，以劝惩为主题的作品数量都比较多。在

---

① 茅盾：《子夜》，人民文学出版社 1961 年版，第 5—7 页。

第六章　道教劝善书的伦理特色及其影响

整理清代小说时，人们专门清理出了《笔记小说类编劝惩卷》。《三言》以"喻世""警世""醒世"作为书名，都意存劝戒。著名的《三言》中"施润泽滩阙遇友"一回以诗歌形式反复歌咏阴骘思想道："从来阴骘能获福，举念须知有鬼神"；王金范在《聊斋志异》序言中说蒲松龄"以玩世之意，作觉世之言"；长白山人在《客窗闲话》序言中说吴炽昌"托是书以劝善，以惩恶，以示人趋避"；许奉恩在《里乘·说例》中说"劝惩之书，不啻汗牛充栋"。清代纪晓岚的小说《阅微草堂笔记》，其创作目的就在于"劝惩"。纪昀自序说："小说稗官，知无关于著述；街谈巷议，或有益于劝惩。"[①] 盛时颜在《阅微草堂笔记序》中说："而大旨要归于醇正，欲使人知所劝惩。"[②]

道教劝善书对这些劝惩小说的题材和内容都有一定影响。这些小说大势渲染神仙精灵能确保行善获报、作恶遭殃，深受道教劝善书宣扬的善恶报应说教的影响。劝惩小说的形式还受到纪事性道教劝善书的影响。劝惩小说讲故事时明白点出时间、地点、人物、旁证者、目击者，以增加故事的真实性。故事讲的都是施恩者获报、为虐者被惩；忠厚者得福、奸猾者遭祸；救人者常得救、杀人者每被杀；吝啬者必破其财、淫纵者必祸及身；助人者得助、损人者受损。这些内容很符合中国人的传统心理和审美习惯，读来快心惬意。以故事的形式寓劝惩之意比纯粹的说理更容易被人们接受。由于文艺作品的读者数量众多，人们在阅读小说时会受到潜移默化的影响，使得道教劝善书的内容通过阅读面广的小说得到更大的推广。

明清流行的描写神仙与妖魔斗法的神魔小说如《三遂平妖传》《八仙出处东游记》《南游记》《北游记》《封神演义》《三宝太监下西洋通俗演义》《西游记》《飞剑记》《铁树记》《咒枣记》《韩湘子全传》《女仙外史》和《绿野仙踪》等都有受到道教劝善书影响的痕迹。神魔小说将道教劝善书的劝善止恶的说教形象化，善和恶在神魔小说中化为神仙

---

① （清）纪昀：《阅微草堂笔记》，上海古籍出版社2005年版，第1页。
② （清）纪昀：《阅微草堂笔记·序》，第3页。

和妖魔。神魔小说中那些神仙与妖魔的二元对立正是现实生活中"善"与"恶"的对立,神与魔的对立斗争正是世俗社会里善与恶的较量,神与魔的冲突反映了现实社会里善与恶的冲突。同时,神魔小说大量谈到神仙济世救人,在进行方术修炼时佐以道德修养。《东游记》第十八回"点金济众成仙"就借小说人物之口,阐明仙道以"济世"为要的观点,说:"济人利物,仁人之心,汝识金丹之道,不度斯世之民,成之何用?"

在《绿野仙踪》里,"积善累德"的道教修炼理论也通过小说人物得到强调,其中第十回火龙真人传授冷于冰仙术后,又特意叮咛道:"你从今以后,要步步趋向正路。若一事涉邪,我用神火烧汝皮,迅雷碎汝骨,决不轻饶。你宜懔之慎之!凡有益于民生社稷者,可量力行为,以立功德。"①在《绿野仙踪》第十三回,又借冷于冰之口,说:"昔年吾师教谕,言修行一途,全要广积阴功,不专靠宁神炼气。"②

小说中这种"不积阴德无以成仙"的观念正体现了道教劝善书的思想。在神魔小说中,神仙们既修术又修德,既自救又救人,而妖魔总是损人利己、自私自利。所以,具有高尚道德的神仙在与只修术不修德的妖魔斗法时,往往都优胜一筹。神魔小说通过神与魔之间的斗争、较量,最终神仙取胜而妖魔惨败的结局,加深了道教劝善书劝善惩恶的教育意义。神魔小说也成为用神仙思想、神—魔斗法的形式来宣传道德伦理,让人从善去恶的劝善形式之一。

明清的英雄传奇小说、讽刺小说、人情小说中也充满了善恶报应、多积阴德的道教伦理观念,塑造了许多行善积阴骘的人物形象。《水浒传》第七十一回用报应论对梁山英雄们的业绩总结道:"忠义英雄回结台,感通上帝亦奇哉!人间善恶皆招报,天眼何时不大开。"《水浒后传》第二回写水泊好汉杀了毛孔目一家后,有邻居感叹道:"祖宗该积德,做些好样子与后人看便好。那毛太公一味强赖,遭了毒手。那孙子

---

① (清)李百川:《绿野仙踪》,上海古籍出版社1994年版,第217—218页。
② (清)李百川:《绿野仙踪》,第854页。

又逞威风,自然有此显报。"从这段话看出,居然小老百姓头脑里都装进了文昌帝君教人积累阴德的训导。《拍案惊奇》卷二十刻画了一位叫刘元普的刺史"感上天佑庇,一发修桥砌路,广行阴德",洛阳百姓于是编出顺口溜:"刺史生来有奇骨,为人专好积阴鸷。"

道教劝善书中的地狱观念在明清小说中也有反映,如清代著名白话小说《济公全传》第一百五十回有恶棍张士芳梦游地狱,与《玉历钞传》对地狱的描写有雷同之处。《玉历》是道士入冥,按地狱顺序游历十殿而写下的记录。《济公全传》详细地描写了张士芳在鬼卒带领下在地狱各处看到作恶之人受折磨的情形,说道:

> 这公差拉着往前走,只见眼前一座大门,两边站立无数狰狞恶鬼,门口有一副对联,上联是:"阳世奸雄,伤天害理皆由你。"下联是:"阴曹地府,古往今来放过谁。"横匾是:"你可来了。"张士芳一看,吓得胆战心惊。进了大门一瞧,里面仿佛像一座银安殿,殿柱上有一副对联,上联是:"莫为胡,幻梦生花,算算眼前实不实,徒劳机巧。"下联是:"休大胆,热铁洋铜,摸摸心头怕不怕,仔细思量。"横匾是:"善恶分明。"①

这本小说尤其提到唱淫词与唱善书之人在地狱里两种截然不同的结局。

> 说罢又往前走,见有一座冰池,把人剥得赤身露体,卧在冰池冻着,张士芳一看就问,鬼卒说:"这人在生前唱大鼓书,专唱淫词,引诱良家妇女失身丧节,死该应入寒冰地狱。"……张士芳游够多时,再一看有两座金桥银桥,有一个老者,长得慈眉善目,有两个金童银童,把着两把扇,每人手里托着一个盘子,盘子里有一把折扇,一块醒木。张士芳就问:"这个人为何这样清闲?"鬼

---

① (清)郭小亭编著:《济公全传》,凤凰传媒集团2008年版,第601页。

卒说:"这个人在阳世,说评书,谈古论今,讲道德,说仁义。普渡群迷,劝人行善。死后金童银童相送过金桥银桥,超生富贵人家。凡在阳世修桥补路,放生,斋僧,布道,冬施姜汤,夏舍凉茶,济困扶危,敬天地,礼神明,奉双亲,这些人死后必过金桥银桥。"张士芳自己点点头,不怪人说"善恶到头终有报,只争来早与来迟"。①

这些喜闻乐见的小说用生动的故事、身边的人物讲积阴德获善报、缺阴德受惩罚的道理,反映了道教劝善书对明清小说思想主旨的影响。

六 道教劝善书与民俗

道教劝善书还深入民间,对明清社会的生活习俗、风情乃至生活方式都产生了巨大的影响。

在民间节日或祭祀时,如青苗会、消灾会、东岳会、药王会、火神会和玉皇会等民俗活动中,各地老百姓喜欢搞迎神赛会活动。在劝善书铺天盖地的明清时期,各地的民俗活动中也渗透了道教劝善书的影响。江苏南通一带自古流行童子祭祀剧。"童子"是当地"巫觋"的别称。这种祭祀剧的演出场所叫神坛,上面布置有神轴、大字、疏、五路神医、十二孤魂、阴阳榜文、符文、神马、先天八卦之类的宗教饰物,坛外高挂神幡。童子剧曾以祈福消灾为主,在明清之际也不可避免地增加了劝善的内容,在清末民初甚至形成专门叫"童子劝"的劝善剧。童子劝是江苏南通傩戏的一种,童子劝就是童子表演劝人行善积德的劝世文书。这种地方戏又叫"出台",即童子在舞台上出入鬼门,表演劝世戏文。"童子劝立足于宗教与戏剧糅合的舞台上,在探索中不断自我调节。"②童子劝的剧目有《钟馗嬉蝠》《开门

---

① (清)郭小亭编著:《济公全传》,第602页。
② 顾朴光、潘朝霖、柏果成编:《中国傩戏调查报告》,贵州人民出版社1992年版,第145页。

请神》《包公审替身》《郑三郎上西天》《四下河南》《张三送子》《沉香救母》《孟姜女》《秦雪梅吊孝》《赵五娘寻夫》《升官记》等因果报应的戏曲。

梓童阳戏是文昌帝君信仰的民俗化表现。在道教系统里，文昌帝君的生日是农历二月初三。为庆祝文昌圣诞，各地都举行盛大的祭祀活动。在文昌信仰的发祥地梓童还有一种特殊的地方戏曲，即梓童阳戏。《华阳县志》记载："二月三日，梓童帝君诞辰，城乡文昌祠咸演剧祀神。"在这些祭祀活动中产生了梓童阳戏，也是傩戏的一种。梓童阳戏有"天上三十二戏"，又称天戏，阴一堂；"地上三十二戏"，又称地戏，阳一堂，所以又叫阳戏。开台戏叫"开坛法事"，法事后是"天戏"，即筛线大木偶演出。地戏是演员化妆或戴桐木面具表演，地戏又叫"人神同堂"。梓童阳戏供奉的戏主是文昌。在送文昌下山时，有四十人组成的高脚大牌队伍，牌上红底金字，上刻《文昌帝君阴骘文》中的劝善名言，如"救人之难，济人之急，悯人之孤，容人之过，广行阴骘，上格天穹"之类。迎神队伍中点"七星灯"的汉子，裸露上身，七盏点燃的油灯分别挂在前额、胸部和背上，其意思是行孝、禳灾和悔过。通过这种表演活动，《文昌帝君阴骘文》的劝善思想越来越深入人心。虽说明清统治者禁止道教的许多方术活动，但这类以劝善为主的戏剧表演却是受到提倡的，"凡采人搬做杂剧戏文……其神仙道扮及义夫节妇孝子顺孙劝人为善者，不在禁限"①。

守庚申和祭灶的民间习俗中也渗透着道教的劝善思想。传说阴历腊月二十三或二十四灶王要上天，向玉皇大帝报告一年来全家人的善恶。于是这天晚上人们要用粘糖祭祀并封住灶君的嘴，以免它告状。《北京轩录》中的"新年佳话"反映了京城祭灶的情形：

> 旧历十二月二十三日晚，北京各住户均祭灶。灶王为家家常供之神，尊敬之不遗余力，谓为一家之主。凡家内各事，灶王均有权

---

① 转引自卿希泰、李刚《试论道教劝善书》，《世界宗教研究》1985年第4期。

管理，并于暗中察看人之善恶，善事则置于善罐中，恶事则置于恶罐中，每至年终，灶王即结束其一年内所调查之结果，升天奏之玉皇大帝。升天之日即十二月二十三日，故各家均为之送行。祭灶所用之供品，糖为大宗，有关东糖、南糖、糖瓜（即糖之圆者）等种类。考其所以用糖之原因，据谓此日灶王升天，将各人善恶报告上帝。若尽情报告，则所作之恶事多，必受上天之惩罚，故以糖粘其口，使之缄默寡言。有用糖一块放于灶火中者，有用熔化之糖粘于灶王口中，并祝曰："好话多说，不好话少说。"此中国人掩耳盗铃之恶习，亦社会心理之表现也。①

一些地方也有灶王上天之日以醪糟涂灶门，形成"醉司命"的习俗，醉倒灶神是希望他不要在玉帝面前说这家人的坏话。道教劝善书的思想还渗透到对联中。"每到新年，家家门贴新对。常见有贴'忠厚传家久；诗书继世长'。又有贴'但将忠厚培元气；惟有诗书发异香'。有又贴'礼乐百年承燕翼；诗书千载荷龙光'。又有贴'世上千百年，人家无非积德；天下第一件，好事还是读书'。由对联思之，亦是显然教化，使人出门入户触目惊心耳。"②道教劝善书也将其劝善思想深入民间历书之中。它在需要禁忌的日子里作出注释，告诉人们这天是一个特殊日子，尤其不能犯规，否则惩罚更比平日严厉。

在过去，占卜、求签、算命是道教寺庙文化的重要内容，这也是较为流行的民俗活动。签存在于道教各宫观中，分为运签和药签。在善书盛行的明清之际，其思想在宫观中流通的签诗中也得到体现。签诗即写在签上的诗歌式签语，是神暗示来人运气的谶语。来者所抽之签上很多都是劝善诗文，如吕祖灵签、关帝灵签等都有鼓励人们行善以求福报的签诗。过去，人们遇事会到庙里求签，解签的道人一般都要劝人行善，通过行善来实现来人的心愿。《文昌帝君功过格》对算命看相者也有劝

---

① 《北京轩录》，河北人民出版社1986年版，转引自王文宝《中国民俗学史》，巴蜀书社1995年版，第277页。
② 《劝世归真》，载胡道静等主编《藏外道书》，第28册，第41页。

诚，规定"风鉴术高，劝人改换心肠，相随心转，挽回命数，贫可使富，贱可使贵，一人五十功"。这些为人占卜的人也确实在这样做。例如，《拍案惊奇》卷二十描写刘元普遇到一全真道人，手执"风鉴神通"招牌，便请他相面。这位全真先生相了一回说道：

> 自古道："富者怨之丛使君广有家私，岂能一一综理？彼任事者只顾肥家，不存公道，大斗小秤，侵剥百端，以致小民愁怨。使君纵然行善，只好功过相酬耳，恐不能获福也。使君但当悉杜其弊，益广仁慈；多福、多寿、多男，特易易耳。"元普听后深信不疑，后来更加努力行善。这段描写正反映了通过算命、抽签这种民俗活动贯穿的道教劝善书思想。"善书与签诗，是影响士庶大众最具教化功能的两种流通普及性素才。……'诸恶莫作，众善奉行'是善书的主流教旨，签诗亦阐发其义，亦符合求好运避祸殃而占卜求签的原来动机。"①

前面提到宣讲善书在明清社会也成为一种风俗。听讲善书时，无论学官或民间艺人宣讲，听众都不需掏钱。请人宣讲善书是一种善举，由慈善团体或乐善绅商支付艺人的酬金。一些为了消灾免难的人，出资请讲善书，也可以请人宣讲善书来还愿。宣讲善书在民间十分流行，并演变为一时风俗。徐心余在《蜀游见闻录》中写道：

> 川省习俗，家人偶有病痛，或遭遇不祥事，则向神前许愿，准说圣谕几夜。所谓说圣谕者，延读书寒士，或生与童，均称之讲师。或设位大门首，或借设市店间，自日暮起，至十点钟止，讲师例须衣冠，中供木牌，书圣谕二字……讲师设座于旁，择格言中故事一则，或佐以诗歌，或杂以谐谑，推波助澜，方足动人观听。有

---

① 丁煌：《台南旧庙运签的初步研究》，载李丰楙、朱荣贵《中国文哲论集 8·仪式、庙会与社区》，"中央研究院"中国文哲研究所 2007 年版。

> 著名讲师，能处处引人入胜，围而听者，途为之塞云。

由此可见，讲唱善书以各种形式在民间广泛流传。

道教劝善书还影响到少数民族地区。明代，云南彝族翻译刻印了《太上感应篇》。彝语的《太上感应篇》以彝族原始宗教及社会风俗习惯来注释《感应篇》的每句话。①《太上感应篇》还有满文译本，清朝政府敕命将其译为满文，在满族聚居区流行，对满族的生活也产生了影响。嘉靖二十五年（1546），贵州宣慰使安万铨立《新修千岁衢碑记》中，有"为善荣庆""行善寿长"和"行善地位高"等语，反映了道教劝善书宣扬的善恶报应观念对边远地区的影响。

道教劝善书曾流传到日本、朝鲜和越南等邻国和欧美等国家。日本江户时代（1603—1867）有《太上感应篇》的日语本。十七世纪至十九世纪道教劝善书宣传的庚申信仰也经朝鲜传到日本，"伊豆时期，庚申信仰似乎曾在日本到处流行，现仍保留在很多地区，包括象东京和大阪这样的大城市"②。有清一代，道教劝善书传到朝鲜，朝鲜道教学者把这种形式的道教叫作"善阴骘教"，因劝善而形成了如中国"同善社"之类的团体。朝鲜的善书有直接从中国传过去的，如"善书三圣经"，也有朝鲜善团扶乩出来的，如《济众甘露》一书，书中提到：

> 因得关羽圣迹图志（时从中国得来），终乃奉事三帝君 [（关圣帝君、文昌帝君（又称梓潼帝君）、孚佑帝君（吕纯阳）]，从事流通善阴骘文，即如《众香集》《南宫桂籍》《桂宫志》《觉世真经》《明圣经》《三圣宝典》及《过化存神》等书矣。按老子之道本于清净无为，一变而为神仙方技之术，有炼养、有服食，此为全真之教，再变，而为米巫祭酒之教，有符箓，有科仪，此谓正一之教。妙莲法侣所奉帝君善阴骘教，似属后者，而亦道教变迁渐趋渐下者

---

① 参见马学良《明代彝文金石文献中所见的彝族宗教信仰》，《世界宗教研究》1983年第2期。
② 唐大潮译，杨敏校：《日本的庚申信仰与道教》，《宗教学研究》1993年第1—2期。

第六章 道教劝善书的伦理特色及其影响

也。李朝高宗之世,刊行善阴骘书,其类实多。①

韩国学者所说的"善阴骘文"其实就是道教劝善书。《太上感应篇》和《阴骘文》还有英、韩、法等译本。《圣谕广训》有俄语、意大利语翻译本。

旧时很多善书都放在庙里,免费提供给世人。这种做法也传到美国加利福尼亚州。加州一供奉北极星的庙里有《太阳阴辰经》,经中有对太阳和月亮的咒语,以及宣传背诵、印行该经而获好报的灵验故事。每句咒语的注释同时强调这几点:不要在国外待得太久;把钱寄回家;如果寄的数量太小,请不要生气。显然这本书是针对国外华人的。② 由此可见,道教劝善书作为传统文化的一部分,它所蕴含的宗教伦理具有很深的社会教化功能。

人之所以能够不断地选择行善,在很大程度上是依赖于社会的教化,而不是顺乎自然本性的结果。道教劝善书不仅提出人们应有的道德规范,它还用人们乐意接受的方式进行宣传,使之潜移默化地提升人们的道德水平。道教劝善书还讲述许多生动的故事,给人们提供活生生的典范。在文化的传递承续过程中,历史上和现实中的道德典范人物以及他们的高尚行为,在善书中被编成各种故事流传,他们的行为方式成为道德楷模,指导人们面临善恶抉择之时作出符合道德的选择。道教劝善书的传播灵活多变、无孔不入,采用人们喜闻乐见的方式,增强了道德接受的效果。

鲁迅先生说过:"前曾言中国的根柢全在道教,此说近颇广行。以此读史,有许多问题可以迎刃而解。"③ 许地山先生讲:"我们简直可以说支配中国一般人的理想与生活的乃是道教的思想,儒不过是占伦理的

---

① [朝鲜]李能和辑述,孙亦平校注:《朝鲜道教史》,齐鲁书社2016年版,第203页。
② 参见 Wolfram Eberard, *Guilt and Sin in Traditional China*, Bereley and Los Angeles: University of California Press, 1967, p.27.
③ 《鲁迅全集》第11卷,人民文学出版社2005年版,第365页。

一小部分而已。"① 周作人先生说:"影响中国社会的力量最大的,不是孔子和老子,不是纯粹的文学,而是道教(不是老庄的道家)和通俗文学。"② 从道教劝善书的影响来看,这些观点有其合理性。道教劝善书在上层、官绅和平民百姓中以这样或那样的形式得到宣传,使道教劝善书的思想被广泛接受。人们日常生活中的一举一动,国民对于人生的看法和思考人生问题的方式,对健康长寿、荣华富贵、多子多福等幸福生活的追求,都反映了道教劝善书的影响。

---

① 许地山:《道教史》,江苏文艺出版社 2008 年版,第 150 页。
② 周作人:《中国新文学的源流》,江苏文艺出版社 2007 年版,第 5 页。

下 篇
生态文明建设：道教伦理的当代新诠

第七章　古代的思想、当代的问题

　　生态学是德国生物学家 E. 海克尔（E.Haeckel）于 1886 年创立的。最初，生态学的研究对象仅限于动物与有机及无机环境的关系。现代生态学认识到人类活动也是影响环境的一个变量，把环境与发展问题从自然界引入了人类社会。地质学家们甚至主张把第一颗原子弹爆炸的 1945 年设为"人类世"（anthropocene）的开端，因为人类的活动已经能影响地球的演化方向了。"后来一些当代哲学家（如德国哲学家施洛德戴克、法国哲学家斯蒂格勒等）也开始谈论'人类世'。所谓'人类世'的地质学含义是，今天人类的所作所为前所未有地影响到地球本身的存在和活动了，这种影响在地层上留下了各种明显的证据。而在哲学和人文学意义上，这种被标识为'人类世'的断裂被叫做'历史的终结'，也被叫做'人的终结'。"孙周兴指出："面对居统治地位的技术工业，今天人类需要通过人文科学/艺术人文学进行抵抗，而传统的自然人类精神表达体系及其成果也完全可能成为这种抵抗的力量。"① 宗教作为人类社会的重要现象，也日益受到生态学的重视。从宗教中发掘绿色思想就是重新审视和诠释宗教的世界观、人生观与自然观，发挥宗教的社会影响力，以便将人类的行为引导到对环境友善的方向上来。在宗教绿色化浪潮中，道教在人与自然关系方面所具有的思想，特别引人注

---

① 孙周兴:《何为哲学的转向——关于〈人类世的哲学〉》,《哲学动态》2022 年第 1 期。

道教伦理：传统形态与当代新诠

目，道教可谓最绿色的宗教之一。虽然"生态"不是道教的固有术语，道教也不是专门解决生态问题的宗教。道教产生之时没有这么严重的生态危机和全球性的环境破坏。但是，道家、道教伦理中包含了、孕育了生态思想和智慧。所以，所谓的道教生态伦理，并不是将传统道教伦理直接等同于现代生态伦理，而是指当代人从生态学的角度在道教传统伦理中阐发出来的新伦理。它以生态问题作为契机，通过创造性的诠释，尝试将传统道教伦理中蕴含的生态智慧提炼成生态伦理，以期为当今全球性的生态危机提供道教的解惑之道。

道教在中国有近两千年的历史。道教教义的要旨即成仙得道、长生久视，它不把希望托付给彼岸和未来，它要在此生此世延年益寿、长生不老。此岸和凡间如此富有魅力，古典小说里经常有神仙思凡、下凡的故事。所以道教最大的特点就是对生命及其环境的高度重视。道教重视身体，把身体放在突出的位置。身体就是生命，生命具有唯一性、神圣性和极高的不可取代的价值。道教发展出了深刻的关于身体的思考，以及提升生命质量的养生实践，提出了"贵以身为天下，若可托天下"[①]，"两臂重于天下"[②]，"天地大人身，人身小天地"，"天地宇宙，一人之身"[③]，"身国同构"，"身国同治"等观点。道教既将个体的自然生命体视为身体，也把人与人组成的社会和自然当作身体。"人类用自己的身体行为坐标，把整个宇宙都身体化了。""将大自然隐喻为像人一样的存在物，人有喜怒哀乐，那么大自然也有喜怒哀乐。"[④]成全万物、爱护自然，就是爱护我们的身体，给人赋予了重大的环境责任。肩负这种责任不仅成全人性、尊重生命，提升了个人生活的质量和价值，同时也提高了人对社会和自然的使命。这是道教的一个独特贡献。2015年9月，中共中央、国务院印发《生态文明体制改革总体方案》。按照党中央、国务院有关决策部署，国家发展和改革委员会同财政部、

---

① （魏）王弼注，楼宇烈校释：《老子道德经注校释》，第29页。
② （清）郭庆藩撰：《庄子集释》，中华书局2012年版，第970页。
③ 刘文典撰：《淮南鸿烈集解》，中华书局2013年版，第249页。
④ 叶舒宪：《神话意象》，北京大学出版社2007年版，第74页。

国土资源部、环境保护部、水利部、农业部、国家林业局、国家粮食局等部门，编制了《耕地草原河湖休养生息规划（2016—2030年）》，对农业资源休养生息提出了明确要求，要建立耕地草原河湖休养生息制度，编制耕地草原河湖休养生息规划。党的十八届五中全会要求"坚持保护优先、自然恢复为主，实施山水林田湖生态保护和修复工程"。这些纲领性文件里的标识性术语"休养生息"就是道家概念。"深层生态学对道家思想情有独钟，乃是因为道家思想为它的理论提供了更有力的依据。"[1]

对道教生态伦理的探讨表明在道教研究领域里出现了一种新的旨趣，即在道教义理、文献整理、历史演变、科仪法术、道教养生、道教科技、区域道教研究等领域的基础上展开了对道教当代价值的研究。建构道教生态伦理本身并不能直接解决某些具体的环境问题，我们仍然需要合理的环境政策、生态科学、环境工程技术的大力发展和推广来实现碳达峰、碳中和目标。但我们也应该认识到，科学技术解决不了人的问题。环境破坏的始作俑者是人，问题出在人身上，环境问题的最终解决还需要解决人的问题。[2]如果不改变生产方式、价值观念、生活方式，就会出现一边治理，一边破坏的情况。就算我们能发现另外一个适于人居的星球，如果不改变自己，只能把另一个星球也变成被污染的、千疮百孔的地球。

生态危机的严峻形势，对道教既是挑战也是机遇。当人们从道教生态伦理中寻找智慧时，道教也应从其他文化和现代文明中汲取补充自身发展的元素，通过新的诠释、新的理论创新，更有效地回应当代的全球问题，为自己赢得未来的发展机遇，重新焕发生机。

---

[1] 雷毅:《深层生态学思想研究》，清华大学出版社2001年版，第76页。
[2] 自然本身的变迁也在引起环境的改变，有些甚至是巨大的改变，如不可抗拒的地质变动和重大的自然灾害。这里着眼的是人类行为对环境的影响，如现在人类生产研制的核武器能毁灭地球好几次，这就已经大大超过了自然本身的改变。

道教伦理：传统形态与当代新诠

第一节　道教伦理能否回应生态问题

在生态学的发展中，对道家不乏溢美之词。道家的本体论、自然观、政治学、价值论、认识论中不乏关于人与自然关系的真知灼见，人们从积极的方面认识和挖掘道教有利于生态伦理建设的内容；也有学者认为道家只能作为他者启发他们回到自己的传统；还有观点因为道家等东方文化没有阻止我们自己的环境恶化而质疑道家对环境的贡献。

一　对道家生态伦理的阐发

美国科学家弗·卡普拉（Fritjof Capra）认为在东方传统文化中，道家提供了最深刻并且最完善的生态智慧。[1] 汤川秀树（Fukawa）惊讶在两千多年前，在现代科学文明出现以前，老子就已经预见了今天人类文明的状态，向近代开始的科学文明提出了严厉的指控。[2] 克拉克（John P. Clark）在道家思想中发现了"慈"和对强作妄为的拒绝。[3] 德沃尔（Bill Devall）和塞辛斯（George Sessions）认为"道家生活的基础是同情、尊重和慈爱万物"，"我们常谈到的一个道家形象是有机自我。道家告诉我们有一种呈现方式内在于所有事物之中"。[4] 拉卡佩勒（Dolores LaChapelle）

---

[1]　参见 Fritjof Capra, *Uncommon Wisdom: Conversations With Remarkable People*, Simon and Schuster Press, 1988, p.36。

[2]　参见［日］汤川秀树《创造力和直觉》，周林东译，复旦大学出版社1987年版，第46页。

[3]　参见 John P. Clark, *The Anarchist Moment: Reflections on Culture, Nature and Power*, Montreal: Black Rose Books, 1984, p.188。

[4]　Bill Devall and George Sessions, *Deep Ecology: Living as if Nature Mattered*, Salt Lake City: Peregrine Smith Books, 1985, p.11.

第七章 古代的思想、当代的问题

认为道家构成其深生态学的核心,"西方在紧急关头,努力抓住一些'新思想'是不必要的。几千年前的道家已经为我们考虑到了"①。叶保强(Po Keung Ip)把西方哲学看成反生态的,认为老庄哲学能够为环境伦理学提供形而上的基础。道家表现在自然观、本体论、价值论里面的平等观念以及无为的教义,在某种程度上将有助于环境伦理学的建立。在道家的世界观里,人与自然之间没有不可逾越的鸿沟,每件事物都内在地与其他事物关联着。我们现在需要一种哲学来清除分隔人与自然的形而上学障碍,能为其他物种提供不以人类需求来衡量其价值的哲学,一种能告诉我们人是自然的一部分的哲学。道家哲学就能满足上述需求。②马夏尔(Peter Marshall)在其著作的第一章"道家:自然之道"中说:"在公元前6世纪,中国道家已经表达了最早的、清晰的生态思想……道家提供了最深刻、最雄辩的自然哲学,首次启发了人们的生态意识。""道家为一个生态社会提供了真正的哲学基础,提供了古人解决人与自然对立的方法。"③

修文(Richard Sylvan)和贝内特(David Bennett)指出,道家能为深生态学提供许多资源,包括哲学的、政治学的和个人修养方面的独特见解。它能修正、调整和极大地丰富深生态学理论。"道法自然"为绿色生活提供了哲学基础。在哲学上,道家对世界的认识与霍布斯、洛克正好相反,自然包含着价值,"道"是多样性的统一。在这方面,道家可以丰富和阐明深生态学的价值体系。深生态学也肯定多样性和多样性的有机统一,但缺乏推导出这些特征的宇宙论基础。在政治上,道家与霍布斯、洛克的政治思想也是对立的。后者认为自然极端无序,而道家认为这种无序远不是一种自然的状态。对自然的控制和支配会打破社会的自然秩序,强制也破坏了自愿俭朴的基础。最好的统治者不是在统

---

① Dolores LaChapelle, *Sacred Land, Sacred Sex: Rapture of the Deep: Concerning Deep Ecology and Celebrating Life*, Finn Hill Arts Press, 1988, p.90.

② 参见 Po-Keung Ip, "Taoism and the Foundations of Environmental Ethics",in Allen A. Thompson(eds.),*Environmental Ethics*, Vol.5, Issue 4, Winter 1983,pp.335-343。

③ Peter Marshall , *Nature's Web: Rethinking Our Place on Earth*, New York: Paragon House, 1992, p.8,21(p.20,33).

道教伦理：传统形态与当代新诠

治或领导民众，而是为民众提供发展的机遇。在人与自然关系中，道家的生活方式是深层的"慈""俭""不敢为天下先"。人是自然的伴侣，并追求精神的解放和自由，而不是以人灭天。在消费和竞争方面，道家没有忽略有限度的自然竞争，这一点非常适合深生态学的环保的生活方式和非暴力政策。在道家看来，"夫惟不争，故天下莫能与之争"（《老子》第22章）。道家在"不尚贤"和"不贵难得之货"（《老子》第3章）方面见解很深，提供了深刻的、自愿的俭朴方式。对个人和社会而言，深生态学的最高目标是自我实现。道家"尊道贵德"，小我和大我的自我实现与"德"是相匹配的。[①] 和道家一样，在深生态学中，"自我"被扩展到更宽的领域，如澳大利亚环保人士塞德（John Seed）把"我保护热带雨林"变成了"我是热带雨林的一部分在保护自己"。[②] 此外，道家对僵化的学校教育、积累狭窄的专业知识的批评扩展到了对技术的批评。在这些方面，深生态学理论还缺乏足够的认识。

美国宗教哲学家郝大维（David L.Hall）指出当前伦理和道德理论的危机是哲学危机的一种特殊反映，可以诉诸异质文化来解决。道家在形成新的秩序意识方面有独到的贡献。在宇宙观方面，西方哲学一开始就存在两个问题：第一是可能存在多种秩序；第二是只有一种秩序规则在自始至终地维持着稳定，它一直在影响哲学和科学。这两个问题之间的冲突是"美学秩序"与"理性秩序"的冲突。道家伦理是一种美学伦理，"道"的完整性不是表现在单一的宇宙秩序里，而是表现在所有的可能性之中。任何一个特定的秩序都是真实的，整体由这些特殊所构成。道家哲学重视"无"。"无知"即不求助于外在的原则；"无为"即非武断；"无欲"即物欲的节制；"自然"即符合"德"的行为。道家的整体观里面没有等级秩序。欧洲古代传统却认为，拥有理性的灵魂才能

---

① 参见 Richard Sylvan and David Bennett, "Taoism and Deep Ecology", *Ecologist*, Vol.18,1988, pp.148-159。
② 转引自 J.Baird Callicott, "The Metaphysical Implications of Ecology", in J. Baird Callicott and Roger T. Ames (eds.), *Nature in Asian Traditions of Thought: Essays in Environmental Philosophy*, Albany: State University of New York Press, 1989, p.64。

第七章　古代的思想、当代的问题

对环境提出最大的要求。道家的"德"不仅包括理性存在者，而且涵盖"有情"和"无情"事物。道家非人类中心主义的伦理学提供了一些新的策略来处理人与周围环境的关系，随顺事物的内在完美。[①] 美国汉学家安乐哲（Roger T. Ames）认为老庄是从艺术而非科学中抽象出了一些原则。这些原则预设了具体的情景。在某种环境中的特殊事物只能在环境中被评价，并充分考虑到环境在塑造这个特殊事物中的作用。作者通过比较，认为道家能提供另外一种视角来阐明西方的命题，道家也可以作为一种概念资源解决环境伦理学的关键问题。西方哲学与道家哲学存在逻辑秩序和美学秩序（logical order vs aesthetic order）、二元论与两极交关论（dualism vs polarism）的区别。中国人更倾向于把生活看成一门艺术而不是科学。他们对世界的认识开始于个体的独特性、重要性，强调这个人、这件事与这个环境的相互关系。对柏拉图来说，认识的实现是从具体和特殊向抽象与一般的推演，但对世界的美学解释却是构成和被构成因素在具体情景中的融合。两极交关论要求概念必须互相关联，一个概念准确的解释需要另一个的帮助，如同阴阳的相互依赖。与二元论相比，这个特色可作为环境伦理学的重要组成部分。道家互相依赖的交关论不是二元的对立。在道家情景化的框架内，个人的修养和环境的修养是相互的。我们对环境的培养不是在培养他者，而是在培养自己。作者特别指出道家典籍中的"德"在后来的注释和我们当今对这个传统的认识中被严重低估了。作者理解的"德"是特殊事件的综合。"道"和"德"的边缘和中心应被理解为交关性而不是二元性。由于"道"和"德"的相互性，自然的秩序更易被理解为自然发生的规律，而不是一种抽象的先验存在的原则。[②] 安乐哲在题为《地方性及焦点性在实现道家世界中的作用》的文章中还提出，相对于形式和静

[①] 参见 David L. Hall, "On Seeking a Change of Environment: A Quasi-Taoist Proposal", *Philosophy East and West*, Vol.37, No.2, *Environmental Ethics*, 1987, pp.160-171。

[②] 参见 Roger T. Ames, "Putting the Te Back into Taoism", in J. Baird Callicott and Roger T. Ames (eds.), *Nature in Asian Traditions of Thought: Essays in Environmental Philosophy*, Albany: State University of New York Press, 1989, pp.113-144。

止，道家倾向于过程和变化；相对于逻辑和叙述，道家倾向于历史和神话；相对于决定的和目的论的生态平衡，道家倾向于暂时的和协商性的生态平衡；相对于限定的边界，道家倾向于动态的和放射状的中心。这些原则对建立环境伦理学有重要的启示。[①]成中英在题为《论"道"与"气"之环境伦理》的文章中，提出了"道"和"气"的四个环境哲学公理，即和谐化原则、相互贯通的原则、自发创造原则、自我变革的原则。作者指出这四条原则"展示了一种个体发生的秩序，相应的'道'和'气'之环境伦理的道义论原则展示了一种秩序，它回归源头并包含了整体性。依这种秩序，'道'和'气'之环境伦理把'道'和'气'之形而上学不仅引入目的论，而且引入了道义论。在'道'和'气'的形而上学中，目的论与道义论的结合与统一最终将使'道'和'气'之环境伦理趋于成熟"[②]。在另一篇题为《环境伦理学方法再反思》的文章中，成中英提到："把道家作为一个完整的综合过程，以及我们能够经历的一切现实状况的参照，就能够提供一种理解平衡与和谐的视角。将'道'作为环境的基础和背景，不仅仅指'道'这个概念给环境带来了整体平衡，也在于它能让我们从审美和伦理的角度去评价一个项目和行为对环境及我们自身的影响。因为'道'指向许多动态的关系和情境，既有相互竞争，也有互相补充，既看到了建设性，也看到了其破坏性。"[③]

中国传统文化的儒释道三教与民间信仰常常你中有我、我中有你，难分彼此，在对道教生态伦理的研究中，有学者提出应在大的中国传统背景下，考虑儒家及民间信仰与道教共同的影响。卡利科特（J.Baird Callicott）注意到西方环境伦理学家主要引用道家与道教，如果能将儒

[①] 参见 Roger T. Ames, The Local and the Focal in realizing a Daoist World, in N. J. Girardot, James Miller, and Liu Xiaogan(eds.), *Daoism and Ecology: Ways within a Cosmic Landscape*, Center for the Study of World Religions Press,2001，pp.264-280。

[②] 本文英文原文发表于美国 Indian River Community College 出版的《国际应用哲学杂志》。*The International Journal of Applied Philosophy*，1986 年冬季第 8 卷。

[③] Chung-Ying Cheng, "Approaches to Environment Ethics Reconsidered", *Journal of Chinese Philosophy,* Vol.32, Issue 2, 2005, pp.343-348.

家的社会模式从人类社会转到自然界,生态整体主义就应在生态之网中增加另一个维度。所以在整体的中国思想中,而不仅在道教里,"发展出一种基于中国古代思想的、土生土长的中国环境伦理的潜力是巨大的。古代中国思想对生态学、生态女性主义、全球意识的潜在贡献也是巨大的"①。塔克(Mary Evelyn Tucker)指出:道家和儒家在自然生态学和社会生态学方面有特殊的贡献,两者都重视与自然和谐相处。道家是自然中心的,儒家则是社会中心的;道家强调基于"道"的初级因果关系,儒家强调人类活动的次级的因果关系;道家主要关心个人与"道"的和谐,儒家强调人能创造一个公正的社会;道家鼓励个人的俭朴,实现与自然的直接接触,儒家强调以变动的自然模式来协调人的行为和人类社会;为了与"道"一致,道家认为应该减少过度的社会、政治干预,儒家则认为社会和政治干预对创造一个有序社会是必不可少的;道家提供的理想统治是微妙的、间接的、超然的,而儒家需求一个"北斗星"一样的道德管理者;道家追求质朴和自然,儒家看重教育和道德实践。为了理解和尊重自然,我们需要道家对自然原则和过程的微妙洞察,但没有儒家的社会责任,我们也许会失去改变掠夺自然行为的机会;道家要求重新审视人地关系,儒家呼吁再度思考个人、社会、自然之间的关系;道家的生态立场对当今世界有着巨大的潜力,其自然生态思想与深生态学密切相关,儒家亦可以被视为社会生态学的一种形式。②

加州大学的安德森(E. N. Anderson)在《梅花树:环境实践、民间宗教与道教》一文中指出:早期道教对自然的思考建立在民间信仰上。早期道士书着墨更多的是自然世界的超自然方面,而不是其自然方面。道士们在萨满式的游历中上天入地,而儒家承担着社会责任,注

---

① J. Baird Callicott, *Earth's Insights: A Multicultural Survey of Ecological Ethics from the Mediterranean Basin to the Australian Outback*, Berkeley and Los Angeles: University of California Press, 1997, p.85.
② 参见 Mary Evelyn Tucker, "Religious Values Derived From Other Traditions: Ecological Dimensions of Taoism and Confucianism", *Dialogue and Alliance*, 7, 1993, pp.86-97。

重环境保护,道教遵循着儒家的生态律令。道教没有能与孟子的"牛山"故事相比的生态关怀。东亚的生态主义者应该是儒家而非道教。道教的特殊贡献集中于事物的玄妙方面,他们把人的注意力引向了其他的领域,其自然倾向弥补了儒家对人类生活的集中思考。①瑞丽(Lisa Raphals)的文章却说"牛山"故事里,几乎没有资料说明孟子的劝导起过实际的作用。②加拿大学者裴玄德(Jordan Paper)在《"道家"与"深生态学":幻想与可能》一文中认为应全面地看待中国思想,充分认识到很早的经典已经提及环境的退化。一个持久的、清晰的态度,应从孟子而不是庄子开始,配合醮仪,对重新纠正西方和中国的环境态度都十分有益。③

二 道家作为他者启发生态伦理

一些学者谨慎地认识到道家只是作为一个东方他者,启示着西方文化内部的某种变革。他们出于对文化移植作用的顾虑、对东方文化影响的担忧,以及中国的环境现状等因素而对道家的可能贡献持怀疑态度。他们更愿意把道家作为启发他们重新发现自我传统的"他者"。在这些学者看来,道家对西方并没有直接的意义,它只是间接地提供了重新解释西方传统的契机,以此来扭转环境的恶化。例如,裴玄德就认为道家对西方的意义是间接的,它仅仅提供了重新解释西方传统的方法来扭转

---

① 参见 E. N. Anderson, "Flowering Apricot: Environmental Practice, Folk Religion, and Daoism", in N. J. Girardot, James Miller and Liu Xiaogan(eds.), *Daoism and Ecology: Ways within a Cosmic Landscape*, Center for the Study of World Religions Press, 2001, pp.157-178。
② 参见 Lisa Raphals, "Metic Intelligence or Responsible Non-Action? Further Reflections on the Zhuangzi, Daode jing, and Neiye", in N. J. Girardot, James Miller and Liu Xiaogan(eds.), *Daoism and Ecology: Ways within a Cosmic Landscape*, Center for the Study of World Religions Press, 2001, pp.305-312。
③ Jordan Paper, "Daoism and Deep Ecology: Fantasy and Potentiality", in N. J. Girardot, James Miller and Liu Xiaogan(eds.), *Daoism and Ecology: Ways within a Cosmic Landscape*, Center for the Study of World Religions Press, 2001, pp.3-18.

第七章 古代的思想、当代的问题

环境的恶化。[①]环境伦理学家罗尔斯顿（Holmes Rolston）坚持西方应该在自己的传统中找到创新性的解决环境问题的办法，它可以把道家等东方传统作为催化剂来启示生态科学。[②]当代著名新教神学家莫尔特曼（Jurgen Moltmann）也持相同的见解。他说："借助于老子，我试图找到重新尊重自然和确立人类文化与自然环境之间的新的联合体……我并没有皈依道教，也没有把外国的智慧作为我自己的智慧，而是因为老子使我看到了犹太教和基督教《圣经》中的以及西方的自然主义与神秘主义中的智慧传统。我懂得了利用我们自己的资源。"[③]怀特（Lynn White）虽然指出基督教是环境破坏的首要原因，但由于各种文化有其生长的土壤，把一种文化移植到其他文化之中不一定起作用，所以作者的结论却是改革基督教，以便让它把人类带出由它引发的环境危机。过程神学家科布（John B. Cobb）看到道家和其他的中国自然观未能阻止古代中国的环境退化，因此对西方来说，更可行的方法是修正西方的传统而不是移植外国的思想。[④]德国犹太思想家马丁·布伯（Martin Buber）认为，在中国的儒、道、释三大传统文化中，具有世界意义的是道家思想。因为，中国的佛教已经不是古印度的佛教了，它的出世精神对中西文化的对话有害无利。儒家思想又由于太入世，以至于难以成为一种世界性的精神。他认为，西方无法接受儒家文化。但道家精神则完全不同，它的超越精神堪与西方的超越精神媲美。他希望通过中国道家的"无为""贵柔""尚朴"精神，重新找回西方失落已久的精神家园，重振西

[①] 参见 Jordan Paper, "Daoism and Deep Ecology: Fantasy and Potentiality", in N. J. Girardot, James Miller, and Liu Xiaogan(eds.), *Daoism and Ecology: Ways within a Cosmic Landscape*, Center for the Study of World Religions Press, 2001, pp.3-18。

[②] Holmes Rolston, "Can the East help the West to value nature", *Philosophical East and West*, Vol.37, No.2, 1987, pp.172-190.

[③] ［德］莫尔特曼：《创造中的上帝——生态创造论·中译本前言》，隗仁莲、苏贤贵、宋炳延译，生活·读书·新知三联书店 2002 年版，第 21 页。

[④] 参见 John B. Cobb, Jr., *Is It Too Late?: A Theology of Ecology*, Environmental Ethics Books, 1995，转引自 Eugene C. Hargrove, "Foundations of Environmental Ethics", in J. Baird Callicott and Roger T. Ames (eds.), *Nature in Asian Traditions of Thought: Essays in Environmental Philosophy*, Albany: State University of New York Press, 1989。

方文化。①

三 质疑道家思想能够解决危机

有学者质疑道家对生态的贡献，提醒西方要谨慎地引进道家思想。他们认为深生态学家眼中的道家完全是现代西方的想象和创造。假设通过西方思想发展道家，认为西方式的道家能够解决危机，这必然隐含着一个逻辑上的矛盾。他们怀疑的主要原因是包括道家在内的东方传统并没有有效地遏制这些国家在前现代和现代的环境退化。这些传统文化在其本地作用甚微，对解决全球问题的作用也就不容高估。他们给那些对道家抱有希望的学者泼冷水。例如，裴玄德认为深生态学家们对道家的想象太浪漫，对道家进行了简单化的、西方化的、超历史的理解。一些学者尝试从中国古典中推导出一些理论，这些理论其实与传统中国思维方式没有多大关系。环境问题如此迫在眉睫，对其他文化的浪漫诠释能否拯救这个星球是值得怀疑的。生态伦理学可以在西方传统中向更有效的方向发展。在中国方面，也应全面地看待其传统，中国的环境问题同样严峻。在向西方传播之前，东方需要对其文化资源作相当的革新。②哈格罗夫（Eugene C.Hargrove）说："对东方的环境态度和价值做比较研究对发展东方的环境哲学有着重要的价值。东方像西方一样，急需一种新的环境哲学。对亚洲国家有意义的环境哲学必须从亚洲传统思想中产生。人们也许希望对环境哲学的研究最终会产生一种超越所有文化框架的、世界性的、有效的环境态度和价值。但经验告诉我们，这种研究将带来一系列产生于不同文化传统的环境态度和价值。"③有实践意义的环境理论难以依赖任何有独特形而上学预设的整全学说。罗尔斯顿曾提

---

① 参见刘杰《马丁·布伯论"东方精神"的价值》，《文史哲》2000年第6期。
② 参见 Jordan Paper, "Daoism and Deep Ecology: Fantasy and Potentiality", in N. J. Girardot, James Miller, and Liu Xiaogan(eds.), *Daoism and Ecology: Ways within a Cosmic Landscape*, Center for the Study of World Religions Press, 2001, pp.3-18。
③ J.Baird Callicott and Roger T. Ames, eds., *Nature in Asian Traditions of Thought: Essays in Environmental Philosophy*, Albany: State University of New York Press, 1989，pp.13-21.

醒"假如一种理论需要被采用并产生作用，对东方思想能力的检验就是看东方国家如何解决他们的环境问题"①。这个问题提得很尖锐。

值得我们反思的是，既然西方学者认为道家生态伦理可以启发西方文化回到自己的传统，那么它也能够启发东方学者重新审视自己的文化积淀。要应用于现代的生态环保，传统文化必须经过创造性转化和创新性发展。对传统文化的两创不仅需要理解我们自己的传统，也需要深刻理解和认真学习其他文明的优秀元素，取长补短，避免中国传统思想逻辑推理薄弱、知识论环节欠缺、方法论不足等缺陷，做到以理服人，以清晰的理论分析、严密的逻辑推导建立起有助于公共辩论的思想体系。接纳新的血液是任何文化发展的动力，故步自封只能导致衰退和萎缩。中国学者虽然强调本土视角，关注自己文化的发展和现代价值，并希望将其普遍化，但应该避免另一个趋势，即为了避免现代的困境而拒绝接受其他文明的可取之处，将本土经验本质化，走向狭隘的民族主义和封闭的特殊主义。

第二节　道教生态伦理的哲学基础和基本原则

一　道物无际观

道教生态伦理的哲学基础是"道物无际观"。道与德、道与一、道与无、道与自然等范畴在学界有大量的讨论，但在生态问题上，还应该重视"道"与"物"的关系。道教在推论万物的根源与万物、形而上的本体与形而下的器物以及万物之为万物的终极原因时，提出了"道"

---

① J. Baird Callicott, *Earth's Insights: A Multicultural Survey of Ecological Ethics from the Mediterranean Basin to the Australian Outback*, Berkeley and Los Angeles: University of California Press, 1997, p.85.

道教伦理：传统形态与当代新诠

与"物"这对范畴，如"道生一，一生二，二生三，三生万物"(《老子》第42章)，"物物者之非物也"(《庄子·在宥》)，"物物者与物无际"(《庄子·知北游》)。这些命题都提到了"道"与"物"这对概念。这里把庄子的"物物者与物无际"提炼成"道物无际"命题，以从总体上来概括"道"与"物"这种既先在又同在且后在的关系。"道"是道教的最高信仰，是一切存在的根本凭借和最终依据。"道物无际"表明"道"与"物"是先在、同在、后在的辩证统一。"道"为"万物之宗"，所以它决定"物"，是一种先在。但"道"不在彼岸，它不仅与世间同在，而且与具体的万物同在，不仅与人们认为高尚的物同在，甚至"在蝼蚁""在稊稗""在瓦甓""在屎溺"中。(《庄子·知北游》)老子还提出"道法自然""不敢为天下先""辅万物之自然"等命题，也就意味着"道"后在于万物而顺任、成全不物。需要注意的是，"道与物"这种同在并没有把"道"混为"物"，因为庄子已经谈到"物物者非物"。这种同在当然也没有将物泯灭于道，因为"物"一旦出现，便按照"自化"的原则取得了相对于"道"的独立性。最简单的"物"也有如"道"一样的价值、权利和神圣性，而不是仅仅具有工具价值的"道"的元素和部件。它们之间互为目的，不能因为"道"的超越性而贬低"物"的世俗性；它们之间无确定界限，形成了互相生成的有机关系。"道"不是对"物"的单向超越，"物"可以转化成超越的神圣之物。"道物无际观"的生态意义表现在哲学上就是反机械论、反决定论、拒绝二元对立观，排斥绝对的中心。"道物无际观"既高标了道，又提升了万物的地位和价值，为道教敬重自然、爱护万物提供了理论支撑，堪称道教生态伦理的哲学基础。可以说这是一种关系然而非原子式的视野、有机然而非机械式的世界观。①

---

① 薛富兴：《博物学：恰当自然审美的必要基础》，《哲学动态》2023年第1期。

二 道教生态伦理的基本原则

1. 发展的自化性

道教承认"物"的自化,提倡让万物"各得其性""自足其性"。"道法自然"就是让事物自由地发展和创造。这样的发展观许可偶然性。必然性通常指现实中由本质因素决定的确定不移的联系和唯一可能的趋势,而偶然性却指现实中由非本质的、互相交错的因素决定的,以多种可能状态存在的联系。"万物自化"的结果就是事物的性质在一定关系中被确定,存在着随机性和偶然性。这就与机械决定论区别开来。机械决定论把自然界看成一个不间断的因果链条,原因和结果具有严格确定的、不可逆转的必然联系;宇宙中全部未来的事件都被全部过去的事件决定,事件出现的不确定性和偶然性消失了。现代生物学证明,在生物进化过程中不仅基因变化是随机的,而且自然选择也不完全是定向的,因而进化的方向包含着偶然因素。在分子水平上的进化方向,甚至不受自然选择的影响,也完全是随机的。这表明自然界不是某种有目的的预定计划的展现,而是新的可能性的不断涌现,从而不断开辟着新的方向的"自化"过程。

让事物自足其性的道教发展观不是仅用增长来衡量发展,也用个性、多样性、异质性的获得和实现来鼓励进化。如果只考虑用人为的手段增加个体的数量,而个性和多样性却在丧失,这不是进化,而是退化,也不是发展,而是倒退。道教进化式的发展更看重个性的获得和完成。也就是说,随着生命体的增长,个性也要充分发展。同时从发展的客观上看,生物的变化如越来越表现为精神性的增强,这也是进化,反之则是退化。进化促成的是物质的精神转化,甚至当物质量减少而精神性加强时,这也是发展,而非倒退。①

---

① 参见汪伊举《试论生态与政治》,《世界经济与政治论坛》2001年第5期。

2. 系统的循环性

事物除了向对立面转化外，也在周而复始、循环往复地运行。老子发现"夫物芸芸，各复归其根。归根曰静，是谓复命"(《老子》第16章)。老子还说"大曰逝，逝曰远，远曰反"(《老子》第25章)和"反者道之动"(《老子》第40章)。庄子的"万物皆出于机，皆入于机"(《庄子·至乐》)，都表明事物的发展是在一循环系统中交替嬗变的。生态学也揭示出自然界的物质是循环往复地转化，如生产者(绿色植物)把无机物(太阳能)转化为有机物，给消费者(动物)消耗；消费者产生的废弃物及生产者的残体被分解者(微生物)消化，又转化为无机物，返回环境，供植物重新利用。生物圈由无数个这样的物质循环构成，生物在循环中进化和发展。这是一种循环的发展理论。道教"各复归其根""反者道之动"与生态学循环有一致性。"道法自然"，自然是人类最好的老师，人类可以模拟自然建立循环型社会，提高资源的利用率。

3. "道"的实践性

"上士闻道，勤而行之"(《老子》第41章)。道教生态伦理不仅让人思辨，也催人行动，具有很强的实践性。仅仅凭借思辨不能认识"道"，因为它不完全是纯思辨的对象，也需要人在实践中与它相遇、相识，并最终与之合为一体。这样的哲学有实践性，必定与自己的生活发生联系，需反求诸己。

一般来说，与信仰相比，思辨理性难以提供实际动力采取行动。像纯粹哲学那样的纯粹理性无法像宗教那样为人们提供安慰和确定的未来。哲学不承诺命运与拯救，不提供进天堂的安慰和地狱的惩罚，不能从人的有限性和对超越、幸福的渴望中证明确实存在着超越的世界和绝对的幸福。[①]但是在宗教信仰中，主体和对象处在一种能够应答的经验性关系中，主体可以直接地、内在地、独自地参与到超越、无限而神秘的实在之中，与之融为一体，并因此而最终获得自身。"道"的理论是

---

① 参见包利民《哈贝马斯：交往理性与宗教》，《社会科学战线》2003年第3期。

行动型理论,是要与个人生活发生关系的理论,是事实与价值同向的理论。道教思想方法中的生态性,如反机械论、决定论和对随机性、偶然性的重视等体现了对自然界的关注,要求在人世间和政治生活中体现自然精神。在社会生活方面,它有助于反物质主义、反享乐主义、反不可持续的发展等,这都是道教伦理思想的实践意义。

第八章　道教社会生态观

环境问题不是一个纯粹的人与自然的关系问题，而是一个非常重大的社会问题。人与自然的关系归根结底是人与人关系的一种反映。《黄帝阴符经》开篇既讲："观天之道，执天之行，尽矣"，阐述了天地运行与人事之间的联系。个人、社会、自然三者之间是一个相互作用的有机整体。人类社会合理发展的同时，人与自然关系也会得到改善，人与自然关系的改善又将推动人类社会的可持续发展。所谓可持续发展，就是"这样一种发展，它不仅创造经济增长，而且关注经济增长成果的公平分配，它要再造环境，而不是破坏环境，它给与人助益，而不是使人们边缘化，它是这样的发展，它首先关注穷人，增加其选择和机会，使他们更多参与到影响他们生活的决策活动中来"①。随着对环境和发展问题探讨的深入，人们在自然科学、社会科学和人文学科的广泛领域里开始了对这些问题的全面检讨，把环境与发展问题从自然界引入人类社会，并形成生态政治思想，对政治问题作生态分析，也对生态问题作政治分析。人们日益意识到资源和环境的可持续性必须以社会公平为前提。没有社会的公平，就不能保证资源的可持续利用和生态环境的改善。社会公平是可持续发展的重要组成部分。"可持续发展"理论中的社会公平既包括代际公平，即当代人与后代人之间公平

---

① 联合国计划开发署：《人类发展报告1994（中文版）·前言》，牛津大学出版社1994年版。

地享有资源和发展机会均等；也包括代内公平，即同代人之间的生产和分配的公平；同时还包括男女性别之间的公平。道家、道教曾经致力于解决平等问题。道教有着独特的社会公平思想，能丰富可持续发展的公平理论。

第一节　无为而治与生态政治

20世纪60年代以来，世界环境保护逐渐与政治结合，形成生态政治，推动着生态的政治化和政治的生态化，让我们看到社会生活中正在"发动一场旨在建设生态社会的广泛的改造运动"[①]。在欧美各国形成了以生态原则为基础的绿党组织，将绿色政治理论同环保运动相结合。绿党进入议会，它敦促政府把因工业化进程加快带来的生态环境问题纳入社会发展的总体框架内予以解决，推动着这些国家的环境保护运动。生态意识不断进入政治领域，这极大地提高了在政治层面对解决生态问题和实现人与自然协调发展的关切度，生态政治学也应运而生。生态政治学运用生态学的观点和方法研究政治问题，既对政治问题作生态分析，也对生态问题作政治分析。生态政治的基本主张包括维护生态平衡，维护社会正义，消除个人利己和民族利己主义，实行基层民主。绿色政治要求更多地实现分散化的直接民主，使决策过程开放、透明，加强基层组织的自主权和自决权；分散政治权力，防止任何权力垄断现象的出现；废除家长制，反对男性中心主义。性别的特殊性可以使女性更易体验到与自然界的亲近关系；主张非暴力，反对统治阶级和被统治阶级利用暴力，终止单纯性暴力和结构性暴力即终止由

---

① [美]丹尼尔·A.科尔曼：《生态政治：建设一个绿色社会》，上海译文出版社2002年版，第192页。

国家充当主体所施行的暴力。

  一个国家的政治发展状况与这个国家所处的生态环境有关。生态环境可以促进，也可以阻碍政治的发展。另外，一些重大的全球性的环境问题需要国家这一强力的组织来协调、处理和解决。生态问题的根本解决有待于从政治高度上的重视，并在政治领域和实践中应用生态理论作指导。环境问题的严重性和紧迫性已经引起各国政府的高度重视，许多国家开始把环境问题视为政治问题。中国政府参加了联合国环境与发展会议，参与通过了指导各国发展的纲领性文件《21世纪议程》。中国政府也发表了《中国21世纪议程》，意味着我们向社会、经济、人的协调发展迈出了重要的一步。2012年11月8日中国共产党举行了第十八次全国代表大会，在这次会上提出了"五位一体"的总体布局，这就是经济建设、政治建设、文化建设、社会建设、生态文明建设，明确提出了生态文明建设。2015年10月29日，在党的十八届五中全会第二次全体会议上提出的新发展理念中包括绿色发展，绿色发展还写进了党的"十三五"规划建议之中。2017年10月18日，党的十九大报告强调"建设生态文明是中华民族永续发展的千年大计"，"坚持人与自然和谐共生"，"建设美丽中国，为人民创造良好生产生活环境，为全球生态安全作出贡献"，并将"坚持人与自然和谐共生"作为新时代坚持和发展中国特色社会主义的基本方略之一。党的二十大报告指出："大力推进生态文明建设"，"坚持绿水青山就是金山银山的理念，坚持山水林田湖草沙一体化保护和系统治理，生态文明制度体系更加健全，生态环境保护发生历史性、转折性、全局性变化，我们的祖国天更蓝、山更绿、水更清"。我们现在是全球生态文明建设的重要参与者、贡献者和引领者。建设生态文明，需要构建生态伦理，培育生态文化，倡导勤俭节约、绿色低碳、文明健康的生产方式、生活方式和消费模式。包括道教在内的中华优秀传统文化在生态文明建设、生态伦理构建中可以作出积极的贡献。

第八章 道教社会生态观

一 "无为而治"与基层治理

既然政治与环境如此紧密地联系着,怎样治理才能最大限度地保证人与自然的和谐呢?老子提出最高的治理原则是无为而治,他说:"道常无为而无不为,侯王若能守之,万物将自化。"(《老子》第37章)"我无为,而民自化;我好静,而民自正;我无事,而民自富;我无欲,而民自朴。"(《老子》第57章)"是以圣人处无为之事,行不言之教;万物作而不为始,生而不有,为而不恃,功成而弗居。"(《老子》第2章)"是以圣人之治……为无为,则无不治。"(《老子》第3章)"天下神器,不可为也,不可执也。为者败之,执者失之。是以圣人无为,故无败;无执,故无失。"(《老子》第29章)"无为而无不为。取天下常以无事,及其有事,不足以取天下。"(《老子》第48章)。无为而治具体包括"不言""不争""无欲""去甚""去奢""去泰""不恃""弗居""无执""不宰""勿矜""勿伐""勿强""无事"等,是尊重和符合万物本性的社会治理。只要认清事物本来的状态和运行的规律和趋势,因势利导、顺势而为,减少诸如苛政、重税、烦琐的政令等不合理、不正当的扰民作为,就会投入少,见效好,达到"治大国若烹小鲜"的高超政治艺术。"天地之性,万物各有所宜。当任其所长,所能为。所不能为者,而不可强也。"① 如果强行干预,只会适得其反,"民之难治,以其上之有为,是以难治。"(《老子》第75章)"天下多忌讳,而民弥贫。"(《老子》第57章)

无为而治提倡简约化的治理,希望政府减少干预,发挥社会的自我管理。党的十八届三中全会提出:"全面深化改革的总目标是完善和发展中国特色社会主义制度,推进国家治理体系和治理能力现代化。"② 推进国家治理体系和治理能力现代化是全面深化改革的总目标。这对于中

---

① 王明编:《太平经合校》,第203页。
② 《中共中央关于全面深化改革若干重大问题的决定》,http://www.gov.cn/jrzg/2013-11/15/content_2528179.htm。

国的政治发展和中国的社会主义现代化事业来说，具有重大而深远的理论意义和现实意义。俞可平认为，提出"国家治理"而非"国家统治"，强调"社会治理"而非"社会管理"，不是简单的词语变化，而是思想观念的变化，是中国共产党从革命党转向执政党的重要理论标志。从理论上说，治理的概念不同于统治的概念，从统治走向治理，是人类政治发展的普遍趋势。"多一些治理，少一些统治"是21世纪世界主要国家政治变革的重要特征。从政治学理论看，统治与治理主要有五个方面的区别。其一，权力主体不同，统治的主体是单一的，就是政府或其他国家公共权力；治理的主体则是多元的，除了政府外，还包括企业组织、社会组织和居民自治组织等。其二，权力的性质不同，统治是强制性的；治理可以是强制的，但更多是协商的。其三，权力的来源不同，统治的来源就是强制性的国家法律；治理的来源除了法律外，还包括各种非国家强制的契约。其四，权力运行的向度不同，统治的权力运行是自上而下的，治理的权力运行可以是自上而下的，但更多是平行的。其五，两者作用所及的范围不同，统治所及的范围以政府权力所及领域为边界，而治理所及的范围则以公共领域为边界，后者比前者要宽广得多。① 从纵向看，国家治理体系包括国家治理、地方治理和基层治理。社会治理重心在基层，当社会治理意指具体社会事务治理时，在大部分时候，社会治理与基层治理是重合的，即基层社会治理。②

"无为而治"所包括的社会自治符合生态政治加强基层组织的自主权和自决权的主张，也符合国家治理体系和治理能力现代化所提倡的将治理重心向基层下移的方向。党的十九大报告指出，"推动社会治理重心向基层下移，发挥社会组织作用，实现政府治理和社会调节、居民自治良性互动"。党的二十大报告指出要"健全基层党组织领导的基层群众自治机制"，"增强城乡社区群众自我管理、自我服务、自我教育、自我监督的实效"。这就需要鼓励社会参与，培育社会力量。社会的各种

---

① 参见俞可平《推进国家治理体系和治理能力现代化》，《前线》2014年第1期。
② 参见郁建兴《辨析国家治理、地方治理、基层治理与社会治理》，人民网，https://baijiahao.baidu.com/s?id=1643249330696146883&wfr=spider&for=pc，2019年8月30日。

需求是网状的、分散的、具体的、随时的、繁杂的，有效的应对措施也应该是建立网络式的、自发的、多点的回应系统。社会对自己身边的事比政府更能及时了解，更知道如何解决。社会力量扎根于生活世界，作为单独的主体有其专属的资源渠道，能够很好地协调社会资源。社会力量在参与基层治理方面有丰富的资源来源、有效的动员方式、便捷的目标认同、牢固的互相信任、安全的归属意识、默契的相互配合、灵活的互助互惠、及时的纠错调整，以及参与公共事务带来的价值实现使每个人在各方面都获得充分发展、潜能得到最大限度的释放。这些都是社会力量自身的独特优势。培育社会力量就是要调动每个人的积极性。

二 致太平的理想政治与环境保护

在道教看来，政治与环境也是紧密相关的。道家"任物自然"的主张反对把人的意志强加给自然，人为地干涉、破坏大自然的进程。在传统社会，道教指出人与外界环境存在着天人感应的关系。如果人能顺任自然、善待自然，则天下太平、和谐，万物勃发、茂盛，人们于是得到大自然无私的馈赠；如果人为地破坏自然，则会遭到大自然的报复，出现天灾人祸、万物凋零的惨状。《太平经》指出：

> 故人心端正清静，至诚感天，无有恶意，瑞应善物为其出。[1]
> 天地悦喜，善应悉出，恶物藏去，天地悦则群神喜。[2]
> 故太平之岁，凡物具生，多善物，是明证也，天地之大效也。[3]
> 帝王其治不和，水旱无常，盗贼数起，反更急其刑罚，或增之重益纷纷，连结不解，民皆上呼天，县官治乖乱，失节无常，万物

---

[1] 王明编：《太平经合校》，第512—513页。
[2] 王明编：《太平经合校》，第521页。
[3] 王明编：《太平经合校》，第638页。

失伤，上感动苍天。①

《庄子》涉及治理与环境的关系，说：

> 乱天之经，逆物之情，玄天弗成；解兽之群，而鸟皆夜鸣；灾及草木，祸及止虫。噫，治人之过也！（《庄子·在宥》）

传统的天人感应关系在统治者那里表现得最为突出。政治，作为统治者治国理民的活动，是人事的一部分，与自然也紧密地联系着。道教认为政治能影响环境，环境也反过来能影响政治。天与统治者的所作所为之间有着特殊的感应关系。首先，政治如果清明、天下太平，则风调雨顺、万物繁茂，瑞应频现以示嘉奖。否则就风雨失时、生物凋零，伤及自然，恶兆常出，并危及政权的稳定。如果人与自然失去平衡，出现生态灾难，统治者就应该反省自己的作为和政策是否违背自然规律，并通过政府官员修正自己的行为而恢复自然界的生态平衡。《庚桑子》说："楚以为凡遭水旱，天子宜正刑修德，百官宜去私戒盈，则以类而消，百福日至矣。"②这样的"天人感应"隐含了生态政治思想的萌芽，指明政治与生态的密切关系。统治者应将维护自然的平衡作为自己的职责，最大限度地维护生物多样性，实现经济、社会和人的协调发展。宋末元初道士杜道坚在《道德玄经原旨》中指出："故立天子，置三公。天子作民父母，三公论道经邦，燮理阴阳，赞化育，安人民，保天下也。"③保护生态，善待万物，使人与万物和谐共存，在道教那里是作为一个严肃的政治问题来看待的。

"心相通而后神相通，神相通而后气相通，气相通而后形相通，故我病则众病，我痛则众痛。"④治理者与人民和万物存在着休戚与共的关系。由于人事牵涉天道，治国理民之政治除对人事负责外，也应把环境纳入

---

① 王明编：《太平经合校》，第23页。
② 《洞灵真经》，载张继禹主编《中华道藏》，第15册，第662页。
③ （南宋）杜道坚：《道德玄经原旨》，载《道藏》，第12册，第751页。
④ （唐）谭峭：《化书》，载《道藏》，第36册，第306页。

自己的施政之中。统治者的任务不仅是管理百姓和人间事务，同时要爱护、养育天地之间的一切生物，维持自然界的正常运行，使其能各尽其性，所谓"能养天之所生而勿撄之谓天子"（《列子·用道篇》），说的就是这个意思，于是道教特别提出了统治者保护生物多样性的职责。

《太平经》说："阴阳者，要在中和。中和气得，万物滋生，人民和调，王治太平。"①《太平经》这样解释"太平"：

> 太平者，乃无一伤物，为太平气之为言也。凡事无一伤病者，悉得其处，故为平也。若有一物伤，辄为不平也……春物悉生，无一伤者，为青帝太平也。夏物悉长，无一伤者，为赤帝太平也。秋物悉成实收，无一伤者，为白帝太平也。冬物悉藏，无一伤者，为黑帝太平也。②

> 太者，大也；大者，天也；天能覆育万物，其功最大。平者，地也，地平，然能养育万物。经者，常也；天以日月五星为经，地以岳渎山川为经。天地失常道，即万物悉受灾。帝王上法皇天，下法后地，中法经纬，星辰岳渎，育养万物。故曰大顺之道。③

道教的"太平"，是强调每一物的生养权利都得到了保障，没有任何一物受到伤害。"天乃无不覆，无不生，无大无小，皆受命生焉，故为天……不负一物，故为天也。夫帝王者，天之子，人之长，其为行当象此。"④"道者，天也，阳也，主生；德者，地也，阴也，主养……夫道兴者主生，万物悉生，德兴者主养，万物人民悉养，无冤结。"⑤帝王要想达到"致太平"的治理目标，就须效法天地，生养万物，不使任何一物受到毁伤。若有任何一物受到伤害，就不能太平。如果治理者的施

---

① 王明编：《太平经合校》，第20页。
② 王明编：《太平经合校》，第398—399页。
③ 王明编：《太平经合校》，第718页。
④ 王明编：《太平经合校》，第219页
⑤ 王明编：《太平经合校》，第218—219页

政行为不符合道的要求，"太平"就会遭到破坏。

在道教看来，在人类社会生活中的"相养之道"，最核心的问题就是治理者在生存权利和物质生活资料的分配上处理好与百姓的关系。道家道教要求统治者效法天道，使人人都有平等的生存机会，实行公平而又平等的原则。为此，统治者必须限制自己的欲望，给百姓以适当的生存空间。"民之饥，以其上食税之多，是以饥；民之难治，以其上之有为，是以难治；民之轻死，以其上求生之厚，是以轻死。"（《老子》第75章）统治者的"食税之多""有为"和"求生之厚"，都违反了"无为"的原则，是对百姓自我生存和自我发展权利的干预。为了使百姓获得平等的生存和发展，道教认为首先要给他们自食其力的权利和机会。《太平经》说："天生人，幸使其人人自有筋力，可以自衣食者。而不肯力为之，反致饥寒，负其先人之体。而轻休其力不为力可得衣食，反常自言愁苦饥寒。但常仰多财家，须而后生，罪不除也。"[①] 这是说天使每一个人都"自有筋力"，就是要让他自食其力解决自己的衣食之养，这是上天赋予他的一项权利。有这种机会和权利而不肯努力，反使自己愁苦饥寒的人，"罪不除也"。

另一方面，道教主张在人人自求衣食的基础上实现一种广泛的社会公正，实现天"不负一物"的理想。《太平经》说：

> 此财物乃天地中和所有，以共养人也……本非独以给一人也；其有不足者，悉当从其取也。愚人无知，以为终古独当有之，不知乃万户之委输，皆当得衣食于是也。[②]

又说：

> 众万二千物皆生中和地中，滋生长大……当入口者，皆令民食

---

① 王明编：《太平经合校》，第242—243页。
② 王明编：《太平经合校》，第247页。

之。用其温饱，长大形容，子孙相承……是天使奉职之神，调和平均，使各从其愿，不夺其所安。①

皆食天仓，衣司农，寒温易服，亦阳尊阴卑，粗细糜物金银采帛珠玉之宝，各令平均，无有横赐，但为有功者尔。②

可见，天对所有的人都是平等的，天生万物是要让所有的人都能得到生养，无有偏私。相反，那些"或积财亿万，不肯救穷周急，使人饥寒而死，罪不除也"③的人，属于与天地中和气为仇的不仁之人，违反了天道"损有余补不足"的原则。

道教的平等、均平的社会政治理想，主要关心的是下层劳动人民和孤寒不足的弱势、边缘群体的生存权利，寄希望于明君体会天道均施的原则，实现社会公平。道教的社会政治理想，把社会置于宇宙级的宏大背景之下加以思考和定位，主张建立一个人与宇宙万物和谐发展、人与人平等而公正、个人的身心健康和谐的"太平"世界。"致太平"的政治理想希望建立一个环境友好型的社会。

第二节 "损有余补不足"的社会平等观

道家、道教在"道"的高度上主张平等。《老子》讲"天之道，损有余而补不足"。人之道则不然，是"损不足以奉有余"（《老子》第77章）。庄子在《齐物论》中提出"唯达者知通为一"，万物都分享了"道"，人与人之间、人与物之间是平等的。庄子、文子提出：

---

① 王明编：《太平经合校》，第615—616页。
② 王明编：《太平经合校》，第579页。
③ 王明编：《太平经合校》，第242页。

> 以道观之，物无贵贱；以物观之，自贵而相贱；以俗观之，贵贱不在己。以差观之，因其所大而大之，则万物莫不大；因其所小而小之，则万物莫不小。(《庄子·秋水》)

> 天下之物，无贵无贱，因其所贵而贵之，物无不贵，因其所贱而贱之，物无不贱，故不尚贤者，言不放鱼于木，不沉鸟于渊。(《文子·自然》)

在理想的"至德之世"，不存在君子小人的区分，他对世俗的君子小人之分嘲讽道，"天之小人，人之君子；天之君子，人之小人"(《庄子·大宗师》)。世人所谓"君子"与"小人"的差别是，前者以身殉天下而后者以身殉利，但从伤生损命的后果上说，两者是一样的，他们只是"事业不同，名声异号，其于伤性以身为殉，一也"(《庄子·骈拇》)。他们都同样是自然天性的异化者。道教继承了先秦道家的齐物、平等思想，并将这种公平思想发展到代际公平、代内公平、男女公平领域。

一 "承负"与代际公平

"可持续发展"的经典定义是"既满足当代人的需求，又不对后代人满足其需求的能力构成威胁的发展"[1]，即这代人与下代人之间应该平等地享有自然资源。如果这代人用前所未有的速度消耗资源，就将造成他们与后代人在资源使用上的不平等，这就是代际公平问题。我们现在的一切行为都对未来有着不可估量的影响。现在不顾后果地消耗资源，是对未来的遗忘，是对子孙后代的忽略。道教的"承负"概念涉及代际公平的问题。"承负说"很早就在警示世人不要为后人留下债务，否则，子孙后代"必有余殃"。《太平经》说："承者为前，负者为后；承者，

---

[1] 世界环境与发展委员会：《我们共同的未来》，王之佳、柯金良等译，吉林人民出版社1997年版，第52页。

乃谓先人本承天心而行，小小失之，不自知，用日积久，相聚为多，今后生人反无辜蒙其过谪，连传被其灾，故前为承，后为负也……负者，乃先人负于后生者也。"①"承负说"谈到"夫治不调，非独天地人君之过也，咎在百姓人人自有过，更相承负，相益为多，皆悉坐不守实所致也"②，如生态失衡、气候变化、洪灾或旱灾、水土流失、物种锐减，这不是上天的过错，而是每个人都犯有过错。现代人过度消费自然资源，使地球各地泛滥着废弃物，让我们的下辈成为环境难民。这些尚未出生的人，他们有什么过错呢，却需要承担前辈留下的生态债务？

道教的"承负"理论涉及可持续发展的代际公平概念。人们常说"前人栽树，后人乘凉"，这些都是人类在对待自然环境方面的正向"承负"。其实，对于资源和环境问题来说，一代人的功过有时还远远不止"前承五代，后负五代"。秦汉时期黄河流域大规模毁林开荒导致水土流失，给中华民族带来无穷后患就是一个很好的例证。道教的"承负说"提醒人们为了子孙后代的利益，当代人要多做有利于生态环境的事。在资源的利用上，我们不要"竭泽而渔""杀鸡取卵"，不要为后人留下生态债务，而要为后代人留下生存和发展的空间，留下绿水青山。道教提出的"人人自有过"要求在环境保护问题上，人人也都有责任和义务在力所能及的范围内作出自己的贡献。

二 "周穷救急"与代内公平

可持续发展除了强调代际的公平外，还十分注重同代人之间的公平。

在人类探索的种种发展策略中，只有目前的可持续发展更好地兼顾了发展与环境、发展与社会公平的关系。1968年奥雷利奥·佩切伊（Aurelio Peccei）创立了罗马俱乐部，对全球问题进行了开拓性研究。

---

① 王明编：《太平经合校》，第70页。
② 王明编：《太平经合校》，第53页。

罗马俱乐部的第一个研究报告《增长的极限》提出，地球的恩惠和宽容并不是无限的，自然界存在着遏止人类高压手段不断加强剥削的多重极限。为了解决由于人与自然的剧烈冲突而导致的生态破坏而提出"零增长"概念。但"零增长"停止了发展，这是大多数人，特别是发展中国家的人民不能接受的，因为持续的经济增长是达到人类幸福生活的主要手段。① 人们于是提出可持续发展，这种发展既实现了经济的增长，又维持了生态的平衡。它更注重经济利益的公平分配，更关注穷人的机会平等。

面对社会公平问题是社会生态学的重要内容。贫穷是最大的环境问题，"贫穷是一切污染中最坏的污染"②。联合国环境规划署负责人克劳斯·特普费尔（Klaus Topfer）教授曾说："世界上最具危害性的因素是贫穷……贫穷对环境造成了极为恶劣的影响，且这种影响在不断扩大。全世界死于环境污染的大多是穷人，他们是迄今为止自然界恶化的最大受害者。"③ 在贫穷的国家和地区，人们为了生存不得不过度使用自然资源，对环境施加更大的压力，引起资源和环境的进一步退化，而自然资源的枯竭、环境的恶化使他们进一步贫困。由于全球生态系统是一个相互联系的有机整体，任何一个地方的资源和环境的破坏都会引起其他地方的生态系统的反应，危及其他地方人们的生存和发展。

满足人类的需要，尤其是满足贫困人群的基本需要，是可持续发展的根本目的。道教"周穷济急""有财相通"的思想隐含了可持续发展的公平性和共同性原则。《太平经》称："天道助弱。"因为：

> 夫弱者，道之用也；寡者，道之要也。故北极一星，而众星

---

① 罗马俱乐部认为："如果世界人口、工业化、污染、粮食生产以及资源消耗按现在的增长趋势继续不变，这个星球上的经济增长就会在今后一百年内某一个时候达到极限。最可能的结果是人口和工业生产能力这两方面发生颇为突然的、无法控制的衰退或下降。"[美]D.梅多斯等撰：《增长的极限》，于树生译，商务印书馆1984年版，第12页。
② [美]芭芭拉·沃德（Ward Barbara）、勒内·杜博斯（Dubos Rene）：《只有一个地球》，《国外公害丛书》编委会译校，吉林人民出版社1997年版，第206页。
③ 《环境污染，穷人受害》，《新政治家》周刊（英文），1998年10月16日。

属，以寡而御众也，道要一而道属焉。是故国王极寡，而天下助而治，助寡之效也。父母极强，反助婴儿，是强助弱之效也。上善之人寡而弱，不善之人强而众；众则寡矣，强则弱矣。故君子求弱不求强，求寡不求众。①

但人世间却不是这样，总是雪上加霜地减少不足的，去锦上添花地侍奉有余的。现在的发达国家已经过上了富足的生活，消耗了大量的自然资源。在现在的国际贸易中，发展中国家一般是受国际经济状况的影响，而不能反过来去影响国际经济状况。"国际经济关系给试图管理自己环境的贫穷国家设置了特别的难题，因为在这些国家的经济中，自然资源的出口仍然占了很大的比例，尤其对一些最不发达的国家来说更是如此。"②这些国家基本上谈不上环境保护。

老子提出"天之道损有余以补不足"。人要顺应天道，道教特别强调帮助穷人和消除贫困。

> 夫人畜金银珍物，多财之家，或亿万种以上，畜积腐涂，如贤知以行施予贫家乐，名仁而已。助地养形，助帝王存良谨之民。夫亿万之家，可周万户，予陈收新，毋疾利之心，德洽天地，闻于远方，尚可常得新物，而腐涂者除去也。其中大贤者，乃日奏上其功于帝王。其中小贤，日举之于乡里。其中大愚人不偿报恩者，极十有两三耳，安能使人大贫哉？③

道教教导人们"有财相通"，不能把财物据为私有，一人独占。《太平经》上说：

> 此财物乃天地中和所有，以共养人也。此家但遇得其聚处，比

---

① 王明编：《太平经合校》，第703页。
② 世界环境与发展委员会：《我们共同的未来》，王之佳、柯金良等译，第83页。
③ 王明编：《太平经合校》，第246页。

> 若仓中之鼠，常独足食，此大仓之粟，本非独鼠有也；少内之钱财，本非独以给一人也；其有不足者，悉当从其取也。愚人无知，以为终古独当有之，不知乃万户之委输，皆当得衣食于是也。爱之反常怒喜，不肯力以周穷救急，令使万家之绝，春无以种，秋无以收，其冤结悉仰呼天。天为之感，地为之动，不助君子周穷救急，为天地之间大不仁人。人可求以祭祀，尚不给与，百神恶之，欲使无世；乡里祝诅，欲使其死；盗贼闻之，举兵往趋，攻击其门户，家困且死而尽，固固不肯施予，反深埋地中，使人不睹。无故绝天下财物，乏地上之用，反为大壮于地下，天大恶之，地大病之，以为大咎。①

意思是财物是天地中和之气的产物，其目的是供养众人而不是仅仅为少数人服务。经上还说："或积财亿万，不肯救穷周急，使人饥寒而死，罪不除也。"②如果你积累大量的财富，却不肯周济穷人，致使他们因饥饿而丧生，这样的罪过是无法获得赦免的。道教劝善书《文昌帝君阴骘文》劝人们道："济急如济涸辙之鱼，救危如救密罗之雀。矜孤恤寡，敬老怜贫。措衣食周道路之饥寒，施棺椁免尸骸之暴露。家富提携亲戚，岁饥赈济邻朋。"③

现代社会，每一个人都不是孤岛，而是整个社会的一部分。只要有人被伤害，伤害的就是整个社会。总之，人和自然的关系能反映人和人的关系，人与自然的矛盾可在人与人之间的冲突中找到原因。道家"损有余补不足"、道教的"承负"理论以及"周穷救急"的公平思想致力于改善人与人的关系，实现人的公平发展。

---

① 王明编：《太平经合校》，第247页。
② 王明编：《太平经合校》，第242页。
③ 《文昌帝君阴骘文》，载胡道静等主编《藏外道书》，第12册，第402页。

第八章　道教社会生态观

第三节　道教与生态女性主义

一　生态女性主义简述

"生态女性主义"是弗兰西斯·德波娜（Francois d'Eaubonne）1972年提出的概念，它标志着环保主义与女性运动的结合。女性与自然、女性被剥夺与自然被破坏之间的关系、女性在环境保护中的作用同时受到了女性主义和生态主义的关注，并形成了生态女性主义（Ecofeminism）思潮，在世界范围内展开了生态女性主义运动。

早期的生态女性主义者从性别的角度阐明了人类文明对自然的主宰与对女性的主宰之间的内在联系。[①]她们认为，男性对于女性的奴役，是从人类对于自然的奴役开始的。男性统治女性与人类统治自然之间有着同一性，女性危机、生态危机乃至社会的道德危机之间是同步的。"当今人类社会是以等级制的方式构成的，而正是这种等级制导致了对妇女以及对自然界的压迫。"[②]生态女性主义重在追溯人类社会如何从贬低自然和感性发展到贬低女性。生态学家卡罗琳·麦茜特（Carolyn Merchant）在《自然之死：妇女、生态和科学革命》中指出，在西方历史上，自然一直被赋予女性的形象，被看作有机的。从欧洲的情况来看，从新石器时代到青铜时代，妇女是受到广泛重视的。考古发现"东南欧有近三万尊不同材料的塑像，所描绘的几乎全是女性"[③]。在中国也有类似情形，红山遗址中发掘出来的也主要是女神。在殷代，太阳属阴

---

① 参见 Charlene Spretnak, "Critical and Constructive Contributions of Ecofeminism", in Peter Tucker and Evelyn Grim eds., *Worldviews and Ecology,* Philadelphia: Bucknell Press, 1993, pp.181-189。
② Clare Palmer, *Environmental Ethics: A Reference Handbook,* ABC-CLIO Press, 1998, p.16.
③ ［法］伊·巴丹特尔：《男女论》，陈伏保等译，湖南文艺出版社1988年版，第40页。

性，其东升西落被呼为东母、西母，这个时候还未见有东王公。战国时期出现了东皇、西皇，太阳神变成了男性。从考古发掘的公元前4500年的墓葬中，不难发现性别之间已经出现了不平等。

在人类历史后来的发展中，女性的地位每况愈下，并得到了哲学上的支持。阴性与无形的、不确定、不规则和无约束等特性联系在一起，与阳性的固定形状和明确界限相对立。阴性被看作被动而残缺的，阳性智能的威力可以揭示和分辨一切形式和自然界生物体的功能。后来的宇宙观更把男人置于女人、动物和自然界的其他成员之上。近代的人文主义运动、科学革命和启蒙运动开启了现代化，却加剧了人与自然的分离。新的机械论哲学把自然当作机械式的钟表，它完全可被人的心智能力理解和掌握。人们日益相信自我与他人和自然界是分离的，道德进步只能通过逐步将个人感情提升为抽象的和一般化的推理才能完成。这种方法使得对某个人或现象（女性的、个人的领域）的关照与一般的道德关照尖锐对立（男性的、一般的领域）起来。科学革命受当时社会的、理性的因素影响，充满男性中心色彩。人们认为与阳性有关的属性要优越于阴性属性，后者是手段，前者是目的。对自然和阴性力量则有所恐惧，因为后者混乱无序，只能用那些文化之父的意志才能加以规范。对自然的统治和对女性的控制在男性高人一等的理论中成为天经地义的事情。因而，压迫自然和压迫女性成了一个合二为一的过程。

生态女性主义者认为这种错误的对立是虐待自然的主要原因。她们提出了诸如女性角色、女性原则、女性直觉、女性价值、女性对自然的认同等问题，以与男性中心的价值观相对照。但是，从这种意义上强调女性与自然的联系，势必陷入逻辑矛盾之中。因为所谓女性角色、女性原则、女性与自然的联系等，都是在与父权制对照下形成的概念，本身就是性别压迫的产物。如果简单地肯定这些概念，有把女性重新置入妇女解放运动所反对的压迫之中的危险。近年来，更多的学者致力于分析女性与自然相联系的概念，指出其实质是对妇女与自然的双重统治，其根源是统治逻辑和二元对立的思维模式，从而对坚持统治逻辑和二元对立的近现代哲学中的理性主义、机械论、还原论、男性中心主义、人类中心主义等均持批评态度。生态女性主义批评一步一步从批评现象深入到了核心。

当代生态女性主义对主流哲学最大的挑战在于其概念分析和理论解剖。女性主义哲学家普鲁姆德（Val.Plumwood）认为那种普遍化的抽象的伦理把自我看作脱离肉体的、道德完善的，强调事物的认知价值、普遍性、非个人性，强调义务和权利，把情感看作不可信任、不可依赖、与道德无关、要受（男性的）理性支配的低等领域，认为欲望、关怀、爱只是个人的特殊情感，是理性的敌人，因为它反复无常、自私自利。道德属于理智范围，与情感和特殊爱好无关，道德行为是一种义务，其基础是抽象的理性规则。[①]另一位女性主义哲学家沃伦（K.J.Warren）认为，男人对女人的统治和人类对自然的统治之间的联系，最终是概念联系。有些概念框架如价值等级思维、价值二元对立、统治逻辑等是压迫性的，它们使压迫关系合法化。建立在这种逻辑基础上的伦理准许价值低的东西服从价值高的东西，如宣称统治的一方（男性）具有某种特性（如理性），而被统治的一方（女性）却没有这种特性，因而是低等的，应该服从前者。在二元对立的价值结构中，女性属于"自然"和"身体"的范围，男性则属于"人"和"心智"的范围。被认同为"自然"和"身体"范围的东西，其价值要低于被认同为"人"和"心智"范围的东西。因此，女性比男性低一等，男性支配女性是正当和天经地义的。二元对立的问题不在于承认对立双方的差别，而是把差别变成了等级关系，使双方形成统治和被统治、征服和被征服的关系。这种用来证明性别、人种、阶级等级的统治逻辑也可被用于证明人类对自然的统治。在理性主义哲学中，自然作为被理性排除的对立面，包括情感、身体、热情、动物性、原始、自然界、物体和感觉经验以及信仰等，其价值都受到了贬损。就是说，自然这个概念包括了理性排斥的所有特性。于是，生态女性主义对传统的哲学概念，诸如自

---

① 参见[澳]薇尔·普鲁姆德《女性主义与对自然的主宰》，马天杰、李丽丽译，重庆出版社2007年版，第77页。

我、知识、理性、客观性、心智等,及一系列构成西方主流哲学的二元对立展开了质疑。这些概念由于具有男性偏见,因而需要被重新思考。①近年来,另一比较活跃的生态女性主义思潮是以席瓦(Vandana Shiva)为代表的第三世界视角的生态女性主义批评。该理论基于本土的经验和知识,同女性的环保运动、反对新殖民主义的运动、全球反恐怖主义的运动结合起来。②生态女性主义是一个正在发展的思潮,从它目前已经取得的成果来看,它从早期简单地认定女性与自然的紧密联系,深入追问形成女性和自然受压迫的深层原因,对传统哲学提出了深刻的反思。

有两点需要注意。首先,虽然生态女性主义提出了女性价值对自然的正向影响,批评了男性中心主义和逻各斯中心论贬低身体、自然和女性的倾向,但生态女性主义的目的不应该是反对理性,而是要重建理性。它既反对无批判的男女平等(这样最多不过使妇女也进入统治自然的主人行列),也反对男女地位的颠倒(这样将仍然保持二元对立的模式和对自然的统治)。生态女性主义希望结束一切形式的压迫。它把人类因种族、性别和阶级的统治与人类对地球的统治联系起来。正是在此基础上,生态女性主义力图创建无男性偏见的伦理学。③生态女性主义要建立一种语境伦理学,坚持在一定的目的和语境中考虑权利、义务和原则。人在很大程度上依赖于历史和社会语境,依赖于我们身处其中的关系,包括与自然的关系。生态女性主义既反对仍保持人类中心主义和男性中心主义的各种环境伦理学,也反对建立一种超时代的、普遍的、绝对抽象的女性伦理学。女性主义通过对"社会性别"(gender)概念的引进,已将天然性别(sex)置于较次要的地位,更多地探讨作为社会文化建构结果的社会性别。其次,作为较理想化的女性主义,而不是激进的女性主义,以追求平等和权利作为其最基本的出发点,要达到的

---

① 参见[美]K.沃伦《生态女性主义哲学与深层生态学》,张秀芹译,杨通进校,《世界哲学》2010年第3期。
② 参见赵冰冰、刘兵《第三世界生态女性主义理论的若干特色——以席瓦为例》,《中国女性主义》2004年春;关春玲《西方生态女权主义研究综述》,《国外社会科学》1996年第2期;张杜芬《论生态女性主义的思想及其现实意义》,硕士学位论文,中南大学,2012年,第14页。
③ 参见曹南燕、刘兵《生态女性主义及其意义》,《哲学研究》1996年第5期。

目标并非彻底将男女的地位颠倒，而且这种彻底的颠倒也是与其出发点相悖的。它更多地强调，用边缘人群的视角对传统进行重新审视和批判，提出新的重建方案，以扭转危机四伏的现状。

另外，生态女性主义与后现代的解构哲学也有本质的区别。生态女性主义的哲学基础应该是一种"彻底的非二元论"，它是对二元对立思维方式的批判。但此种批判又不同于其他解构的、后结构的思路，后者过分强调差异性和相对性，要消解一切确定的东西，于是，否定一切的虚无主义就成为这一思路的必然结果。生态女性主义的批评是基于整体论之上的某种建设性意见。因此，它不仅是一种对现代世界观的抗议，更是一种开放的、探索新认知方式的建设性实践。斯普瑞特奈克（C.Spretnak）用"生态后现代主义"[1]这个术语来概括上述哲学思考。对生态女性主义哲学基础的讨论，贯穿了一个追求"真实"的想法，而"真实"则是用系统的、整体的、差异的、联系的、动态的、非线性的观点来理解自然、人类以及包含了自然和人相互作用的整体。在斯普瑞特奈克的理论中，"所谓'身体'指的是统一的身心；所谓'自然'指的不是科学上的理论体系或文化中所感知到的胁迫恐惧，而是我们的物理环境，它与我们的身体密不可分；所谓'地方'，我指的是生物区域、是社区和个人得以舒展的物理场所。当我谈到'地球共同体'的时候，我指的是我们的物理联系，即所有物种都参与了生物圈新陈代谢的交换。从宇宙诞生起,它们有分子水平上的彼此联系"[2]。这是一种彻底的非二元论哲学。正是有了这种哲学作为基础，生态女性主义才能够获得积极的意义，才能克服解构的后现代主义进而成为生态的后现代主义。在斯普瑞特奈克看来，生态后现代主义才是真正的后现代。

除哲学探讨和政治参与外，生态女性主义也包含精神层面。生态女性主义对父权世界观的疏远，对二元论和剥夺性的批评是一个根本的重建，重新肯定整体感、相互性、转化性、关照和爱。妇女运动尤其依赖

---

[1] 参见王治河《斯普瑞特奈克和她的生态后现代主义》，《国外社会科学》1997年第6期。
[2] 张妮妮：《身体、自然和地方——斯普瑞特奈克对生态女权主义的新发展》，《哲学动态》2001年第7期。

于妇女和平与精神运动,认为毫无节制的经济发展和战争都会导致环境退化。在生态女性主义者看来,环境危机的解决将部分地取决于我们能否在两性间取得更好的平衡,对女性体验世界的方式予以尊重,以此影响占主导地位的男性观点。她们认为在父权社会,选择女性比喻是一种好的策略。① 在女性与环境的关系方面,道家、道教的资源可谓得天独厚,挖掘道家、道教的女性思想将为环保运动提供独特的视角。道家、道教的贵柔守雌、雌雄同体思想有助于避免生态女性主义哲学的偏激。

二 "贵柔守雌"——道教女性原则

在阴阳、刚柔、强弱、雌雄等范畴中,道家倾向于一般意义上的否定性的一面。在论述其最高理念时,道家频繁使用雌性比喻。"道"是道家哲学的最高概念,它是无法言说和命名的。老子对这个不可言说者的言说方式之一就是比喻,他用雌性比喻来揭示"道"的生养功能和柔顺、不争等特点。在《老子》文本里,与"牡""雄""父"相比,"牝""雌""母"不仅在使用数量上占绝对优势,而且在比喻的对象、思想的表达方面也处于明显的、重要的地位,是其他类比论证的基本元素。②

首先,老子喻万物之本为"母"而非"父"。《老子》一共七次用到"母"字。下面略举几例加以说明。如:

> 道可道,非常道;名可名,非常名。无名,天地之始;有名,万物之母。(《老子》第1章)
> 我独异于人,而贵食母。(《老子》第20章)
> 重积德则无不克。无不克则莫知其极。莫知其极,可以有国。

---

① 参见 Charlene Spretnak,"Ecofeminism: Our Roots and Flowering", in Irene Diamond and Gloria Orenstein(eds.), *Reweaving the World: The Emergence of Ecofeminism*, San Francisco: Sierra Club Books, 1990,pp.3-14。
② 参见刘笑敢《关于〈老子〉之雌性比喻的诠释问题》,《中国文哲研究集刊》2003年第23期。

第八章 道教社会生态观

> 有国之母,可以长久。是谓深根、固柢、长生、久视之道。(《老子》第 59 章)
>
> 有物混成,先天地生,寂兮寥兮,独立而不改,周行而不殆,可以为天下母,吾不知其名,字之曰道。(《老子》第 25 章)
>
> 天下有始,以为天下母。既得其母,以知其子;既知其子,复守其母,没身不殆。(《老子》第 52 章)

在上述章节中,先天地生的"道"是天下"母"。这个"母""生一""生二"再"生三","三生万物"。"母"被老子反复使用,以说明"道"是万物本源的宇宙论特点。它生养了世间的一切,它创造万物却不拥有或主宰它们,而是让它们随顺自己的天性,以无为的方式达无不为的效果。"父"字在通行本中仅出现一次,"强梁者不得其死,吾将以为教父"(《老子》第 42 章),大意是讲强悍横行之人不得善终,"我"将此作为施教的原则。

其次,除"道"为"母"能生育天地万物之外,老子还用了"牝牡""雌雄"两种比喻来说明宇宙运行中的两种方式或两对范畴。在这两对范畴之中,老子与众不同地认为"牝"常能胜过"牡","雌"常比"雄"受到更多的青睐。《老子》第 81 章中有三章五次用到"牝"字。雄性的"牡"字只出现两次,在《老子》第 55 章和第 61 章,它们一般与"牝"成对出现。

> 大国者下流,天下之交,天下之牝。牝常以静胜牡。(《老子》第 61 章)
>
> 未知牝牡之合而朘作,精之至也。(《老子》第 55 章)

"牝"指鸟兽中的雌性,"牡"则指雄性。显然,老子更推崇雌性的特点。老子在第 6 章中,将天地的根比喻为"玄牝"。

> 谷神不死,是谓玄牝;玄牝之门,是谓天地根。绵绵若存,用

之不勤。(《老子》第6章)

"玄"指深奥、幽远、神秘,"玄牝"即雌性神奇的生育繁衍力量或雌性的生殖器,老子用它喻指无形大道的创生性。老子不仅使用"母""牝""雌""柔"等雌性比喻解说"道",还在此基础上提出了"知其雄,守其雌"的原则,更为崇尚无为、顺任、不争的品格。

> 知其雄,守其雌,为天下溪。为天下溪,常德不离,复归于婴儿。(《老子》第28章)
> 专气致柔,能婴儿乎……爱民治国,能无知乎?天门开阖,能为雌乎?(《老子》第10章)

道家对自然之道的雌性比喻表现出"贵柔守雌"的价值取向。虽然道家的自然不是我们今天的环境运动所关心的、外在于人而存在的自然界,而是一种非强制的、无为的、自然的状态。老子用雌性比喻来描述这种状态,揭示了自然状态与雌性之间的内在关系以及自然所具有的雌性特征。它们的共同特点是包容、含纳一切,顺任不争而又能以其不争达到天下莫能与之争的结果。老子所推崇的雌柔原则没有直接关涉男女平等和提高女性地位,而是在更为根本的层次上论证雌柔原则在宇宙、社会和人生中的重要意义。雌柔原则是宇宙运行和社会运作的基本原则。老子选择性地使用"雌""牝"概念而不是"男""女"概念,其积极的意义还在于"雌""牝"可与动物相通,又隐含男女之别,因此可以蕴含更普遍更抽象的意义,更适合表达老子思想的基本价值和行为原则。[①] 这种原则不仅可用于处理人类社会的男女地位问题,还指自然运行之道和处理人与自然关系的准则。如顺任自然,以自然本身的规律来对待自然,而不是以强力征服自然,这正是雌柔原则的实际运用。

"贵柔守雌"和"顺其自然"容易让人误以为人们在自然面前无所

---

① 参见刘笑敢《关于〈老子〉之雌性比喻的诠释问题》,《中国文哲研究集刊》2003年第23期。

作为。顺其自然包含顺应自然规律,这不仅不是懦弱无能,反而是明智之举。另外一种可能产生的误会是把"知其雄,守其雌"当作违背了女性运动初衷的原则。女性主义致力于争取妇女权利、提高妇女地位、实现男女同工同酬和妇女参与政治、经济、管理、文化等活动,雌柔原则却要求人们柔弱、不争,是否再次让妇女处于劣势呢?其实,雌柔原则不仅是针对女性的言说,它是宇宙、社会的普遍原则,对待自然如此,对待人生同样如此,尤其是男性或强势群体更应该实践这个原则。老子倡导"知其雄,守其雌",即知道、具有雄健阳刚之性却反而退守雌柔之道,就像山谷或大海之所以能容纳百川,因为善于处下。老子多次提到"柔弱胜刚强"(《老子》第36章)。"天下莫柔弱于水,而攻坚强者莫之能胜,以其无以易之。弱之胜强,柔之胜刚,天下莫不知,莫能行。"(《老子》第78章)"天之道,不争而善胜"(《老子》第73章),即柔弱不是一种结果,而是一种策略,这是雌性反应的方式。如果我们尊重并理解这种方式,运用雌柔原则,持守"柔德",温和待人待物,不要盲目进取、以强力征服自然和压制他人,反而能保全人类赖以生存的环境和男女之间的平衡。

三 "墉城女仙"——道教女性地位

老子的"贵柔守雌"并没有直接涉及男女平等关系,而是更为根本的哲学主张。老子提到的"母""雌""牝"等比喻也不直接针对女性,但语言对思维和文化会产生巨大的影响。道教从哲学的高度阐明了自然之道所遵循的雌柔原则,从"天地之性,半阴半阳"的平衡理论出发,给予女性相对宽松的对待和较好的境遇。在宗教信仰上,道教从未怀疑女性成仙的可能,还为女性修道提供了针对性很强的方法,主张女性在双修中受益,在现实生活中倡导对处于弱势的女性的保护,都是雌柔原则的具体应用。

在雌柔原则的影响之下,比较而言,道教在对待女性方面就显得比较开明。基督教传统基本上以上帝为男性,中世纪基督教神学家依据《圣经》中女人是用男人的肋骨造就的，连女性是否有独立的灵魂都成为一个问题。在欧洲中世纪，"女人是否是人"曾经成为一次宗教会议的中心议题①，也有教派不准女性担任关键教职。早期佛教认为女人要成佛须得先修成男身。《涅槃经》讲："见了佛性，方为男子，否则，都是女人。"《大般涅槃经》说："若有不能知佛性者，我说是等名为女人，若能自知有佛性者，我说是人为大丈夫。若有女人能知自身定有佛性，当知是等即为男子。"②儒家则讲"唯女子与小人为难养也，近之则不孙，远之则怨"（《论语·阳货》）。"未嫁从父、既嫁从夫、夫死从子。"（《礼记·仪礼》）儒家的君臣父子结构也是以男性为中心的。《诗·小雅·斯干》记载了妇女生下男孩与女孩的巨大区别。

  乃生男子，载寝之床。载衣之裳，载弄之璋。其泣喤喤，朱芾斯皇，室家君王。乃生女子，载寝之地。载衣之裼，载弄之瓦。无非无仪，唯酒食是议，无父母诒罹。

另外，"不孝有三，无后为大"为男人妻妾成群提供了借口，严重伤害了女性的权利。在过去的婚姻中，妇女因无子、淫佚、不事公婆、口舌、盗窃、嫉妒、恶疾，男方就可解除婚约，称为"七出"。"女子无才便是德"，"三从四德"，"饿死事小，失节事大"等约束女性的思想负面影响很深。在这方面，道家和道教却是一个例外，而且在仍然活跃着的哲学、宗教传统中可能是唯一的例外。③《妇女与世界宗教》《女性主义和传统宗教》两本书都把道教列为父系色彩最淡薄的宗教。④道教这种父系色彩淡薄和对女性的重视与道家雌柔原则分不开。

  女性可以成仙几乎从没有引起过疑问，从来就不是一个问题。道教

---

① 参见陈麟书、袁亚愚主编《宗教社会学通论》，四川大学出版社1992年版，第254—255页。
② 《大正新修大藏经》，大正一切经刊行会1934年版，第12册，第663页。
③ 参见刘笑敢《关于〈老子〉之雌性比喻的诠释问题》，《中国文哲研究集刊》2003年第23期。
④ 参见杨莉《道教女仙传记——〈墉城集仙录〉研究》，博士学位论文，香港中文大学，2000年，第124页。

认为"男女者,乃阴阳之本也","天地之性,半阳半阴","男不能独生,女不能独养"。① 葛洪与鲍姑、杨羲与九华安妃、云林右英王夫人与许谧、萼绿华与羊权、马钰与孙不二都是男女同道的事例,夫妇可以一同飞升,妇女在神国仍然享有一席之地。女仙之首的西王母、大地之母后土皇地祇、月宫之神太阴星君、华山的九天玄女、统领南岳的魏夫人、泰山顶上的碧霞元君、南方沿海广为祭祀的妈祖、治理夏盖山的九华真妃、文逸真人曹文逸、八仙之一的何仙姑、全真七子中的孙不二都是著名的女仙。道教的《五斗米经》将北斗星奉为众星之母,"北斗"属阴、主水,是女性的象征,"斗姆"在道教中受到普遍的崇拜。很多道教宫观里设有"斗姆殿",供奉三目、四首、八臂的斗姆神像。道教的神仙世界基本上是男女对偶的局面。道教高位神是原始天王和太元圣母。《墉城集仙录叙》称:"男子得道,位极于真君;女子得道,位极于元君。"(《云笈七签》卷一一四)《太平御览》引陶弘景的《登真隐诀》说:

> 三清九宫,并有僚属,例(列)左胜于右。其高总称曰道君,次真人,真公,真卿。其中有御史、玉郎诸小号,官位甚多也。女真则称元君夫人,其名仙夫人之秩比仙公也。夫人亦随仙之小大,男女皆取所治处,以为署号,亦有左右。

在各层次的神仙系列中,也都是男女列班。《真灵位业图》第二等级中,玉皇大帝居中,左三十名道君,右八名道君及三十名女真。道教修仙中,也多夫妇共同成仙的。《太平广记》中说张道陵徒弟二人皆白日升天,又记载许真君全家四十二口,拔宅升天。② 民间敬奉的道教之神也多是成双成对的,后人甚至将玉皇与王母配成夫妇,灶王爷身边也有灶王奶奶、土地庙里有土地公土地婆共享祭供。

---

① 王明编:《太平经合校》,第38、702、149页。
② 参见(北宋)李昉等编《太平广记》,中华书局1961年版,第58、100页。

道教伦理：传统形态与当代新诠

除夫妇同时飞升成仙外，道教也不排斥女子独立成仙，女子可在仙界找到自己的位置。在历代道教的神仙传记中，都有女仙的记载。《神仙传》中有七卷是专门著录女神或女仙的。唐朝杜光庭的《墉城集仙录》可以说是最重要的一部女神仙传。"《墉城集仙录》者，纪古今女子得道升仙之事也……女仙以金母为尊，金母以墉城为治"（《云笈七签》卷一一四）。原文收录109位女仙传说，现存《云笈七签》本中有27位，《道藏》本还存38位，所录女仙大多数是唐代人物。道教在唐宋期间受到朝廷垂青，发展迅速。白日升天是道教修炼的最高境界。《墉城集仙录》记载的成仙女道有将近一半白日飞升而去，这在道教仙传中也极为罕见。元代道士赵道一著《历世真仙体道通鉴后集》五卷著录121位女仙传记。[①]清代成书的《历代仙史》著录了133位女仙。

女仙以昆仑山的西王母为首领。这些女仙奉西王母为"阿母"，西王母则把她们看成自己的女儿。与西王母配对的东王公身边却没有形成这样的"父—子"关系结构，东王公也远没有西王母那么显赫。男性神灵之间多为上下级关系或师徒关系，少有西王母和其他成仙女真之间的母女关系。道教仙界这种独特的"母—女"关系结构发人深省、耐人寻味。女性主义批评家克瑞丝（Carol P.Christ）指出："基督教高度赞美父—子和母—子关系，而母亲与女儿的故事却被遗忘了。同样，在父系标准的文学和心理学中，母亲们和女儿们几乎不存在。对俄狄浦斯情结的分析连篇累牍，而女孩跟她母亲的关系则无人提及。"[②]道教这种存在于仙界的母女关系对当今女性主义意义非同一般，值得深究。

道教在教义及教职设置和符咒斋醮仪式方面对女性的限制也较少。女子入道不受限制，女道士在唐代称为"女冠"。"冠"是男性成年的标志，女子本无冠，凡有冠者一定是女道士，给了道教女性以男性一样的平等地位。在道教史上，魏华存、孙不二都是优秀的女性道教领

---

① 参见詹石窗《道教与女性》，上海古籍出版社1990年版，第34页。
② 杨莉：《道教女仙传记——〈墉城集仙录〉研究》，博士学位论文，香港中文大学，2000年，第231—132页。

袖。女性不仅可以入道，还应该参加其他社会生活。庄子发现"婆媳之间妇姑勃"产生的原因是"室无空虚"（《庄子·外物》），封闭的生活环境使婆媳不和。如果妇女能走出家庭，有更大的生活空间，婆媳之间的矛盾就会淡化。道教创始之初就设有职位颇高的女祭酒。在道经《上清黄书过度仪》中有所谓"女师"一说，其地位甚至名列"系师"之后，其排列是："天师""嗣师""系师""女师"。在道教早期的宗教仪式上男女是平等的。早期天师道就有夫妻共同主持的仪式。这是一种基本的平衡。在修真实践中，只有夫妻双修，才能担任要职。在道教的组织和实践中，这种男女平等的事实反映了道教视女性为其一部分的倾向。这是相当难能可贵的。因为在当时的社会现实中，女性地位比男性低得多。[1]

道教以"阴阳平衡""贵柔守雌"原则为指导，特别反对残害妇女。《太平经》声称"今天下失道以来，多贱女子，而反贼杀之，令使女子少于男，故使阴气绝，不与天地法相应。天道法，孤阳无双，致枯，令天不时雨。女者应地，独见贱，天下共贱其真母，共贼害杀地气，令使地气绝也不生，地大怒不悦，灾害益多，使王治不得平"[2]。残害妇女是违道的，是天下失道的表现。女性象征大地，对女性的迫害就是对地母的不敬。如果地气断绝、地母发怒，就会有灾害发生。道教认为不尊重妇女，不给妇女以相应的社会地位便不能"与天地法相应"，社会的安定和发展就会受到影响。道教从保持阴阳平衡的角度提出不许滥杀妇女，显然是有进步意义的。

道教修炼中还有不少专为女子修道的"女丹"功法，针对女性不同的生理而专门著书指导妇女修行。女性依此修行便可独立成仙。道教典籍中有许多指导女子修炼的丹经，如《坤道功夫次第》《女功炼己还丹图》《女金丹》《孙不二女丹功法》《西王母女修正途十则》《壶天性果女丹十则》《坤元经》《女经丹法要》《女功正法》《女丹合编》《樵阳

---

[1] 参见 Kristofer Schipper, *The Taoist Body*, translated by Karen C. Duval, Berkeley: University of California Press, 1993, pp.128-129。
[2] 王明编：《太平经合校》，第 34 页。

经·女功修炼》等，种类繁多。这些丹经记载有很多指导女性如何修炼的方法和规则。在内丹修炼中，男子以上丹田、中丹田、下丹田为鼎，女子则以乳房、脐内、子宫为鼎。《女金丹》上说："男子之命在丹田。丹田者，生丹之真土也；女命在乳房。乳房者，田气之木精也。"《女功正法》指出"若问女子玉液还丹，便是赤龙化为白凤"。道教内丹理论还认为，由于女子性纯质柔，在太阴炼形过关时，甚至比男子更容易。女丹是女子独立修炼时所用的功法，道教中还有房中术等男女双修的功法。房中术是有关性生活的养生术。在道教典籍中，房中术被称为"玄素之方"或"彭祖之道"，《魏书》称其为"男女合气之术"。《玄女经》和《素女经》记载女神为黄帝传授房中养生术。素女、玄女和采女在古代关于房中的书中，常以师长身份解答各种房事问题。这些经典提到的女神在性生活中的师长身份应引起重视。这表明道教在很早的时候就已经意识到女性在性生活中的积极意义，并赋予女性很高的地位，甚至成为帝王之师。后来的道教内丹学改造了早期房中采阴补阳等理论，发展出男女双修，追求双双得道成仙。施舟人（Kristofer Schipper）认为在每个阶段，女性都充当了导师的角色，比如房中术的玄女和素女。中国古代性学书籍是世界上唯一不以男性角度书写性生活的古籍。道教丹道修炼中的男性身体往往具有女性身体的特征，如生养、哺乳婴儿等。虽然这是道教采用的比喻，也仍然耐人寻味。施舟人在《道体论》中把"道体"看成一个女性的身体：

> 道体首先是一位女性，然后是一个孩子，而父亲在整个创生过程中是缺席的……老君在出生前就是道体。老子是这个世界的老小孩和老先生。当它从不可见的变成可见的，我们再次发现"一"的多重面向。它是那位从它里面并通过它化生才得以完成的母亲……道教的一个重要特色是它不仅仅限于精神性的东西，而是在身体里寻找它实际存在的事实。因为此世的道士将"真"内在于自己的身中，按照成仙的法则进行修炼，他是母亲，一个带着孩子的母亲，他必须通过采取女性个性而具体地经历怀孕的过程……保养真气的

第八章 道教社会生态观

> 生理练习需要个人首先意识到自己身中的女性意识。①

这是针对男性修炼而言的，即男性通过修炼使自己体内的雌性特征增加。女子修炼则要增加体内的雄性特征。这样，男女体内的雌雄两种特征同时存在并保持着平衡。事实上，老子"知其雄，守其雌"（《老子》第28章）和"万物负阴而抱阳"（《老子》第42章）的思想告诉我们，阴中有阳，阳中有阴，正如太极图所示，阴阳之间的消长维持着动态的平衡。人们曾假定的两性之间的差别很多时候是社会化的结果。男性身上有女性特征，而女性身上也有男性特征。如果一个人身上的男性特征和女性特征都在高水平上保持平衡，这比单性型的人更健康，更有活力。

女丹、内丹等有受到现代科学质疑的地方，但在某些女性主义者看来，炼丹术不仅仅因为它假定了金属的嬗变，还意味着能够而且可以与对象交流，而不是对对象的征服。炼金术士使用一种把科学比作性交行为的隐喻，认为科学就是男性和女性的融合。这种模式的真正价值在于，它认为男性和女性是对称的而不是对立的。②道教身体观是一种"雌雄同体"的身体观。"贵柔守雌"既不是把女性变成男性，也不是维系传统的男性至上，而是追求两性之间的平衡。

当然，也有学者对道家、道教女性观与生态的关系提出不同的意见，如波德维斯泰尔（Joanne D.Birdwhistell）指出，老庄的"道"通常集中于普遍的变化模式，而贬低特殊的、个体的经历。《老子》《庄子》《列子》进一步采用自相矛盾的立场：因重视雌性原则而重视妇女，又把雌性视为所有事物的源泉。结果他们不能把妇女作为完全的人来对待，而贬低了她们。对妇女作为一个完全的人的贬低与贬低具体的自然、特殊的感官和情感经历是一致的。他们把"道"认同为先天的来反对习得的；内在的来反对外在的；实质的来反对表面的。"道"与天认

---

① Kristofer Schipper, *The Taoist Body*, translated by Karen C. Duval, Berkeley: University of California Press, 1993, pp.125-128.
② 参见滕守尧《西方"女性主义"与新道家》，《河北学刊》1994年第3期。

同，天在上，处于雄性的位置；地在下，处于雌性的位置。这样的联系最终将雌性与习得的、表面的、非"道"的事物相联系。《庄子·应帝王》说："列子自以为未始学而归，三年不出。为其妻爨，食豕如食人。"列子得道之后忘记了社会分别，回到"道"的象征便是站在了妻子的立场上，女性的角色是在家里。这样，妇女没有机会成就列子所成就的——变得"无拘无束"，因为她们已经在家、已经在做饭。脱离具体事务的拘绊而回归"道"，象征性地变为女性的道路没有开放给妇女。妇女已经是女性，没有社会指示她像男性那样"知其雄"。尽管表面上像赞誉女性，由于与女性关联的是些低下的如溪谷、山谷、后面、污物、空虚等，老子赞誉这些是因为他不是这些。这种观点不允许妇女选择另外的价值和立场。那些处于雌性地位的东西与植物、动物一样，缺少选择的自由。深生态学扩展了的自我是原子式的、雄性自我的翻版，与某些道教经典的成为"自由"和"与道合一"的理想相同，只对少数处于精英阶层的男性有意义。道家最高的焦点是普遍的而非特殊的，所以道家并非更注重地方性和特殊性。[①]由此可见，道教与女性的关系具有复杂性，值得我们深思。这种观点也提醒我们，在考察一种理论的过程中，绝不可以无限地拔高其价值，而应作出客观的评价。

  道家所倡导的"柔弱胜刚强"并不与今天的女性运动背道而驰。女性运动并不是要把女人变成男人，而是希望发掘女性的价值，给女性以公平的待遇，提高她们在政治生活、社会生活中的教育水平和参与能力，使各项决策能体现女性的权益，尊重女性对世界、对自然的理解，最终实现阴阳平衡和两性之间的平等。道家、道教"知其雄，守其雌"（《老子》第28章），"万物负阴而抱阳，冲气以为和"（《老子》第42章）以及道教修炼达到的雌雄同体，承认每个人身上都有男性和女性两种特质。"我的身体"既是他者的客体，也是"我"本人的主体，"我在"便是"你""我"与"他"的共在。当然，"雌雄同体"论不是

[①] 参见 Anne D. Birdwhistell, "Ecological Questions for Daoist Thought: Contemporary Issues and Ancient Texts", in N. J. Girardot, James Miller, and Liu Xiaogan(eds.), *Daoism and Ecology: Ways within a Cosmic Landscape*, Center for the Study of World Religions Press, 2001, pp.23-42。

第八章　道教社会生态观

两性特征的趋同，也不是处于"中性"或"无性"的状态。"雌雄同体"是一种文化的而非生理的定位，是对两性特征的尊重，是差异而不是对立，是多样性而不是单一性或中性/无性。生态平衡取决于阴阳两种力量的平衡。道家"贵柔守雌"坚持的是整体身体的概念。法国女性主义者西苏（Helene Cixous）也提出过"完整身体"概念，以反对弗洛伊德关于女人的身体是残缺不全的被阉割的理论。妇女应从传统的分类与标志中走出来，发现"第三种身体"，妇女必须拥有整个身体，用整个身体说话，用整个身体思考。"贵柔守雌"，"超越了男性和女性的对立。女性主义不应该是证明女人不比男人低，而是科学和文化缺少女性物质，就不可能达到一种高级的境界①。"知其雄，守其雌"和"万物负阴而抱阳"的方式既非女性的，亦非男性的，而是一种超越了性别的中间方式。如果从道家、道教思想中吸取营养，超越男性和女性的局限，完全有可能发展出一种阴中有阳、阳中有阴的新的男女关系模式。

道家所倡导的贵柔守雌、男女平等、雌雄同体、"万物负阴而抱阳"、"柔弱胜刚强"、"牝常以静胜牡"、"不以兵强天下"等观念可以避免极端女性主义，为今天的环保和妇女运动提供独特的理论支持，为生态女性主义提供了一个全新的角度，为之指出了新的方向。

---

① 滕守尧：《西方"女性主义"与新道家》，《河北学刊》1994年第3期。

第九章　道教自然生态观

环境危机与我们的生产和消费方式有着密切的关系。病态的生产和病态的消费把大自然变成了垃圾场,毁坏了自然界、伤害了人自身,背后起作用的则是人们的价值观念。正确的行为来源于正确的思想。如果不从医治和改造个体本身开始,就不能医治和改造世界。这正如《太平经》所说:"天地病之,故使人亦病之,人无病,即天无病也;人半病之,即天半病之,人悉大小有病,即天悉病之矣。"① 人没有疾病,自然才能健康。要自然健康,必先使人健康。道教既肯定人是自然的一部分,应与万物平等相处;又提出人是万物之长,应该发挥自己的道德潜力,约束破坏自然的行为,与自然和谐共处。

第一节　强调责任和义务的弱人类中心主义

人类中心主义对非人类中心主义的挑战之一就是"道德"仅属于人类。自然中心主义、生物中心主义、动物权利论、动物福利论、动物解

---

① 王明编:《太平经合校》,第355页。

放论等非人类中心主义观点则认为人类对自然没有价值，甚至是对自然的负价值。持非人类中心主义的学者认为自然物不仅具有外在价值，也具有内在价值，把一切生物都看作与人类有同样权利的道德主体，认为生态问题是人类中心主义导致的。要纠正人类中心主义带来的生态灾难，必须提倡非人类中心主义的伦理观。① 对这两种观点，道教认为过犹不及，前者否定了自然，而后者又否定了人，都不利于人与自然和谐关系的恢复。道教的天人互依能克服人类中心主义的妄自尊大，弥补非人类中心主义对人类主体性的贬损。这是一种弱化的人类中心主义主张，重点在于强调人肩负环境责任和义务。强人类中心主义主张否认自然界有独立于人的价值，认为动物、植物本身没有内在价值，动物、植物的权利是人类赋予的，离开了人就无所谓价值。②

一 道教对人类中心主义和非人类中心主义的回应

在生态学的讨论中，一些生态学家们认为人类中心主义是必需的，人类中心主义是难以避免的，另外一些则认为人类中心主义是环境破坏的主要根源。所有人类知识在某种程度上都是以人类为中心的。道教"人为万物之灵"的观念属于强调人的责任和义务的弱化的人类中心主义主张。

关于道教是不是人类中心主义的，有两种观点。一种意见认为道教不是人类中心主义的，它有助于克服人类中心主义。安乐哲指出"那些作长远考虑的人（如哲学家）会发现非人类中心的道家伦理，在寻找新

---

① 李剑的《动物为何拥有权利？——兼论强、弱两种动物权利论》涉及这个问题。她指出，"对'动物与人是否平等'这个问题的不同回答，可以区分强、弱两种版本的动物权利论。强的动物权利论主张动物与人平等，这会导致捕食问题等特别的困难和荒谬结论，辛格与雷根对捕食问题的解决都不成功。弱的动物权利论主张人有比动物更高的道德权利，人类的道德情感能力及人类共同体的成员身份都保证了人的道德地位高于动物"。李剑：《动物为何拥有权利？——兼论强、弱两种动物权利论》，《哲学动态》2020年第11期。
② 参见傅华《生态伦理学探究》，华夏出版社2002年版，第195—197页。

的处理人与周围环境的战略时富有吸引力和启发意义"①。郝大维在《从参考到顺应:道家与自然》一文中认为道家认识世界的美学模式与西方寻求普遍原则的逻辑模式相比,更关注特殊性。它把所有事物看作由无数个特殊"世界"构成的非连贯整体。特殊性优先原则排除了人类中心主义。道家的语言特色也旁证了上述原则。与在场性(presence)语言相比,道家多用(充满)暗喻的顺应性语言(allusive language of deference)代替精确指示和描述的语言。道家的缺席性(absence)语言指一个不能表达的物体。"有"指拥有而非"存在"。"有"指在场,"无"指缺席。在"有"缺席的情况下,事物之间的关系由事物自己构成,而非由普遍原则和关系结构的"有"来构成。与儒家的顺应相比,道家的顺应行为更多的以"无"的形式表达出来,如无知、无为、无欲。"无"对理解道家的自我和个人十分关键。在西方认识论中,个人与世界和他人是紧张的。这种紧张使得我们以侵略或保护的方式来左右我们的意志。②波德维斯泰尔(Birdwhistell)的题为《道家思想的生态问题:当代困境与古代经典》中也指出了道家非人类中心主义的世界观。相信人有能力控制自然也许与《庄子》寓言中的井底之蛙没有什么两样。《庄子》假设所有知识都得自一个特殊的角度,没有一个观点是中立的;不同种类的事物可以和谐地相处于同一个世界,一个物种的成功不需要别的物种失败;生物与环境自然地联系着,多样性是生命繁荣的本质特征;人类的认识是有限的,应保持开放的心态;人类有责任促进生物与环境之间的协调。③任柯安(Russell Kirkland)在《对自然界的负责的无为:〈内业〉〈庄子〉〈老子〉》中回顾了西方学者对东方文化

---

① David L. Hall, "On Seeking a Change of Environment: A Quasi-Taoist Proposal", *Philosophy East and West,* Vol.37, No.2, *Environmental Ethics,* 1987, pp.160-171.
② 参见 David L. Hall, "From Reference to Deference: Daoism and the Natural World", in N. J. Girardot, James Miller and Liu Xiaogan(eds.), *Daoism and Ecology: Ways within a Cosmic Landscape*, Center for the Study of World Religions Press,2001, pp.245-263。
③ 参见 Anne D. Birdwhistell, "Ecological Questions for Daoist Thought: Contemporary Issues and Ancient Texts", in N. J. Girardot, James Miller and Liu Xiaogan(eds.), *Daoism and Ecology: Ways within a Cosmic Landscape*, Center for the Study of World Religions Press,2001, pp.23-42。

之当代价值的研究。他指出道家在任何时代都不赞同儒家或西方对生命自然过程的不信任。从道家的角度看，现代人文主义的错误是把干预生命的能力转化为一种道德责任。我们自认为是地球的拯救者。道家的立场却是，地球不需要拯救者，尤其是像我们这样自以为是的拯救者。道家的"负责的无为"对真正理解和欣赏生命之自然性的人来说，是唯一的选择。道家倡导有效地参与世界，与生命的深层本质一致，对周围的事物产生感应性影响，并扩展到整个世界。当一个人转化成与生命的真实本质一致之时，这种状态就能够影响周围的世界，使得所有事物回归到自然、健康、平衡的状态。①

另一种意见认为人类中心主义是不可避免的。道家或隐或显地是人类中心主义的。瑞丽（Lisa Raphals）在《智慧或负责的无为：进一步回应〈内业〉〈庄子〉〈老子〉》中提出道家的非干预性活动，是一种非直接的行动，在一定距离之外，不卷入英雄式的、有目的的，甚至是必要的故意干扰。道士的行动与当代的英雄式干预不同，包括个人的修炼、以榜样形式转化、用特殊而有远见的智慧发挥其影响。道家经典提供了两种模式可代替英雄式的生态干预：自我修身和通过非直接行动影响环境。道家倡导的是通过间接方式，与自然节奏合拍而微妙地行动。道家的自然观类似现代西方的自然概念。不同之处是现代西方把自然理解为与人类文化相对立的东西，使得人们假定我们祖先的错误是人类中心主义的妄自尊大，认为对人类重要的才是真正重要的。这一切意味着我们今天热爱的"自然"在某种程度上完全是文化的创造。我们不可避免地是人类中心主义的。赋予"自然"价值是人类的理想，不是避免人类干涉就万事大吉。自然的关键思想——有机生态平衡，不是不触碰的自然，它暗示了"园林式的"生态方法，不是什么都不管。这点

---

① 参见 Russell Kirkland, "'Responsible Non-Action' in a Natural World: Perspectives from the Neiye, Zhangzi, and Daode jing", in N. J. Girardot, James Miller and Liu Xiaogan(eds.), *Daoism and Ecology: Ways within a Cosmic Landscape*, Center for the Study of World Religions Press, 2001, pp.282-302。

应成为生态运动的指南。① 也有学者认为道家的自然不是一种理想的状态，对自然的顺应也不是盲目地迁就和顺从。自然为道士的修炼提供了基本的物质基础，自然界有神圣经文。道士通过修炼对自然的超越，暗含了某种人类中心主义立场。韩涛（Thomas H.Hahn）在《道教野地概念简介》中指出自然或天地在《老子》第23章中对应着飘风和其他灾害。"天地不仁"，自然被描述为不时会变得混乱和不可捉摸的景象，也被描述为未经驯服的、不开化的、不适合居住的地方。"野"指行政区划之外的地区。道教有丰富的野外生活经验，道士们尝试着控制最边缘、最难到达的地方，结果是让该地区所有植物、动物听命于道士。走向荒野不是一个多愁善感的旅行，而是回家，回归"道"。荒野，就是家。荒野有无限的特征，"存在于钟表测量的时间之外，甚至仪式时间之外。它隐含着未被认识的潜力"。在野外生存中，道士们产生的极端生理现象被测量、被记录。他们在极端条件下使用的生存资料的确是他们如何节约自然资源的指标，也体现了自然资源对人的精神生活的重要意义。②

道教在"贵人重生"的同时，不鼓励人与自然的分离，反对把自然界当作掠夺的对象、原料库和垃圾场等只具有工具价值的存在。从"道"的高度来看，万物是平等的，人与万物可同居同游。庄子描述那种景象说：

> 故禽兽可系羁而游，鸟鹊之巢可攀援而窥。夫至德之世，同与禽兽居，族与万物并，恶乎知君子小人哉。（《庄子·马蹄》）

道教反对把贵贱观念用于自然界，反对人类妄自尊大，以自己为中

---

① 参见 Lisa Raphals, "Metic Intelligence or Responsible Non-Action? Further Reflections on the Zhuangzi, Daode jing, and Neiye", in N. J. Girardot, James Miller and Liu Xiaogan(eds.), *Daoism and Ecology: Ways within a Cosmic Landscape*, Center for the Study of World Religions Press, 2001, pp.305-312。
② 参见 Thomas H. Hahn, "An Introductory Study on Daoist Notions of Wilderness", in N. J. Girardot, James Miller and Liu Xiaogan(eds.), *Daoism and Ecology: Ways within a Cosmic Landscape*, Center for the Study of World Religions Press, 2001, pp.201-214。

心，把大自然当成自己征服和统治的对象。这正是环境伦理学批驳的人类中心论。这种人类中心论不顾自然界的承受能力和再生能力，大肆掠夺自然资源，带来了经济的增长，却毁坏了自己赖以生存的家园，使人的基本生存受到了威胁。道教的"贵人重生"思想体现了可持续发展的人类中心主义精神。因为它以人本身的尊严和价值为贵，而不以对物的占有为贵，追求人本身的价值而不是用外在物质的获得来淹没和取代人生存的目的，倡导返璞归真的生活，反对因追求外在物质享受以占用外物作为成功的标志而损害人的本质和生命。道教鼓励人们形成恰当的自我期许，充分肯定普通、平凡、日常，赋予这些状态以尊严和价值，而不是以获得他人眼中所谓的成就作为自尊的单一性条件，鼓励每个人自在地做自己，社会也非常欣赏这些"自尊的自己"，形成宽松、包容的社会风气。道教的"贵人重生"并没赋予人凌驾于自然之上的特权，而是要求人与自然和谐相处，弱化和限制了给自然界带来灾难的人类膨胀的自我意识。道教既肯定人与万物因道而平等，否定了人与自然的分离。人不能凌驾于万物之上，享有烹杀宰煮的特权。一个物种主宰别的物种是最不稳定的生态系统。道教又强调人作为万物之师长的辅助万物的主体性责任和功能。作为万物之长的人类，他应该协助天地养育万物。由于他独具的理性能力，他的所作所为对自然界的影响特别大，万物的兴衰、贵贱都可以被人决定。人可以运用自己的道德力量，肩负起责任，约束那些违背自然规律的行为，维护自然界的生态平衡，与其他物种像伙伴似地相处。

总而言之，道教关于"人为万物之师长"的角色认定既肯定人是万物中的一员，提醒人与其他物种平等地共同处于生物圈，又敦促人类完成爱护其他物种的使命，呼吁人类肩负起自己的职责。这就克服了人类中心主义式的妄自尊大的偏狭，拓宽了道德关怀的对象；弥补了非人类中心主义对人的主体性的贬损，提出人在维护生态平衡中的义务。它高度赞扬自然的价值，把自然身体化，赋予自然以生命，使自然具有人文性。道教"贵人重生"，以人的生命价值的充分展开为鹄的，但人不可以肆无忌惮地为所欲为。这与非人类中心主义不同，它认为人对自然不仅不是负价值，而是能使自然生命成为自觉的高级生命形态，赋予人重大的环境责任。如果把人看成与其他生物有着同样权利的物种，有将人类还原为"物"的危险，并降低人类为保护环境应该付出的主观努力。

当今生态危机的紧迫形势需要唤醒人们的主体意识，主动采取环保措施，而不是贬低人类的价值，从而在这关键时刻阻碍人的作用的发挥。道经强调人的责任重大，"天地之为法，万物兴衰反随人故。凡人所共兴事，所贵用其物，悉王生气；人所休废，悉衰而囚"；"凡人兴衰，乃万物兴衰，贵贱一由人"；"故万物芸芸，命系天，根在地，用而安之者在人。得天意者寿，失天意者亡。凡物与天地为常，人为其王，为人王长者，不可不审且详也"①。道教对人与万物这种辩证关系的认识有助于调解生态伦理学中非人类中心主义与人类中心主义的争论。道教弱化的人类中心论，与环境伦理学批驳的人类中心论不同，而与可持续发展的人类中心论一致。环境伦理学批驳的人类中心论，是以人的利益为出发点，以人的价值为衡量标准，将人与其伙伴分离，不顾自然环境的承载能力、恢复的能力和自净的能力等，为了满足人类自己的物质占有欲而置地球的满目疮痍、子孙后代的生存维艰，甚至成为生态难民等恶劣后果于不顾，我们要抛弃这种人类中心主义思想。道教的弱人类中心主义强调人在环境保护中的责任和义务，能够体现人类整体的需要、价值和长远利益的统一②。在环境保护中，应该坚持的是这种弱化的人类中心主义。

二 从"天地无人则不立，人无天地则不生"看道教天人互依关系

有一种观点认为，人类对自然没有价值，甚至对自然有负价值。环境伦理学家罗尔斯顿认为自然界可以离开人，人却不能离开自然界。

---

① 王明编：《太平经合校》，第174页。
② 参见叶平《"人类中心主义"的生态伦理》，《哲学研究》1995年第1期。

第九章 道教自然生态观

他说：

> 就个体而言，人具有最大的内在价值，但对生物共同体只具有最小的工具价值。生存于技术文化中的人类具有巨大的破坏性力量，但很少有、甚至根本没有哪一个生态系统的存在要依赖于处于生命金字塔顶层的人类。
>
> 人们对他们栖息于其中的生态系统几乎没有什么工具价值；相反，他们表现出来的是某种工具性的负价值：打乱生态系统以便获取自然价值并把它们变为文化所用。①

谁需要我们人类呢？宠物倒是离开人活不了，但那是我们把它们驯化得依赖人类的，它们的祖先并没有人照料。按照这种思路，人不但对自然没有什么价值，反而是自然界的一种累赘、负担、麻烦制造者。

道教的《三天内解经》却讲人与天地万物是相互依存的。它说："天地无人则不立，人无天地则不生。"② "人无天地则不生"是很好理解的。没有一种生物可以完全独立生存，所有生物都会受到周围环境和其他生物的影响，人是自然的一部分，同样也摆脱不了自然界。道教对此非常明确，人要依赖自然界以生存。虽然人类在不同的发展时期对自然环境的依赖不同，但人类对自然依赖的本质始终没有改变。在原始文明时期，人依赖自己的身体，使用简单的工具，通过采集、渔猎来维持自身存在。那时，人对自然的依赖是无条件的。在农业文明时期，人类对自然环境的依赖主要是土地、气候和水利。在工业文明时期，人类对环境的依赖则表现为资源的数量、质量及环境质量。人类发展的历史证明，环境是社会发展强有力的杠杆。历史上黄河流域、恒河流域、尼罗河流域、幼发拉底河和底格里斯河流域都是著名的文明发祥地，但后来因为生态环境的恶化而出现危机。无论文明进步到何种地步，即便今天进入信息时

---

① [美]霍尔姆斯·罗尔斯顿：《环境伦理学：大自然的价值以及人对大自然的义务》，杨通进译，中国社会科学出版社2000年版，第304、457页。
② 《三天内解经》，载张继禹主编《中华道藏》，第8册，第544页。

代，产生了数字文明，人类始终必须依赖其存在和发展的基础——自然。

人类不仅依靠自然以生存，人类还学习自然以提高自己的生存。自然界具有不依赖于人的价值，有着自己的运行法则。生态系统中几乎所有的营养物质都在生物与非生物之间循环流动，对生态系统进行自我调节。大气圈、水圈、岩石圈、生物圈在太阳能的作用下，不断进行着物质循环和能量流动，生物因之得以生存和发展。在生态系统中，生产者、消费者、分解者和非生命物质各自发挥着特定的作用，有分工、有协作，维系着生态系统的正常运行。食物链上的各种生物相互影响和制约，维护着生态的平衡，这一切非常完美。"道法自然"，道教常把自然看作人类的老师。威廉·洪堡也曾指出人类活动的最佳方式，正是那种最能模仿大自然的方式。其实我们很多的科学发明也是模仿自然而完成的，例如仿生学。除了生活之源、生活之师，大自然还是我们沉思、审美、崇敬的对象。这都表现了"人无天地则不生"的道理。因此，人在自然面前应该谦卑、心存感恩。

但是，《三天内解经》怎么又说到"天地无人则不立"呢？天地在哪些方面需要人？人的特点和价值在哪里？《三天内解经》解释说："天地无人，譬如人腹中无神。"这意思就是说，没有人，天地间就没有精神、没有灵魂，这就如同人没有精神和灵魂就是行尸走肉。

道教对人在天地之间的这个理解值得深究。天地需要人，因为人是天人关系中的关键变量。他虽然从自然中进化而来，但他不同于那些自身活动与生命活动直接同一的动物。动物是特定化的，它靠着改变自身的身体结构来适应环境，它的活动维持在天然自然之中。人在某种程度上是靠改变外在环境来满足自己的生存和发展，人活动在天然自然与人工自然之间，他以文化的方式应对自然。就我们目前的所知而言，人是生命进化的最高形式，大自然的最高杰作。人类除具备生物的本能外，他还能主动去规定自己的目的。人的一个突出特性是创造目的。在自然、社会、人这个统一的目的性系统中，唯一能规定自己的目的、能对自然作出价值判断的存在者是人。非生物不存在创造目的的问题。在自然大系统中，它们有其外在的目的，服从于自然的整体目的性。这些目

第九章 道教自然生态观

的不是主动选择和设定的结果。

"人法地,地法天,天法道,道法自然","自然"就是万物自己如此,但是如此的"此"、"自然"的"然",就是那个样子的样子,并没有先在的规定。所有的规定,都是人按照自己的意愿自己规定出来的,是从"无"中创造出来的。人能无中生有,这确实是自然进化的特殊成就。由于人要创造目的,把自己变成想要的样子,并让世界成为我们想要它成为的样子,人就有了其他物种无法与之匹敌的巨大能量。人的这种能力是一把双刃剑,他既可以让万物繁荣,也可以让万物毁灭。如果他的自由创造能力发挥不当,就会影响万物的兴衰和整个生态的平衡。道教强调:

> 万物之中,人称最灵。①
>
> 陶冶造化,莫灵于人,故达其浅者,则能役用万物,得其深者,则能长生久视。②
>
> 天地之为法,万物兴衰反随人故。
>
> 凡物与天地为常,人为其王。
>
> 蠕动之属,悉天所生也,天不生之,无此也。因而各自有神长,命各属焉。比若六畜,命属人也,死生但在人耳,人即是六畜之司命神也。③

道教提出的"人为万物之灵""其王""司命神"等角色认定,把人抬高到掌管万物命运之"神"的地位。人是万物的神。为什么要定位这么高呢?这个高定位其实是在强调人的责任和义务。如果人错误地使用自己的力量,那就是毁灭。《黄帝阴符经》提醒道:"天生天杀,道之理也。天地,万物之盗;万物,人之盗;人,万物之盗。三盗既宜,三

---

① 李永晟点校:《云笈七签》卷十七,第405页。
② 王明:《抱朴子内篇校释》,第46页。
③ 王明编:《太平经合校》,第232、174、383页。

才既安。"① 这本道经用了"盗""贼""害""杀"等词语来警醒人与自然之间还存在着矛盾、对立和紧张。天地人互相盗窃、残害，是恩仇相报的。《阴符经》说人若伤害自然，自然就要采取天发杀机、人发杀机，或者天人合发杀机的形式报复人类。它展示的不是温情脉脉的天人合一。恩格斯在论述劳动在从猿到人转变的过程中的作用时也曾说过："我们不要过分陶醉于我们人类对自然界的胜利。对于每一次这样的胜利，自然界都对我们进行报复……美索不达米亚、希腊、小亚细亚以及其他各地的居民，为了得到耕地，毁灭了森林，但是他们做梦也想不到，这些地方今天竟因此而成为不毛之地，因为他们使这些地方失去了森林，也失去了水分的积聚中心和贮藏库。阿尔卑斯山的意大利人，当他们在山南坡把那些在山北坡得到精心保护的枞树林砍光用尽时，没有预料到，这样一来，他们就把本地区的高山畜牧业的根基毁掉了；他们更没有预料到，他们这样做，竟使山泉在一年中的大部分时间内枯竭了，同时在雨季又使更加凶猛的洪水倾泻到平原上……因此我们每走一步都要记住：我们决不像征服者统治异族人那样支配自然界，决不像站在自然界以外的人似的去支配自然界——相反，我们连同我们的肉、血和头脑都是属于自然界和存在于自然界之中的。"② 有了高新科技的辅助，人可以上天入地，但新冠肺炎病毒对人们的生命与健康、国内外的经济与社会秩序等造成了极为严重的破坏。这次疫情对人类的改变是难以想象的，我们应彻底扭转不可持续的发展模式和生活方式。

"天地无人则不立，人无天地则不生"，天地对人有需要，因为人是大自然的赋有意识的存在，通过人的生命活动能够使自然的生态秩序从自发逐渐提高到自觉，从自在到自为，从生存存在到生命存在，最终实现生命的最高价值，那就是自由和创造。这应该就是人的存在价值和自然对人的需要。道教的天人是互相依赖的。人依靠自然而生活，自然因为人而升华出精神、熏陶出道德。当我们在思考的时候，就是

---

① 《黄帝阴符经》，载张继禹主编《中华道藏》，第15册，第695页。
② 《马克思恩格斯全集》第26卷，人民出版社2014年版，第769页。

世界在思考；当人对世界进行认识的时候，就是世界在进行自我认识；当人践行道德的时候，就是世界在践行道德。就这点来讲，确实如莱布尼茨所说，我们所处的这个世界是逻辑上所可能有的世界当中最美好的一个。

地球不仅是人类的，人类与各种生物群落是相互依赖的。今天构建生态伦理，道教可以提供思想资源，让每个人都肩负起责任，重建人与自我、人与人、人与自然相互依赖的亲密关系。肩负道德、责任和义务的人，对自然不仅不是负价值，而是能使自然生命成为自觉的高级生命形态的特殊存在，具有任何物种不可替代的价值。

第二节　道教对环境的保护

道教不仅在教义中包含人与自然和谐相处的思想，在道教修炼、养生、医学、科仪、戒律、宫观建筑、洞天福地、聚落、音乐、文学、绘画、书法等道教的宗教实践中也贯穿了这些思考。道教养生、医学和环境有着紧密的关系。道教科仪和养生实践包含道教对大自然的宗教情怀以及与宇宙万物和谐共存的意识，把人与自然有机地、深度地融合为一；道教斋醮通过祈求神恩为人类消灾祈福，以求达到人类与宇宙万物共存的最佳生存状态；道教在致力于神仙世界构建的同时，还致力于现实人间仙境——洞天福地、宫观建筑的营造和理想人居环境——生态聚落的选择。道教聚落文化中的环境模式除包含人文要素外，还寻求小环境内部的土壤、植被、空气、水分、光照等环境因素的相互协调；道教艺术展现出浓厚的神仙意境，在空灵、美妙的艺术中陶冶着人们的情趣，拉近了人与自然的距离；历代道教中人还特别崇尚在自然环境中体味天人一体的意境，达到与自然的神交，这可以启迪现代休闲方式，引导生活向有利于生态环境保护的方向发展。

下面仅以道教天地财富观与生物多样性、道教戒律中的环保思想和道教劝善书中的动物保护思想为例说明道教实践对环境的保护。

一 "富之为言者，乃毕备足也"——道教的天地财富观与生物多样性

追求财富是人的天性。道教顺应民心，并不视钱财如粪土。道教神谱里有众多保佑人们发财致富的财神，如赵公明、文财神比干、武财神关羽、五路财神等，还有"招财镇宝"的符箓，"接财神"的科仪。道教财神一般富有公平、公正、诚信的精神。可见，道教鼓励个人合理合法合情地追求和创造财富。道教还有一种财富观，今天尤其值得提及，这就是天地财富观。这种财富观具有十分重要的生态意义。道教对贫富的划分就是看拥有物种的数量。《太平经》讲：

> 富之为言者，乃毕备足也。天以凡物悉生出为富足，故上皇气出，万二千物具生出，名为富足。中皇物小减，不能备足万二千物，故为小贫。下皇物复少于中皇，为大贫……子欲知其大效，实比若田家，无有奇物珍宝，为贫家也。万物不能备足为极下贫家，此天地之贫也……此以天为父，以地为母，此父母贫极，则子愁贫矣。①

道教认为真正的富足就是拥有最多的物种，而万物不能备足则是赤贫，这是天地的贫穷。对于天地的贫穷，人负有直接的责任。这就涉及生物多样性的问题。创造、保护、增长人的财富，人们要求助于财神，而要保护天地的财富却又要依赖于人。神是人的财神，人则是万物的财神。道教把物种的灭绝看得十分重要。《太平经》说："一物不生一统绝，多则多绝，少则少绝，随物多少，以知天统伤"，"一物不具足，

---

① 王明编：《太平经合校》，第30页。

即天道有不具者"。① 道教认为如果任意残杀生物,致使它们不能竟其天年而夭亡,万物就会怀冤结而不解。其怨气郁结,会阻塞天地之气的流动、阻碍天地人之间的交流,万物都将受到影响,并流及个人和国家。那时就会出现"国家为其贫极,食不重味,宗庙饥渴,得天下愁苦,人民更相残贼,君臣更相欺诒,外内殊辞,咎正始起于此"② 的情况。

道教特别提出了统治者保护生物多样性的职责。物种的多少与帝王有直接的关系。如果帝王恋杀、残暴,物种就会减少。如果帝王认真履行自己的职责,恩及凡物,生物种类才能得以保持。"夫君父常念生,不乐杀者,凡物尽生。一念杀者一物死,十念杀者十物死,百念杀者百物死,自此至万念,皆若此矣。"③ 道教在评价一位君王时,要看他国土上拥有的物种数量。"古者圣王治,能致万二千物,为上富君也。善物不足三分之二,为中富之君也。不足三分之一,为下富之君也。无有珍奇善物,为下贫君也。"④ 道教以物种多少来评判君王的统治,这一裁决标准非常明智,把维护辖区的物种当作统治者的政治职责,为当今社会评价各级政府的施政效果提供了一个参考。

生物多样性对于生态系统和整个生物圈的正常功能是必需的。除实用以外,保护野生物种还有道德、伦理、文化、美学以及纯科学的理由。每一个物种稳定持续的存在,都需要经历几千年的生存适应过程。因此灭绝一个物种就是停止一个物种几千年的历史。物种一旦消失就不可复得,我们将永远失去与之相处、欣赏、研究、利用它们的可能性。另外,每一物种的消失还会引起另外二三十种生物的生存危机。道教以物种多少来评价贫富的天地财富观,以及保护生物多样性的理财思想里,顺应万物的自然而不伤,维护自然界的平衡、稳定、保护生物多样性被明确认为是人的职责。这是在今天仍然值得我们反思的

---

① 王明编:《太平经合校》,第 219、462 页。
② 王明编:《太平经合校》,第 204 页。
③ 王明编:《太平经合校》,第 705 页。
④ 王明编:《太平经合校》,第 30 页。

财富观。

据统计，在今后二三十年中，将有 1/4 的物种灭绝。自然界本身也存在物种的生灭，但人为因素加速了自然物种的灭绝。人们求财需要财神，财总是来源于天地之间，人是天地万物的神。人如果不能尽职尽责保护天地万物，却要杀鸡取卵、竭泽而渔，最终破坏了财源。所以人不应仅仅求自己的财，更要关注天地的财。

二 "不得杀害含生以充滋味"——道教戒律对环境的保护

在中国悠久的历史中，并不乏保护动物的思想和措施。公元前 11 世纪的西周王朝颁布了《伐崇令》，提到"毋坏屋，毋填井，毋伐树木，毋动六畜。有不如令者，死无赦"。《逸周书·大聚解》也有"禹之禁，春三月，山林不登斧，以成草木之长；夏三月，川泽不入网罟，以成鱼鳖之长"的规定。《礼记·月令》记载：

> 孟春之月……命祀山林川泽，牺牲无用牝。禁止伐木。毋覆巢，毋杀孩虫。胎夭飞鸟。毋母卵；仲春之月……安萌芽，养幼小，存孤。毋竭川泽，毋漉陂池，毋焚山林。祀不用牺牲；季春之月……修利堤防，异达沟渎，闻通道路，无有障塞。田猎罘，罗网，毕弋，兽之药毋出九门。

《论语·述而》告诫人们"钓而不网，弋不射宿"。《孟子·梁惠王》谈到"闻其声而不忍食其肉，梁惠王不忍见牛"。《孝经》传播"伐一木，杀一兽，不以其时，非孝也"的伦理思想。司马迁在《史记·殷本纪第三》讲了"网开三面"的故事。

道教不仅在理论上承认动物有道德，用神的名义颁布保护法令，如《老君说一百八十戒》《太上洞玄灵宝智慧定志通微经》《受持八戒斋文》《三百大戒》《太极真人说二十四门戒经》等，还发展了一套行之有效的方法来推动动物保护，保证其实施。

第九章 道教自然生态观

施舟人在《道教生态学：内在转化，早期道教教团戒律研究》①中指出：道教不仅思考自然环境和人在自然界中的位置，它还采取行动来实现其理想。早期道教最重要的就是保护自然环境和人对环境的适应。《老君说一百八十戒》中有二十二条戒律，详细规定了人应尊重生命，善待万物，与自然万物互不相伤的戒律，其关怀对象非常广泛仔细，涉及生态环境中的各类生物，如山、川、江、河、花、草、树木、鸟、兽、鱼等。为了保护环境，道教采取的首要措施是禁止杀生。道教有众多的戒律，内容庞杂，牵涉广泛，但无不以"戒杀生"为主要大戒。《洞玄灵宝六斋十直》说："道教五戒，一者不得杀生。"②刘宋陆修静所撰《受持八戒斋文》也规定："一者，不得杀生以自活。"③《思微定志经十戒》的第一戒也是"不杀，当念众生"④。《初真十戒》的第二戒规定"不得杀害含生以充滋味"⑤。《妙林经二十七戒》《老君说一百八十戒》《三百大戒》等戒律中也都有"不得杀生"的规定。可见，戒杀是道教戒律中必不可少的内容。道教不只是泛泛地谈禁止杀生，而是有具体的规定。《老君说一百八十戒》中的第九十五条"不得冬天发掘地中蛰藏虫物"；第九十七条"不得妄上树探巢破卵"；第九十八条"不得笼罩鸟兽"⑥。《中极戒》第一百一十二条规定"不得热水泼地致伤虫蚁"⑦。可见，戒律的制定者对保护动物考虑得非常周到。

除了"不杀生"外，道教还反对惊吓、虐待动物。《老君说一百八十戒》中的第一百三十二条规定"不得惊鸟兽"⑧；《三百大戒》中亦规定

---

① Kristofer Schipper, "Daoist Ecology: The Inner Transformation-A Study of the Precepts of the Early Daoist Ecclesia", in N. J. Girardot, James Miller and Liu Xiaogan(eds.), *Daoism and Ecology: Ways within a Cosmic Landscape*, Center for the Study of World Religions Press, 2001, pp.79-92.
② 《道藏》，第22册，第258页。
③ 《道藏》，第22册，第281页。
④ 《道藏》，第22册，第267页。
⑤ 《道藏》，第22册，第278页。
⑥ 《道藏》，第22册，第272页。
⑦ （清）彭定求辑：《道藏辑要》，巴蜀书社1999年版，第10册，第152页。
⑧ 《道藏》，第22册，第273页。

"不得惊怛鸟兽,蹴以穷地"①。此外,《老君说一百八十戒》中的第四十九条规定"不得以足踏六畜";第一百二十九条规定"不得妄鞭打六畜群众"②。

道教戒律中有许多明确具体的规定反对焚烧山野、无故伐树,甚至反对穿凿土地、毁坏山川,把道德关怀的对象扩大到了一切非人类的存在物。草木乃至山石和人一样有着同等的生存权利,不得任意毁损,而且主张在利用这些自然资源的时候也要遵循其生长的规律,不得强行妄为,过度开发。人正是依靠了大地母亲,才得到衣食之养,因而人应该谨孝其地母,对大地负有道德上的尊重和保护的义务。可是实际的情况往往相反,人们"共穿土地,大兴起土功,不用道理,其深者下著黄泉,浅者数丈";"今天下大屋丘陵冢,及穿凿山阜,采取金石,陶瓦竖柱,妄掘凿沟渎,或闭塞壅阏,当通而不得通有几何乎?今是水泉,或当流,或当通,又言闭塞穿凿之几何也?……妄穿地形,皆为疮疡;或有塞绝,当通不通"③。针对这种对大地的不道德的行为,《太平经》提出:"凡动土入地,不过三尺……然一尺者,阳所照,气属天;二尺者,物所生,气属中和;三尺者,属及地身,气为阴。过此而下者,伤地形,皆为凶";"今天不恶人有室庐也,乃其穿凿地大深,皆为疮疡,或得地骨,或得地血,何谓也?泉者,地之血;石者,地之骨也;良土,地之肉也。洞泉为得血,破石为破骨,良土深凿之,投瓦石坚木于中为地壮,地内独病之,非一人甚剧,今当云何乎?地者,万物之母也……守道不妄穿凿其母,母无病也;妄穿凿其母而往求生,其母病之矣"。④

道教伦理的关怀对象具有普遍性,由人、动物、植物而延伸到了一切非生命形式的存在物,是一种具有普遍意义的生命伦理。保护物种的多样性和丰富性,正是这种生态伦理的必然要求。

---

① 《道藏》,第 6 册,第 948 页。
② 《道藏》,第 22 册,第 271、272 页。
③ 王明编:《太平经合校》,第 119 页。
④ 王明编:《太平经合校》,第 120 页。

三 "勿登山而网鸟禽,勿临水而毒鱼虾"——道教劝善书的动物保护思想

在世界科技快速发展、经济日益增长、人类生活水平逐步提高时,动物的处境却越来越糟糕,引起了环保人士的忧虑。人与动物的关系是人与自然关系的重要体现。为了保护野生动物,学者们积极地进行着理论探讨,政府加大了立法,环保人士成立各种组织呼吁对动物的保护。在理论方面,影响较大的是动物权利论。它是当今众多环境哲学、环境伦理学流派中的一支,源于19世纪功利主义哲学家边沁,其主要思想是动物感受痛苦的能力使它们有权不受人类的任意侵害。动物权利论和动物福利论的当今代表是辛格(Peter Singer)和雷根(Tom Regan)。《世界自然宪章》(联合国第371号决议)规定:"每种生命形式都是独特的,无论对人类的价值如何,都应得到尊重。为了给予其他有机体这样的承认,人类行为必须受到道德的约束。"[①] 为禁止世人为了商业利润和纯粹为了个人目的而虐待动物,世界各地纷纷成立保护动物的组织,如国际素食联盟、国际动物保护协会、国际爱护动物基金会等。中国也颁布了《野生动物保护法》《陆生野生动物保护实施条例》等,宣布每年4月为"爱鸟月"、10月为"保护野生动物宣传月",呼吁人们尊重自然。自2003年"非典"结束以后,对动物保护又有了新的认识。新冠肺炎疫情暴发后,全国人大常委会于2020年2月24日做出《关于全面禁止非法野生动物交易、革除滥食野生动物陋习、切实保障人民群众生命健康安全的决定》,凡《野生动物保护法》和其他有关法律禁止猎捕、交易、运输、食用野生动物的,必须严格禁止;全面禁止食用国家保护的"有重要生态、科学、社会价值的陆生野生动物"以及其他陆生野生动物,包括人工繁育、人工饲养的陆生野生动物。

道教不仅在理论上承认动物应受到保护,也用神的名义颁布保护法

---

① 联合国:《世界自然宪章》,https://baike.baidu.com/item。

令，保证其实施。这方面很有成效的就是道教善书的大力宣传带来的家喻户晓的影响。道教劝善书将动物保护思想落实到人们的日常生活之中，对善待动物作了许多详尽的规定。

首先，善书中有很多劝导人类爱护动物的内容，尊重动物的生存权利，把对待人的道德推广到动物界。《老子》提出"道生一，一生二，二生三，三生万物"，人与万物都分享了同一个道，它们在"道"的高度上是平等的。《庄子》也有"以道观之，物无贵贱"的万物齐同的思想。人与万物都因"道"而生，都应受到道德关注，所以善书中有大量爱护动物的思想。人又要依赖自然界提供生活资料，如植物、动物等，但人不能为了自己的贪欲、猎奇，肆意损害动植物的生命，如不要在动物产卵、孕育的时节打猎，不要破坏它们的栖息地。《太平经》告诫世人，"夫天道恶杀而好生，蠕动之属皆有知，无轻杀伤用之也"①。五代谭峭《化书》直接认为动物界也有它们的伦理关系，他说：

> 夫禽兽之于人也何异：有巢穴之居，有夫妇之配，有父子之性，有生死之情。乌反哺，仁也。隼悯胎，义也。蜂有君，礼也。羊跪乳，智也。雉不再接，信也。孰究其道？万物之中，五常百行，无所不有也……且夫焚其巢穴，非仁也；夺其亲爱，非义也；以斯为亨，非礼也；教民残暴，非智也；使万物怀疑，非信也。夫膻臭欲不止，杀害之机不已。羽毛虽无言，必状我为贪狼之与封豕；鳞介虽无知，必名我为长鲸之与巨虺也。胡为自安焉？得不耻吁？直疑自古无君子。②

道教劝善书认为：

> 野外一切飞禽走兽、鱼鳖虾蟹不与人争饮，不与人争食，并不

---

① 王明编：《太平经合校》，第174页。
② 《化书》，载《道藏》，第23册，第598页。

与人争居。随天地之造化而生，按四时之气化而活，皆有性命存焉。……不杀胎、不妖夭、不覆巢，皆言顺时序、广仁义也。如无故张弓射之，捕网取之，是于无罪处寻罪，无孽处造孽，将来定有奇祸也。戒之，戒之。①

《孙真人卫生歌》也认为某些动物知情达理，他说："雁有序兮犬有义，黑鲤朝北知臣礼。人无礼义反食之，天地神明俱不喜。"于是道教形成了"三厌"之戒的传统。"三厌"就是孙思邈真人提到的天厌雁、地厌犬和人厌鲤。

《感应篇》也禁止"射飞逐走，发蛰惊栖；填穴覆巢，伤胎破卵""无故杀龟打蛇"。《阴骘文》劝人"勿登山而网鸟禽，勿临水而毒鱼虾"，"勿宰耕牛"，"或买物而放生，或持斋而戒杀。举步常看虫蚁，禁火莫烧山林"。《觉世真经》有"戒杀放生"的信条。触犯这些规定一定逃不过神灵的惩罚。

其次，善书不仅宣传动物保护，它还鼓励人们在日常生活中实施这些原则。《太微仙君功过格》规定：

> 救有力报人之畜，一命为十功；救无力报人之畜，一命为八功。蚁飞蛾湿生之类，一命为一功……埋葬自死者、走兽飞禽、六畜等，一命为一功。若埋葬禽兽、六畜骨殖及十六斤为一功。
>
> 害一切众生、禽兽性命为十过；害而不死为五过；举意欲害为一过。……害人、六畜，一命为十过。令病为五过；举意欲害为一过。……故杀有力报人之畜，一命为十过；故杀无力报人之畜，一命为八过；误杀为四过；故杀虫蚁、飞蛾、湿生之属，一命为二过误杀为一过；故伤人害物者、恶兽、毒虫为一过；（谓虎狼蛇蝎毒虫之属）使人杀者同上论。②

---

① 《劝世归真》，载胡道静等主编《藏外道书》，第28册，第91页。
② 《道藏》，第3册，第450—452页。

《警世功过格》规定：

救一有力于人之物命（牛马犬类）五功至五十功。
救一无力于人之畜命（猪羊之类）三功。
教人渔猎三十过，毒药杀鱼三十过。
杀禽鱼昆虫一命三过。
劝化人弋猎屠钓回心，不从一功，从者十功，改者百功。
救一禽鱼虫蚁物命，一功。①

《十戒功过格》规定：

贪其滋味或利其毛骨而杀者曰爱杀（如虾螺为馔、牡蛎为药、蚌珠为饰之类），一次为二过。至百命外加二过，千命为二十过。

牢养调弄曰戏杀（如斗蟋蟀、拍蝴蝶之类），一命为一过。虽不伤命而调弄不放亦为一过。见卑幼牢养调弄可禁止者，不为禁止亦作一过。

设法禁止屠杀牛犬，或劝化屠猎等人改业曰普救为百功。②

救微命：触景生怜、方便释放者曰哀救，一次为一功（此见其困苦，实生怜悯之心者，故功独重）；至百命外加功；作意放生、劳力营救者曰力救，一次为一功，百命外加功；出钱买放者曰破财救，自百命至千命为一功，千命外加功；凿池开圈、广劝放生者曰法救，倡议者为百功。

救小物命：哀救者一次为一功；力救者一次为一功；破财救者一次为一功，费以三十文为一功；法救者一事为百功；因放生致缺孝养，亲心不当，反为二过。亲心悦，功可加一等。

救大物命：救一伤人之物曰过情救，为二功；救一有功于世之

---

① 胡道静等主编：《藏外道书》，第12册，第74—76页。
② 胡道静等主编：《藏外道书》，第12册，第43页。

物曰大慈救，为十功；设法禁止屠杀牛犬或劝化屠猎等人改业曰普护救，为百功。①

善书对人们对待动物的善、恶行为进行了详细的分类和记录。今天，我们面临着紧迫的环境压力，人类的发展使动物的栖息地和食物日益减少、人的干扰和商业捕捉都使野生动物的处境岌岌可危。野生动物的药用、皮用、肉用的高经济价值吸引着不法分子铤而走险。中国习俗中流行"吃什么，补什么"，总有一些唯利是图的人想方设法捕捉、盗运、贩卖、烹调、食用野生动物。我们对动物、对自然环境的自觉爱护还任重而道远。李剑认为"就人类在受到伤害时感受的痛苦远比动物深刻与复杂而言，人类拥有比动物更高、更优越的道德地位。不过，这种道德的优越性要求的恰恰不是我们漠视动物的痛苦，而是更加尊重和保护动物依其物种特征而生存的自由和福祉。道德上的优越意味着我们能给自我之外的存在者的利益以更多的关怀和考虑，而对动物和自然界的关心也是人类生活的一个重要方面"②。关心动物是一个人真正有教养的标志。我们必须立即采取行动，从我做起，从小事做起，从餐桌做起。

第三节 "少私寡欲""返璞归真"——道教对物性的超越

一 物欲对人性的遮蔽

道家、道教呼吁自然人性，其中一项最重要的内容就是把人性从物性中解脱出来，尤其要从物质占有欲中解脱出来。在追求物质占有的过

---

① 《十戒功过格》，载胡道静等主编《藏外道书》，第12册，第46页。
② 李剑：《动物为何拥有权利？——兼论强、弱两种动物权利论》，《哲学动态》2020年第11期。

程中，容易忘却自身的真实感受，不再谋求生活的其他目的和意义，所以道家、道教劝导人们返璞归真。不为过多的物质遮蔽的朴素生活，方能体现人性之真，否则我们只能看到人的物性，而看不见人的精神性。

人有物性，并且要仰赖物质以维持生存。所以，道家、道教提倡"少私寡欲"、适度消费，而不是不思不欲。马克思说过："一切人类生存的第一个前提也就是一切历史的第一个前提，这个前提就是：人们为了能够'创造历史'，必须能够生活。但是为了生活，首先就需要衣、食、住以及其他东西。"① 消费物质资源是人生存和发展的前提。消费不足会严重影响人的生活。人类的物质生产活动就是为了满足人们的衣食住行等需要，这是人的自身生产的一项内容。当今世界各国提倡的"以人为核心的发展"，首先也是要满足人的基本物质需求。但人有别于其他物种的地方是人有物质满足之外的精神需求。其他动物生活的主要内容就是延续自身的肉体生命和种族繁衍。人有物性，又有超物性。人不仅在身体上满足自己，也在内在精神世界中发展自己，使自己不盲从于自然的、情欲的、非理性的需要，摆脱动物式的消耗行为，确立起人的存在方式，以成为自由而全面发展的人。正是在这个意义上，消费是人类生存与发展的基础，它生产着人的本质与特性。②

虽然消费是人的基本需求，但是，如果消费不当，就会破坏环境。进入现代社会以来，相当多的人还存在消费不足的问题，而少数人却一直在过度消费。两者都对环境产生着压力。消费对环境的影响可以从消费一词的定义看出。所谓"消费"，《牛津英语词典》解释如下："通过燃烧、蒸发、分解或疾病等花掉或毁掉；消耗、死亡；用完，特别是吃完、喝完；占去；花费、浪费（时间）；变得憔悴、烧尽。"如果将这个解释用在自然资源和环境上，就太危险了。世界自然资源保护联盟主席施里达斯·拉夫尔（S.Ramhpal）指出："消费问题是环境危机问题的核心，人类对生物圈的影响正在产生着对于环境的压力并威胁着地球支

---

① 《马克思恩格斯选集》第1卷，人民出版社1972年版，第32页。
② 参见赵玲《消费的人本理念》，《学海》2002年第3期。

持生命的能力。从本质上说，这种影响是通过人们使用或浪费能源和原材料所产生的。"① 环境危机与我们的生产和消费有着直接的关系。联合国环境与发展大会通过的《21世纪议程》指出："地球所面临的最严重问题之一，就是不适当的消费和生产模式，导致环境恶化、贫困加剧和各国发展失衡。若想达到适当的发展，需要提高生产效率，改变消费，以最高限度地利用资源和最低限度地生产废弃物。"② 目前，这种模式正在加速着地球上不可再生资源的消耗和环境质量的恶化。庞大而多产的经济要求我们把消费当作我们的生活方式，把无数人变成盲目的消费者。消费不再是为了人的生存，而是人为消费而生存。由于物欲的遮蔽，人性的另一面向——精神追求被遗忘、忽视，人被异化和物化，被降低成了物，成为消费物的机器。人不再成为目的，而成了为经济增长而消费的手段，这完全违背了发展的目的和初衷，走向了发展的反面。历史学家汤因比曾告诫人们："在所谓发达国家的生活方式中，贪欲是作为美德受到赞美的，但是我认为，在允许贪欲肆虐的社会里，前途是没有希望的。没有自制的贪婪将导致自灭。"③

二 提倡"返璞归真"的简单生活

道家、道教一直在致力于把人从物欲中解救出来，反对"以物易性"。人们往往有这样一个认识上的误区：在个人的生活方式上，似乎离自然越远，就意味着越接近文明。与此相对的是，老子认识到"五色令人目盲，五音令人耳聋，五味令人口爽，驰骋田猎令人心发狂，难得之货令人行妨"（《老子》第12章）。庄子认为造成这种人性丢失的原因有五个：

---

① Shridath S. Ramphal, *Our Country, The Planet: Forging A Partnership For Survival*, Island Press, 1992.
② 《21世纪议程》，国家环境保护局译，中国环境科学出版社1993年版，第16页。
③ [日]池田大作、[英]汤因比：《展望二十一世纪——汤因比与池田大作对话录》，荀春生等译，国际文化出版公司1985年版，第57页。

> 且夫失性有五：一曰五色乱目，使目不明；二曰五声乱耳，使耳不聪；三曰五臭熏鼻，困㥑中颡；四曰五味浊口，使口厉爽；五曰趣舍滑心，使性飞扬。此五者，皆生之害也。（《庄子·天地》）

色、声、香、味等容易让人眼花缭乱，使得人心永不知足。"盈耆欲，长好恶，则性命之情病矣。"（《庄子·徐无鬼》）由于物欲的诱惑，自然本性很容易迷失在物性之中，庄子称此现象为"丧己于物"，人在"物"中迷失、丢失、遗失了他自己。他把"丧己于物，失性于俗者"称为"倒置之民"（《庄子·缮性》）。

所以道家、道教特别注意贪欲导致的人性的丧失。少私寡欲、见素抱朴、返璞归真一直是道教的生活准则。老子提出"见素抱朴""少私寡欲"（《老子》第19章）。老子说："我有三宝，持而宝之，一曰慈，二曰俭，三曰不敢为天下先。"（《老子》第67章）"少私寡欲"在道教中得到了大力提倡。"量腹而食，制形而衣，容身而居，适情而行，余天下而不有，委万物而不利，岂为贫富贵贱失其性命哉。"（《文子·守易》）道教形象地把人的各种欲望称为"三尸"和"六贼"。《太清玉册》卷八："上尸彭倨名青姑，伐人目，居人头，令人多欲好车马；中尸彭质名白姑，伐人五脏，居人腹，令人好食轻恚怒；下尸彭矫名血姑，伐人胃命，令人好色喜杀。"《太清元道真经》卷中："人不能长存者……因六贼妄生，目妄视，耳妄听，鼻妄香臭，口妄言味，身妄作役，意妄思虑。故终不归根也。"它们像强盗一样随时在引发欲望，引诱人们去过度地消费物质。道教修炼需要杀死"三尸"、灭尽"六贼"，主要的方法就是恬然淡泊、生活简单素朴。《抱朴子内篇》说："学仙之法，欲得恬愉澹泊，涤除嗜欲，内视反听，尸居无心。"[①]《清静经》称："常能遣其欲而心自静，澄其心而神自清。"创立于金元之际的全真道认为要除去欲望的旧染之污，才能究其本然之性。全真道要求道士们过一种近乎禁欲主义的生活，把物质需要的满足抑制到最低水平，以此作为修

---

① 王明撰：《抱朴子内篇校释》，第17页。

道的必要过程。马钰要求弟子们："不得着好衣，不得吃好饭、唱歌打令。""饥则餐一钵粥，睡来铺一束草，褴褴褛褛，以度朝夕，正是道人活计。"① 谭处端告诫弟子们："情欲永除超法界，痴嗔灭尽离人天"，"灭恶除情作善良，好将名利两俱忘"。②

生命的价值取向应该是恬然淡泊、清静无为、顺任自然。尼采曾大声疾呼："倘若人不是诗人、解谜者和偶然的拯救者，我如何能忍受做一个人！"③ 道家、道教的理想生活是诗意的栖居，用超越功利的审美的眼光与万事万物相处，于是生活本身就成了艺术。人的一生就是自己创作出来的一件艺术品。超越功利、超越"物"对人类的功用，万物就不仅仅是对人类具有工具价值的、以"有用""无用"被评判的对象，而呈现为万物自身。在道家返璞归真的诗化生活中，人们更多地与自然进行情感交流。仅仅停留在欣赏表面的自然风景和商业旅游是远远不够的，只有达到了在精神上同大自然合一的境界，审美才更为深刻。与自然进行这样的交流不是置身事外，而是融入事物之中，去聆听"大音希声"，去品味"大象无形"，培养深层的、非物质的满足。这种生活注重过程，没有狂奔、浮躁和冷漠。充实的生命，其意义在于过程，需要放慢速度。道教的修炼大多强调放松，在缓慢、宁静中体味自然之气的周流不息和与天地合一的境界。"欲速则不达""慢工出细活"。英国经济学家舒马赫（E.F.Schumacher）为其著作取名《小的是好的》。其实，"慢的"也是好的。当今人类生活在一个科技快速发展、信息快速更迭的时代。现在获取知识的方式、渠道增加了，我们无疑享受到了技术带来的便捷。但是，也应注意到，随着经济的增长，加速现象已充斥生活的所有领域。高铁、快递、闪送、超声速飞机、信息高速公路都突出体现一个"快"字。我们本身也加快了速度，每个人都在进行冲刺。这种高速会让人产生赶不上趟的焦躁，人变得越来越急躁。"996""715""白加黑""夜总会"让年轻人工作压力太大。这会带来人

---

① 《丹阳真人语录》，载《道藏》，第23册，第705、704页。
② 《水云集》，载《道藏》，第25册，第847—848页。
③ [美]威尔·杜兰特：《探索的思想》，朱安等译，文化艺术出版社1991年版，第449页。

格的分裂、心理的畸变、行为的无序、道德的沦丧。我们的文明患了超速病。技术带来了及时的、短暂的、迅速切换的、彼此没有关联的海量的信息。没有价值的引导，在海量的信息面前会让人无所适从，并占有人宝贵的时间，消耗人的生命。我们需要警惕人对技术的掌握变成了技术对人的掌握。技术带来的高效、便捷、高速也会重塑个人和社会。当务之急是要充分意识到这种狂奔的危险性。如果我们真的愿意暂停一下快节奏的生活，按下暂停键，把我们的节奏慢下来，陪陪家人、朋友、路人。沉下心来会让我们的灵魂变得更有趣。我们从这静谧的生活中，得到的收获要比来去匆匆大得多。

道教真人一般都生活在自然、宽松、悠闲的环境里，那里没有狂奔。返璞归真的生活让人成为真人。庄子说："古之真人，不逆寡，不雄成，不谟士……不知悦生，不知恶死。"(《庄子·大宗师》)这种生活更注重精神追求、人际和睦、道德提升和潜能开发。返璞归真的生活注重人自身的真切体会，以人的发展为中心，更能优化人的心灵生态，具有防止人异化的价值。这种生活反对把物质消费当作个人经济成就和社会地位的象征，反对把奢侈的消费方式作为目的，后者加重了对自然资源的掠夺和对环境的破坏，危害了人的生存，忽略了个人更高层次的精神追求，离开了以人为中心的发展方向。汤因比在《人类与大地母亲》中说："人类的另一个家园精神世界，也是全部客观实在的一个组成部分，它与生物圈的区别，在于它是非物质的和无限的。在精神世界的生活中，人类发现他的使命不是谋求在物质上掌握环境，而是在精神上掌握自身。"[1]"绿色运动"是注重精神提升的运动。

要从根本上解决环境和发展问题，必须改变人们的生活方式。在道家"见素抱朴""少私寡欲""返璞归真"原则的启示下，改变现在的过度消费，从对自然资源的耗费转向对自然的审美和爱护。在人类生产了大量物质财富的当今社会，提倡道家的"少私寡欲"与传统的节衣缩食

---

[1] [英]汤因比:《人类与大地母亲——一部叙事体世界历史》，徐波等译，上海人民出版社2012年版，第18页。

已经大相径庭。传统的朴素和节俭是在物质资源相对匮乏的情况下的被迫选择，而如今的朴素、极简生活，放在整个自然系统大环境中，考虑整个人的全面发展，是在物质财富丰富背景下的自觉约束。这意味着人类的境界上升到了新的阶段，是崇高人性的重要体现。将"少私寡欲"置于生物圈的大系统中，倡导节俭和循环使用资源，这更能体现人性的尊严和高尚的境界。道家返璞归真的生活指导我们恢复已经迟钝的美感，恢复美丽的田园、建构温馨的家园、培养祥和的人缘，享受工作，尊重技艺、手工和艺术，创造一个值得在其中度过一生的人与自己、人与人、人与自然和谐的社会。

结　语

雅斯贝斯在《老子和龙树——两位亚洲神秘主义者》中对宗教进行了比较，他发现老子的情怀中"无佛教轮回之威胁，不求摆脱痛苦之轮；亦无基督的十字架，没有对无法摆脱的原罪的恐惧，不需要神化作凡人赴死以救赎人类的恩典。……中国精神视世界为自然的现象，生动的循环，静中有动的宇宙。……对我们西方人来说，世界不是封闭的，而是与现世无法把握的超自然的东西相关联。世界与我们的精神处于同自身及客体争斗的紧张状态中，它们在斗争中构成历史，具有一次性的历史内涵。老子那里没有对一位发号施令、暴躁好斗的神的暗示"[①]。确实，道家伦理没有赋予"为"优先性，而将限制干预的"无为"放在优先位置。根据"无为"的原则，"道"不从外面去规定经验，而是内在地顺随经验。它发挥作用的方式不是积极地指出何为善并引导人们践行，而是消极地划界，以便在伦理上也做到节制。道家思想后来被道教继承，哲学经典《老子》成了道教经典《道德真经》，《庄子》成为《南华真经》，《文子》成为《通玄真经》，《列子》成为《冲虚真经》；哲学家老子成了道教神仙太上老君，庄子成为南华真人，文子成为通玄真人，列子成为冲虚真人。道教伦理作为一种宗教伦理，其神学观点一直

[①]　[德]卜松山：《时代精神的玩偶——对西方接受道家思想的评述》，《哲学研究》1998年第7期。

贯穿其中，如道教劝善书就托名道教神仙来制作和颁行，有神明监督人的善恶，神依据人自己的善恶对人施行赏罚。在传统社会，道教善书大力宣扬"头上三尺有神明"，"阳世奸雄，违天害理皆由已，阴司报应，古往今来放过谁"，这对人们的心理会产生巨大的威慑，人因为惧怕神的严惩而行善避恶，其效果甚至超过了法律的制裁；而对神能够赐予福报的期待也为信众提供了行善的动力，促使其过道德的人生。

现代人践行道德不再依靠神灵的威力和震慑，现代人越来越具有主体性，人能够运用其理性将道德从外在强制转向自我约束和自我节制，从而提升个体的道德地位。但缺少敬畏感、神圣感和意义感的世俗化社会却出现了不同程度的信仰危机，生命失去了方向，道德严重滑坡，世俗的社会依然需要信仰。"道"作为终极的信仰对象，具有"无"的特征，信仰"道"就不是信仰任何有限之物，不是对自然现象的直接崇拜，不是对杰出人物的膜拜，不是信奉彼岸的他者，而是信仰那不可洞悉的宇宙的终极实在，一个超越的本原。人的生活空间是有限的，但信仰带来的精神世界是无限的；人的肉体难以摆脱自然的限制，但信仰可以让人获得精神的自由，在现实中求得普遍，在时间中求得永恒，并能够祈望不断趋近无限这个终极目标。

除了信仰，当今的伦理建构还需要处理好情与理的关系。"情"是普遍存在的，用情感来解释和促进伦理，符合伦理普遍性的要求。情感能打动人，直接引发道德行为。"情"是具体的、主观的，因经验而引发，任何形式的情感都依赖经验中的事件。情感作为心理反应，是被动的，有不稳定和主观任意的特点。"情"作为心理反应是一种自然的行为。所有的自然现象都受到必然性的制约。把道德行为看成自然行为，失去了道德作为人所特有的能动本质这一特点。道德是一种选择，超越了必然性。有自由才有选择。另外，经验随时在变，而每个人的情感偏好也不相同，不容易形成"共同的情感"，难以在个体性、主观性的自然情感里建立起普遍有效的伦理原则。现代社会人口流动性增大，根据2021年5月第七次全国人口普查的数据，乡村人口比例已经降到了36.11%。在城镇，我们更多地生活在陌生人之间，在由利益关系复杂的个体中形成了公共领域，这就需要尊重个体、维护个体尊严，也尊重他人、重信守诺、与人合作，维护公共领域的秩序，并促进社会利益。

道德是人类社会的基石，但没有法治也不能形成有序的社会。法律在维护人的尊严、实现公平正义、维护社会的和谐秩序方面发挥着越来越重要的作用。

今天，我们不仅关爱人，关心公共领域，行善也不完全因为种种功利的目的，而可以以善本身为目的，并拓展道德关怀的对象，形成关怀万物的生态伦理。另外，人工智能、神经科学、脑机接口、量子计算、纳米材料、基因工程、虚拟现实、生物技术、大数据等科技革命正在改变和重塑生活，增强了人类改变自身和环境的能力，这就需要相应的增加人类的责任，形成新的责任伦理应对危机、防范风险。适应现代社会的、规范陌生人之间的人际伦理和人与人工智能之间的人机伦理就不能仅依靠来自熟人社会的自然情感。人兼具感性与理性，作为感性存在者，自然情感要求满足个体的欲求；而作为理性存在者，社会责任感又要求行为者限制其自然欲望。仅把信仰、情感或理性当作道德的单一基础，无法建构起让人践行的道德规范。弘扬包括道家、道教在内的中华优秀传统文化，需要提高理性思辨能力，以使我们的道德不仅奠基于敬畏和情感，也经过了理性的思考、辨析和建构。中华优秀传统文化的创造性转化和创新性发展需要我们有一个开放的胸襟，立足于我们的传统，同时把其他文明的优秀元素、科技发展的最新成果吸收进来，使其生长为具有现代性、普遍性的文化。融合了神圣、情感和理性的伦理既有超越的神圣性，又符合有情感的生命的内在要求，还有适合全社会的普遍的公德，这样的伦理才有助于促进人的全面发展，维护世界的和平与秩序，促进人与自然的共生，以及人与智能机器的协同进化。

参考文献

马克思主义经典文献

《马克思恩格斯全集》第1卷,人民出版社1995年版。
《马克思恩格斯全集》第3卷,人民出版社1960年版。
《马克思恩格斯全集》第3卷,人民出版社2002年版。
《马克思恩格斯全集》第20卷,人民出版社1971年版。
《马克思恩格斯全集》第26卷,人民出版社2014年版。
《马克思恩格斯文集》第1—10卷,人民出版社2009年版。

古典文献

(西汉)司马迁撰:《史记》,中华书局1959年版。
(东汉)班固撰:《汉书》,中华书局1962年版。
(东汉)许慎撰,(清)段玉裁注:《说文解字注》,上海古籍出版社1988年版。
(魏)王弼注,楼宇烈校释:《老子道德经注校释》,中华书局2008年版。
(魏)王弼著,楼宇烈校释:《王弼集校释》,中华书局1980年版。
(魏)王弼撰,楼宇烈校释:《周易注(附周易略例)》,中华书局2011

年版。

（晋）葛洪撰，胡守为校释：《神仙传校释》，中华书局 2010 年版。

（西晋）陈寿撰：《三国志》，中华书局 1964 年版。

（南朝宋）范晔撰：《后汉书》，中华书局 1965 年版。

（北朝齐）魏收撰：《魏书》，中华书局 1974 年版。

（唐）陆德明撰，吴承仕疏证，张力伟点校：《经典释文序录疏证》，中华书局 2008 年版。

（宋）晁公武撰，孙猛校证：《郡斋读书志校证》，上海古籍出版社 1990 年版。

（宋）黄震：《黄震全集》，浙江大学出版社 2013 年版。

（宋）朱熹撰：《四书章句集注》，中华书局 1983 年版。

（宋）朱熹撰：《周易本义》，中华书局 2009 年版。

（北宋）李昉等编：《太平广记》，中华书局 1961 年版。

（北宋）李昉等编：《文苑英华》，中华书局 1966 年版。

（北宋）司马光编著：《资治通鉴》，中华书局 2011 年版。

（元）脱脱等撰：《宋史》，中华书局 1977 年版。

（明）朱国祯：《明代笔记小说大观》，上海古籍出版社 2005 年版。

（清）程树德撰：《论语集释》，中华书局 1990 年版。

（清）郭庆藩撰：《庄子集释》，中华书局 2012 年版。

（清）纪昀：《阅微草堂笔记》，上海古籍出版社 2005 年版。

（清）纪昀等编：《景印文渊阁四库全书》，台北：台湾商务印书馆 1986 年版。

（清）焦循撰：《孟子正义》，中华书局 1987 年版。

（清）冷德馨、庄跛仙集：《宣讲拾遗》，华夏出版社 2013 年版。

（清）李百川：《绿野仙踪》，上海古籍出版社 1994 年版。

（清）刘省三：《跻春台》，上海古籍出版社 1994 年版。

（清）彭定求辑：《道藏辑要》，巴蜀书社 1999 年版。

（清）阮元校刻：《（清嘉庆刊本）十三经注疏》，中华书局 2009 年版。

（清）石金成撰集，阎明逊等点校：《传家宝》，天津社会科学出版社

1992年版。

（清）孙希旦：《礼记集解》，中华书局2012年版。

（清）孙诒让：《墨子闲诂》，中华书局2001年版。

（清）王先慎撰，钟哲点校：《韩非子集解》，中华书局1998年版。

（清）魏源：《魏源集》，中华书局1976年版。

（清）章炳麟：《章氏丛书》，学苑出版社2016年版。

（清）昭梿：《啸亭续录》，上海古籍出版社2012年版。

（清）周馥、周学熙辑录：《古训粹编》，中州古籍出版社1990年版。

《道藏》，上海书店出版社、文物出版社、天津古籍出版社1988年版。

《清实录》，中华书局2008年版。

胡道静等主编：《藏外道书》，巴蜀书社1992、1994年版。

黄晖撰：《论衡校释》，中华书局2017年版。

黎翔凤撰，梁运华整理：《管子校注》，中华书局2015年版。

刘文典撰：《淮南鸿烈集解》，中华书局2013年版。

刘晓东等点校：《二十五别史·华阳国志九家旧晋书辑本》，齐鲁书社2000年版。

饶宗颐：《老子想尔注校证》，中华书局（香港）有限公司2015年版。

王卡点校：《老子道德经河上公章句》，中华书局1993年版。

王利器撰：《文子疏义》，中华书局2000年版。

王明编：《太平经合校》，中华书局1960年版。

王明撰：《抱朴子内篇校释》，中华书局1985年版。

许维遹撰，梁运华整理：《吕氏春秋集释》，中华书局2009年版。

杨伯峻编注：《春秋左传注》，中华书局2009年版。

杨伯峻撰：《列子集释》，中华书局2013年版。

张继禹主编：《中华道藏》，华夏出版社2004年版。

朱谦之：《老子校释》，中华书局1984年版。

现代专著

陈鼓应主编:《道家文化研究》第二十二辑,生活·读书·新知三联书店 2007 年版。

陈鼓应主编:《道家文化研究》第七辑,上海古籍出版社 1993 年版。

陈鼓应注译:《老子今注今译(参照简帛本最新修订版)》,商务印书馆 2006 年版。

陈国符:《道藏源流考》,中华书局 1963 年版。

陈麟书、陈霞主编:《宗教学原理(新版修订本)》,宗教文化出版社 2003 年版。

陈麟书、袁亚愚主编:《宗教社会学通论》,四川大学出版社 1992 年版。

陈美延编:《陈寅恪集·金明馆丛稿二编》,生活·读书·新知三联书店 2001 年版。

邓正来:《规则·秩序·无知——关于哈耶克自由主义的研究》,生活·读书·新知三联书店 2004 年版。

傅华:《生态伦理学探究》,华夏出版社 2002 年版。

顾朴光、潘朝霖、柏果成编:《中国傩戏调查报告》,贵州人民出版社 1992 年版。

胡士莹编:《弹词宝卷书目》,上海古籍出版社 1984 年版。

胡兴荣:《老子四家注研究》,广西教育出版社 2000 年版。

劳健:《老子古本考》,载《无求备斋老子集成》续编,台北:艺文印书馆 1941 年版。

雷毅:《深层生态学思想研究》,清华大学出版社 2001 年版。

李刚:《劝善成仙——道教生命伦理》,四川人民出版社 1994 年版。

李嘉球:《苏州状元》,上海社会科学院出版社 1993 年版。

李亚宁:《明清之际的科学文化与社会:十七·十八世纪中西文化关系引论》,四川大学出版社 1992 年版。

林同济:《天地之间:林同济文集》,复旦大学出版社 2004 年版。

刘守华:《口头文学与民间文化》,中国文联出版公司1989年版。

刘咸炘:《道教征略》,浙江古籍出版社2012年版。

刘笑敢:《老子古今—五种对勘与析评引论》上卷,中国社会科学出版社2006年版。

刘昭瑞:《〈老子想尔注〉导读与译注》,江西人民出版社2012年版。

蒙文通辑校:《蒙文通文集(第六卷)·道书辑校十种》,巴蜀书社2001年版。

南怀瑾:《南怀瑾选集》第5卷,复旦大学出版社1996年版。

潘德荣:《文字·诠释·传统:中国诠释传统的现代转化》,上海译文出版社2003年版。

潘雨廷:《道教史发微》,上海社会科学院出版社2003年版。

卿希泰主编:《中国道教史》,四川人民出版社1996年版。

任继愈主编:《道藏提要》,中国社会科学出版社1991年版。

任继愈总主编,杜继文主编:《佛教史》,凤凰出版传媒集团2006年版。

唐逸:《荣木谭—思想随笔与文化解读》,商务印书馆2000年版。

王明:《道家和道教思想研究》,中国社会科学出版社1984年版。

王文宝:《中国民俗学史》,巴蜀书社1995年版。

王云五等编:《丛书集成初编》,商务印书馆1939年版。

夏伟东:《道德本质论》,中国人民大学出版社1991年版。

萧登福:《道佛十王地狱说》,台北:新文丰出版公司1996年版。

许地山:《道教史》,江苏文艺出版社2008年版。

许地山:《扶箕迷信的研究》,商务印书馆1999年版。

杨乃桥:《悖立与整合:东方儒道诗学与西方诗学的本体论、语言论比较》,北京文化出版社1998年版。

余平:《神仙信仰现象学引论—对几部早期道经的思想性读解》,四川大学出版社2015年版。

袁啸波编:《民间劝善书》,上海古籍出版社1995年版。

詹石窗:《道教与女性》,上海古籍出版社1990年版。

张光直:《中国青铜时代》,生活·读书·新知三联书店2013年版。

张琼、马尽举：《道德接受论》，中国社会科学出版社1995年版。

张荣明：《中国的国教：从上古到东汉》，中国社会科学出版社2001年版。

张研：《清代族田与基层社会结构》，中国人民大学出版社1991年版。

赵敦华：《基督教哲学1500年》，人民出版社1994年版。

郑开：《德礼之间：前诸子时期的思想史》，生活·读书·新知三联书店2009年版。

郑振铎：《中国俗文学史》，商务印书馆2010年版。

郑振铎编：《中国文学研究·佛曲叙录》，商务印书馆1928年版。

周辅成主编：《从文艺复兴到十九世纪资产阶级哲学家政治思想家有关人道主义人性论言论选辑》，商务印书馆1966年版。

周作人：《中国新文学的源流》，江苏文艺出版社2007年版。

《鲁迅全集》，人民文学出版社1983年版。

《瞿秋白文集》第1卷，人民出版社1985年版。

论文

包利民：《哈贝马斯：交往理性与宗教》，《社会科学战线》2003年第3期。

曹南燕、刘兵：《生态女性主义及其意义》，《哲学研究》1996年第5期。

陈巴黎：《北京东岳庙七十六司概述》，《中国道教》2000年第2期。

陈道德：《墨家"兼相爱、交相利"伦理原则的现代价值》，《哲学研究》2004年第11期。

陈丽桂：《〈老子想尔注〉解老》，《华中师范大学学报》(人文社会科学版)2009年第1期。

邓晓芒：《康德道德哲学详解》，《西安交通大学学报》(社会科学版)2005年第2期。

顾志龙：《论尼采对社会道德的解构》，《求索》2006年第2期。

关春玲：《西方生态女权主义研究综述》，《国外社会科学》1996年第

2 期。

韩军:《宗教私人化的现代反思》,《贵州民族学院学报》(哲学社会科学版)2010 年第 3 期。

黄钊:《老子河上公章句成书时限考论》,《中州学刊》2001 年第 2 期。

金净:《文官政治与宋代文化高峰》,载孙钦善等《国际宋代文化研讨会论文集》,四川大学出版社 1991 年版。

李刚:《五斗米·北斗·南斗》,载广州道教学会、香港道教学院主办《道教与星斗信仰学术研讨会论文集》,广州,2012 年。

李刚:《以民为本,身国同治—〈西升经〉的身体政治观》,《四川大学学报》(哲学社会科学版)2012 年第 1 期。

李剑:《动物为何拥有权利?—兼论强、弱两种动物权利论》,《哲学动态》2020 年第 11 期。

刘杰:《马丁·布伯论"东方精神"的价值》,《文史哲》2000 年第 6 期。

刘笑敢:《道家式责任感与人际和谐》,《文史哲》2008 年第 6 期。

刘笑敢:《关于〈老子〉之雌性比喻的诠释问题》,《中国文哲研究集刊》2003 年第 23 期。

马学良:《明代彝文金石文献中所见的彝族宗教信仰》,《世界宗教研究》1983 年第 2 期。

卿希泰、李刚:《试论道教劝善书》,《世界宗教研究》1985 年第 4 期。

宋光宇:《"众善奉行,诸恶莫作"—有关台湾善书的研究及其展望》,《台北文献》1995 年直字第 111 期。

孙文礼:《〈老子河上公章句〉诠释探讨》,硕士学位论文,华中师范大学,2004 年。

孙向晨:《公民宗教:现代政治的秘密保障》,《复旦学报》(社会科学版)2012 年第 6 期。

孙向晨:《何以"归—家"——一种哲学的视角》,《哲学动态》2021 年第 3 期。

孙周兴:《何为哲学的转向—关于〈人类世的哲学〉》,《哲学动态》2022 年第 1 期。

谭宝刚:《〈老子〉称"经"考》,《学术论坛》2007年第5期。

唐大潮译,杨敏校:《日本的庚申信仰与道教》,《宗教学研究》1993年第1—2期。

滕守尧:《西方"女性主义"与新道家》,《河北学刊》1994年第3期。

汪伊举:《理论、真理、后革命》,《学海》2003年第2期。

汪伊举:《试论生态与政治》,《世界经济与政治论坛》2001年第5期。

王艳秀:《论"正当优先于善"的道德形而上学前提》,《伦理学研究》2014年第3期。

王艳秀:《亚里士多德实践哲学的内在背反及其现代效应—从形而上学与伦理学的关系看》,《道德与文明》2013年第1期。

王治河:《斯普瑞特奈克和她的生态后现代主义》,《国外社会科学》1997年第6期。

熊铁基、刘玲娣:《论汉老子》,《哲学研究》2004年第4期。

薛富兴:《博物学:恰当自然审美的必要基础》,《哲学动态》2023年第1期。

叶平:《"人类中心主义"的生态伦理》,《哲学研究》1995年第1期。

游子安:《明末清初功过格的盛行及善书所反映的江南社会》,《中国史研究》1997年第4期。

余平:《"自然长生之道"的信仰性奠基—〈老子道德经河上公章句〉读解》,《哲学研究》2013年第7期。

余平:《汉晋神仙信仰的现象学诠释—对几部早期重要道经的纵深解读》,博士学位论文,四川大学,2006年。

俞可平:《推进国家治理体系和治理能力现代化》,《前线》2014年第1期。

郁建兴:《辨析国家治理、地方治理、基层治理与社会治理》,《人民网》2019年8月30日。

张勃:《郭立诚眼中的东岳庙》,《文史知识》2012年第1期。

张传有:《中西德性伦理学比较研究》,《思想战线》2011年第2期。

张杜芬:《论生态女性主义的思想及其现实意义》,硕士学位论文,中南大学，2012年。

张妮妮:《身体、自然和地方—斯普瑞特奈克对生态女权主义的新发展》，《哲学动态》2001年第7期。

赵冰冰、刘兵:《第三世界生态女性主义理论的若干特色—以席瓦为例》，《中国女性主义》2004年春。

赵玲:《消费的人本理念》，《学海》2002年第3期。

朱瑞玲:《台湾民间善书的心理意涵：从传统到现代的转折》，《本土历史心理学研究》1992年第1期。

朱越利:《〈太上感应篇〉与北宋末南宋初的道教改革》，《世界宗教研究》1983年第4期。

[德]卜松山:《时代精神的玩偶—对西方接受道家思想的评述》，《哲学研究》1998年第7期。

[美]K.沃伦:《生态女性主义哲学与深层生态学》，张秀芹译，杨通进校，《世界哲学》2010年第3期。

外国译著

[奥]维特根斯坦:《关于伦理学的讲演》，《维特根斯坦全集》第12卷，江怡译，河北教育出版社2003年版。

[澳]柳存仁:《和风堂文集》，上海古籍出版社1991年版。

[澳]薇尔·普鲁姆德:《女性主义与对自然的主宰》，马天杰、李丽丽译，重庆出版社2007年版。

[朝鲜]李能和辑述，孙亦平校注:《朝鲜道教史》，齐鲁书社2016年版。

[丹麦]克尔凯郭尔:《人生道路诸阶段》，京不特译，商务印书馆2017年版。

[德]埃克哈特:《埃克哈特大师文集》，荣震华译，商务印书馆2010年版。

[德]费希特:《论学者的使命、人的使命》，梁志学、沈真译，商务印

书馆 2005 年版。

[德] 海德格尔，孙周兴、王庆节主编:《海德格尔文集:讲话与生平证词（1910—1976）》，孙周兴等译，商务印书馆 2018 年版。

[德] 汉斯·格奥尔格·伽达默尔:《真理与方法——哲学诠释学的基本特征》，洪汉鼎译，上海译文出版社 1999 年版。

[德] 卡西尔:《人论》，甘阳译，上海人民出版社 1986 年版。

[德] 莫尔特曼:《创造中的上帝——生态创造论·中译本前言》，隗仁莲、苏贤贵、宋炳延译，生活·读书·新知三联书店 2002 年版。

[德] 尼采:《查拉图斯特拉如是说》，钱春绮译，生活·读书·新知三联书店 2007 年版。

[德] 施米特:《霍布斯国家学说中的利维坦》，应星、朱雁冰译，华东师范大学出版社 2008 年版。

[法] 卢梭:《社会契约论》，何兆武译，商务印书馆 2003 年版。

[法] 托克维尔:《论美国的民主》，董果良译，商务印书馆 1966 年版。

[法] 伊·巴丹特尔:《男女论》，陈伏保等译，湖南文艺出版社 1988 年版。

[古希腊] 亚里士多德:《尼各马可伦理学》，廖申白译注，商务印书馆 2003 年版。

[美] D.梅多斯等撰:《增长的极限》，于树生译，商务印书馆 1984 年版。

[美] P.L.贝格尔:《天使的传言——现代社会与超自然再发现》，高师宁译，汉语基督教文化研究所 1996 年版。

[美] 芭芭拉·沃德、勒内·杜博斯:《只有一个地球》，《国外公害丛书》编委会译校，吉林人民出版社 1997 年版。

[美] 丹尼尔·A.科尔曼:《生态政治:建设一个绿色社会》，上海译文出版社 2002 年版。

[美] 费正清:《美国与中国》，商务印书馆 1987 年版。

[美] 汉娜·阿伦特:《论革命》，陈周旺译，译林出版社 2007 年版。

[美] 霍尔姆斯·罗尔斯顿:《环境伦理学:大自然的价值以及人对大自

然的义务》，杨通进译，中国社会科学出版社 2000 年版。

[美] 威尔·杜兰特:《探索的思想》，朱安等译，文化艺术出版社 1991 年版。

[日] 池田大作、[英] 汤因比:《展望二十一世纪》，荀春生等译，国际文化出版公司 1985 年版。

[日] 福井康顺等:《道教》，上海古籍出版社 1992 年版。

[日] 酒井忠夫:《中国善书研究》，刘岳兵等译，江苏人民出版社 2010 年版。

[日] 汤川秀树:《创造力和直觉》，周林东译，复旦大学出版社 1987 年版。

[英] A.N. 怀特海:《过程与实在》，杨富斌译，中国城市出版社 2003 年版。

[英] 边沁:《道德与立法原理导论》，时殷弘译，商务印书馆 2000 年版。

[英] 卡尔·波普尔:《开放社会及其敌人》第一卷，郑一明等译，中国社会科学出版社 1999 年版。

[英] 洛克:《论宗教宽容》，吴云贵译，商务印书馆 1982 年版。

[英] 汤因比:《人类与大地母亲——一部叙事体世界历史》，徐波等译，上海人民出版社 2001 年版。

[英] 休谟:《人性论》，关文运译，商务印书馆 1996 年版。

[英] 约翰·穆勒:《功利主义》，徐大建译，上海人民出版社 2008 年版。

《21 世纪议程》，国家环境保护局译，中国环境科学出版社 1993 年版。

李秋零主编:《康德著作全集》第 2 卷，中国人民大学出版社 2004 年版。

李秋零主编:《康德著作全集》第 4 卷，中国人民大学出版社 2005 年版。

联合国计划开发署:《人类发展报告 1994（中文版）》，牛津大学出版社 1994 年版。

世界环境与发展委员会:《我们共同的未来》,王之佳、柯金良等译,吉林人民出版社1997年版。

外国文献

著作:

Clare Palmer, *Environmental Ethics: A Reference Handbook*, ABC-CLIO Press, 1998.

Cynthia J. Brokaw, *The Ledgers of Merit and Demerit, Social Change and Moral Order in Late Imperial China*, Princeton University Press,1991.

Fritjof Capra, *Uncommon Wisdom: Conversations With Remarkable People*, Simon and Schuster Press,1988.

Irene Diamond and Gloria Orenstein(eds.), *Reweaving the World: The Emergence of Ecofeminism*, San Francisco: Sierra Club Books, 1990.

J. Baird Callicott and Roger T. Ames (eds.), *Nature in Asian Traditions of Thought: Essays in Environmental Philosophy*, Albany: State University of New York Press, 1989.

J. Baird Callicott, *Earth's Insights: A Multicultural Survey of Ecological Ethics from the Mediterranean Basin to the Australian Outback*, Berkeley and Los Angeles: University of California Press, 1997.

John P. Clark, *The Anarchist Moment: Reflections on Culture, Nature and Power*, Montreal: Black Rose Books, 1984.

Kristofer Schipper, *The Taoist Body*, translated by Karen C. Duval, Berkeley: University of California Press, 1993.

N. J. Girardot, James Miller, and Liu Xiaogan(eds.), *Daoism and Ecology: Ways within a Cosmic Landscape*, Center for the Study of World Religions Press,2001.

Peter Marshall, *Nature's Web: Rethinking Our Place on Earth*, New York: Paragon House, 1992.

Shridath S. Ramphal, *Our Country, The Planet: Forging A Partnership For Survival*, Island Press, 1992.

Wolfram Eberard, *Guilt and Sin in Traditional China,* Bereley and Los Angeles: University of California Press, 1967.

论文：

Bill Devall and George Sessions, *Deep Ecology: Living as if Nature Mattered*, Salt Lake City: Peregrine Smith Books,1985.

Charlene Spretnak, "Critical and Constructive Contributions of Ecofeminism", *The Bucknell Review*, Vol.37, No.2, 1993.

Chung-Ying Cheng, "Approaches to Environment Ethics Reconsidered", *Journal of Chinese Philosophy*, Vol.32, Issue 2, 2005.

David L. Hall, "On Seeking a Change of Environment: A Quasi-Taoist Proposal", *Philosophy East and West*, Vol.37, No.2, *Environmental Ethics*, 1987.

Holmes Rolston, "Can the East help the West to value nature", *Philosophical East and West*, Vol.37, No.2, 1987.

Mary Evelyn Tucker, "Religious Values Derived From Other Traditions: Ecological Dimensions of Taoism and Confucianism", *Dialogue and Alliance,* 7, 1993.

Po-Keung Ip, "Taoism and the Foundations of Environmental Ethics", in Allen A. Thompson(eds.),*Environmental Ethics*, Vol.5, Issue 4, Winter 1983.

Richard Sylvan and David Bennett, "Taoism and Deep Ecology", *Ecologist*, Vol.18,1988.